John Weller & Lola Culsán

WILD SWIMMING SPANIEN

ENTDECKE DIE AUFREGENDSTEN FLÜSSE, SEEN UND WASSERFÄLLE SPANIENS

Aus dem Englischen von Andreas Simon dos Santos

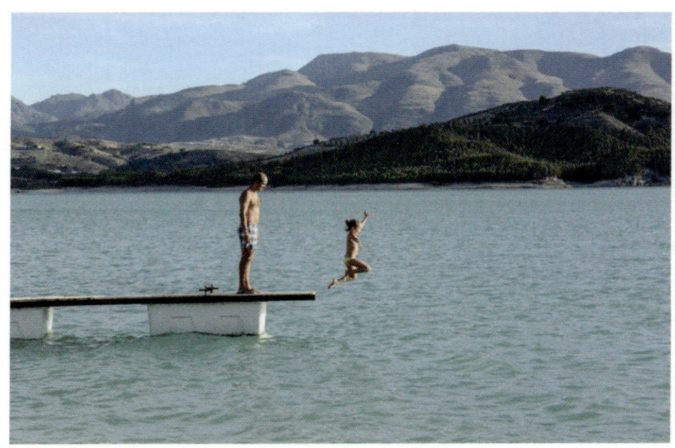

HAFFMANS TOLKEMITT

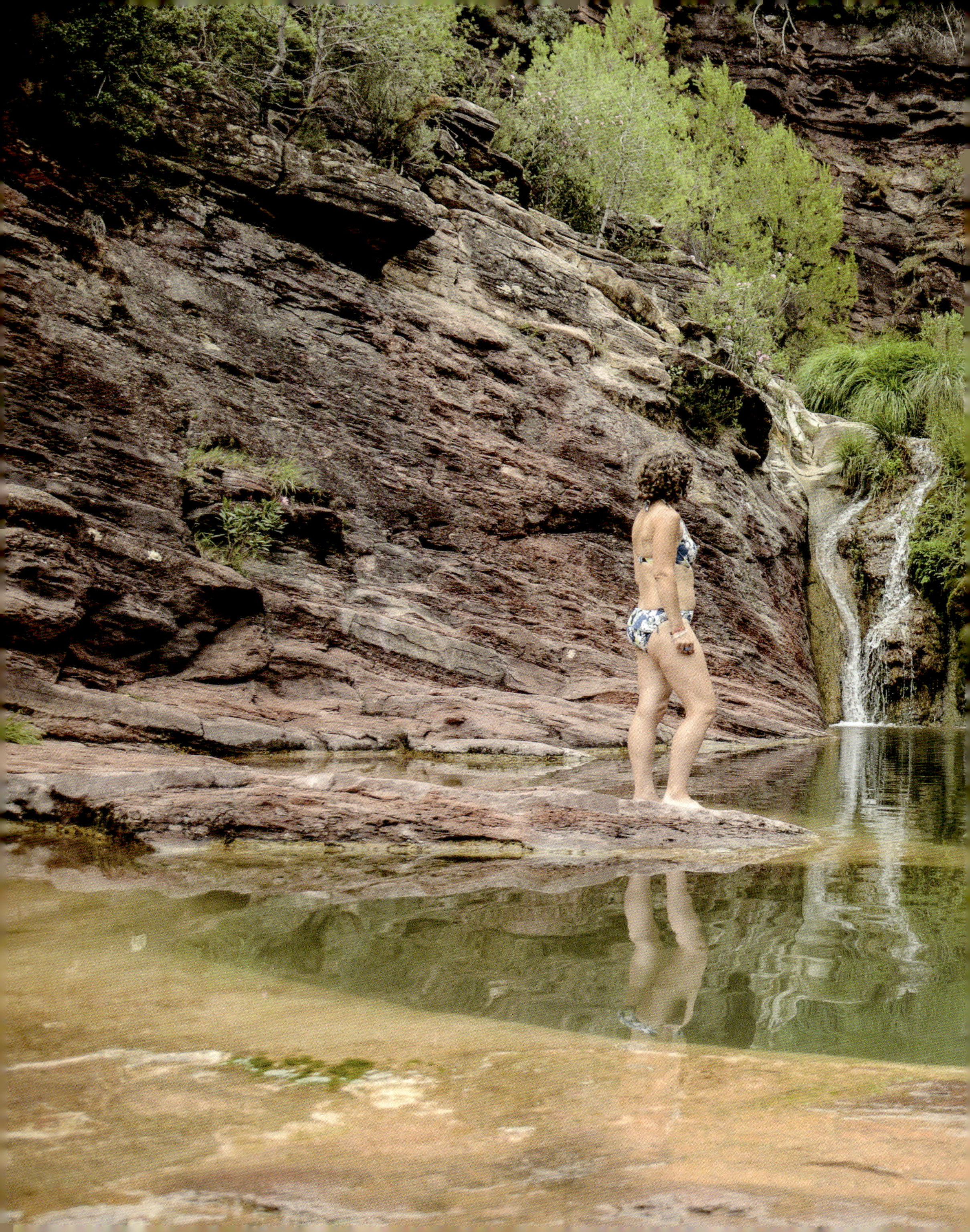

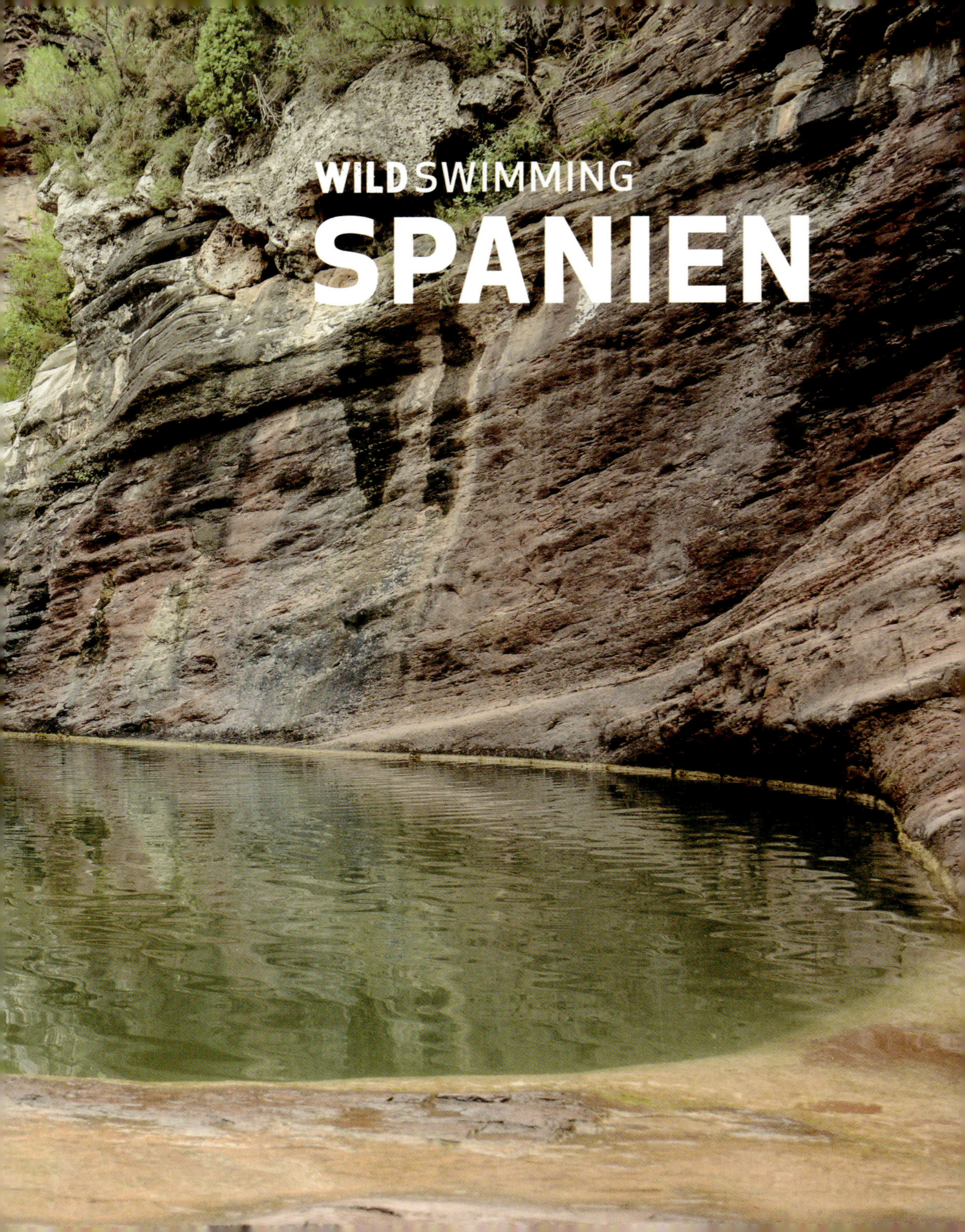
WILD SWIMMING
SPANIEN

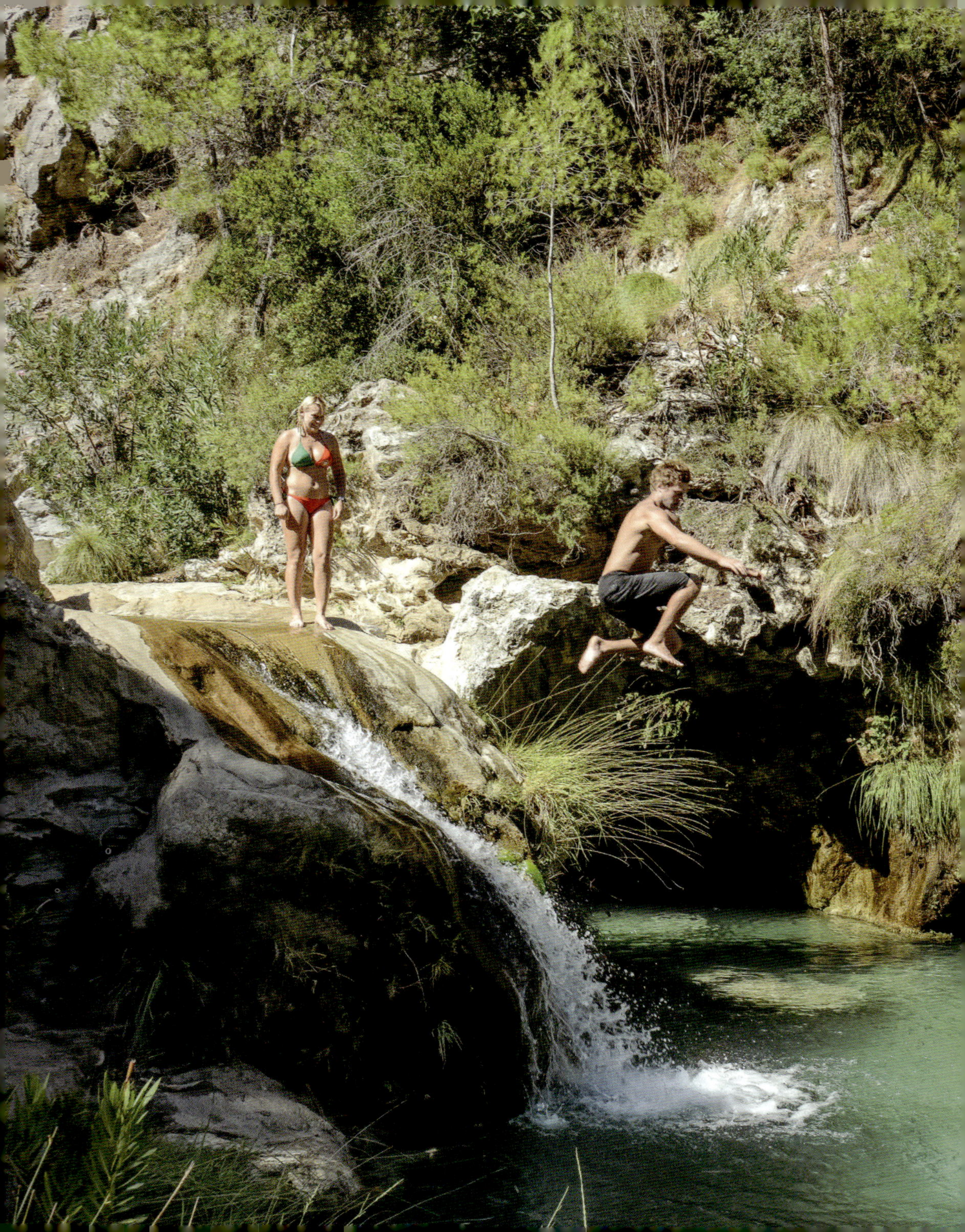

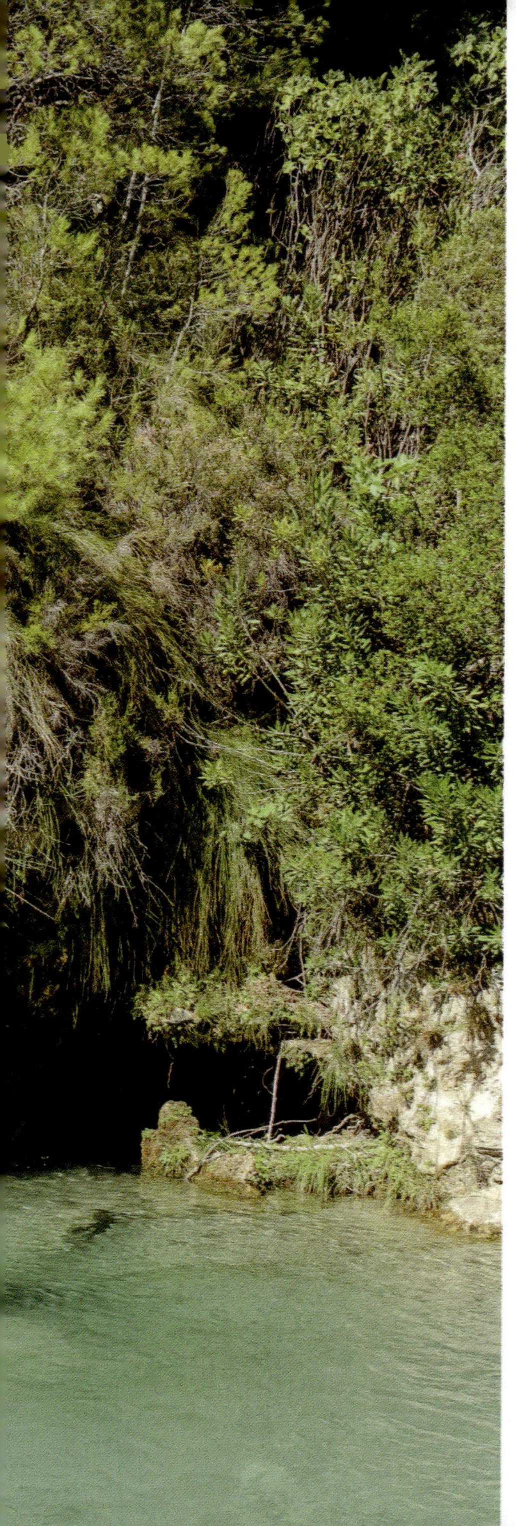

Inhalt

Schwimmen nach Regionen

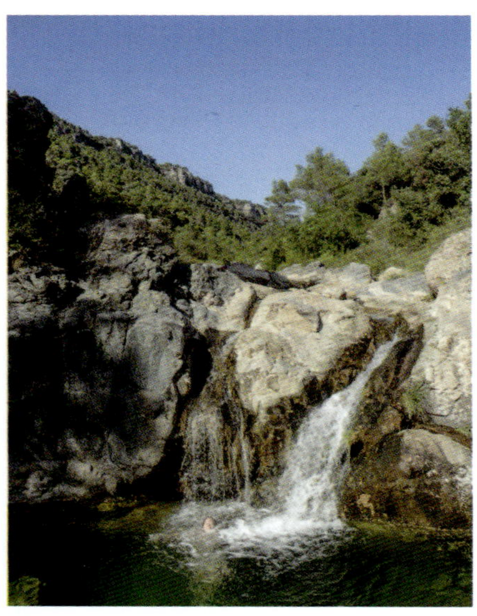

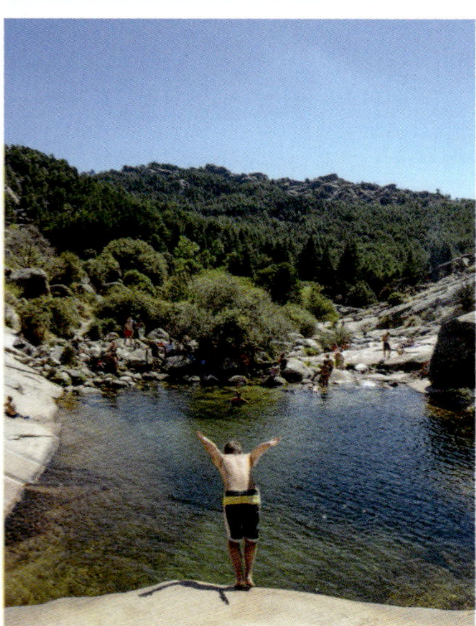

Wir starten unsere Schwimmreise zu den Naturgewässern Spaniens in den üppigen Tälern Galiciens – dem » Land der tausend Flüsse«. Im felsigen Asturien kraxeln wir zu entlegenen Gletscherseen hinauf und fühlen uns beim herrlichen Ausblick auf die Picos de Europa wie auf dem Dach der Welt.

Im Baskenland bereisen wir die Pyrenäen und ihre Umgebung, besuchen ihre Felsschluchten und mittelalterlichen Dörfer und baden unter romanischen Brücken. Die dramatische Vulkanlandschaft der nordkatalonischen Region Garrotxa ist mit Wasserfällen und natürlichen Erosionsbecken, sogenannten Strudelbecken oder Gumpen, durchsetzt.

Südlich von Barcelona in Les Olles, wo das Wasser tiefe Mulden und bizarre Gesteinsformationen modelliert hat, wähnt man sich in einer Landschaftsgestaltung von Salvador Dalí. Weiter nach Guadalajara hinein schimmern klargrüne Seen unter steil aufragenden Felsklippen und Pinien. Hier hat der Río Tajo tiefe Rinnen und wundervolle Flussstrände an seinen Biegungen geformt, die sich wunderbar zum zum Baden im Wasser oder in der Sonne eignen.

Auf dem Weg nach Süden Richtung Valencia und Murcia entdecken wir in Dörfern spektakuläre Badegewässer und im Nationalpark Chera-Sot de Chera große, runde Naturschwimmbecken. In Andalusien kommen wir auf dem Weg zu türkisfarbenen Seen durch geweißelte Dörfer und passieren maurische Ruinen. Unsere Suche nach noch wilderen Orten führt uns zur Junta de los Ríos, durch tiefe Schluchten und über Hängebrücken wie aus einem Indiana-Jones-Film zu einem majestätischen Wasserfall am Oberlauf des Río Verde.

Nördlich von Madrid finden wir im Granit der Sierra de Guadarrama außergewöhnliche Felsseen. Die Extremadura, Spaniens Nordwestecke, ist eine wahrhaft unverdorbene Region von Steppen und wogendem Weideland. Kühle Flüsse stürzen die Schluchten hinunter und höhlen Strudeltöpfe aus, Flussbassins voll erfrischendem, kristallklarem Wasser.

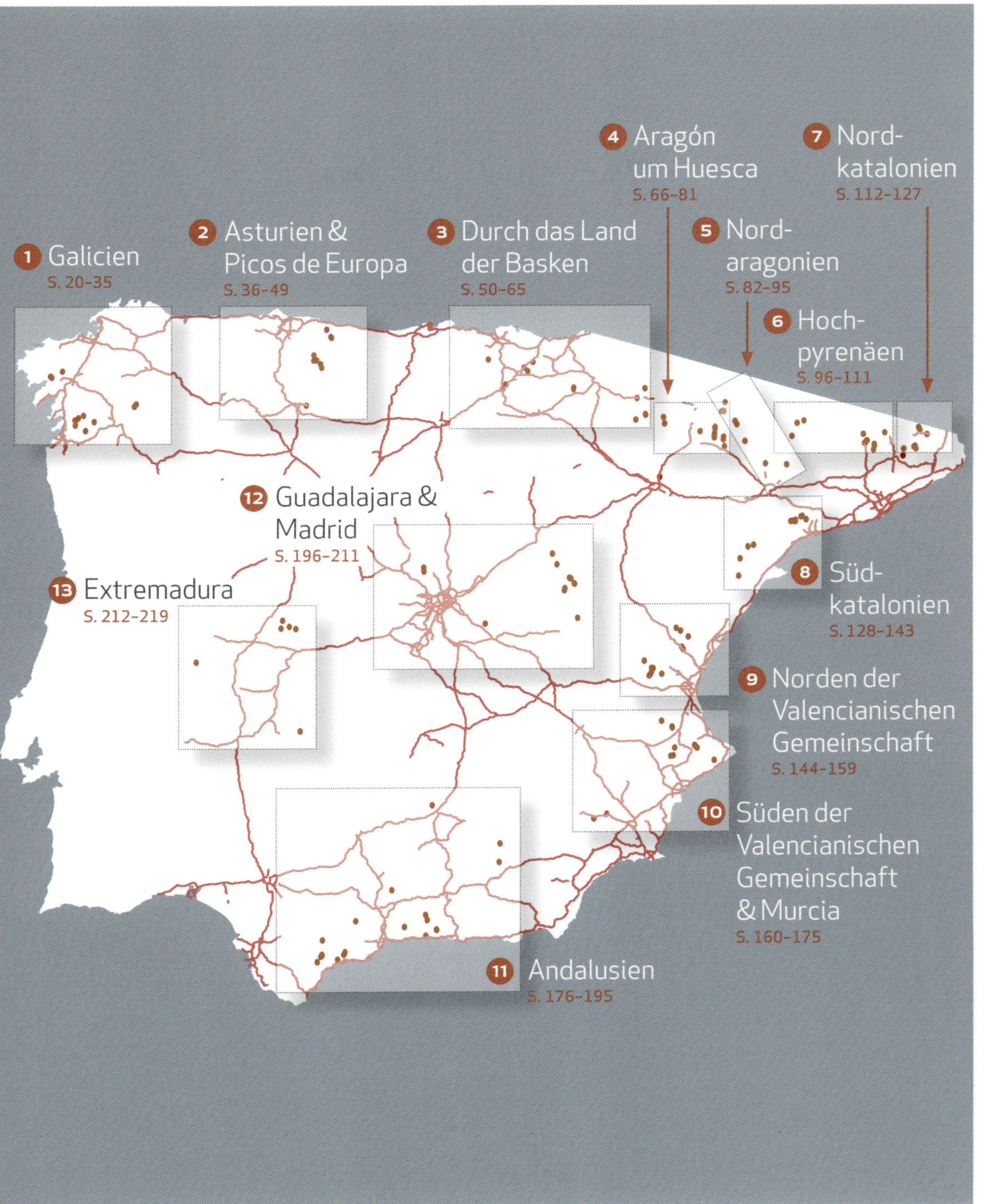
1 Galicien
S. 20–35
2 Asturien & Picos de Europa
S. 36–49
3 Durch das Land der Basken
S. 50–65
4 Aragón um Huesca
S. 66–81
5 Nord-aragonien
S. 82–95
6 Hoch-pyrenäen
S. 96–111
7 Nord-katalonien
S. 112–127
8 Süd-katalonien
S. 128–143
9 Norden der Valencianischen Gemeinschaft
S. 144–159
10 Süden der Valencianischen Gemeinschaft & Murcia
S. 160–175
11 Andalusien
S. 176–195
12 Guadalajara & Madrid
S. 196–211
13 Extremadura
S. 212–219

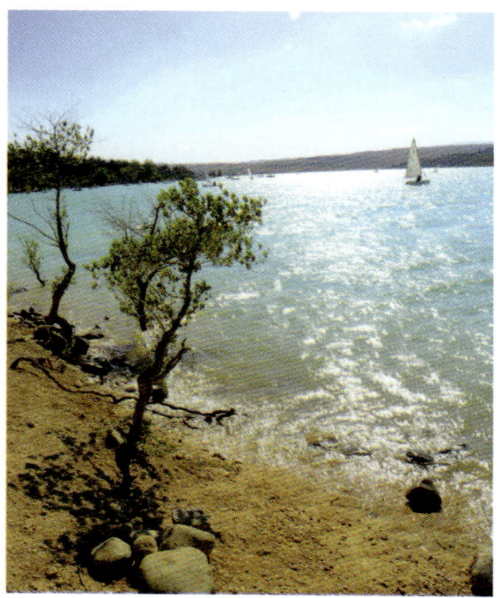

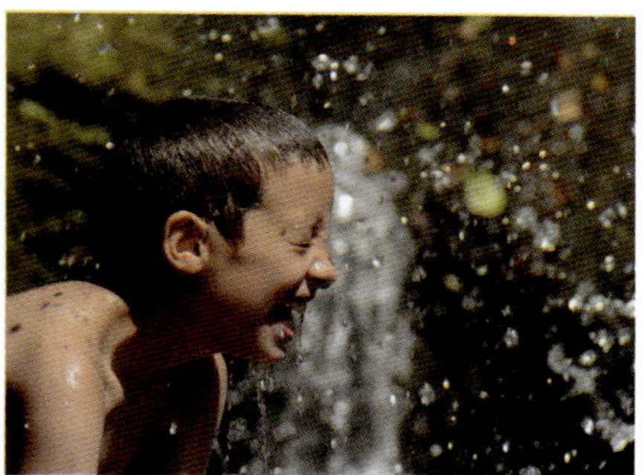

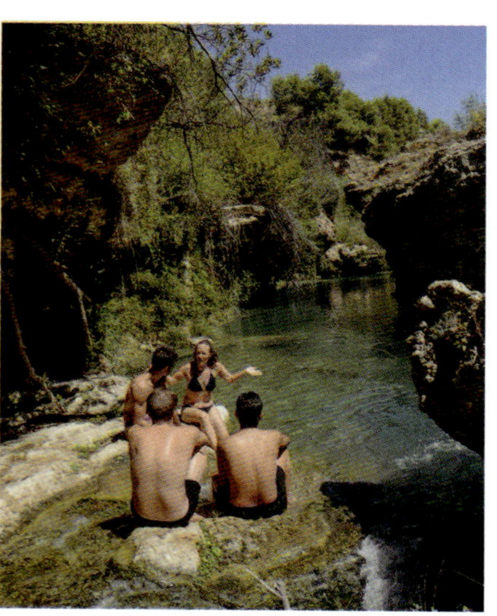

Einleitung

Als die Sonne langsam hinter den Bergen versinkt, wirkt der blaue See im Tal wie geschmolzenes Silber. Wir halten den Atem an, als wir zu einem letzten Schwimmausflug an diesem Tag leise ins Wasser gleiten.

Denkt man an Spanien, kommen einem sofort sonnenüberflutete Strände in den Sinn, dicht gefolgt von gutem Essen und Wein, Stierkämpfen, Kunstwerken und Flamenco. In diesem Buch laden wir Sie ein, sich mit uns zusammen auf eine Entdeckungsreise zu den weniger bekannten Attraktionen dieses faszinierenden Landes zu begeben: die unglaubliche Vielfalt unverdorbener, natürlicher Landschaften in Spaniens Hinterland, von wogenden grünen Hügeln über dramatische Kalksteinschluchten bis hin zu weiten, offenen Ebenen.

Vergessen Sie Spaniens geschäftige, dicht bebaute Küsten. Baden in den Flüssen, in tiefen Teichen, unter Kaskaden, in glitzernden Seen ist die beste Art und Weise, der sengenden Sommerhitze zu entgehen. Wir sind kreuz und quer durch Spanien gereist auf der Suche nach den besten und wildesten Orten zum Schwimmen – kurvten über Serpentinen, kletterten Hügelhänge hinauf und hinunter, wateten durch Flusstäler und entlockten Hunderten von Ortsbewohnern Hinweise auf das begehrte Nass. Um die Schilderung unserer Erlebnisse abzurunden, lassen wir im Folgenden immer wieder einmal lokale Legenden und etwas kulturellen und historischen Hintergrund einfließen.

Auf unserer Reise werden wir malerischen Dörfern, köstlichem Essen, gutem Wein und offenherzigen Menschen begegnen. Lassen wir also die überfüllten Strände und Hotelpools hinter uns und entdecken die Badegenüsse in Spaniens herrlicher freier Natur.

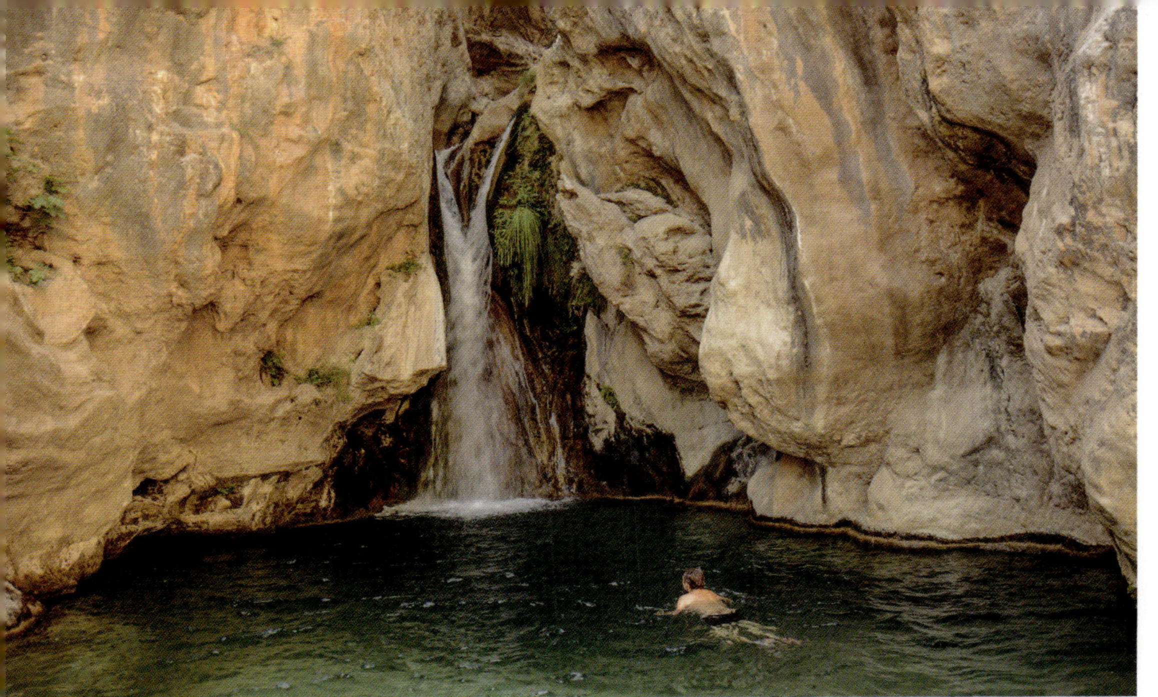

Nützliche spanische Sätze und Ausdrücke rund ums Schwimmen

Gibt es hier in der Nähe eine Stelle zum Schwimmen in einem Fluss oder See?
¿Hay un buen río o lago para bañarse cerca de aqui?

Wo ist der Fluss/der Wasserfall/die Badestelle/der See/der Stausee?
¿Dónde está el río/la cascada/el pozo/el lago/el embalse?

links/rechts/geradeaus
izquierda/derecha/todo recto

Ist es tief genug für einen Kopfsprung?
¿Es lo bastante hondo para tirase de cabeza?

Ist das Flussbecken/der Teich groß genug zum Schwimmen?
¿Es el pozo lo bastante grande para nadar?

Ist das Wasser sauber genug zum Schwimmen?
¿Es el agua lo bastante limpio para nadar?

Ist es für Kinder geeignet?
¿Está bien para los niños? oder *¿Es adecuado para los niños?*

Wo ist die schönste Stelle des Flusses/des Sees zum Schwimmen?
¿Cuál es la mejor parte del río/lago para nadar?

Ist Schwimmen hier/dort erlaubt?
¿Está permitido nadar aquí/allí?

Schwimmen in der Natur
nadar en la naturaleza/nadar al aire libre

Schwimmen in natürlichen Gewässern – *natación/nadar en la naturaleza/nadar al aire libre*

eine natürliche Badestelle – *una piscina natural*

eine Quelle (eines Wasserlaufs) – *una fuente*

ein großer Teich/ein großes Schwimmbecken – *una piscina*

Badestelle (z. B. See, Flussbassin, Teich) – *un pozo*

Baden verboten – *prohibido bañarse*

stromauf-/-abwärts – *contracorriente/con la corriente*

linkes/rechtes Ufer – *la orilla izquierda/derecha*

Norden/Osten/Süden/Westen – *norte/este/sur/oeste*

nördlich, östlich, südlich, westlich – *al norte, al este, al sur, al oeste*

ein Stausee/eine Talsperre – *un embalse/pantano*

ein See – *un lago*

ein Tal – *un valle*

eine Schlucht – *un cañon*

eine Höhle – *una cueva*

Thermalquellen – *unas fuentes termales*

der Strand – *la playa*

ein Wasserfall – *una cascada*

Ufer – *orilla*

ein Fluss/Bach – *un río*

das Flussufer – *la orilla del río*

eine Mühle – *un molino*

ein Wehr/Staudamm/eine Talsperre – *una presa*

schwimmen – *nadar*

springen – *tirase*

einen Kopfsprung machen – *tirarse de cabeza*

Süßwasser – *agua dulce*

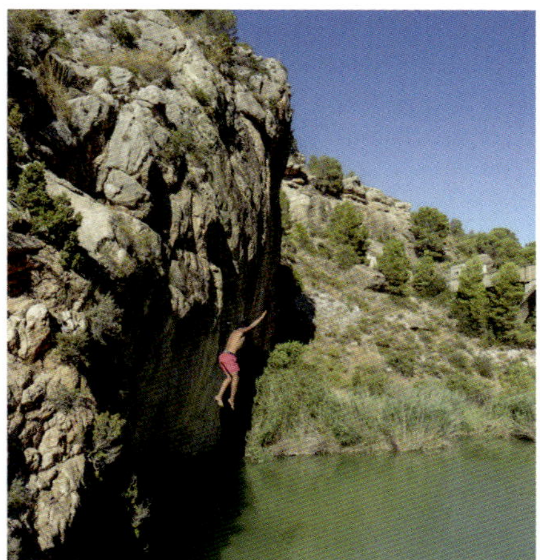

Tipps zum sicheren Schwimmen in der Natur

1. Achten Sie beim Schwimmen unterhalb der Dämme von Wasserkraftwerken auf Veränderungen des Wasserpegels.
2. Erkunden Sie keine engen Schluchten, wenn heftige Regenfälle angesagt sind.
3. Schützen Sie, wenn Sie die Wasserqualität nicht sicher beurteilen können, erlittene Verletzungen mit wasserdichten Pflastern.
4. Schwimmen Sie nie in angeschwollenen Flüssen und achten Sie in Trockenperioden auf die Wasserqualität.
5. Schwimmen Sie nicht allein und behalten Sie schwache Schwimmer stets im Auge.
6. Springen Sie niemals ins Wasser, wenn Sie zuvor nicht seine Tiefe überprüft haben.
7. Stellen Sie sicher, wie Sie aus dem Wasser herauskommen, bevor Sie hineinspringen.
8. Hüten Sie sich vor Unterkühlung. Wärmen Sie sich vor dem Schwimmen auf und ziehen Sie direkt danach warme Sachen an. Ein langer Schwimmanzug ist in kälteren Flüssen nützlich.
9. Tragen Sie geeignetes Schuhwerk, sowohl außerhalb wie im Wasser.
10. Reiben Sie sich mit Sonnencreme ein. Beim Schwimmen vergisst man leicht, wie stark die Sonne sein kann.

Pack die Badehose ein …

Was müssen Sie mitbringen? Badehose oder Badeanzug, ein paar bequeme Schuhe, ein leichtes Handtuch. Wasser- oder Kanuschuhe bieten beim Kraxeln über Felsen gute Trittsicherheit und sind unverzichtbar, wenn man Schluchten erkundet oder an einem Flussbett entlangwandert. Beachten Sie außerdem, dass es in Spanien verboten ist, in Sandalen oder Flipflops Auto zu fahren. Für längere Wanderungen empfehlen sich Wanderschuhe. Ärmellose Neoprenanzüge können Kindern helfen, in kälteren Bergbächen ihren Körper warm zu halten, und ganz wichtig ist, an Sonnencreme zu denken, ebenso an Insektenschutzmittel für Abende in den Wäldern. Nehmen Sie immer reichlich Wasser mit, damit auf einer langen Wanderung niemand Gefahr läuft zu dehydrieren.

Unverhoffte Badegelegenheiten. Wenn Sie auf einer Wanderung eine schöne, verlockende Badestelle entdecken, seien Sie nicht schüchtern. Gehen Sie in Ihrer Unterwäsche oder nackt schwimmen, wenn der Ort abgeschieden genug ist.

Ist wildes Zelten in Spanien erlaubt? Der beste Rat ist, Umsicht walten zu lassen. Nützliche Hinweise zur Gesetzeslage finden Sie unter »Tipps und Tricks« im Bergzeit Magazin unter www.bergzeit.de. Wenn Sie sich zum Wildzelten entschließen, denken Sie an die goldene Regel: Hinterlassen Sie keine Spuren. Suchen Sie sich immer spät einen Platz, brechen Sie früh auf und nehmen Sie bis auf Fotos keine Andenken mit. Zünden Sie zwischen Mai und Oktober nie ein Grill- oder Lagerfeuer an und passen Sie mit Zigarettenkippen auf. Wer möchte schon einen rasenden Waldbrand auf dem Gewissen haben? Zelten Sie nicht nahe an Fluss- oder Bachufern, da Regen und Stürme stromaufwärts plötzliche Überflutungen verursachen können.

Die App FurgoVW, verfügbar für Android und iOS, zeigt an, wo man mit dem Camper oder Zelt kostenlos übernachten kann.

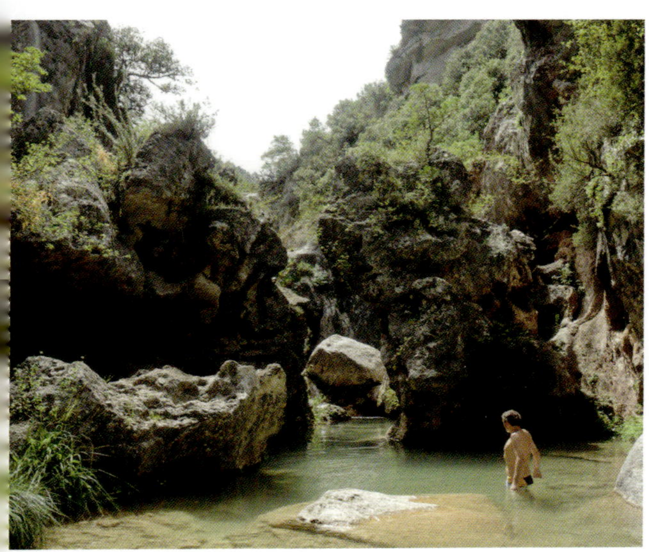

SO FINDEN SIE SICH ZURECHT

Jeder Schwimmort auf den folgenden Seiten ist in den Übersichtskarten verzeichnet und mit Hilfe der Wegbeschreibung und der angegebenen Längen- und Breitengrade zu finden. Am besten haben Sie außerdem einen großen Straßenatlas dabei. Die Koordinaten lassen sich in jedes Smartphone, Navi, jede Computer-Karten-App und Kartenwebseite (z. B. Google Maps) eingeben, um Karten und Satellitenansichten aus dem Netz abzurufen. Drucken Sie sich diese aus, falls Sie vor Ort schlechten Empfang erwarten.

Mit Hilfe der Apps TrailZilla und View Ranger verwandelt sich Ihr Smartphone in ein Satellitennavigationsgerät. Alternativ können Sie die kostenlose GPS-App Navmii auf Ihrem Handy installieren und Straßenkarten Spaniens offline aufrufen, sodass Sie nicht auf eine Internetverbindung angewiesen sind – die GPS-Ortung saugt viel Strom. Nehmen Sie einen Kompass mit, falls die Technologie versagt.

Suchen, sichern und drucken Sie topografische Karten Spaniens im Maßstab 1:25.000 und 1:50.000 unter http://www.ign.es/iberpix2/visor/. Wanderzeiten und Schwierigkeitsgrade werden angezeigt, und Symbole weisen auf Zeltplätze, Restaurants und Bootsverleihe hin.

Wenn Sie selbst Orte zum Baden und Schwimmen in freier Natur aufspüren möchten, sind Tourenkarten von der Webseite www.kompass.de im Maßstab 1:25.000 und 1:50.000 hilfreich.

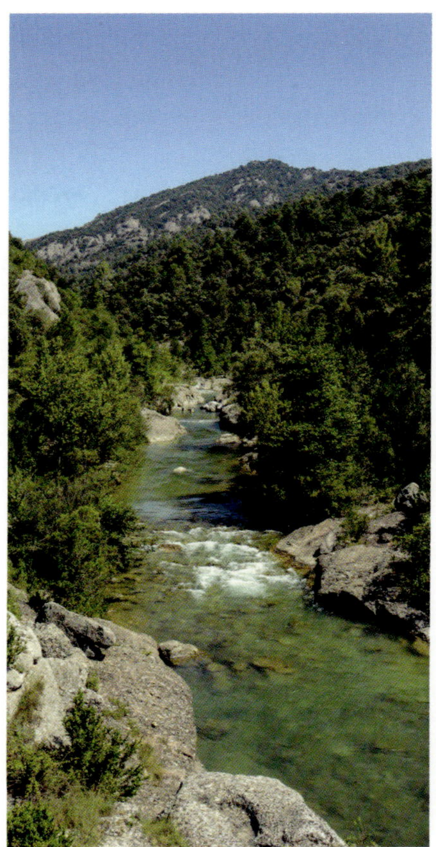

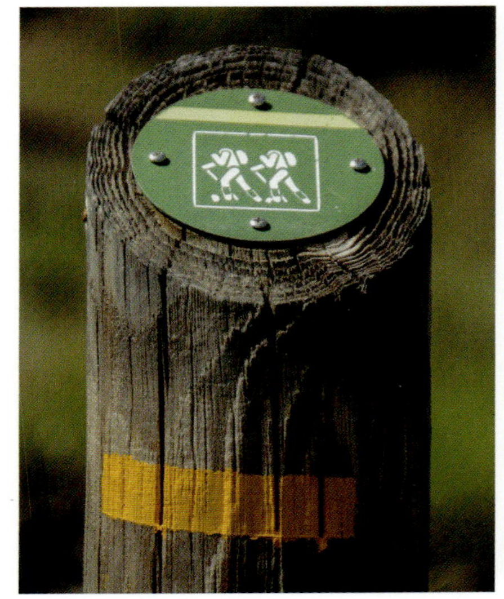

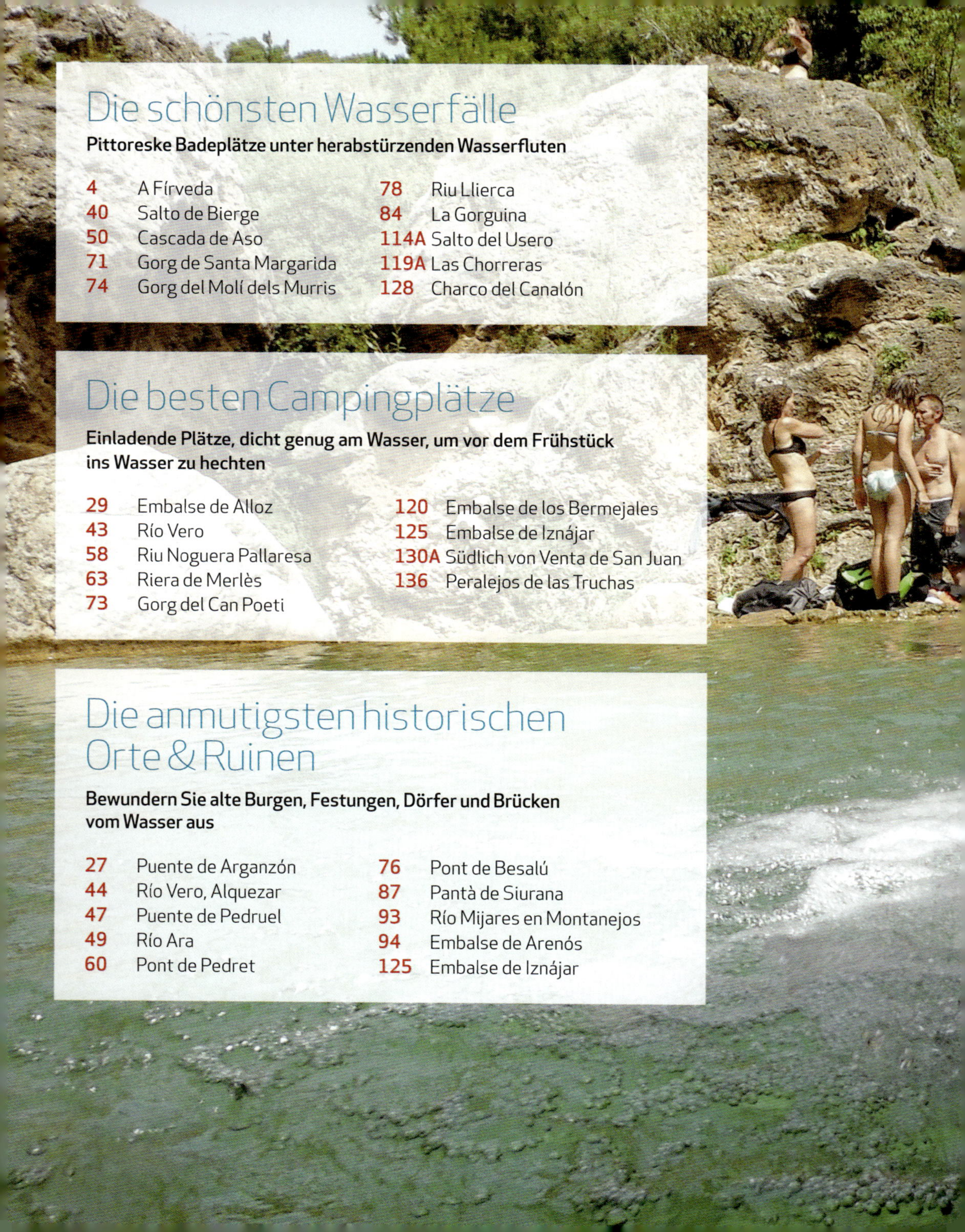

Die schönsten Wasserfälle

Pittoreske Badeplätze unter herabstürzenden Wasserfluten

4 A Fírveda
40 Salto de Bierge
50 Cascada de Aso
71 Gorg de Santa Margarida
74 Gorg del Molí dels Murris
78 Riu Llierca
84 La Gorguina
114A Salto del Usero
119A Las Chorreras
128 Charco del Canalón

Die besten Campingplätze

Einladende Plätze, dicht genug am Wasser, um vor dem Frühstück ins Wasser zu hechten

29 Embalse de Alloz
43 Río Vero
58 Riu Noguera Pallaresa
63 Riera de Merlès
73 Gorg del Can Poeti
120 Embalse de los Bermejales
125 Embalse de Iznájar
130A Südlich von Venta de San Juan
136 Peralejos de las Truchas

Die anmutigsten historischen Orte & Ruinen

Bewundern Sie alte Burgen, Festungen, Dörfer und Brücken vom Wasser aus

27 Puente de Arganzón
44 Río Vero, Alquezar
47 Puente de Pedruel
49 Río Ara
60 Pont de Pedret
76 Pont de Besalú
87 Pantà de Siurana
93 Río Mijares en Montanejos
94 Embalse de Arenós
125 Embalse de Iznájar

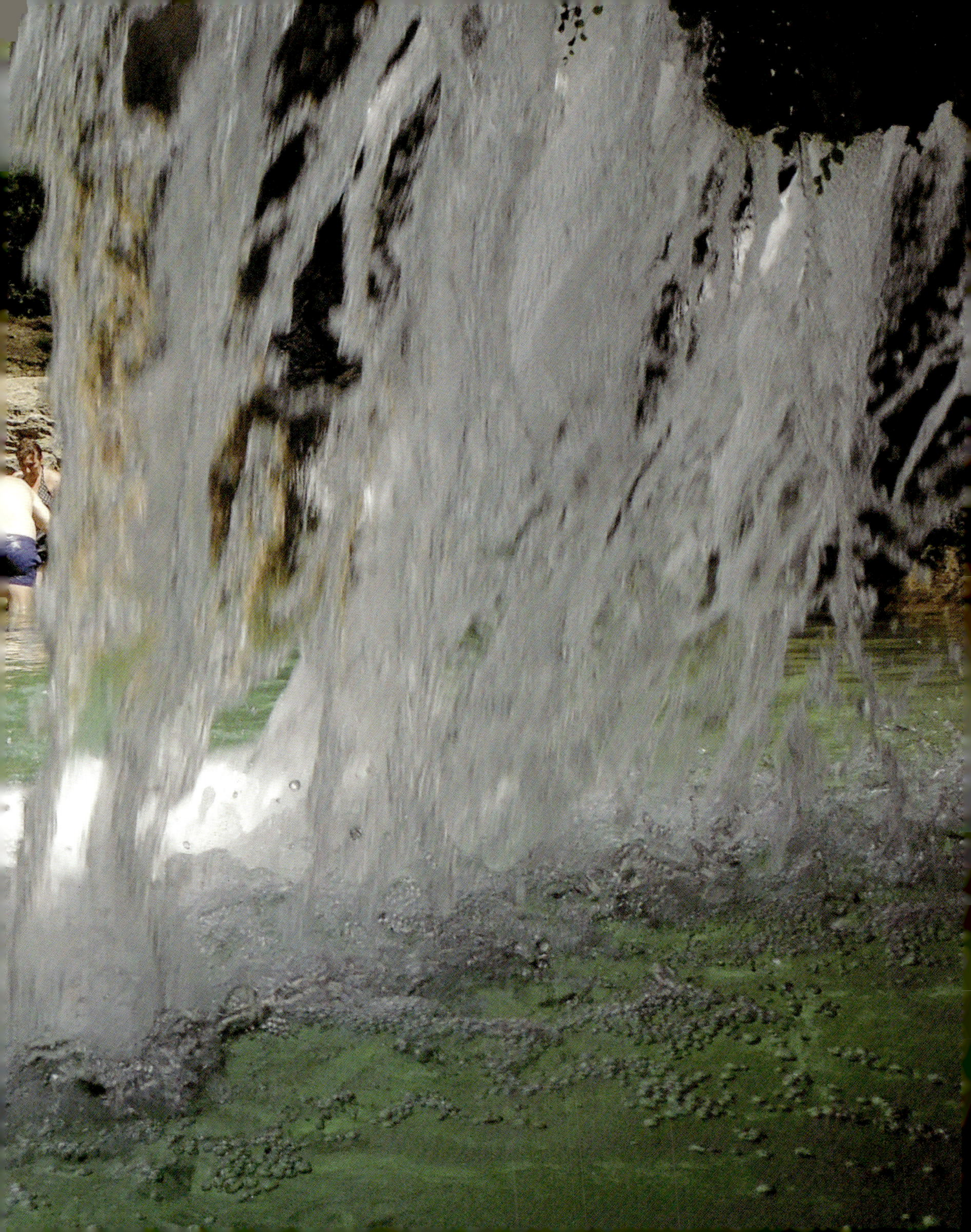

Die besten Orte für Kinder & Familien

Bequem zu erreichende Badeorte, viele mit Einrichtungen für Kinder

1 Río Tambre
6 Ponte Caldelas
9 Praia Maceira
10 Praia Fluvial de Mondariz
25 Strand von Garaio
27 Puente de Arganzón
29 Embalse de Alloz
45 Salto de Pozán de Vero
65 Zona de les Heures
73 Gorg del Can Poeti
96 Embalse del Regajo
97 Bugarra
104 Gorgo de la Escalera
114 Salto del Usero
120 Embalse de Bermejales
138 Puente de San Pedro

Die besten Orte für Boots- & Kanutouren

Erkunden Sie die verborgenen Stellen von Seen und Flüssen

14 Río Sella
20 Embalse del Porma
29 Embalse de Alloz
37 Riu Gallego
58 Riu Noguera Pallaresa
93 Río Mijares en Montenejos
116 Embalse del Negratín
117 Embalse de la Bolera
120 Embalse de los Bermejales
125 Embalse de Iznájar

Die besten Orte zum Springen

Tiefe Gewässer für aufregende Sprünge (immer zuerst einem Einheimischen zuschauen)

16 La Olla de San Vicente
28 Río Zadorra
34 Pozo Pígalo
40 Salto de Bierge
62 Riera de Merlès
102 Los Charcos del Barranco de la Hoz
103 El Canal, Sot de Chera
107 Gorg del Salt
115 Poza de Fuente Caputa
119A Río Verde
126 Charco de las Mozas
129 Cueva del Gato
133A Puente de Pescadores
133 Río Tajo

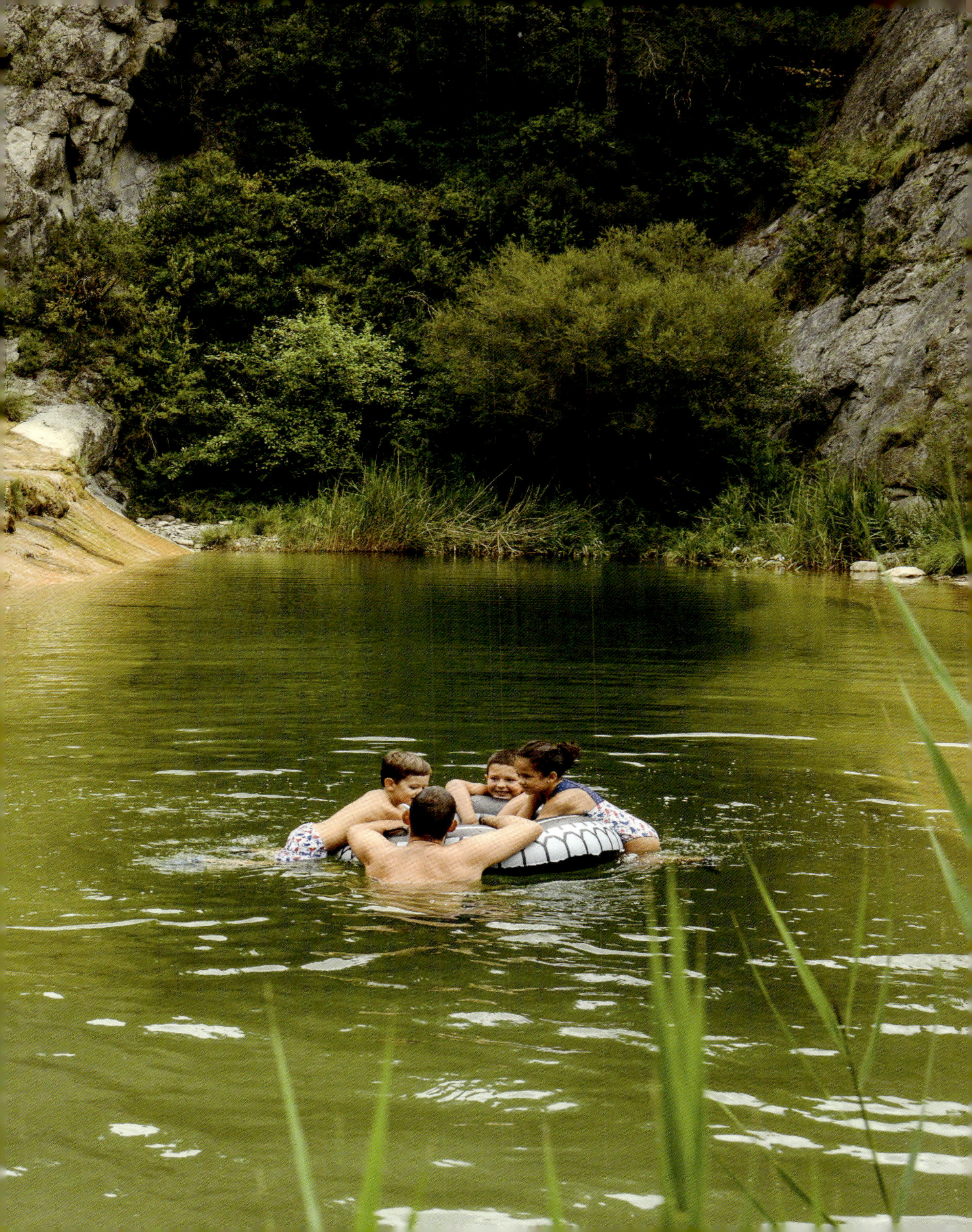

Die besten Schluchten

Faszinierende Felsformationen und atemberaubende Bergseen

Die besten Nacktbadestellen

Entlegene oder versteckte Orte für ein völlig hüllenloses Badevergnügen

Die besten Orte für weite Schwimmexkursionen

Stille ausgedehte Seen für endlosen Schwimmgenuss

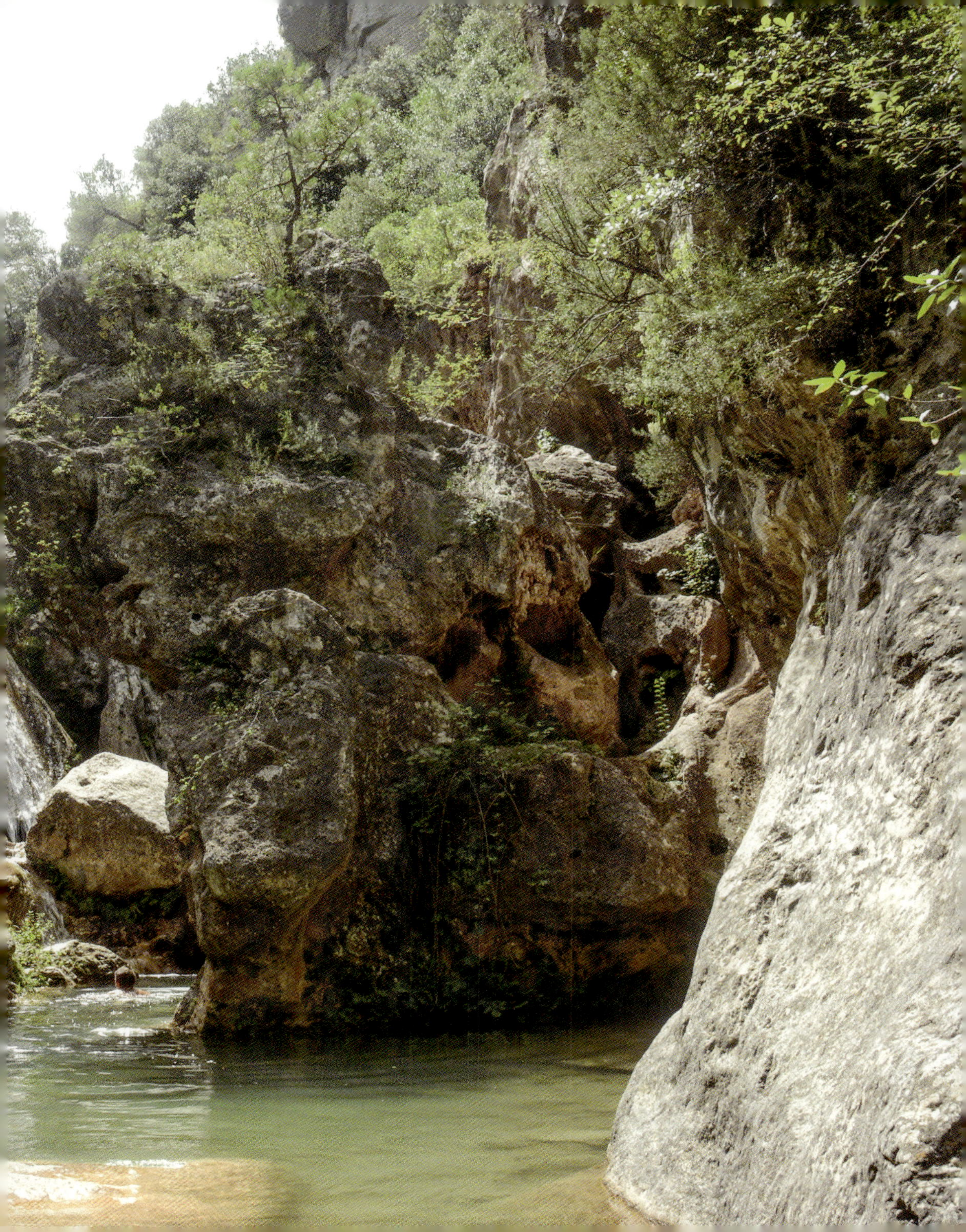

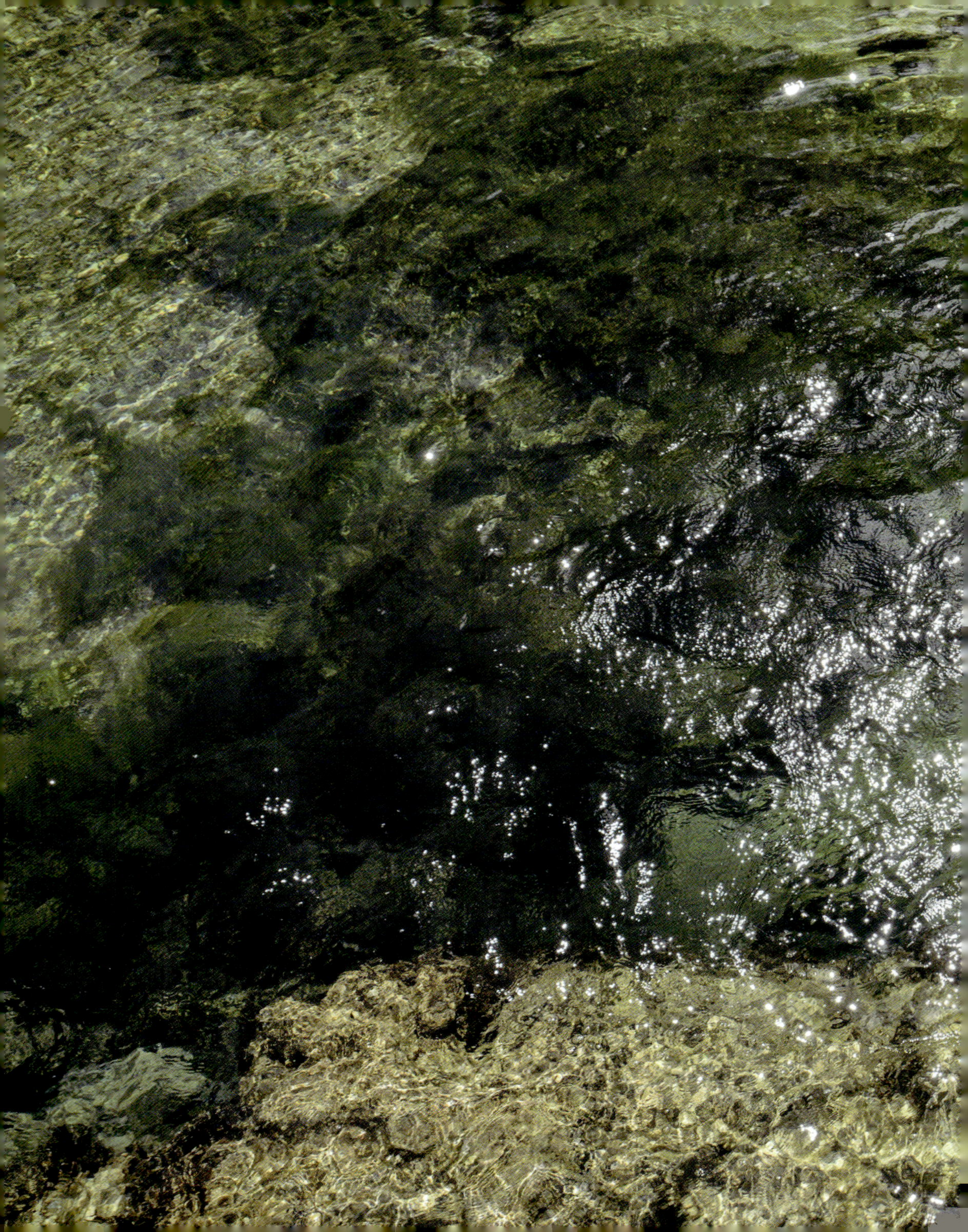

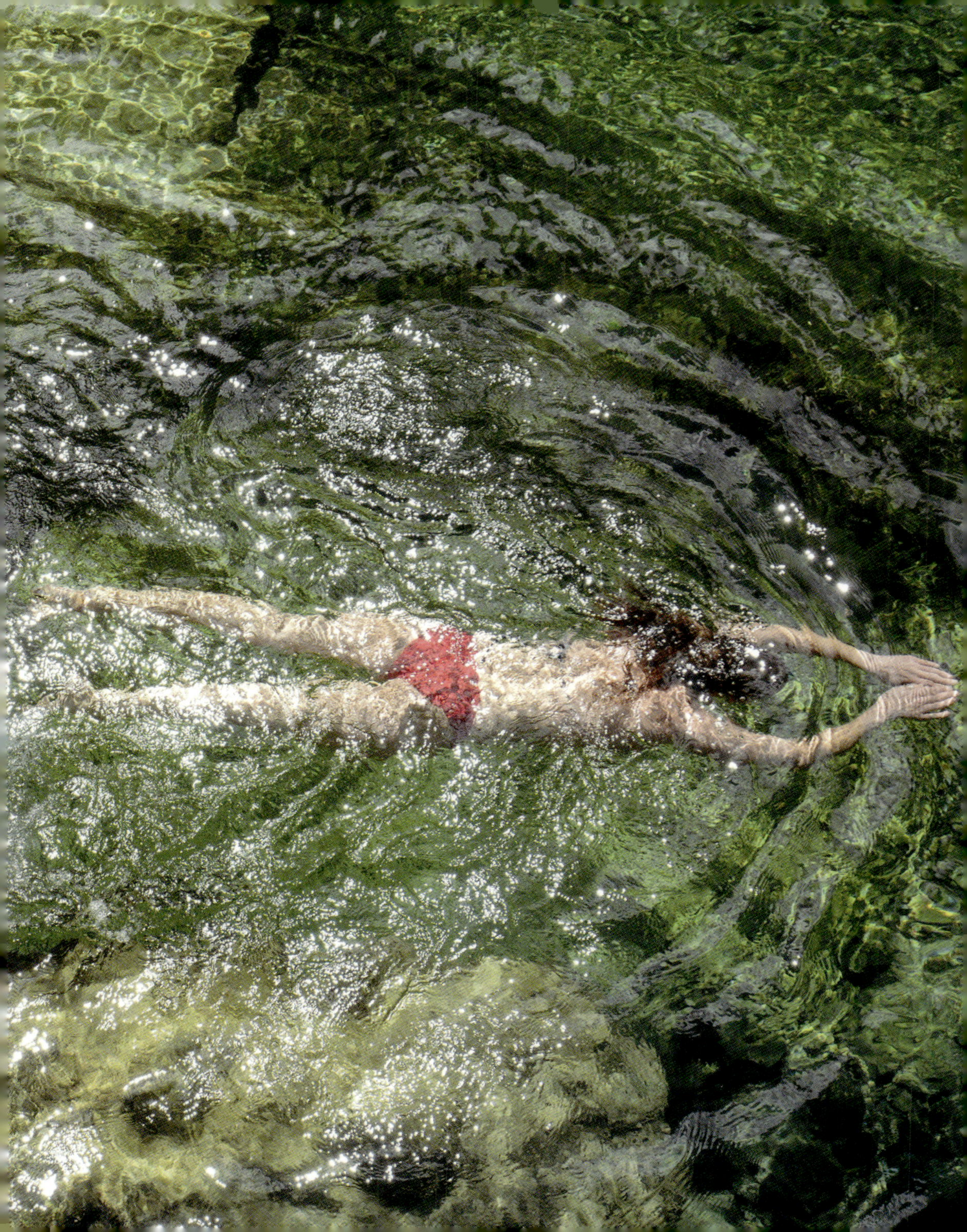

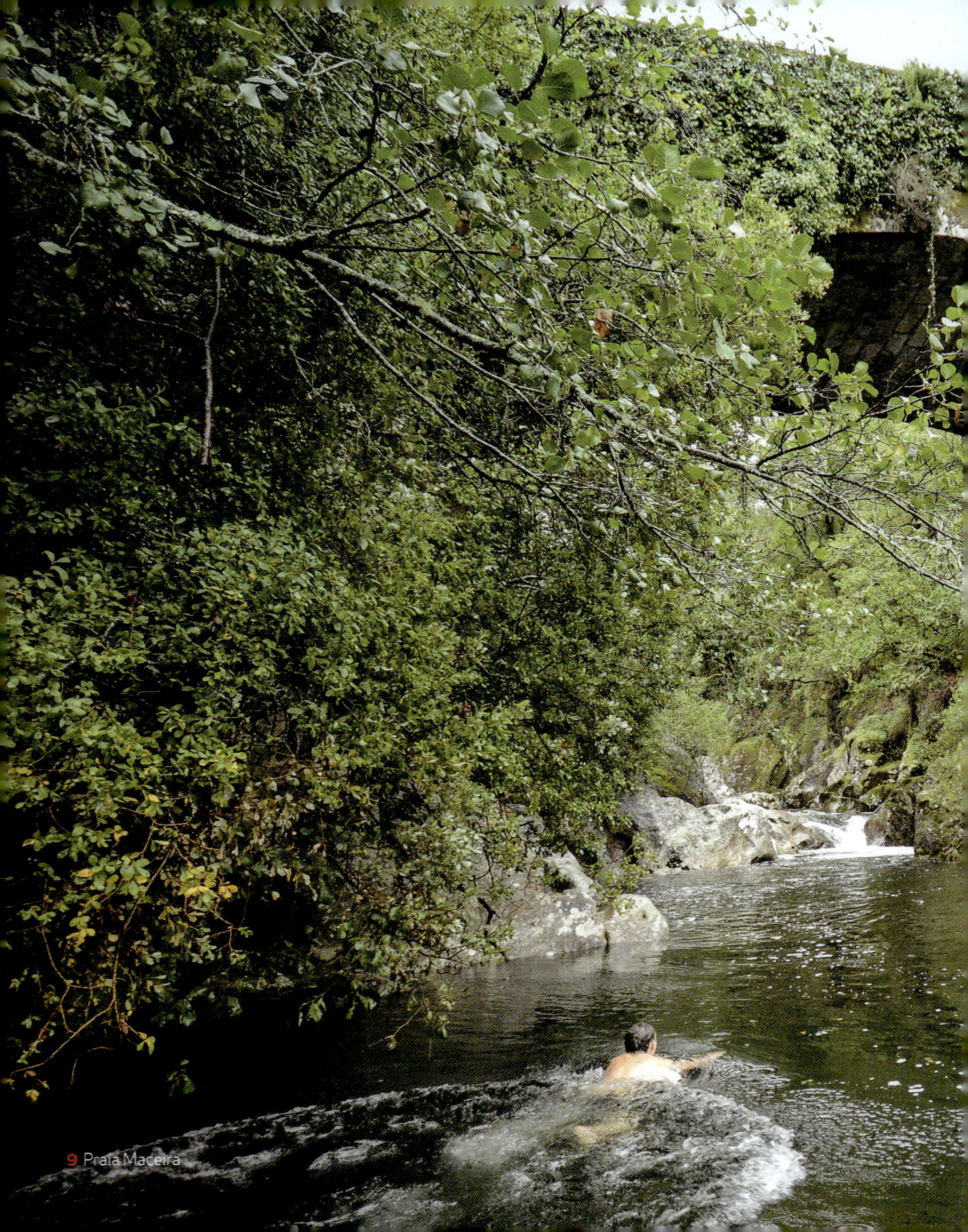

9 Praia Maceira

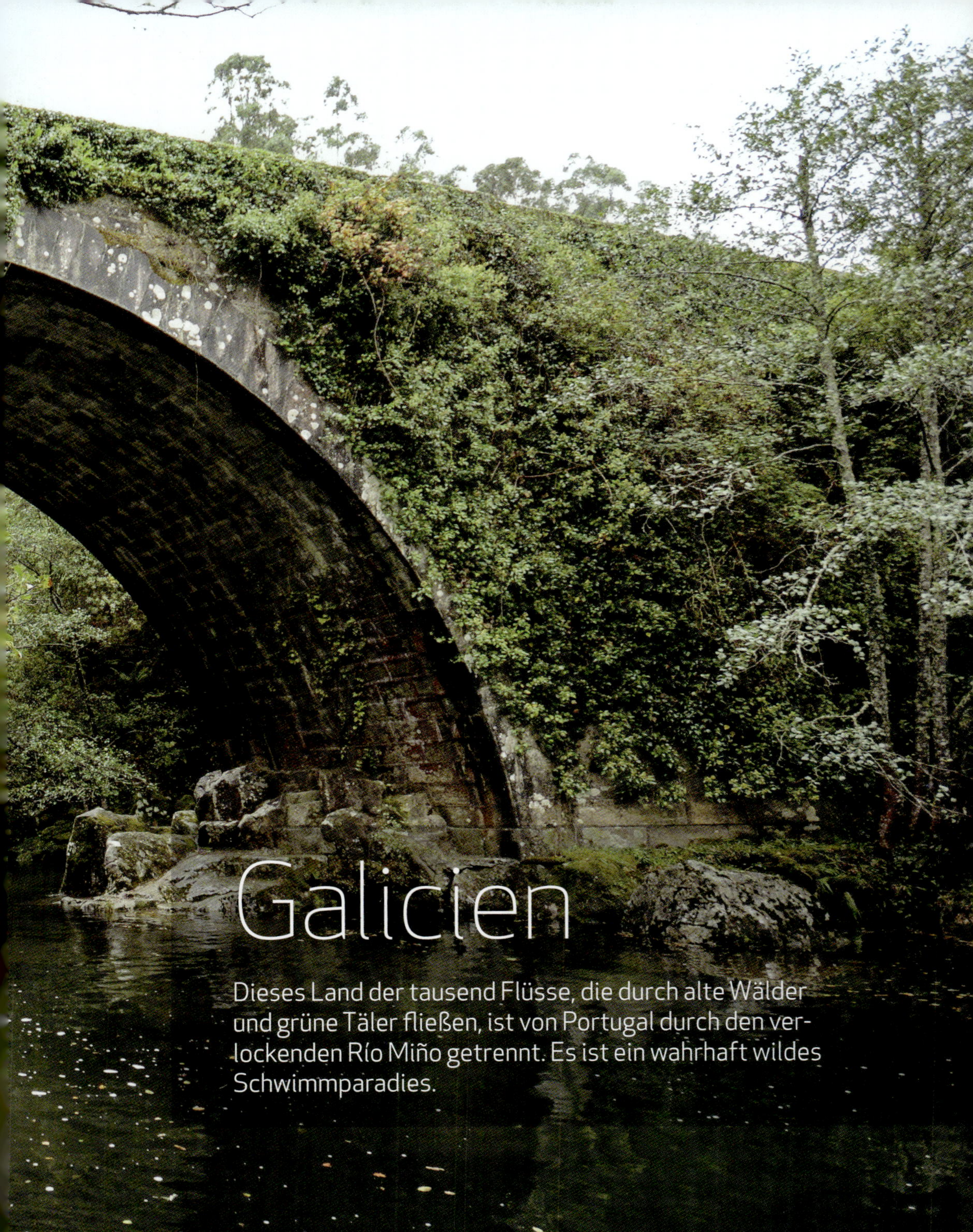

Galicien

Dieses Land der tausend Flüsse, die durch alte Wälder und grüne Täler fließen, ist von Portugal durch den verlockenden Río Miño getrennt. Es ist ein wahrhaft wildes Schwimmparadies.

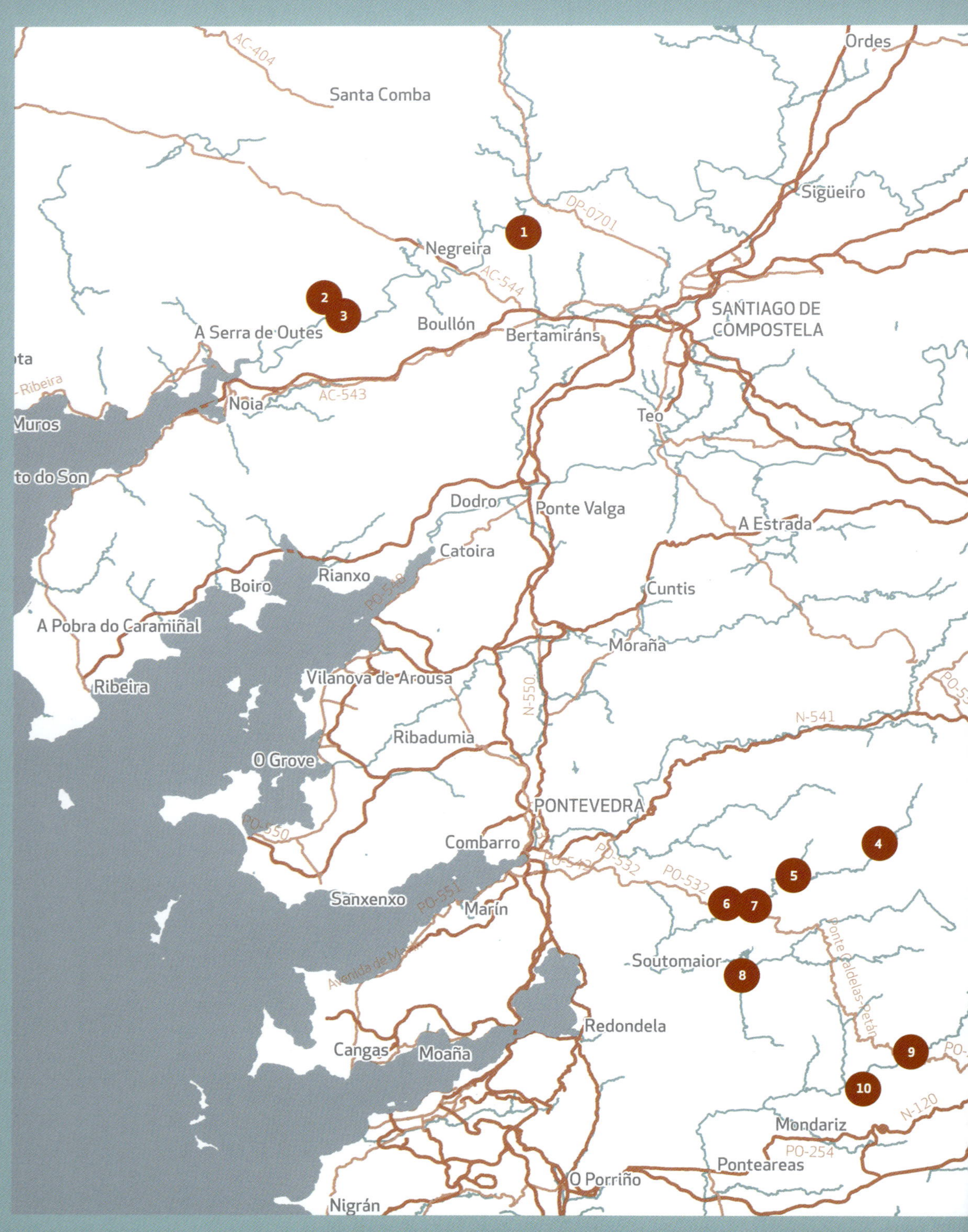

Ordes
Santa Comba
AC-404
Sigüeiro
DP-0701
Negreira
AC-544
SANTIAGO DE
COMPOSTELA
Boullón
A Serra de Outes
Bertamiráns
Noia
AC-543
Muros
Teo
Dodro
Ponte Valga
A Estrada
Catoira
Rianxo
Boiro
PO-548
Cuntis
A Pobra do Caramiñal
Moraña
Ribeira
Vilanova de Arousa
N-550
N-541
Ribadumia
O Grove
PONTEVEDRA
PO-550
Combarro
PO-542
PO-532
Sanxenxo
PO-551
Marín
Soutomaior
Avenida de Marín
Ponte Caldelas-Petán
Redondela
Cangas
Moaña
N-120
Mondariz
PO-254
Ponteareas
O Porriño
Nigrán
1
2
3
4
5
6
7
8
9
10

Highlights Galicien

1 Río Tambre – eine breite, natürliche Flussbucht, umgeben von Bäumen mit einer Insel in der Mitte. Hier kann man sich einem erfrischenden Schwimmvergnügen hingeben

4 A Fírveda – kraxeln Sie einen Bergpfad zu diesem dramatischen Wasserfall und zwei natürlichen Seen hinab, inmitten eines grünen, moosigen Tals hoch oben in der Sierra de Cando (auf Galicisch »Serra do Cando«). Nahe der Quelle des Río Verdugo

6 Ponte Caldelas – ein familienfreundlicher Flussstrand, umgeben von einem anmutigen Wald. Wandern Sie stromaufwärts zu tiefen, langen Flussabschnitten, die zu wildromantischen Schwimmfreuden einladen

9 Praia Maceira – ein hübscher Strand am Río Maceira, den Steinbrücken überspannen, und Wiesenflächen machen Praia Maceira zu einem bequem zu erreichenden Erlebnisbad für die ganze Familie

10 Praia Fluvial de Mondaríz – ein Sandstrand am Río Tea mit warmem Wasser und einem kleinen Wasserfall in einer Stadt, die berühmt für ihre heilsamen Thermalquellen ist

11 Praia da Coba, O Saviñao – ein kleiner Strand am breiten Río Miño in einem Gebiet von außerordentlicher Schönheit. Eignet sich bestens für einen langen Schwimmausflug zwischen grünenden Hängen

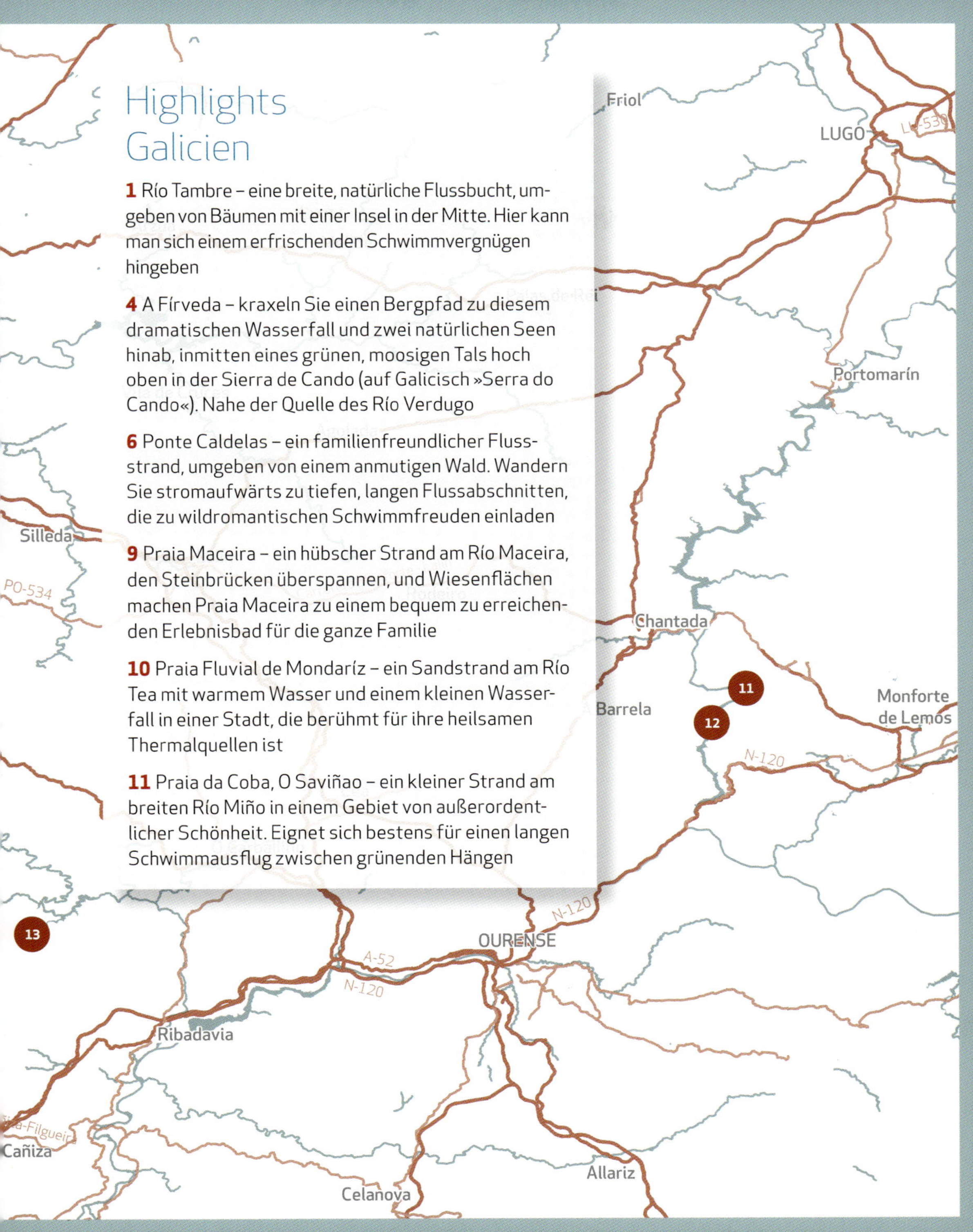

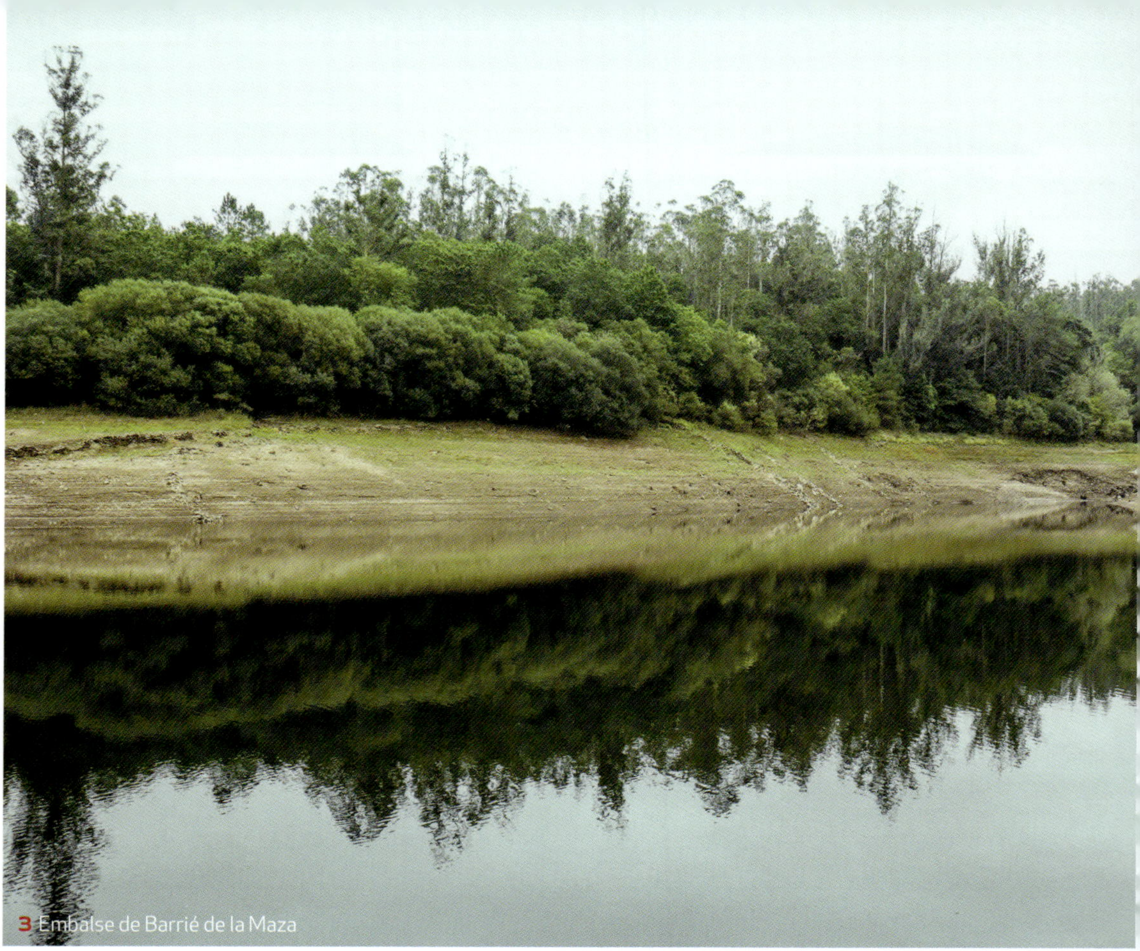

3 Embalse de Barrié de la Maza

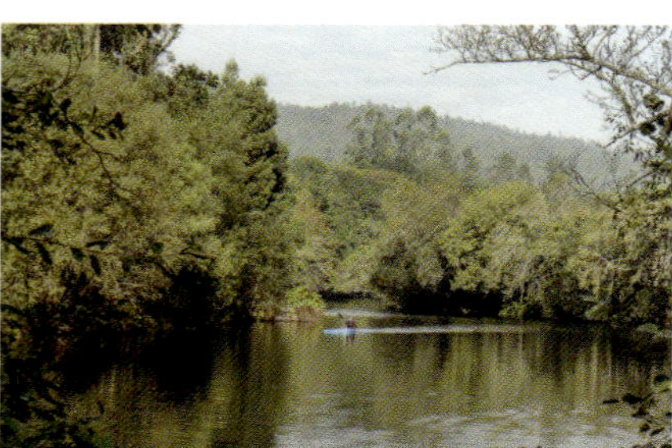

1

Der Río Miño windet sich verführerisch durch herrliche galicische Täler, die Spätsommersonne funkelt auf seiner gläsernen Oberfläche. Wir gehen in einer spektakulären Flussbucht schwimmen und bleiben den ganzen Tag. Auf den pinienbestandenen Hügeln erblicken wir gelegentlich ein hübsches weißes Haus, das sich an den Hang schmiegt.

Galicien ist ein Land üppiger wogender Hügel, durchzogen von kristallen funkelnden Flüssen. Die Spanier nennen diesen im Nordwestzipfel versteckten Teil ihres Landes gleich nördlich von Portugal *el país de los mil ríos* – das Land der tausend Flüsse.

Einer hiesigen Legende zufolge verliebte sich der Gott Jupiter in Galicias Schönheit, und um sie an sich zu binden, durchzog er das Land mit einem Fluss, dem Miño. Von Eifersucht getrieben, beschloss seine Gemahlin Juno, Galicias Antlitz zu entstellen, um ▶

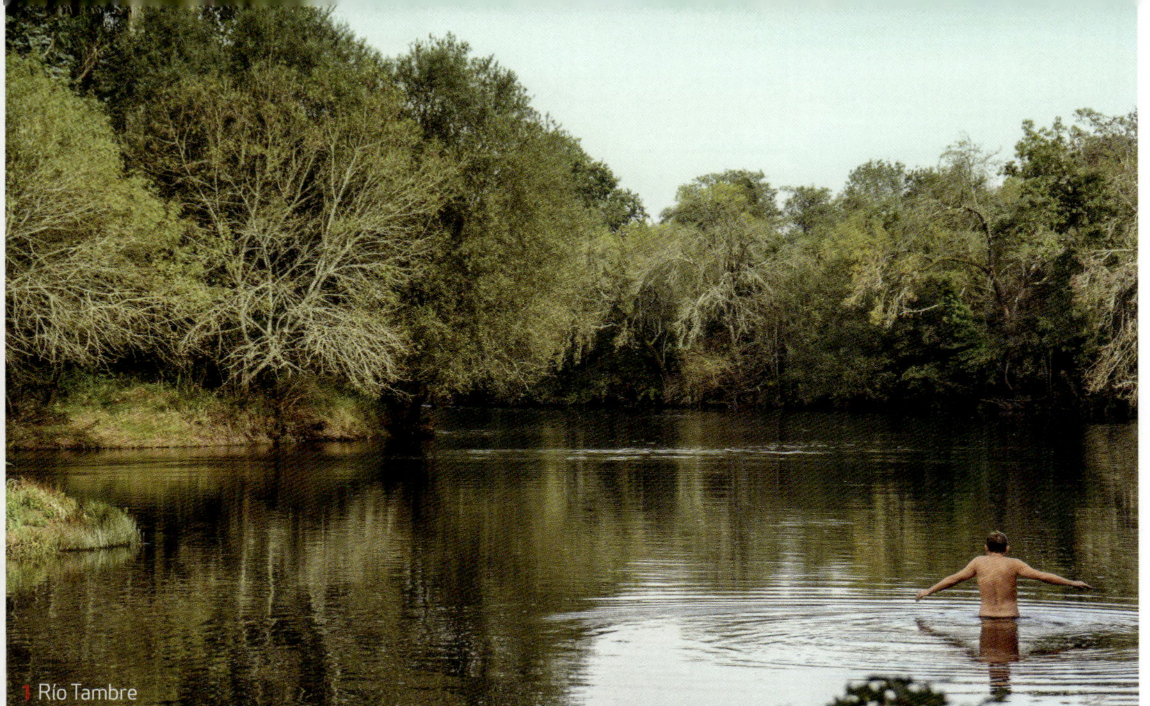

1 Río Tambre

Santiago

1 RÍO TAMBRE

Der Río Tambre ist ein küstennaher Fluss, der durch Galicien fließt. Nach einer 25-minütigen Fahrt von Santiago de Compostela kommt man zu einer breiten natürlichen Flussbucht mit einer Insel, umgeben von Eichen, Birken und Farnen. Fast wähnt man sich am Oberlauf der Fulda, ein Ort, wo man seinem inneren Otter freien Lauf lassen kann. Gut für eine erfrischende Schwimmexkursion, großartig zum Kajakfahren (www.aventurasengalicia.com) und Mountainbiking.

→ Von der AC-453 800 m nach Tapia (bzw. aus der anderen Richtung 2 km südlich von Fernande) beim Dorf Covas abfahren, dann links auf engen, gewundenen Straßen durch die Felder, bis Sie an eine T-Kreuzung kommen. Hier biegen Sie links ab, parken nach 200 m und folgen einem kleinen Pfad rechts etwa 50 m zum Fluss hinunter. Das Flussbett ist steinig, das Wasser wird zur Flussbiegung hin tiefer.

Leicht, 1 min, 42.9336, -8.6564

A Praia Fluvial de Tapia

Der leicht zugängliche Flussstrand von Tapia liegt 200 m südwestlich von der oben genannten Bucht. Durch den kleinen Damm einer alten Mühle ist unter Bäumen ein geschützter Strand mit Badebucht und Café entstanden. Der Club Ribeiras do Tambre bietet Kanukurse für Kinder und Erwachsene an. Von hier führen Waldpfade nach Ponte Maceira.

→ Wie Río Tambre, aber 200 m weiter südwestlich die Straße hinunter.

Leicht, 1 min, 42.9295, -8.6577

2 RÍO DE CORZÁN

Ein kleines Flussstaubecken zwischen Hügeln verborgen hinter hohem Gras.

→ Von Negreira aus auf der DP-5602 Richtung Südwest zu dem kleinen Dorf Barbazán. Gleich oben auf dem Hügel hinter dem Ort führt rechts ein Weg bergauf. Folgen Sie ihm 2 km über Berg und Tal bis zu einer Pumpstation. Nach 10 m taucht eine tiefe Bucht auf, von wo aus man flussaufwärts schwimmen kann.

Leicht, 1 min, 42.8794, -8.8108

3 EMBALSE DE BARRIÉ DE LA MAZA

Eine kleine Talsperre umgeben von Bäumen. Gut für lange Schwimmstrecken.

→ Von Negreira nach Barbazán auf der DP-5602 (siehe 2) kommt links ein Hinweisschild. Nach 3 km gelangt man zur befahrbaren Dammmauer. 20 m nach einem weißen Haus auf der Rechten biegt links ein Pfad ab. Parken Sie am Straßenrand und folgen Sie dem Pfad etwa 500 m zum steinigen Strand der Talsperre. Hier können Sie schwimmen.

Leicht, 5 min, 42.8647, -8.7958

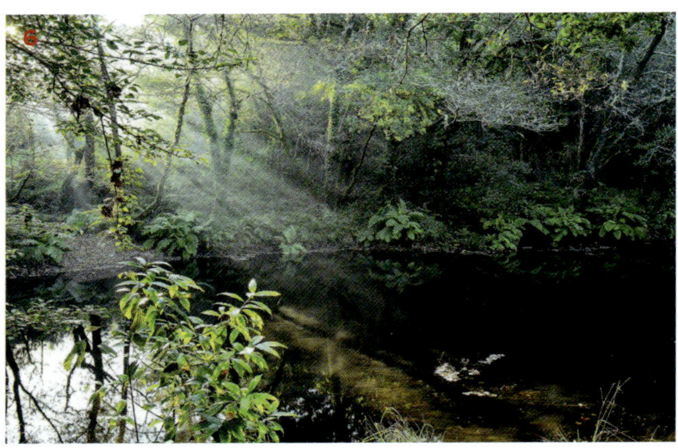

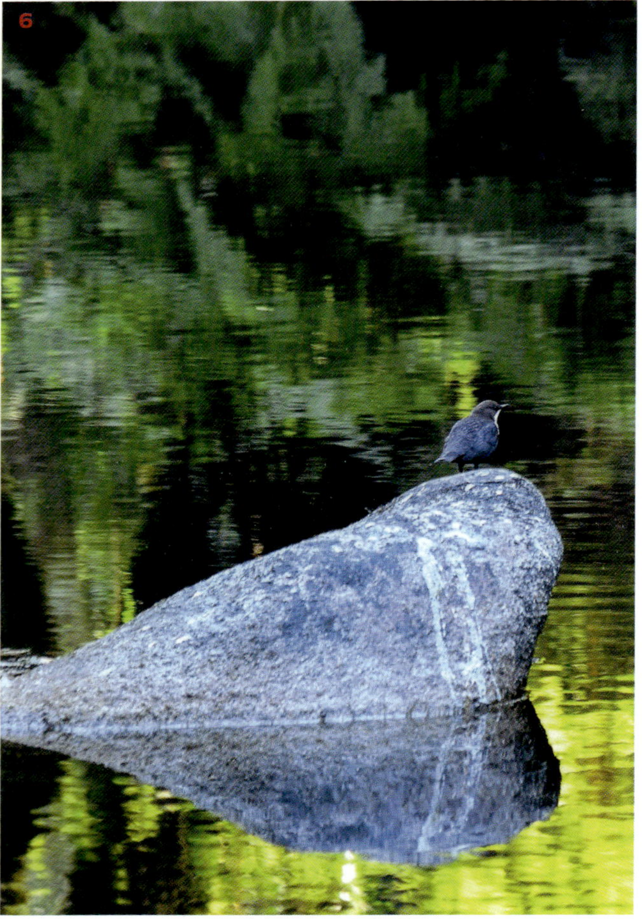

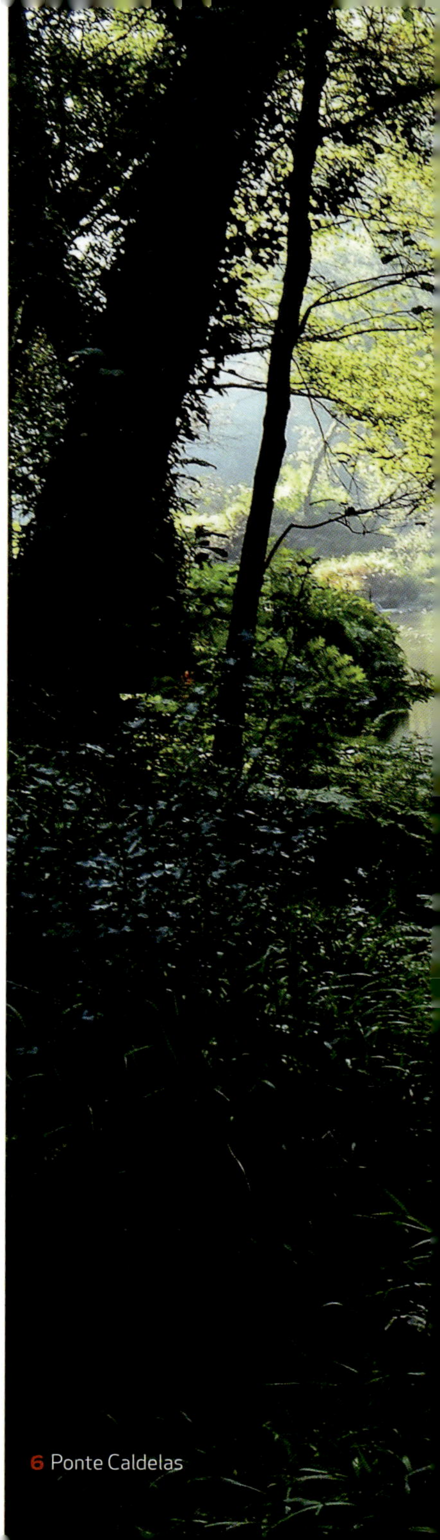

6 Ponte Caldelas

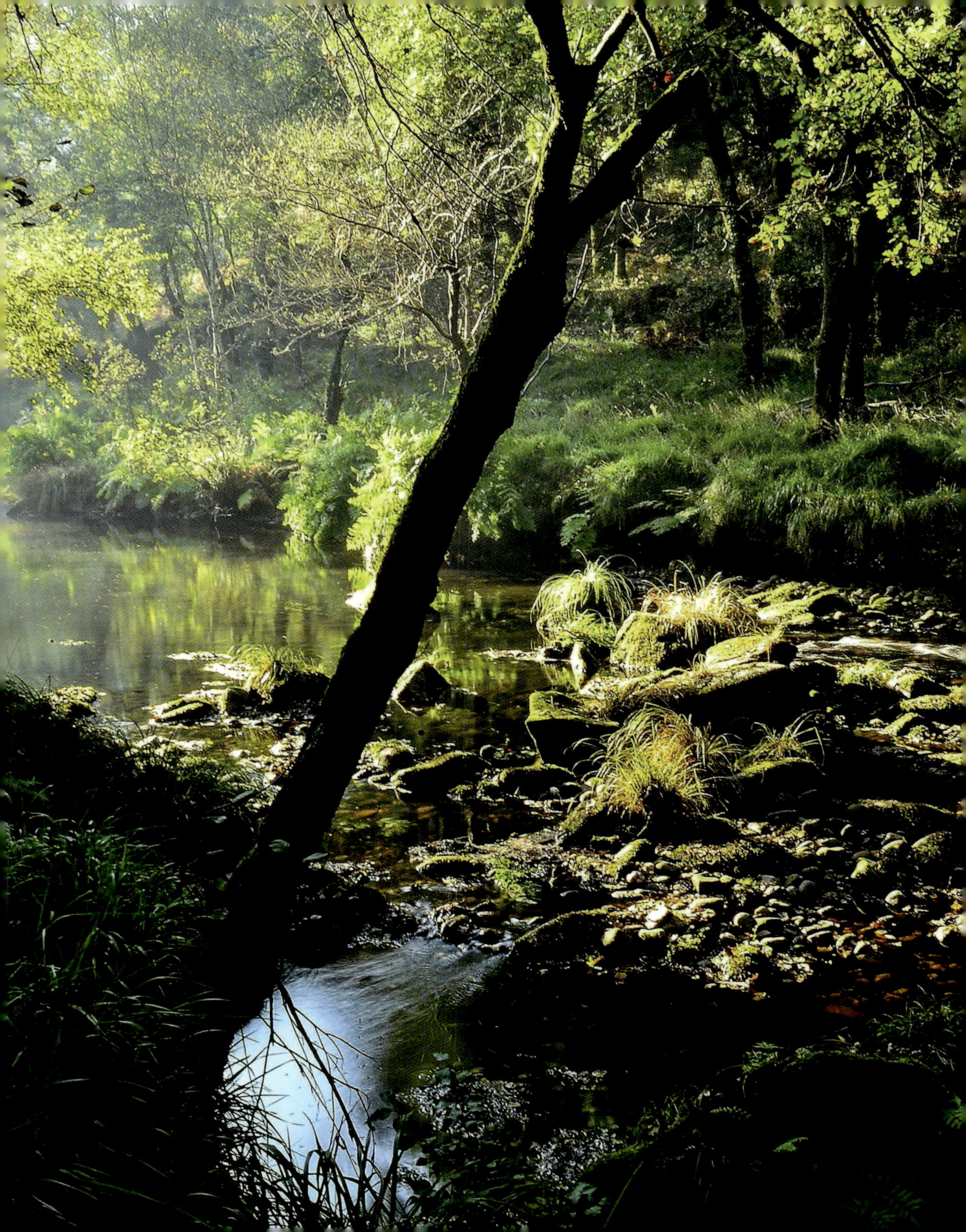

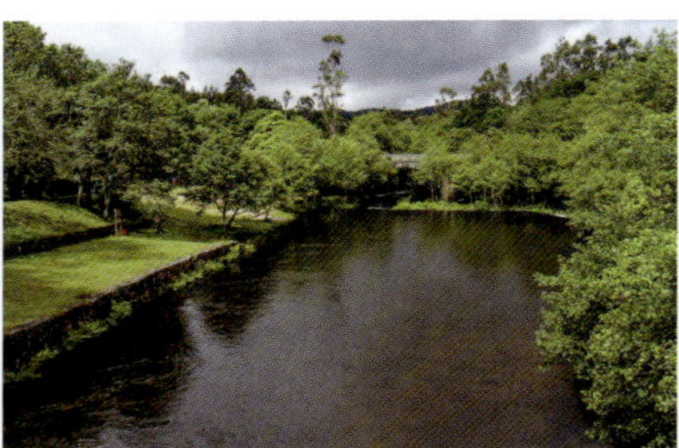

5

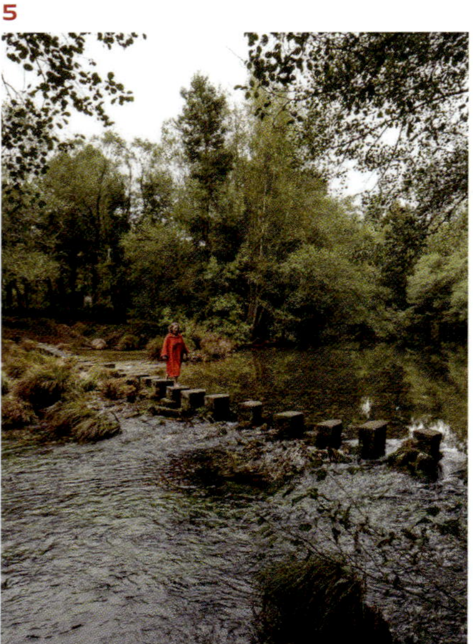

7

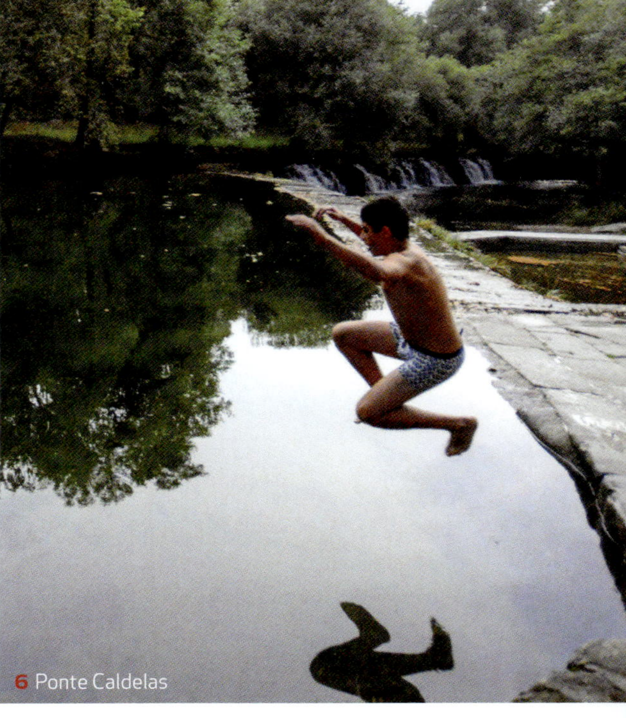

6 Ponte Caldelas

das Begehren ihres Gatten zu zügeln, daher riss sie tiefe Furchen in die Erde und füllte sie mit Wasser. Doch Junos Plan schlug ins Gegenteil, denn die vielen Flüsse und Schluchten verliehen Galicias Schönheit eine nur umso zauberhaftere Ausstrahlung.

Außer spektakulären Wasserfällen und berückenden Flussstränden verfügt diese Region auch über anderthalbtausend Kilometer Küste und ist somit ein wahres Paradies für Naturschwimmer. Galiciens ginster- und heidebedeckte Hügel und moosbewachsene Bruchsteinmauern erinnern an Derbyshire oder Cornwall, aber die Palmen versichern uns, dass wir in Spanien sind. Die Region hat ihre eigene Sprache, Kultur und landwirtschaftliche Tradition und widerstand der Industrialisierung bis Mitte des 20. Jahrhunderts.

Seit dem Mittelalter strömen Pilger nach Galicien, deren moderne Nachfolger, mit Rucksack bepackt, bis heute auf dem Jakobsweg wandeln. Ihr Ziel ist die Kathedrale der Regionalhauptstadt Santiago de Compostela, wo der Apostel Jakobus begraben liegen soll. Südlich von Santiago liegt die Küstenstadt Vigo. 1935 machte sich Laurie Lee von hier mit einer Decke und einer Geige unter dem Arm auf seine einjährige, epische Wanderung durch Spanien, die er in seiner autobiografischen Reisegeschichte *An einem hellen Morgen ging ich fort* verewigte. Zwei Jahre ▶

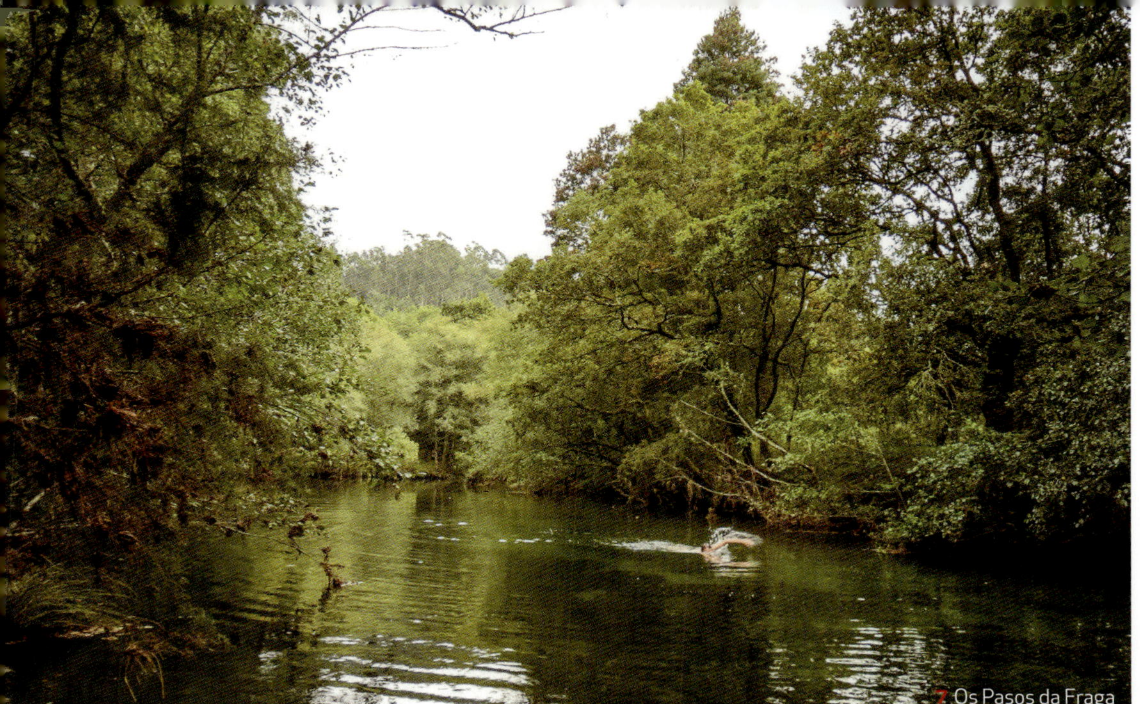

7 Os Pasos da Fraga

Río Verdugo

4 A FÍRVEDA

Ein dramatischer Wasserfall und zwei natürliche Flussbassins inmitten eines grünen, moosbewachsenen Tals hoch in den Bergen der Sierra de Cando. Nahe der Quelle des Río Verdugo.

➔ Parken Sie auf der CP-0306 am Rand von A Fírveda neben dem Schild »Río Verdugo no Firenza« (42.4395, -8.3771). Sie laufen in die kleine Ortschaft, biegen am Springbrunnen links ab, gehen einen schmalen, moosbewachsenen Pfad hinunter und weiter bergab vorbei an einem weiteren Springbrunnen. Bald hören Sie den Wasserfall. Achten Sie auf solides Schuhwerk, der Weg ist steinig und rutschig.

Mittel, 10 min, 42.4393, -8.3758

5 PRAIA FLUVIAL VERDUGO

Hoch in der Sierra de Cando liegt dieser herrliche Fluss an einer breiten Stelle des Verdugo-Flusses.

➔ Auf der PO-240 nördlich vom Dorf A Lama; Parkmöglichkeit am Fluss.

Leicht, 1 min, 42.4138, -8.4441

6 PONTE CALDELAS

Ein eindrucksvoller halbkreisförmiger niedriger Wasserfall, umgeben von einem dichten Birken-, Walnuss- und Eichenwald. Ein bequem erreichbarer, familienfreundlicher Badeplatz am Fluss. Über dem Wasserfall liegt ein tiefes Becken mit einer Schwingleine.

➔ Halten Sie auf der PO-532 in Ponte Caldelas nach Hinweisschildern auf die »Praia Fluvial« Ausschau. Fahren Sie an der Brücke über den Río Verdugo von der Hauptstraße ab und folgen Sie dem Weg 1 km flussaufwärts bis zum Wasserfall. Dort links parken.

Leicht, 1 min, 42.3912, -8.4922

A Ponte Caldelas stromaufwärts

➔ Für ein noch wildromantischeres Badevergnügen gehen Sie stromaufwärts, wo tiefe Stellen in dem langsam fließenden, herrlichen Fluss zum Baden einladen.

Leicht, 5 min, 42.3913, -8.4891

7 OS PASOS DA FRAGA

Ein bezaubernder Fluss, über den Trittsteine führen. Erquickendes Bad in klarem, kühlem Wasser – eines Königs würdig.

➔ Von Pazos östlich auf der PO-255, dann die Erste links nach Fraga. Nach 1 km weist ein Schild auf Fraga de Arriba rechter und Os Pasos da Fraga linker Hand (42.3909, -8.4634). Parken Sie hier und folgen Sie dem Pfad bergab, bis Sie eine moosbedeckte Mauer erreichen. Nach rechts führt ein gewundener Pfad. Halten Sie sich links, bis Sie am Fluss ankommen. Trittsteine aus römischer Zeit queren den Fluss, am Wegesrand steht ein Schrein. Der Fluss ist hier recht breit und flach. Vor den Steinen führt ein kleiner Tierpfad stromaufwärts. Nach 100 m kommt eine Biegung, wo der Fluss tiefer ist. Vom Ufer kann man in das kristallklare Wasser springen.

Leicht, 10 min, 42.3928, -8.4642

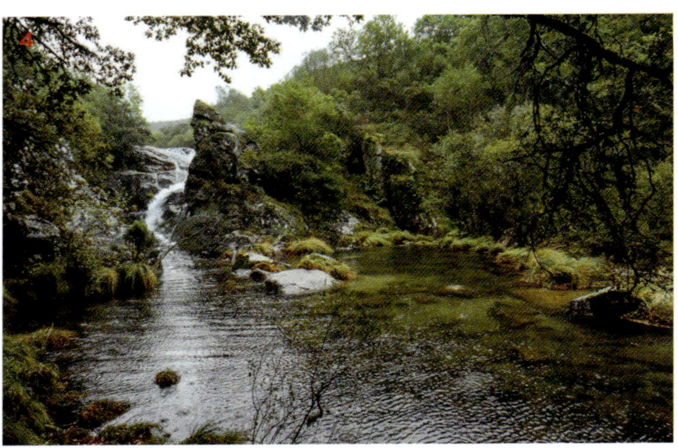

4

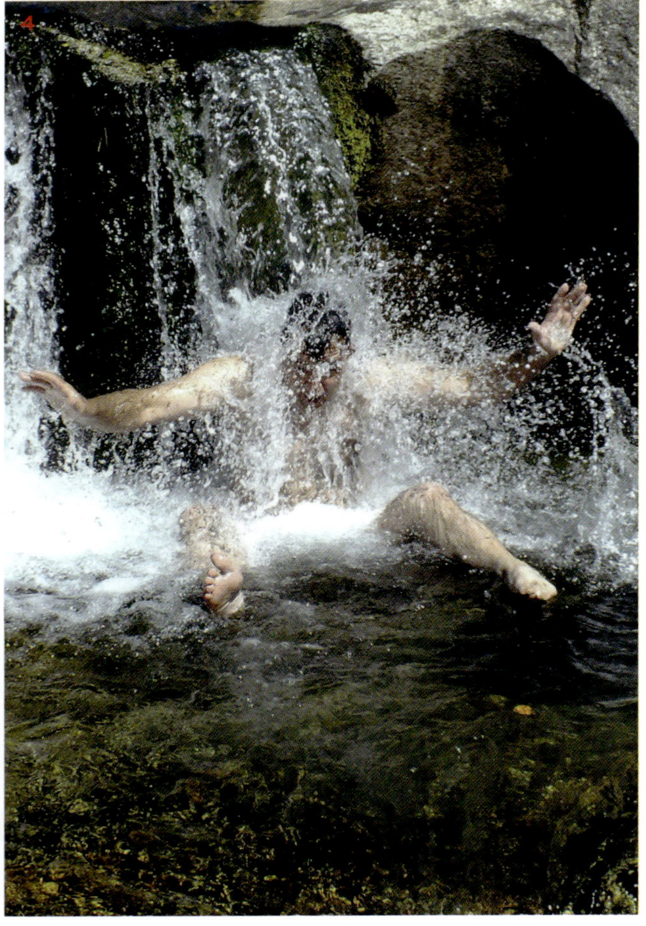

4

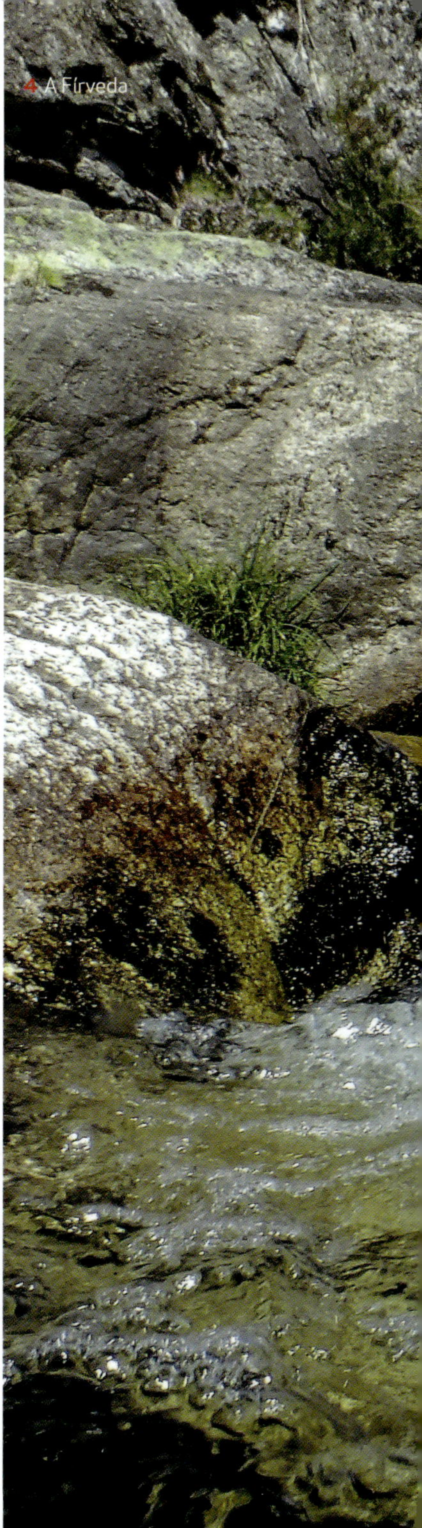

4 A Fírveda

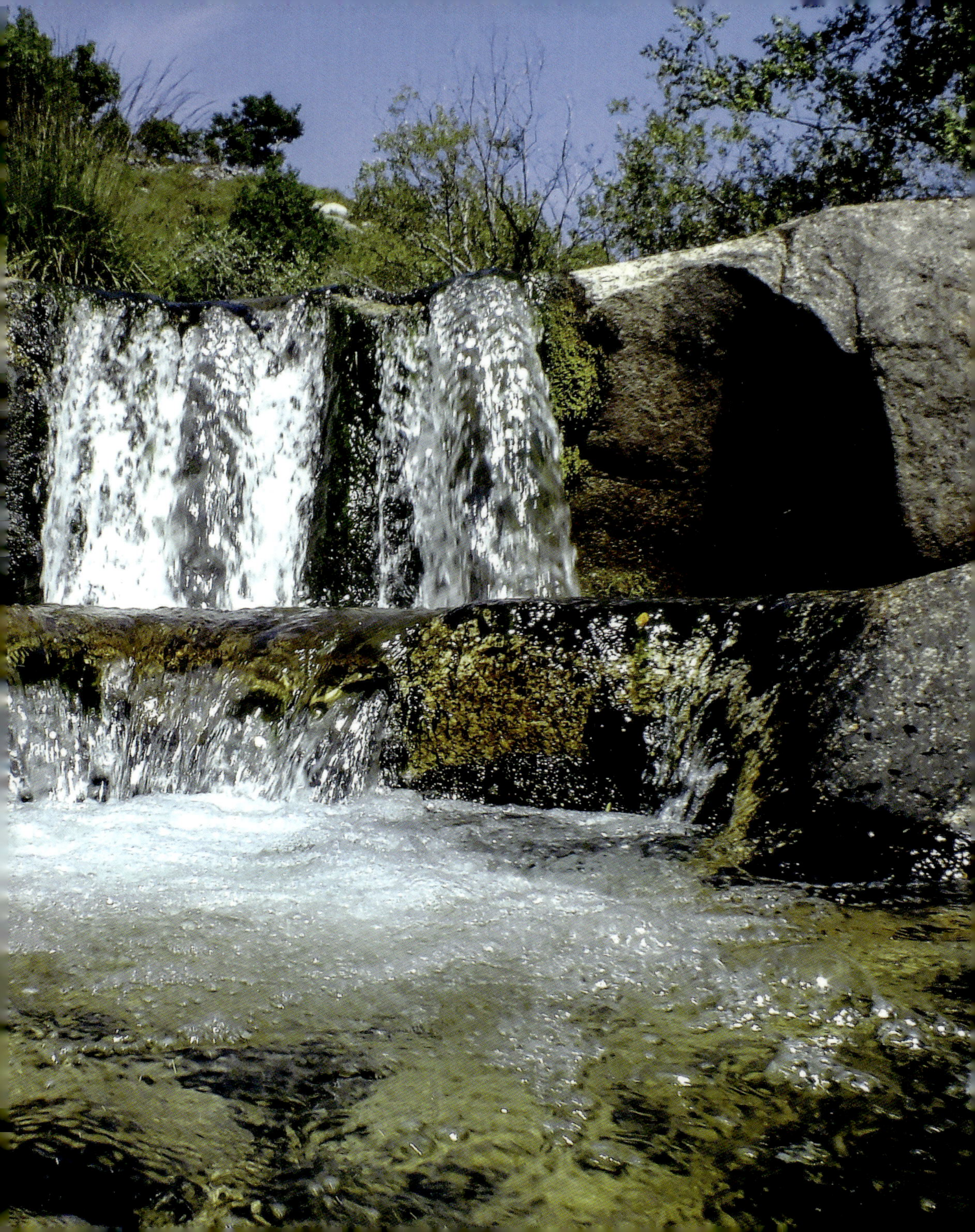

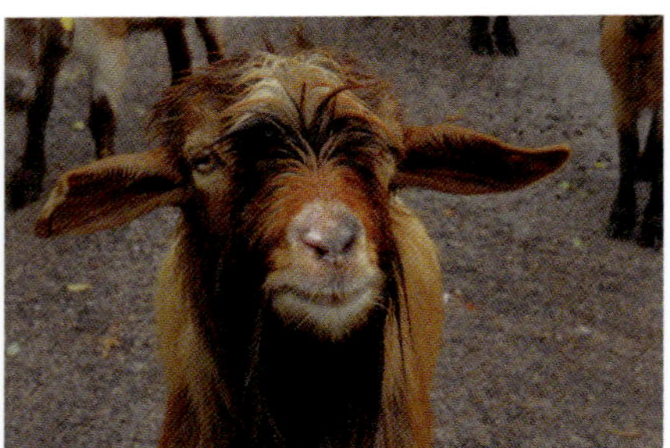

10

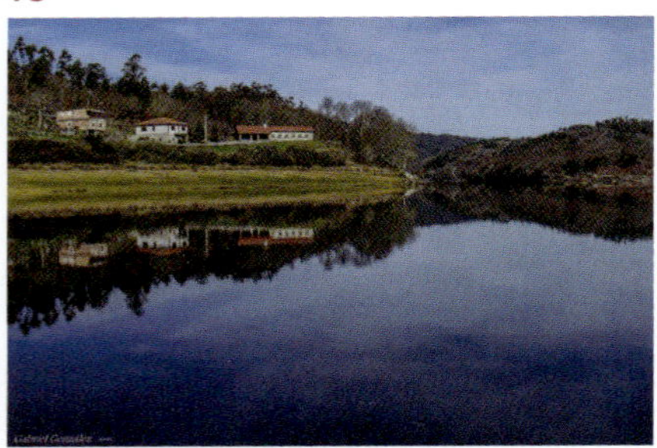

8

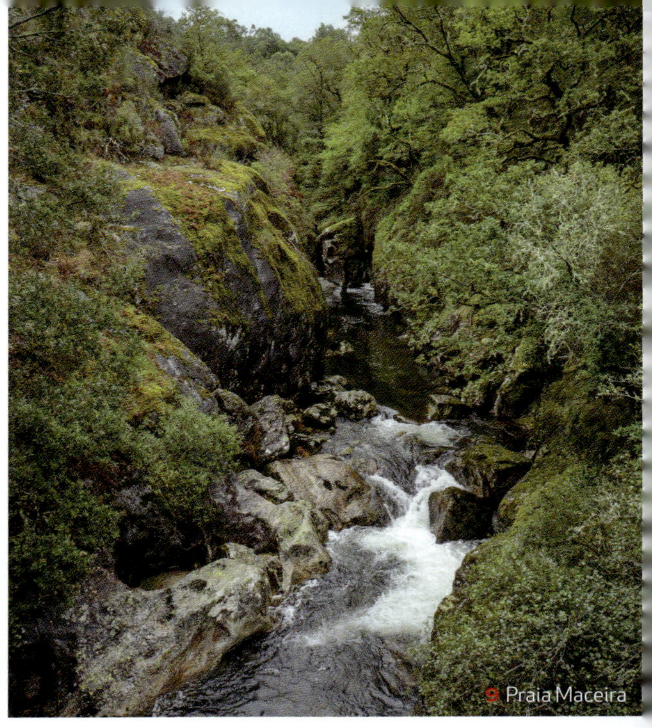

9 Praia Maceira

später kehrte er zurück, um im Spanischen Bürgerkrieg an der Seite der Republikaner gegen die Faschisten zu kämpfen.

Einer der ersten Orte, wo wir ins Wasser hüpfen, ist eine breite Stelle des Río Tambre, bei der Bäume und Farne bis zum kühlen Wasser hinabreichen. Auf dem Rückweg zum Río Corzán erblicken wir ein Hinweisschild auf die von Bäumen gesäumte Talsperre Embalse de Barrié de la Maza, wo wir eine lange, Schwimmexkursion unternehmen.

Aus einem kleinen Dorf in den Vorbergen der Sierra de Cando nicht weit von der Quelle des Río Verdugo gehen wir einen steilen, felsigen Pfad hinunter, während das Rauschen des Wasserfalls A Fírveda stärker wird. Wir gehen in dem dschungelartigen Tal baden und fordern uns gegenseitig heraus, wer sich traut, unter den wild niedertosenden Sturzfluten zu schwimmen.

Flussstrände, *praias fluviales*, findet man in den Dörfern der ganzen Region an Stauseen von jeder Form, Größe und Tiefe. Breitere, tiefere Stellen finden sich oft an Flussbiegungen. Ein bisschen flussabwärts führt eine pittoreske Brücke aus dem 19. Jahrhundert über den Río Verdugo. In Ponte Caldelas soll der Legende nach Königin Lupa (Wölfin) geboren sein, die sich mit List der Jünger des Apostels Jakobus zu entledigen suchte. ▶

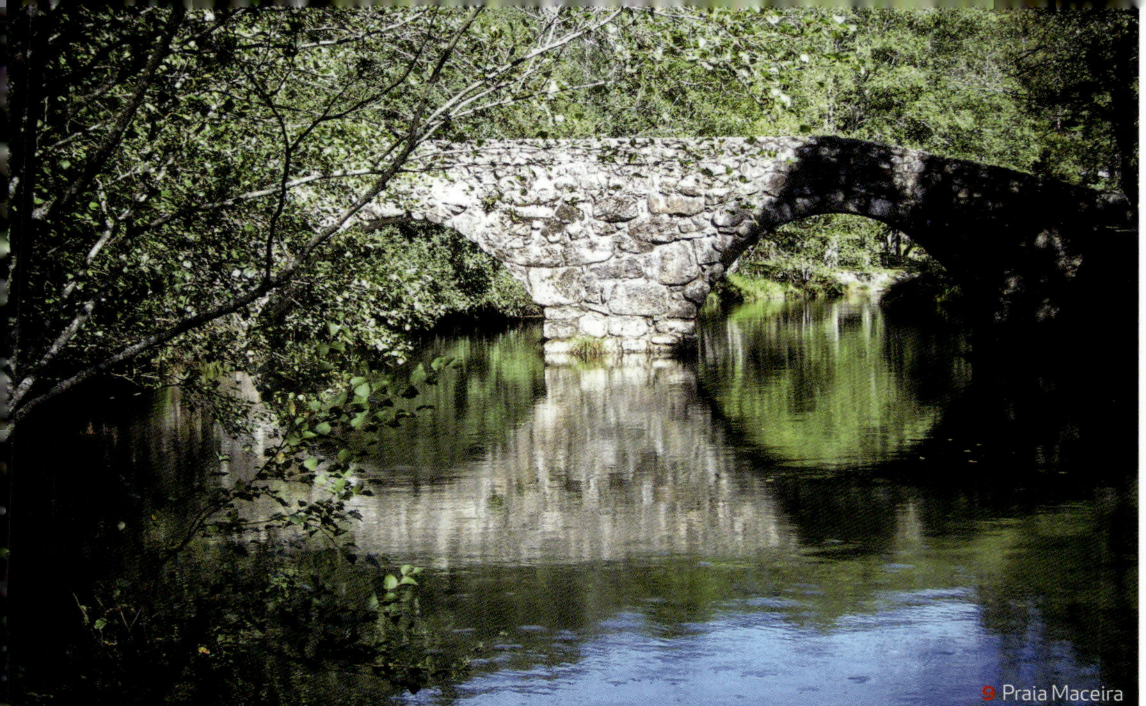

9 Praia Maceira

Die Flüsse Oitavén & Tea

8 EMBALSE DE EIRAS

Bei dem von einem ausgedehnten Wald bedeckten Höhenzug Sierra del Suído (Serra do Suído) liegen der spektakuläre Wasserfall O Inferno (die Hölle) und die Quellen des Río Oitavén und eines Zuflusses des Río Tea. Der Oitavén fließt westlich Richtung Vigo, wo er sich mit dem Río Verdugo verbindet, bevor sein Wasser in den Atlantik fließt. Der Río Tea schlängelt sich durch Pontevedra und trifft in Salvaterra de Miño auf den majestätischen Río Miño an der Grenze zu Portugal. Zwischen den Städten Ponte Caldelas und Fornelos de Montes im Südosten bildet der Zusammenfluss von Oitavén, Barragán und San Benito ein großes Staubecken – die Embalse de Eiras. Wunderbar, um weit zu schwimmen.

→ Nahe A Curuxeira gibt es an der PO-250 ein großes Areal zum Parken, Picknicken und Sonnenbaden. Über die Uferwiesen gelangt man zum Wasser.

Leicht, 2 min, 42.3335, -8.4837

9 PRAIA MACEIRA

Präshistorische Felskunst und Petroglyphen sind über dem Dorf Maceira zu sehen, Zeugnisse seiner langen Geschichte. Es rühmt sich auch eines hübschen Flussstrandes mit einem kleinen Wasserfall, reichlich Wiesenflächen, zwei alten Steinbrücken und einer Insel in der Mitte einer Flussgabelung. Es ist ein üppig grüner, rustikaler und sehr bequem zu erreichender Badeort mit Trittsteinen ins klare, frische Wasser, ideal für Familien. Auf moosbewachsenen Felsen rechts am Wasserfall gelangt man zu einem weiteren Strudelbecken mit einem noch größeren Wasserfall. Der Zeltplatz Camping Maceira liegt rechts vom Fluss (www.campingmaceira.com).

→ Von Vilanova 4 min (1,7 km) auf der PO-255 bis zu einer scharfen Linkskurve, wo eine Brücke über einen Wasserfall führt. Sofort hinter der Brücke links befindet sich ein Parkplatz.

Leicht, 1 min, 42.2724, -8.3519

10 PRAIA FLUVIAL DE MONDARÍZ

Mondaríz ist berühmt für seine heilsamen Thermalquellen, die ein ansässiger Arzt im 19. Jahrhundert entdeckte. Der Kurort hat in den letzten beiden Jahrhunderten Könige und Tycoons angezogen. Ein Sandstand am Río Tea bietet warmes Wasser zum Baden und einen Wasserfall. Die Ufer sind von Erlen, Pinien und Eichen gesäumt. Gut für Familien, auch wenn das Wasser stellenweise bis zu zwei Meter tief ist. Durch die umliegende Gegend führen schöne Wanderrouten.

→ An der PO-252 in Mondaríz gibt es bei der Brücke Parkplätze nahe am Fluss.

Leicht, 1 min, 42.2365, -8.4609

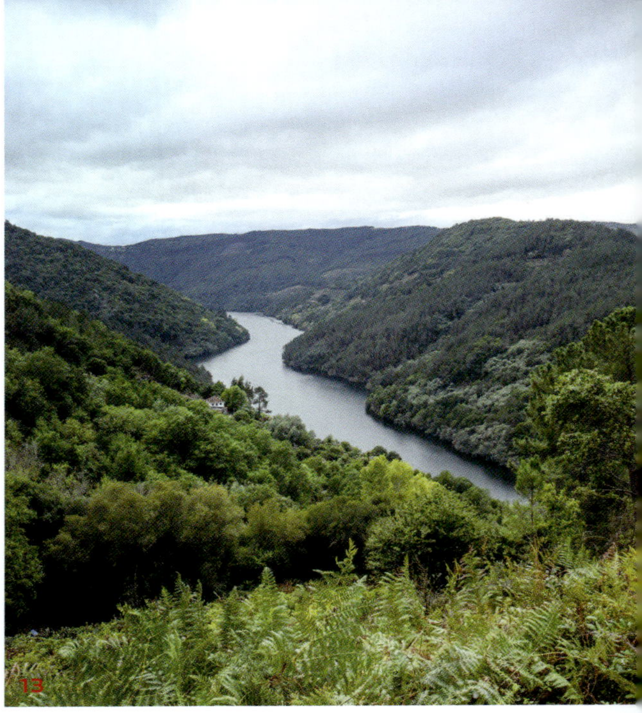

13

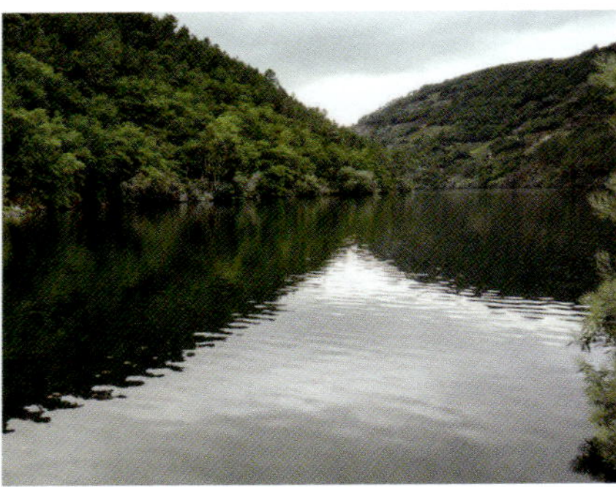

11

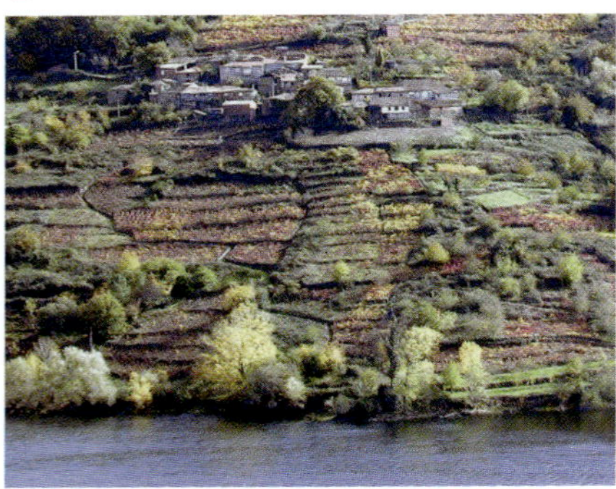

12

Hier gibt es ein Wehr, ein tiefes Bassin mit Schwingseil und einen halbrunden Wasserfall. Wir schwimmen flussaufwärts durch einen tiefen, von schattigem Wald geschützten Kanal, begleitet nur von Vögeln und Fischen.

Drei Kilometer flussaufwärts finden wir Os Pasos da Fraga, wo eindrucksvolle Riesensteine über das Wasser führen. Wir wandern flussaufwärts, bis Sonnenlicht durchs Dickicht des Blätterdachs bricht und einen tiefen, kristallklaren Pool offenbart, zu verführerisch, um nicht sofort hineinzuhechten.

Eine enorme Wasserfläche begrüßt uns am Zusammenfluss von Oitavén, Barragán und San Benito. Wir lassen den Wagen auf einem kleinen Parkplatz am Staubecken, schwimmen weit hinaus in die Mitte des Sees und lassen selig den Blick zurück zum entfernten grasbewachsenen Ufer schweifen.

Bei der Erkundung des Río Tea, ein Zufluss des 200 km langen Río Miño, finden wir Flussstrände in Mondaríz und in Maceira, dann geht es weiter nach Avión zum Wehr am Río Valdeiras. Wie gewöhnlich suchen wir flussaufwärts nach abgeschiedenen Badestellen. Als weit und breit niemand zu sehen ist, streifen wir unsere Sachen ab und huschen nackt ins labende Nass. ■

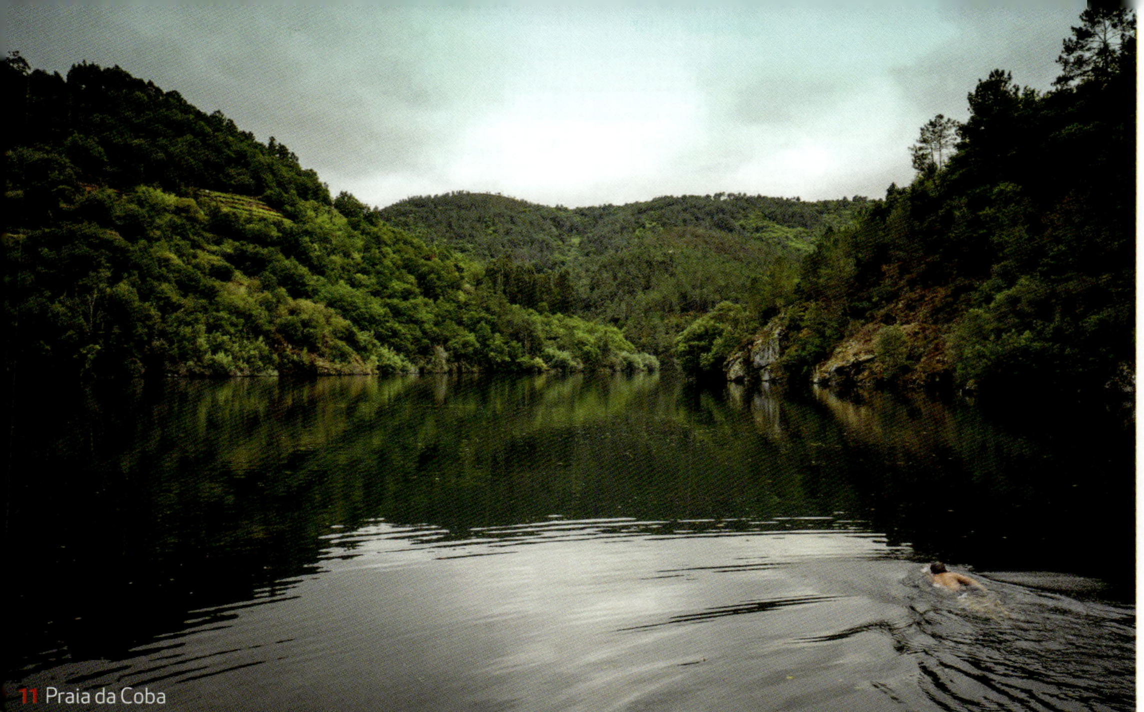

11 Praia da Coba

Miño & Valderías

11 PRAIA DA COBA, O SAVIÑAO

Eine berückende, versteckte Bucht am Río Miño in einem Gebiet von außerordentlicher Schönheit mit spektakulären Ausblicken über eine weitgeschwungene Flussbiegung. Warmes, glasiges Wasser in einem weiten, baumgesäumten Tal mit Echo. Sehr zu empfehlen.

→ Von Cuñas südöstlich auf der LU-P-5819 bis Praia da Coba, dann den engen Pfad hinunter zum Flussufer. Man kann hier oder 50 m weiter den Pfad entlang am Flussstrand ins Wasser gehen. Gehen Sie an der Biegung links oder rechts und schwimmen Sie nach Herzenslust. An der Wanderroute PR-G 162 von Ribeira Sacra do Miño gelegen.

Leicht, 1 min, 42.5647, -7.6828

12 EMBARCADEIRO DA MAIORGA

Eine spektakuläre Schwimmstrecke von einem abgeschiedenen Flussufer den Río Miño entlang vorbei an den Weinterrassen von Ribeira Sacra. Hier gibt es eine Bar mit Restaurant, und man kann vom Kai Katamaranfahrten stromaufwärts unternehmen (Infos, Reservierung: http://reservas.rutasembalses.es).

→ Auf der LU-P-4111 von Marce nach Norden nach 1,8 km links Richtung Lagariza und Rubiás abfahren, nach weiteren 1,8 km scharf links abbiegen. Bis zum Fluss und Kai sind es auf dieser Straße noch 1,9 km. Laufen Sie den schmalen Weg links vom Pier entlang, um eine gute Stelle zum Baden zu suchen.

Leicht, 2 min, 42.5369, -7.7093

13 RÍO VALDERÍAS

Ein kleiner Strand am Río Valderías stromaufwärts von Playa Fluvial de Avión.

→ Auf der OU-212 südlich von Avión bis zu einem kleinen Parkplatz am Fluss. Hier findet sich ein großes, für Familienausflüge geeignetes Flussbassin. Laufen Sie 400 m einen Fußweg stromaufwärts. Kurz vor einer Holzbrücke steht ein Holzzaun, der zum Wasser hinabführt, wo zwei Flüsse zusammenströmen.

Leicht, 1 min, 42.3701, -8.2378

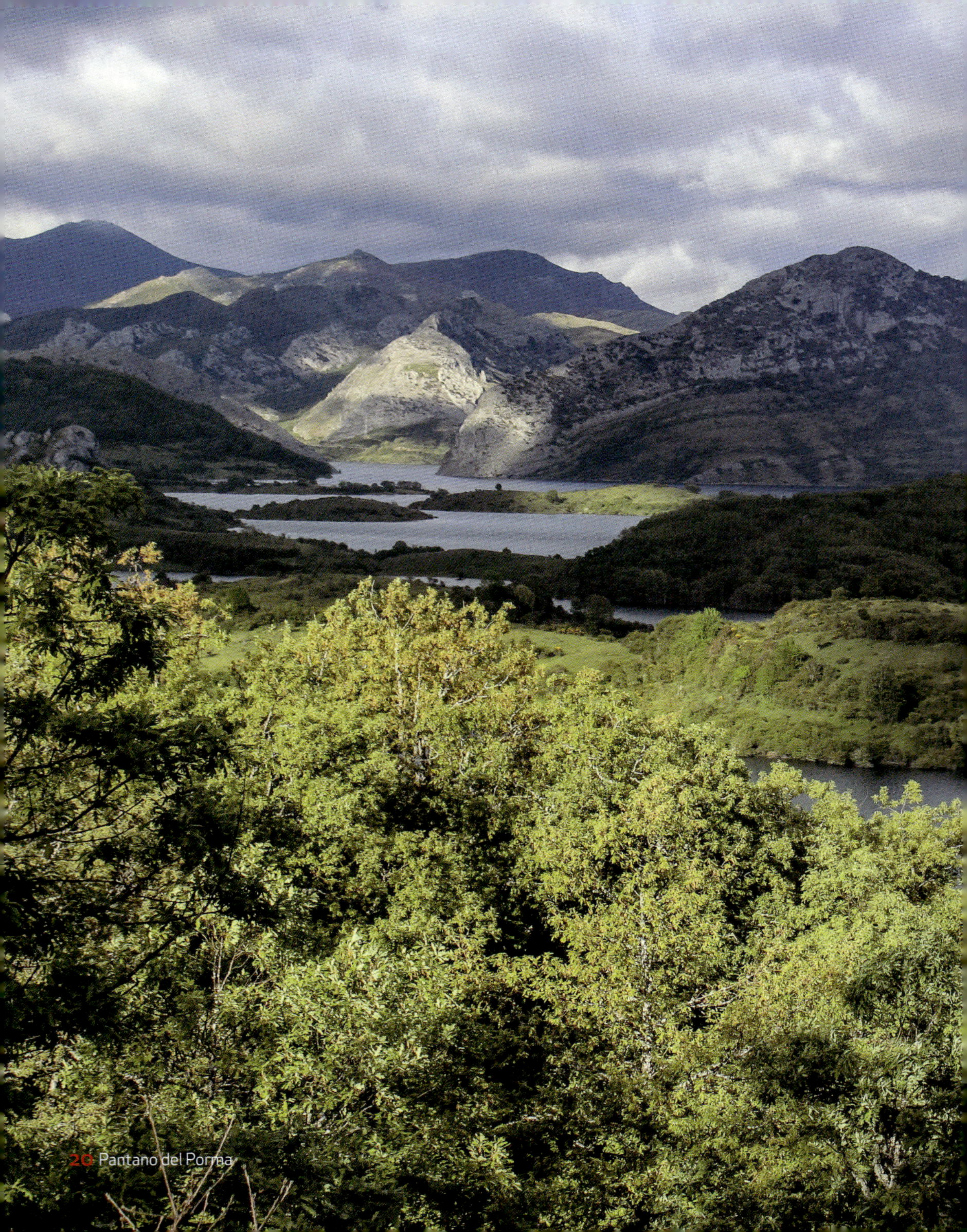

 Pantano del Porma

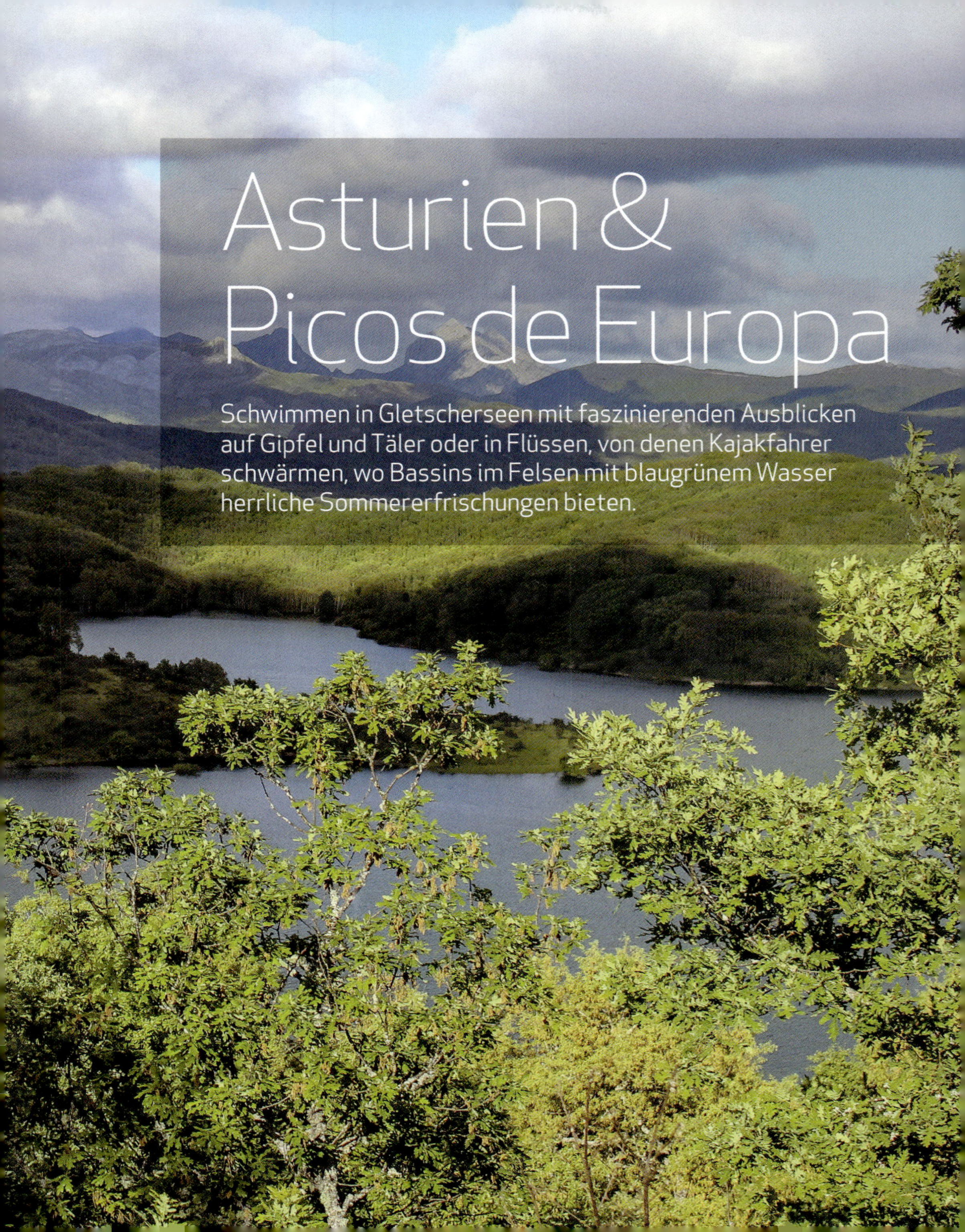

Asturien & Picos de Europa

Schwimmen in Gletscherseen mit faszinierenden Ausblicken auf Gipfel und Täler oder in Flüssen, von denen Kajakfahrer schwärmen, wo Bassins im Felsen mit blaugrünem Wasser herrliche Sommererfrischungen bieten.

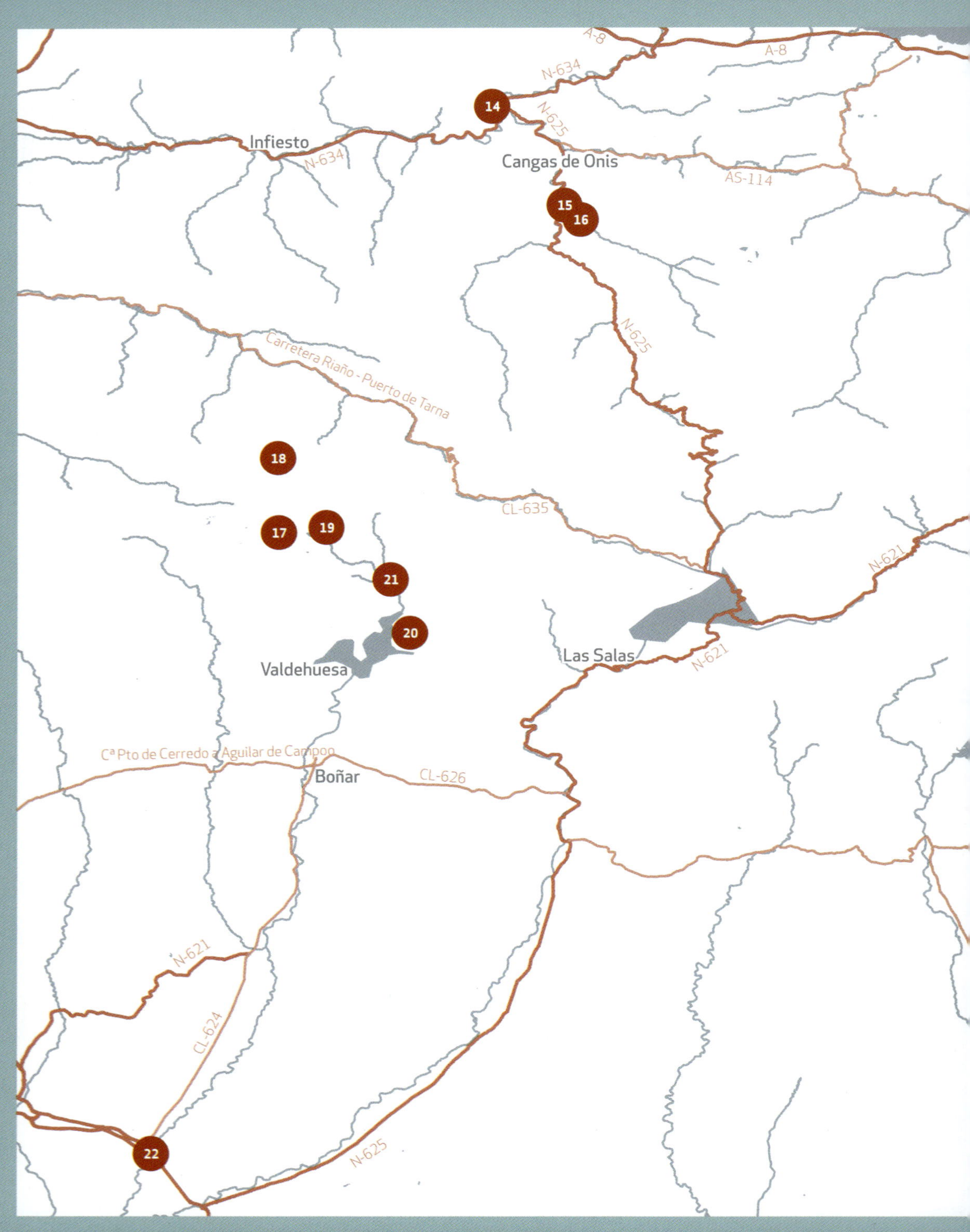

A-8
A-8
N-634
14
N-625
Infiesto
N-634
Cangas de Onis
AS-114
15
16
N-625
Carretera Riaño - Puerto de Tarna
18
CL-635
17
19
21
N-621
20
Las Salas
Valdehuesa
N-621
Cª Pto de Cerredo a Aguilar de Campoo
Boñar
CL-626
N-621
CL-624
22
N-625

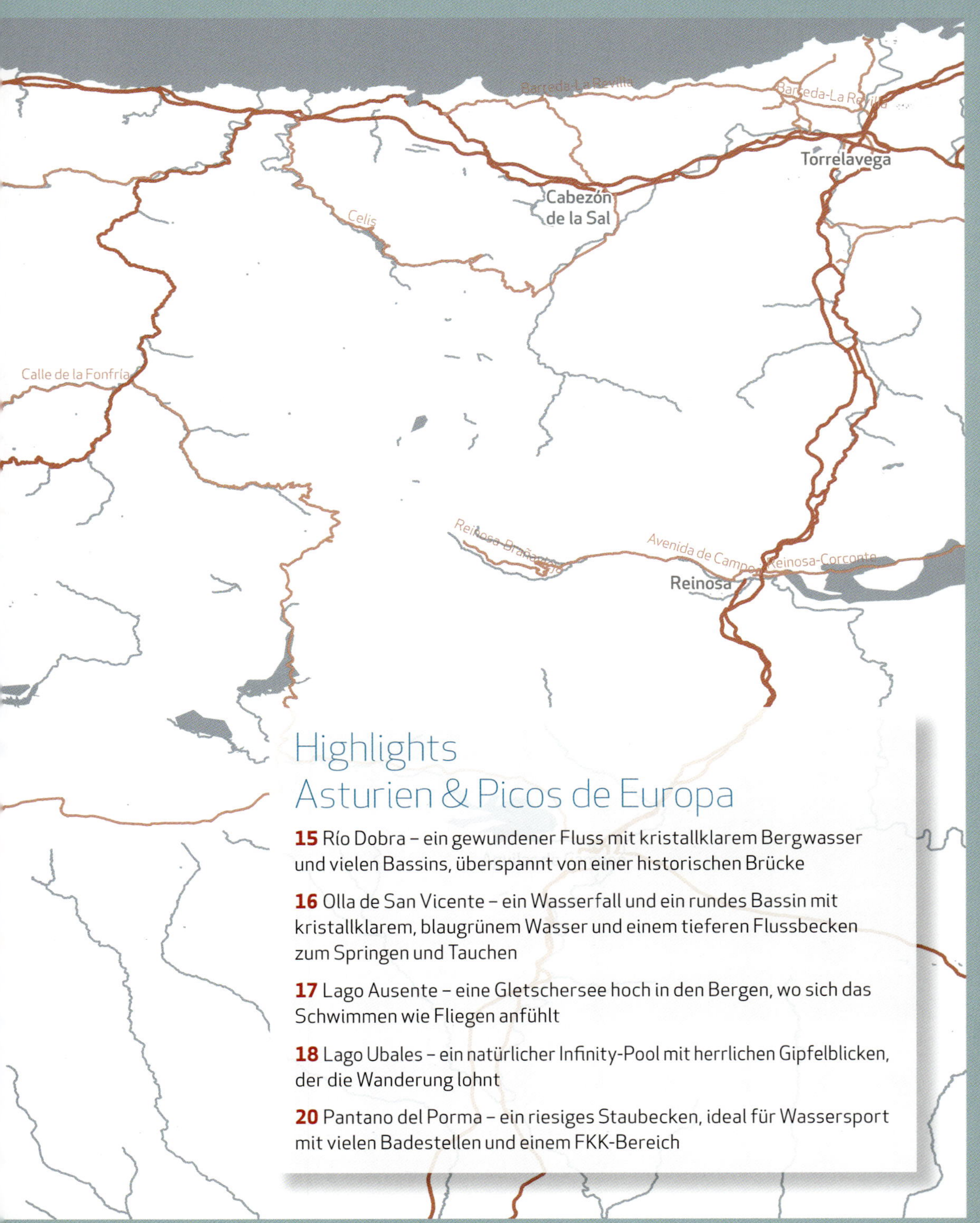

Highlights
Asturien & Picos de Europa

15 Río Dobra – ein gewundener Fluss mit kristallklarem Bergwasser und vielen Bassins, überspannt von einer historischen Brücke

16 Olla de San Vicente – ein Wasserfall und ein rundes Bassin mit kristallklarem, blaugrünem Wasser und einem tieferen Flussbecken zum Springen und Tauchen

17 Lago Ausente – eine Gletschersee hoch in den Bergen, wo sich das Schwimmen wie Fliegen anfühlt

18 Lago Ubales – ein natürlicher Infinity-Pool mit herrlichen Gipfelblicken, der die Wanderung lohnt

20 Pantano del Porma – ein riesiges Staubecken, ideal für Wassersport mit vielen Badestellen und einem FKK-Bereich

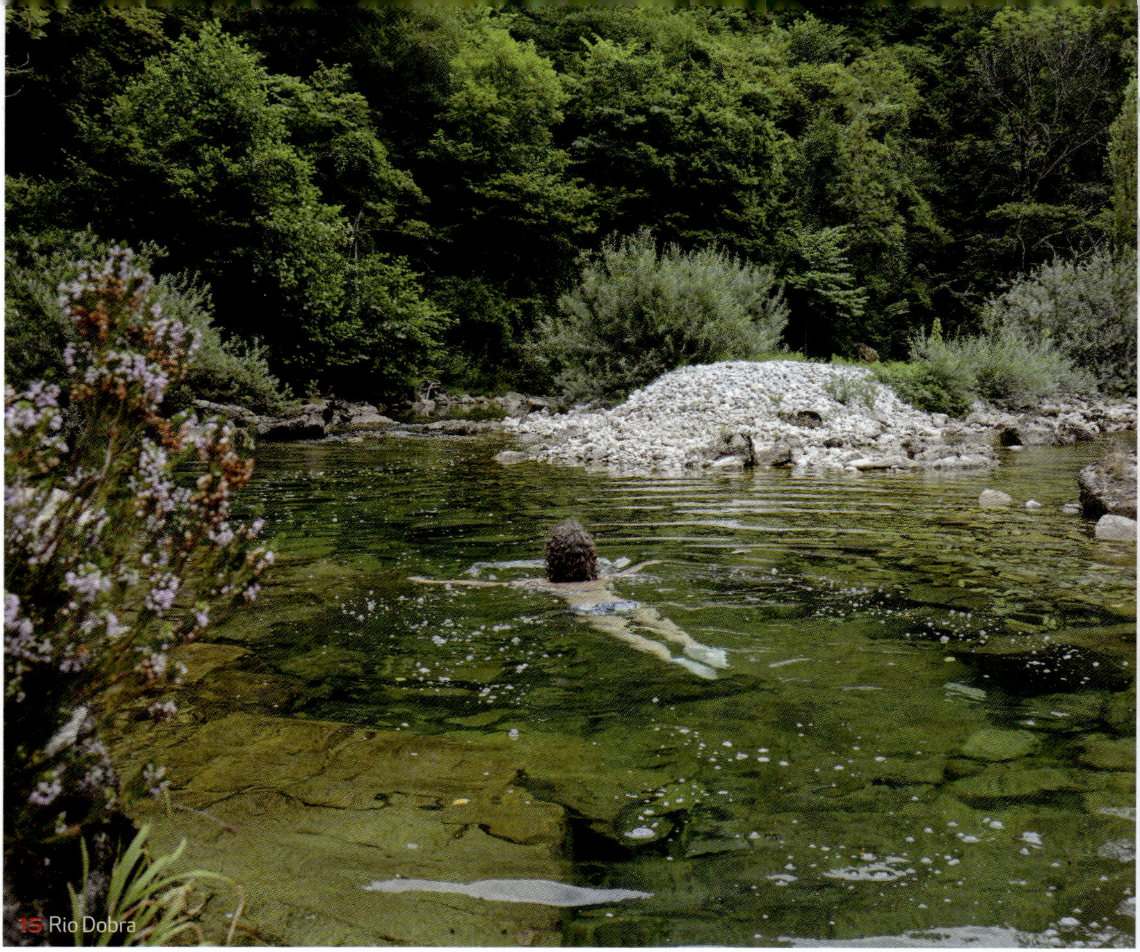

15 Rio Dobra

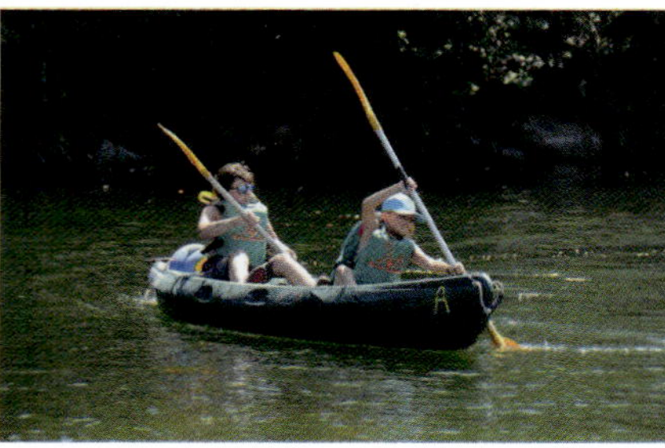

14

Asturien ist eine Region majestätischer, bewaldeter Berge, hoch aufragender Felsen, gewundener Flüsse und üppiger, zur Bucht von Biskaya hinabwogender Weiden.

Wasser und Eis haben diese Region geformt. Tiefe Flussschluchten schlängeln sich durch die von Vergletscherung gebildete Landschaft. Die hohen südlichen Gebiete der Flüsse Porma, Esla, Grande und Cea bestehen aus weitläufigen, sanften Tälern, während jene des Nordens – Dobra, Cares und Sella – steil zum Meer hin abfallen. Die gesamte Bergkette ist seit 1995 ein Nationalpark.

Dinosaurierfossilien, paläolithische Felsmalereien, antike Dörfer und präromanische Kirchen offenbaren die reiche Geschichte der Region. Zwar fielen hier Römer, Westgoten und andere Stämme ein, ihre Bewohner schlugen aber die ▶

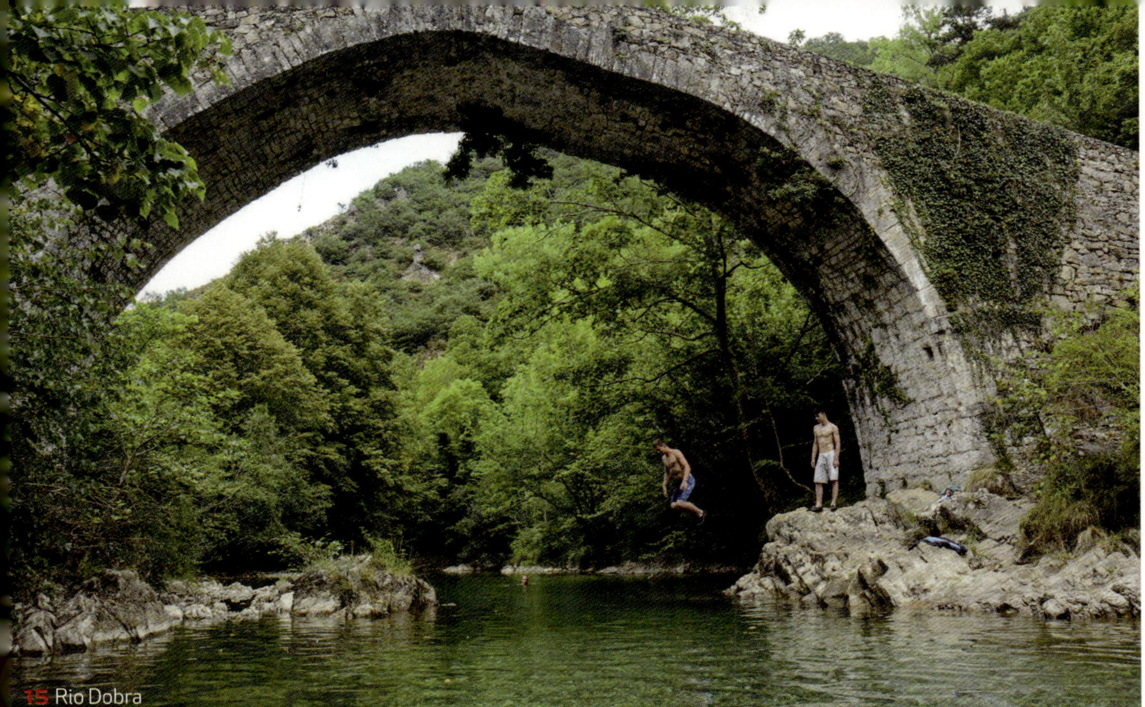

15 Río Dobra

Sella & Dobra

14 RÍO SELLA, ARRIONDAS

Es gibt am Río Sella, der in Fuente del Infierno (Höllenquelle) in den Picos entspringt, einige Wildwasserabschnitte, bis er schließlich bei Ribadesella in die Biskaya mündet, doch hier in Arriondas fließt er sanft dahin. Großartig für Kajakexpeditionen.

➔ Wir empfehlen, in Arriondas an der N-634a bei einer der Bootsvermietungen ein Kajak zu mieten und den Fluss zu erkunden. Sie werden Buchten und schwimmtaugliche Flussbassins entdecken.

Leicht, 1 min, 43.3863, -5.1867

15 PUENTE VIEJO, RÍO DOBRA

Südöstlich von Arriondas bietet dieser ruhige, klare Bergwasserfluss auf einer 45-minütigen Wanderung zur majestätischen Olla de San Vicente viele Bassins verschiedener Formen und Größe.

➔ Auf der N-625 von Cangas de Onis Richtung Tornín. Kurz nach dem Ort kommen vor der Brücke rechts ein Hinweisschild auf den Río Dobra und links das Restaurante Puente del Dobra (43.3071, -5.1283). Parken Sie hier und gehen Sie links hinter dem Restaurant auf dem Kiesweg den Fluss entlang, vorbei an einem umzäunten Feld und einem Gehöft. Nach 450 m führt ein Pfad zur mittelalterlichen Brücke auf der Rechten, an dessen Ende ein etwa 1 m tiefes Flussbecken liegt. Unter der Brücke ist ein tieferes Bassin, das sich für Sprünge eignet.

Leicht, 10 min, 43.3060, -5.1283

A Becken 1

➔ Von der Brücke aus 500 m stromaufwärts auf dem Kiesweg an der Nordseite des Flusses kommt ein tiefer Kanal zwischen flachen, gelben Felsen, von denen aus man zu einem erfrischenden Bad ins Wasser springen kann.

Leicht, 20 min, 43.3038, -5.1261

B Becken 2

➔ Weitere 500 m flussaufwärts verengt sich der Pfad und wird steiniger. Nach 350 m sehen Sie breite Felsstufen im Fluss mit tiefen Bassins für Erwachsene und einigen seichteren, die sich ideal für Krabbelkinder eignen.

Leicht, 5 min, 43.3002, -5.1230

16 OLLA DE SAN VICENTE

»Sankt Vinzenz' Kochtopf«, so heißt dieses kreisrunde Flussbassin, dessen kristallklares Wasser blaugrün schimmert. Weiße Felsen und ein kleiner Strand machen es zu einem idealen Ort zum Schwimmen. Wer abenteuerlustig ist, findet darüber einen Wasserfall mit tiefem Strudelbecken, herrlich zum Springen und Tauchen.

➔ Folgen Sie der Wegbeschreibung zum Río Dobra (15) und gehen Sie den Schotterweg 1,5 km stromaufwärts (30 min), bis sich der Pfad verengt und steiniger wird. Nach weiteren 850 m (etwa 15 min) sehen Sie das Bassin umgeben von weißen Felsen. Schwimmen Sie durch das Becken oder klettern Sie im Uhrzeigersinn über die Felsen, wo Sie eine tiefe Rinne und 3 m hohe Felsen zum Springen und Tauchen finden. Die Felsen können glitschig sein, Sie benötigen also vernünftige Schuhe und Wendigkeit. Lohnt die Mühe unbedingt.

Mittel, 45 min, 43.2957, -5.1179

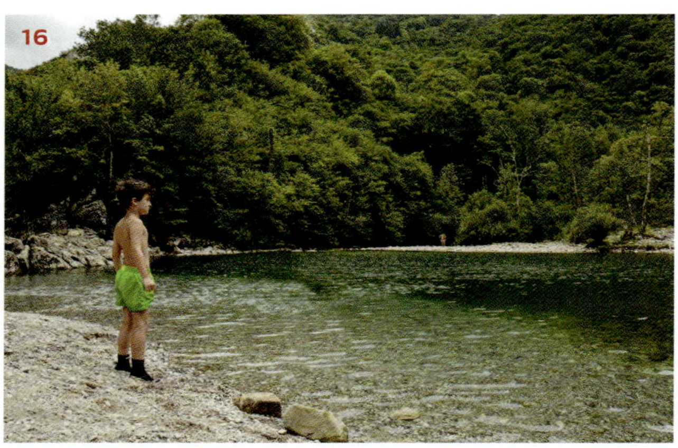
16

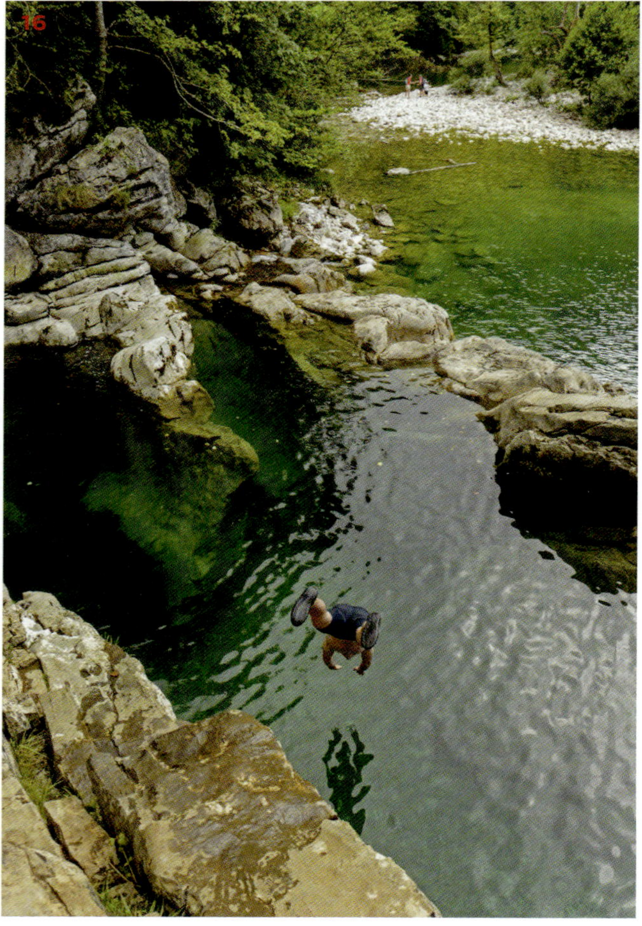
16

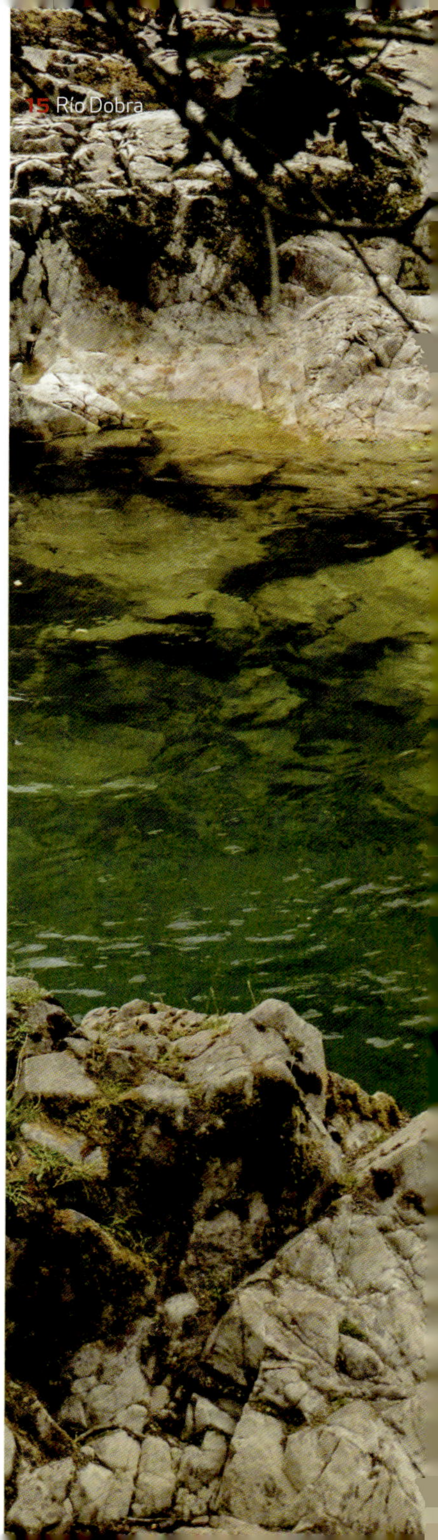

15 Río Dobra

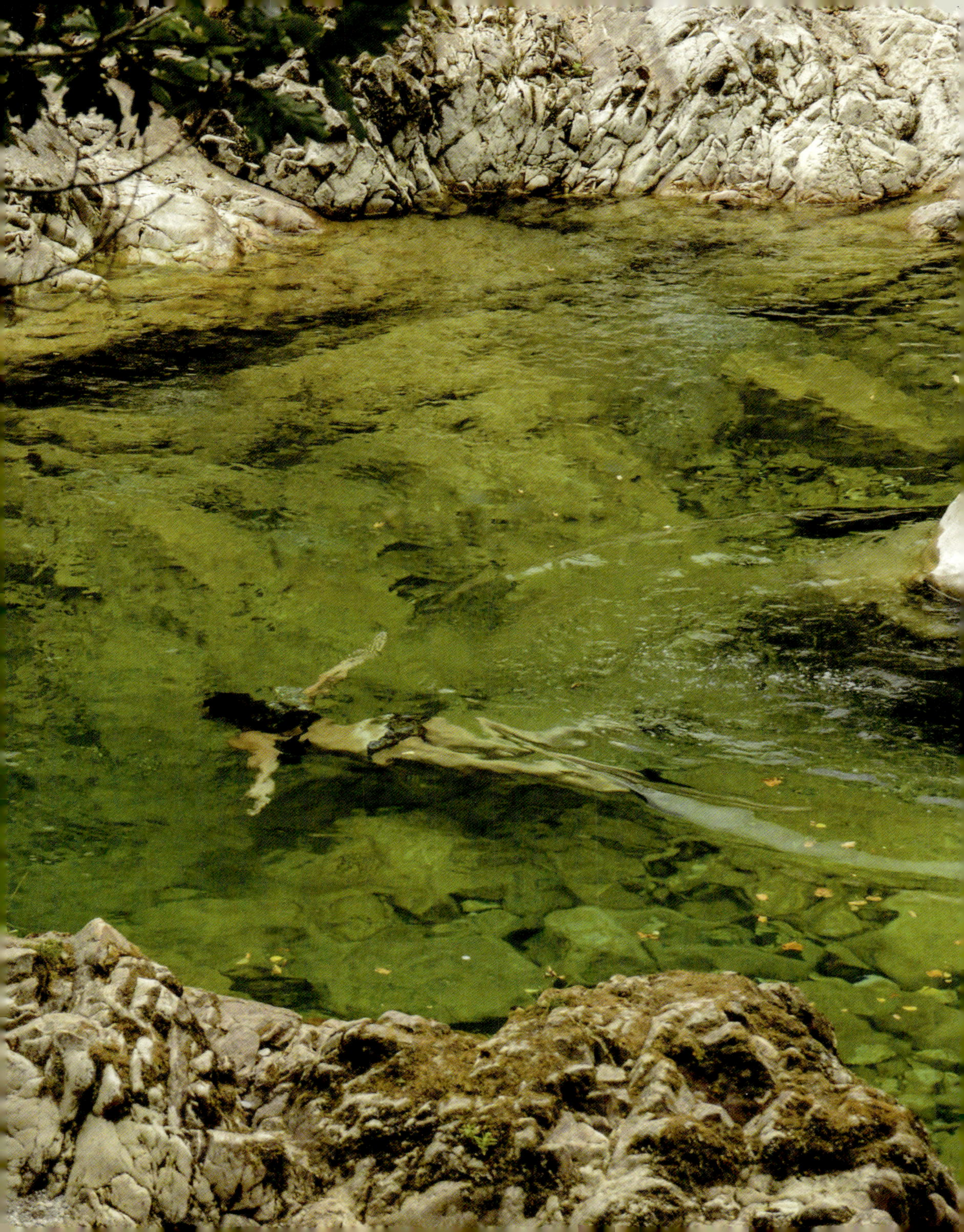

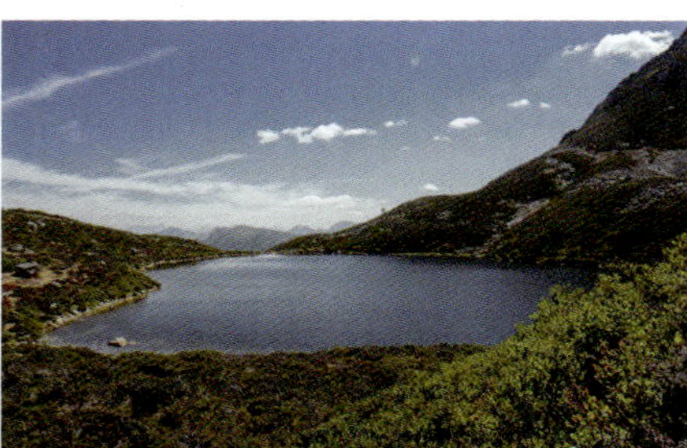

18

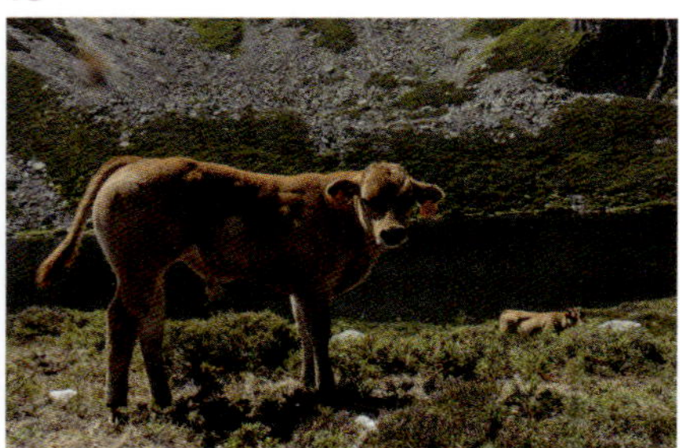

18

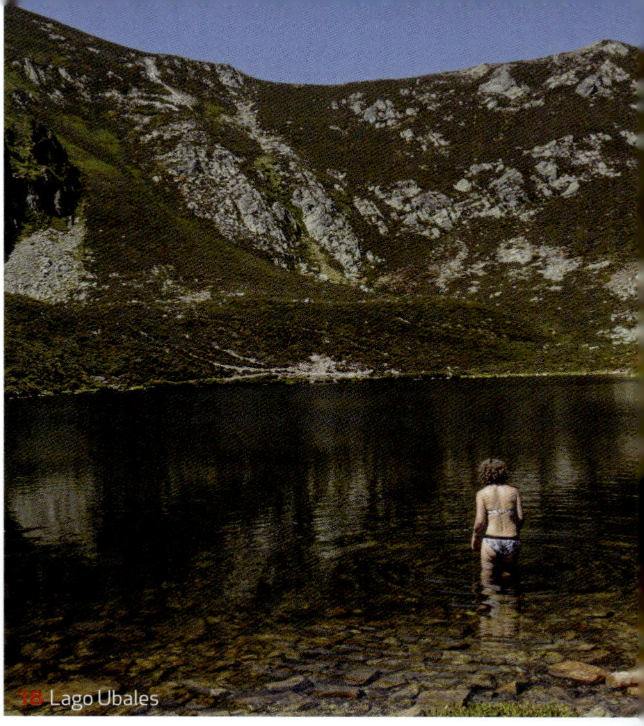

18 Lago Ubales

Mauren in die Flucht, und während des Spanischen Bürgerkriegs gab es hier einige heroische Aufstände gegen die Faschisten. Heute bietet Asturien eine Fülle von Aktivitäten, darunter Wandern, Radfahren, Angeln, Kanufahren, Canyoning und natürlich Schwimmen in freier Natur.

Das Dorf Arriondas liegt in einem Tal, wo die Flüsse Sella und Piloña zusammenfließen. Seit 1930 wird hier eines der größten Kanurennen, die »Sella-Abfahrt«, veranstaltet. Mieten Sie ein Kajak von einem der Vermieter im Ort und erkunden Sie diesen malerischen Fluss.

Unsere Suche nach wilden und versteckten Badestellen führt uns zum Río Dobra, ein unberührter Fluss, wo man Otter sehen kann. Wir halten bei der mittelalterlichen Puente Viejo (15). Weiter stromaufwärts finden wir einen langen Flussabschnitt (15A) zwischen sandfarbenen Felsen, einen tiefen, engen Kanal (15B) und ein seichtes Felsbassin, das sich ideal für Kinder eignet. Das als Olla de San Vicente (Sankt Vinzenz' Kochtopf) bekannte Flussbecken ist atemberaubend (16). Das blaugrüne Wasser bildet einen magischen Kontrast zu den umliegenden weißen Felsen. Darüber liegen ein Wasserfall und ein Bassin. Später machen wir uns zu den Picos und den Covadonga-Seen Ercina und Enol auf. Schwimmen ist hier allerdings nicht ▶

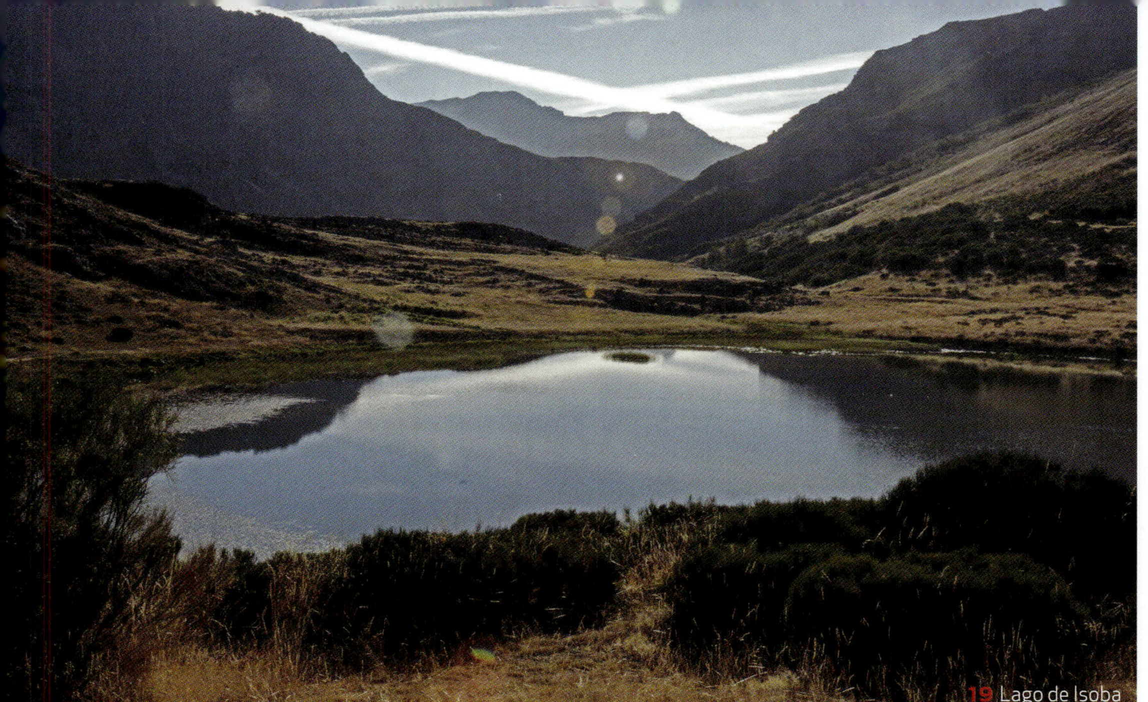

19 Lago de Isoba

Nationalpark Redes

17 LAGO AUSENTE (VERSCHOLLENER SEE)

Ein runder, tiefer Gletschersee hoch in den Bergen mit stillem, blauem, erfrischendem Wasser. Lassen Sie den Blick über die alten Kalksteinfelsen schweifen und genießen Sie dieses wahrhaft wilde Schwimmerparadies.

➔ Auf der AS-253 von Puerto de San Isidro Richtung Puebla de Lillo kommen Sie nach 1 km zu einem grauen Skiappartment-Gebäude mit Läden im Erdgeschoss auf der Linken und einem fabrikartig grauen Gebäude zur Rechten. Fahren Sie auf die Straße, die an Letzterem Richtung Süden führt, bis zu einem Parkplatz (43.0455, -5.3809). Am Ende des Parkplatzes geht es von hier aus 2 km auf einem Lehmweg dem Schild zum Lago Ausente folgend in die Berge, die hier von Heide bedeckt sind, mit Einsprengseln von Vulkangestein, das schwarz funkelnd hier und da hervorlugt. Am Pfadende geht es 150 m rechts bergauf zum See. Geben Sie gut Acht, einige der Steine sind locker.

Mittel, 45 min, 43.0424, -5.3527

18 LAGO UBALES

Dieser atemberaubende Gletschersee bietet Naturschwimmern einen natürlichen Infinity-Pool mit überwältigenden Ausblicken auf die Berggipfel. Sehr zu empfehlen.

➔ Der Weg beginnt auf dem Parkplatz links von der LE-331 nach Puerto de San Isidro (43.0671, -5.359), wo ein Schild auf die Wamba-Route nach Ubales verweist. Nach 4 km auf dem breiten, bergan führenden Pfad gehen Sie durch das Tor und weitere 100 m zu einer Jagdhütte. Diese lassen Sie auf der Rechten und gehen auf den Berghang zu, wo ein Ziegenpfad gegen den Uhrzeigersinn um den Berg herumführt. Nach 15–20 min sehen Sie ein Wasserrohr direkt aus dem Berg kommen, wo Sie Ihre Wasserflasche mit klarem Bergwasser auffüllen können. Nach weiteren 10 min erreichen Sie ein kleines Plateau mit großen Felsen am Ende. Wandern Sie links den sanft zu einem steinigen Abhang abfallenden Weg weiter. Überqueren Sie die Steine und achten Sie dabei auf die Steinhaufen, die den Weg markieren. Gehen Sie weitere 10 min um den Berg. Alternativ können Sie vor der Jagdhütte rechts gehen, durch das Tal um den Fuß des Berges herumwandern und ihn dann von der anderen Seite erklimmen.

Mittel, 2 Std., 43.1026, -5.3537

19 LAGO DE ISOBA

Schwimmen Sie in diesem kleinen, aber vollkommenen See und genießen Sie das frische Wasser, die saubere Luft und die spektakulären Ausblicke auf die Picos.

➔ Auf der LE-331 von Puerto de San Isidro 7 km Richtung Puebla de Lillo. Sie sehen dann den See und den Parkplatz zu Ihrer Linken. Wir haben das Badeverbot ignoriert.

Leicht, 3 min, 43.0464, -5.3160

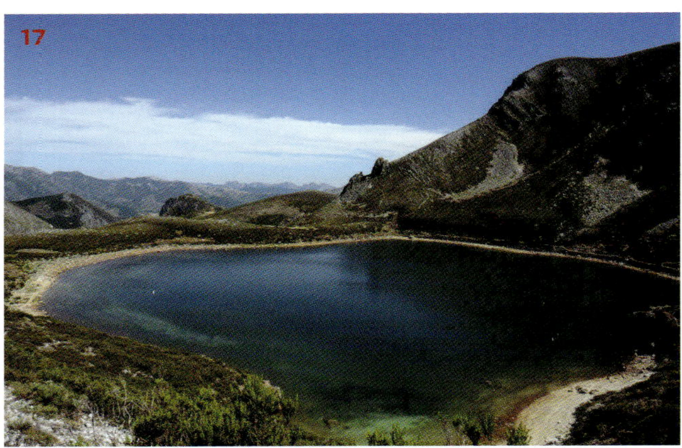

17

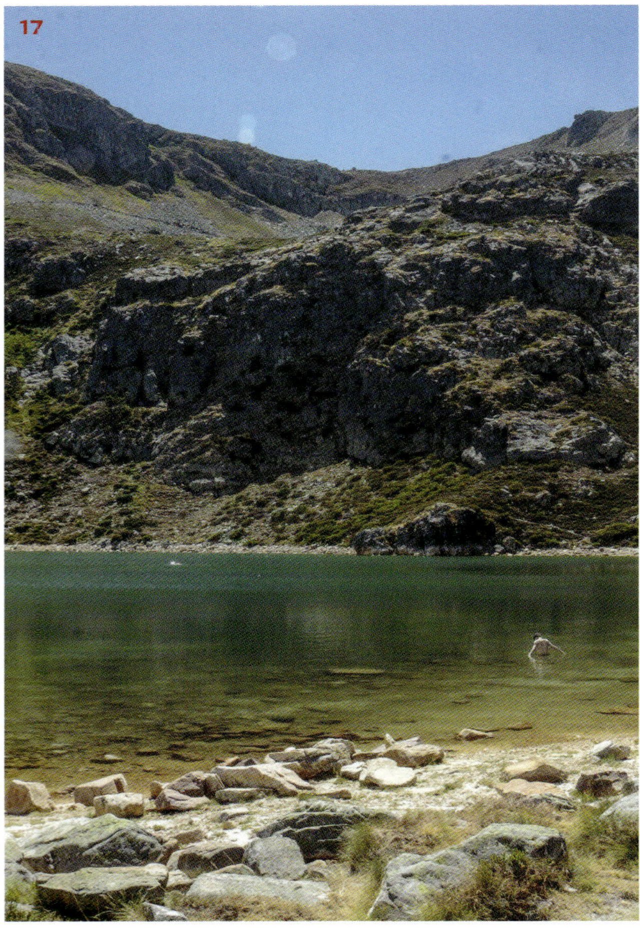

17

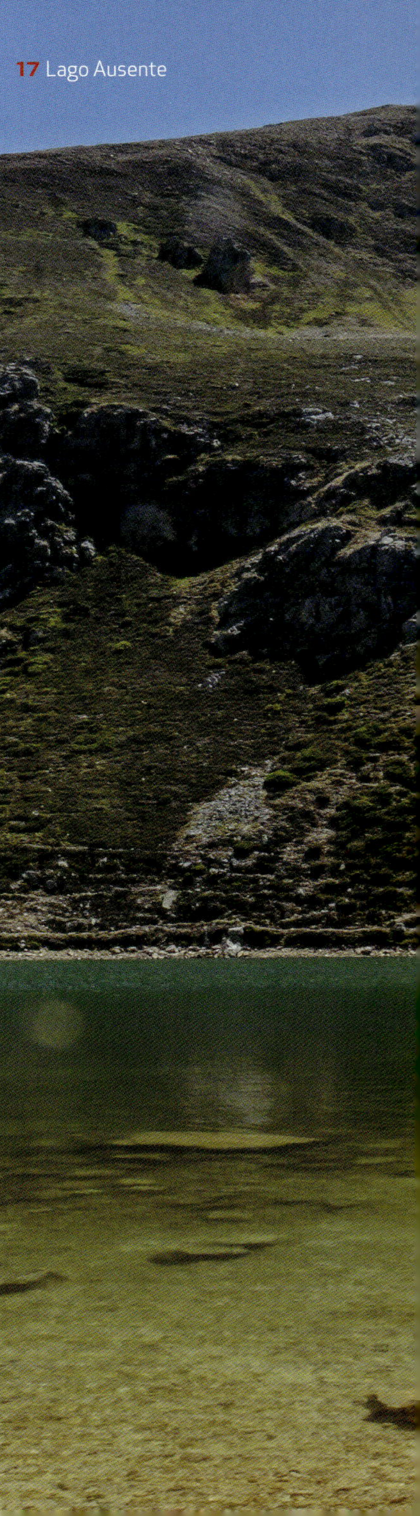

17 Lago Ausente

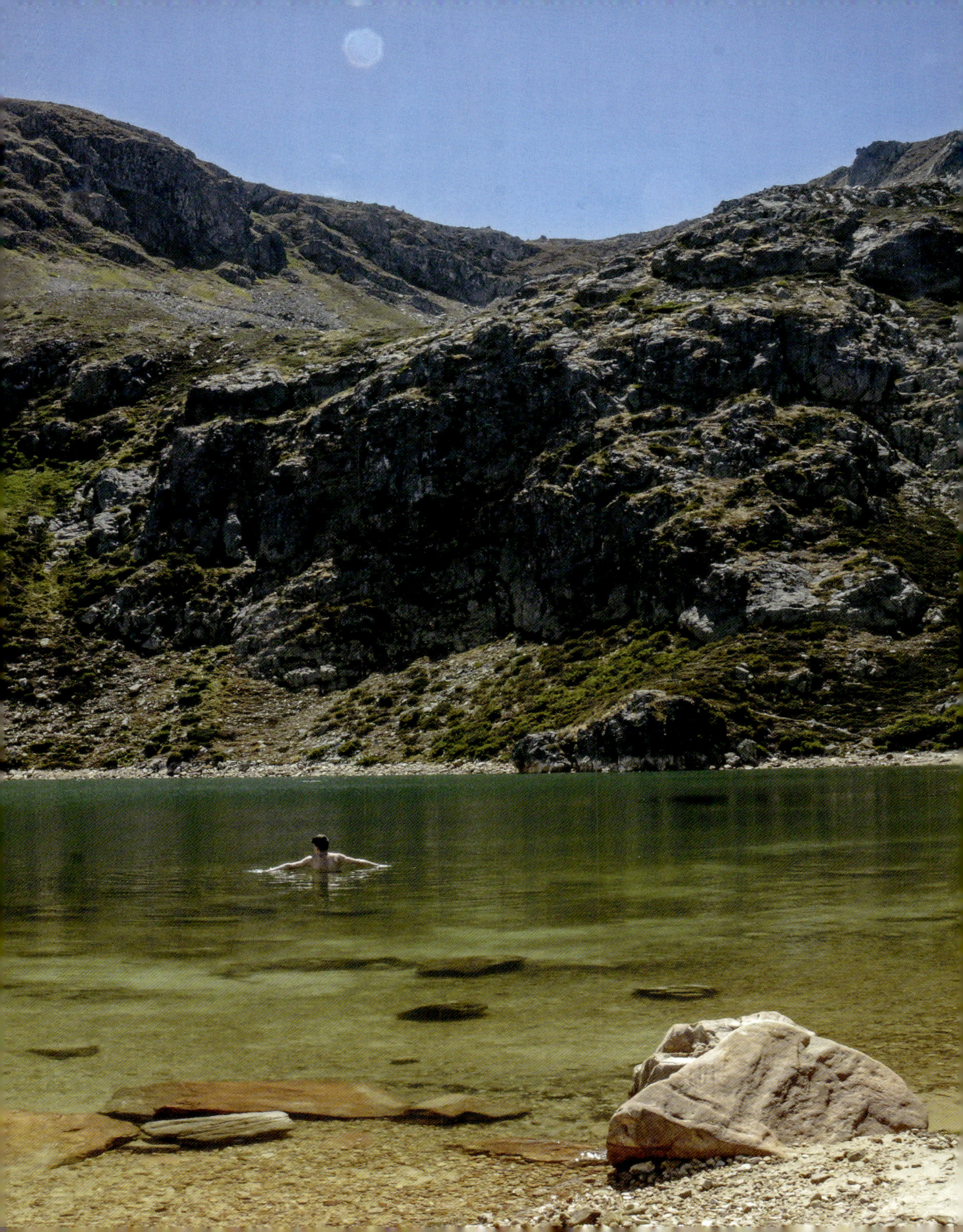

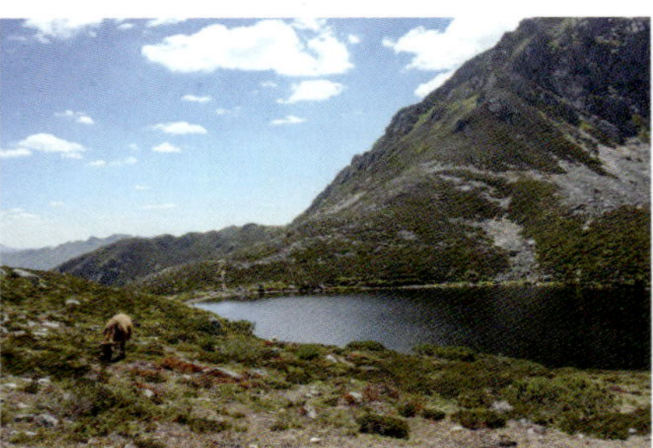

18

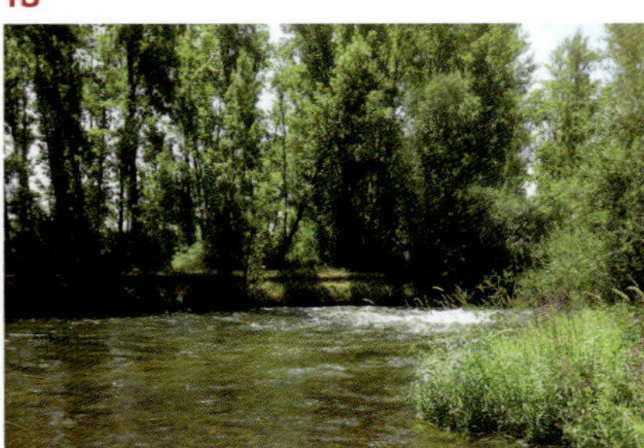

22

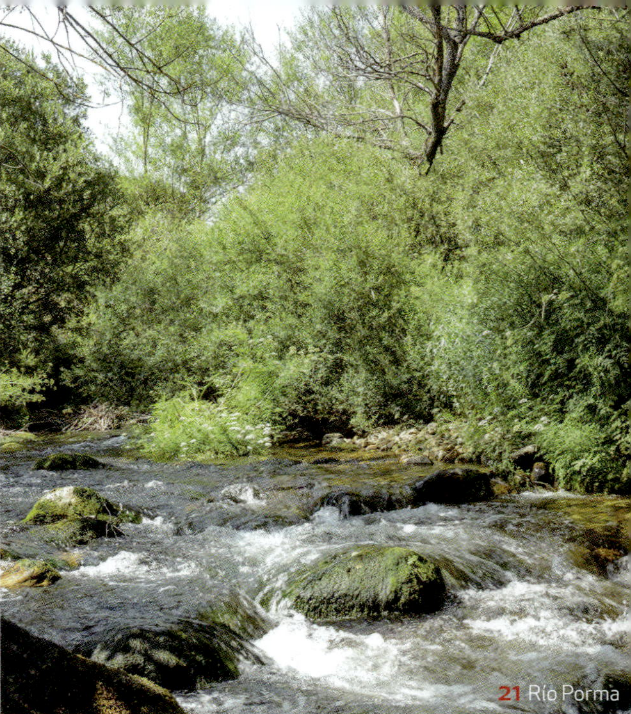

21 Río Porma

erlaubt, also halten Sie ein Auge offen, um nicht von einem örtlichen Polizisten ein Bußgeld aufgedrückt zu bekommen.

Die Seen können recht gut besucht sein, daher stöbern wir die entlegeneren Badeorte der Region auf: die Gletscherseen im benachbarten Nationalpark Redes. Die Oberfläche des Lago Ausente (der »verschollene« See) glitzert im Sonnenlicht wie Millionen funkelnder Saphire. Diesen Gletschersee erreicht man in einem dreiviertelstündigen Fußmarsch, gefolgt von einem kurzen, steilen Anstieg über das heidebedeckte Kalksteingeröll der Sierra Cantabrica. Einem örtlichen Mythos zufolge soll eine Bäuerin, die hier mit einem Pferdegespann entlangkam, im See versunken sein. Bei dem Versuch, sich zu retten, zerkratzte sie die Erde, und dieser Ort soll der Ursprung von fünf Quellen sein, die sich ins Land ergießen.

Unsere nächste Tour zum Lago Ubales auf dem »Wamba«-Wanderweg ist länger und hält größere Herausforderungen bereit. Benannt nach dem Westgotenkönig, der auf dieser Route in Asturien einfiel, wurde der Weg von Händlern benutzt, die über die Dörfer zogen, und ist nun unter Wanderern beliebt. ■

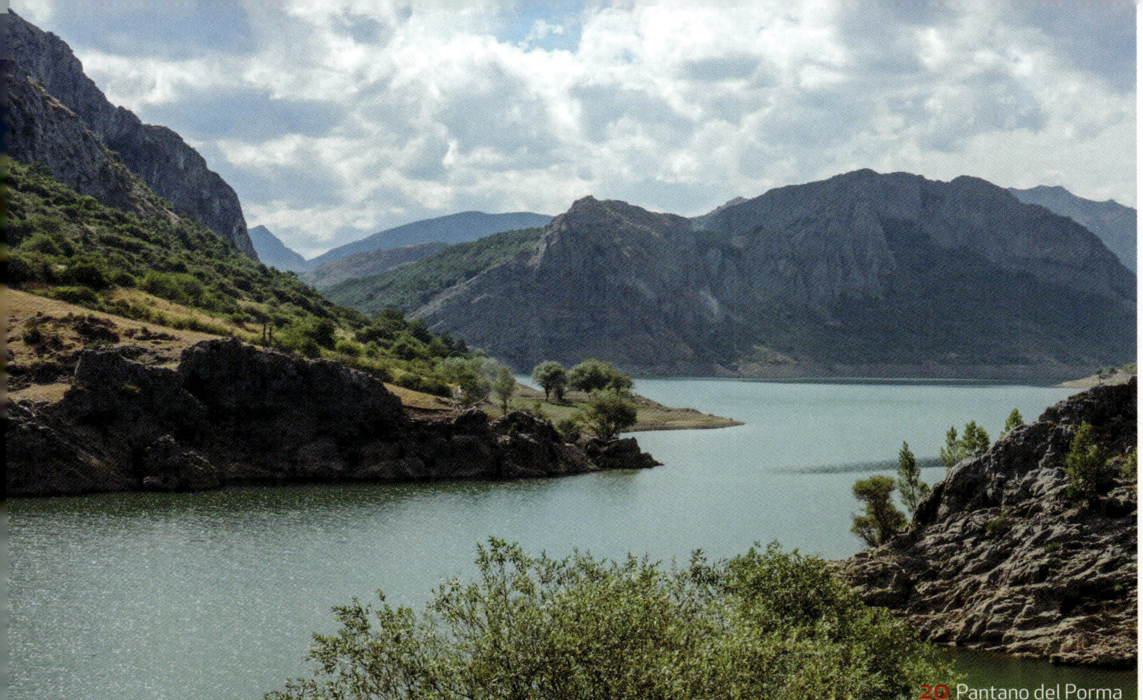

20 Pantano del Porma

Porma

20 PANTANO DEL PORMA

Ein riesiger Stausee in einem Tal, das auf der einen Seite an die Picos de Europa, auf der anderen an den Wald von Pardomino grenzt. Es gibt kaum touristische Infrastruktur, aber viele Badestellen, darunter ein ausgewiesener FKK-Bereich. Kanu- und Kajakfahren, Segeln, Wildwasserabfahrten und Angeln lassen sich in dem Dorf Boñar arrangieren.

➔ Auf der LE-331 6,5 km von Puebla de Lillo Richtung Süden nach Boñar bis zu einer unbewohnten Hütte auf der Rechten und einem kleinen Parkplatz zur Linken. Nehmen Sie den schmalen Pfad zu einem kleinen »Strand«-Areal.

Leicht, 3 min, 42.9604, -5.2509

A Embalse del Porma, FKK-Bereich

Diese Landzunge im Stausee ist als Nacktbadebereich ausgewiesen. Atemberaubende Blicke über den See.

➔ Von Valdecastillo 8,4 km auf der LE-331 nach Norden, bis rechts ein kleiner Pfad abzweigt (42.9399, -5.2690), dem Sie bis zum Ufer des Stausees folgen.

Leicht, 3 min, 42.9409, -5.2691

B Embarcadero de Valdehuesa

Dieser Kai eignet sich gut als Startpunkt für Schwimmer, Kajak- und Tretbootfahrer.

➔ Fahren Sie bei 42.9197,-5.3028 von der LE-331 ab und folgen Sie dem Schild nach Valdehuesa. Etwa 800 m hinter dem Dorf, aber vor dem Museo de la Fauna (Wildtiermuseum) taucht ein Tor auf dem Weg auf, das zum Strand und zum Kai führt (42.9386, -5.3210). Von hier kann man den Westen des Stausees erkunden und mit dem Kajak in eine Berghöhle fahren oder in sie hineinschwimmen.

Kayak Pico Azul in Boñar bietet Kajak- und Kanufahren, Wandern und Bergsteigen an. Kayak Pico Azul, Av Asturias 5, 24850 Boñar (León) u. Calle San Juan, ohne Nummer, 24838 Vegacervera (León) Tel.: +34 609 240 991

Leicht, 1 min, 42.9372, -5.3135

21 RÍO PORMA

Ein seichter, steiniger Flussabschnitt hinter einem Campingplatz für Familien. Ein herrlicher Ort für kleine Kinder zum Plantschen und Spielen.

➔ Von Puerto de San Isidro auf der LE-331 nach Puebla de Lillo. Der Zeltplatz Camping de Las Nieves befindet sich am Ende des Dorfes, der Fluss dahinter.

Camping de las Nieves (www.campingdelasnieves.com). Kleiner, freundlicher, von einer Familie geführter Campingplatz am Río Porma. Metzger, Bar und Restaurant am Ort. Großartige Steaks.

Leicht, 1 min, 43.0041, -5.2658

22 RÍO PORMA – VILLARENTE

Erfrischende Bäder im Fluss kann man an diesem kleinen Strand an einer Wiese hinter einem Fußballplatz nehmen.

➔ Sie parken irgendwo in Villarente und gehen östlich die N-601 zum Fluss hinab.

Leicht, 1 min, 42.5433, -5.4522

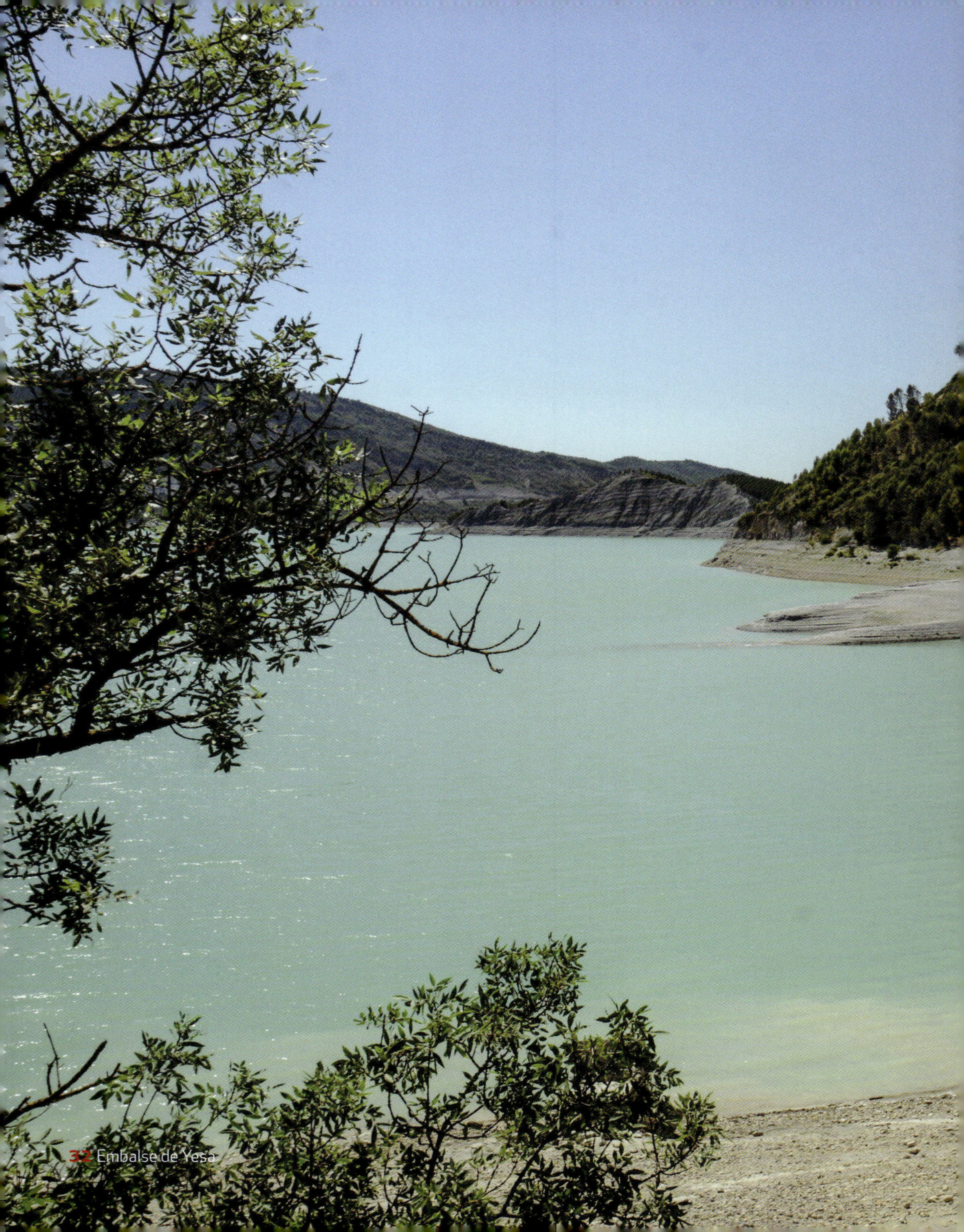

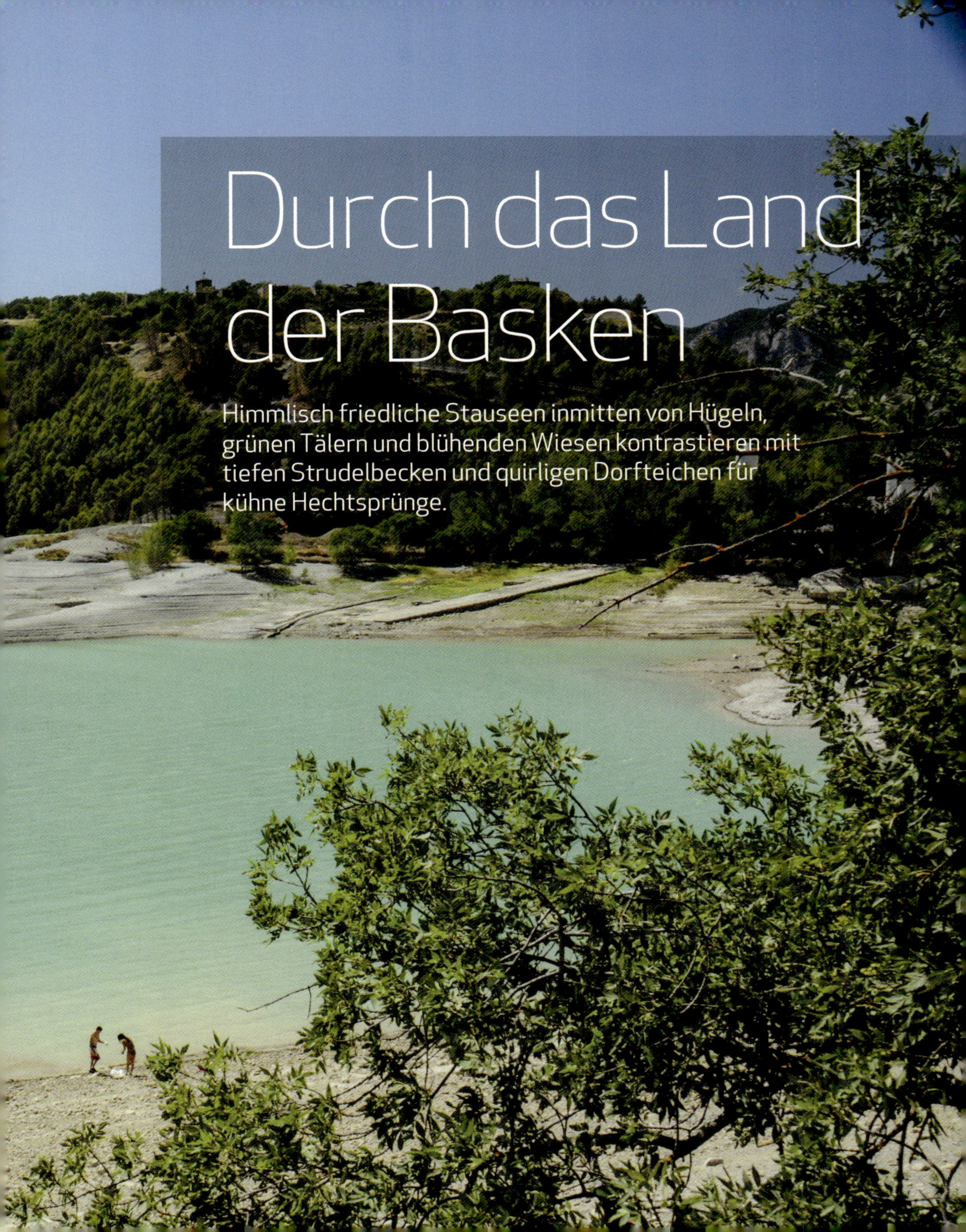

Durch das Land der Basken

Himmlisch friedliche Stauseen inmitten von Hügeln, grünen Tälern und blühenden Wiesen kontrastieren mit tiefen Strudelbecken und quirligen Dorfteichen für kühne Hechtsprünge.

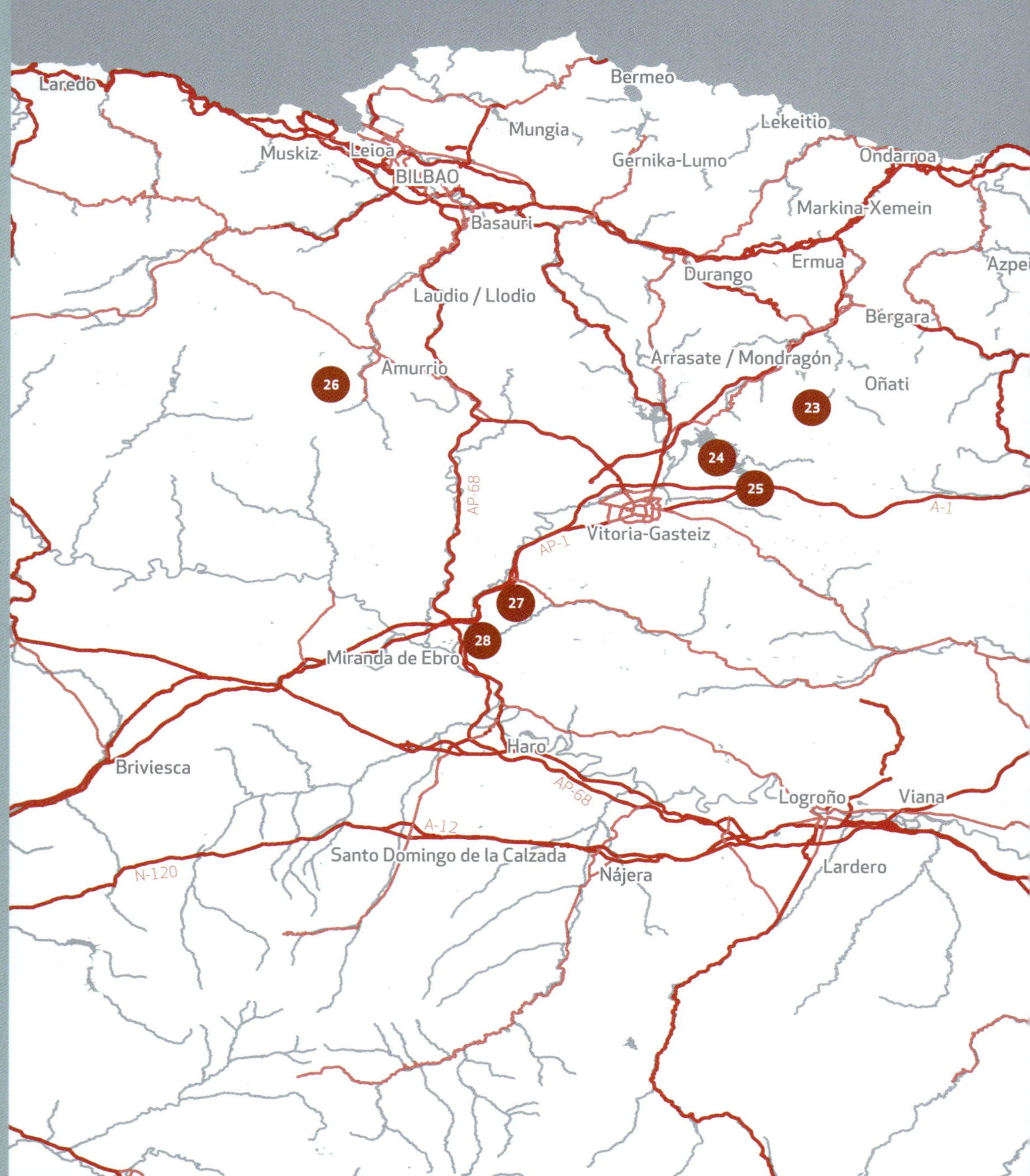
Laredo
Bermeo
Mungia
Lekeitio
Muskiz
Leioa
Gernika-Lumo
Ondarroa
BILBAO
Markina-Xemein
Basauri
Ermua
Durango
Azpei
Laudio / Llodio
Bergara
Arrasate / Mondragón
Amurrio
Oñati
26
23
24
25
A-1
AP-68
Vitoria-Gasteiz
AP-1
27
28
Miranda de Ebro
Haro
Briviesca
AP-68
Logroño
Viana
A-12
Santo Domingo de la Calzada
N-120
Nájera
Lardero

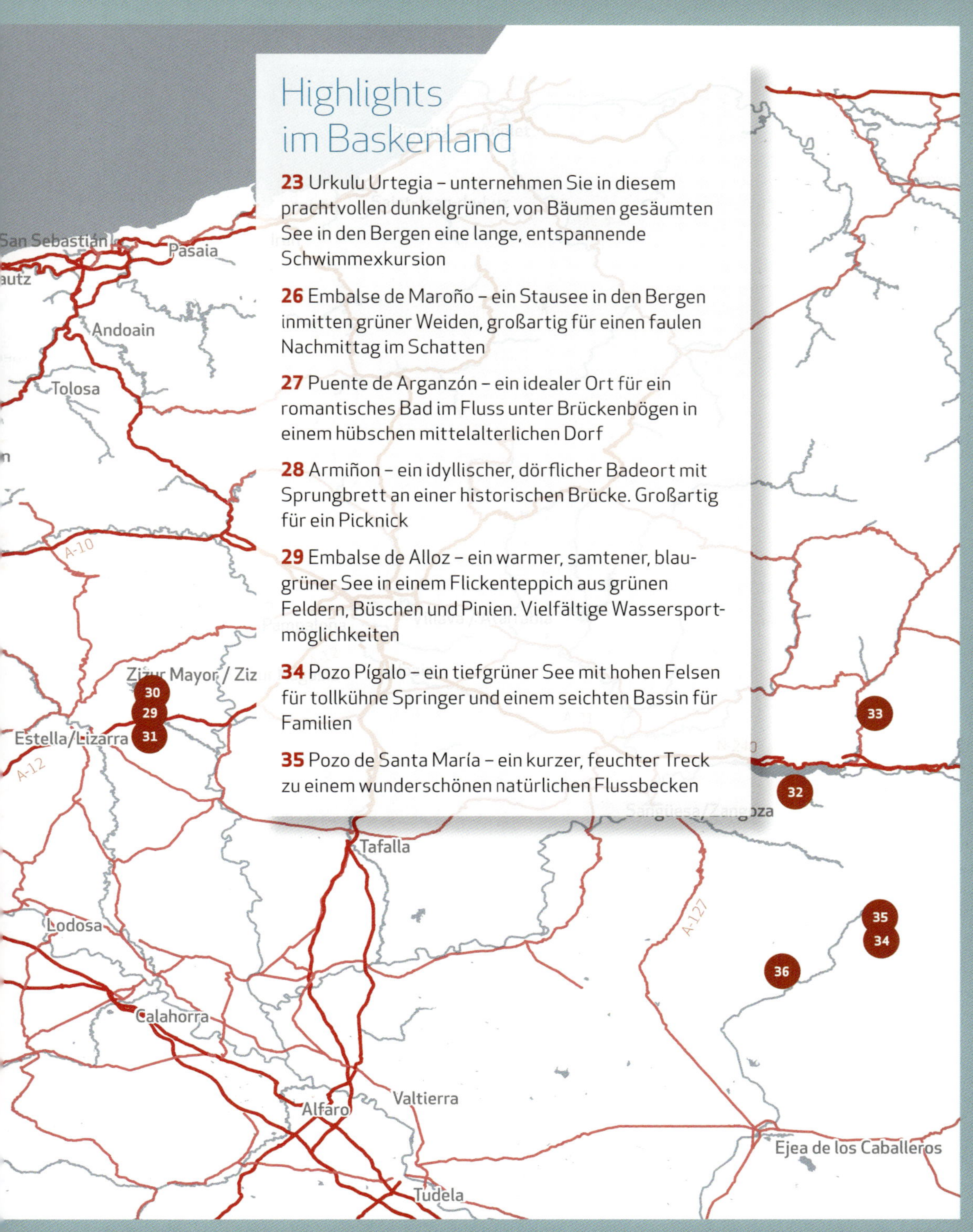

Highlights im Baskenland

23 Urkulu Urtegia – unternehmen Sie in diesem prachtvollen dunkelgrünen, von Bäumen gesäumten See in den Bergen eine lange, entspannende Schwimmexkursion

26 Embalse de Maroño – ein Stausee in den Bergen inmitten grüner Weiden, großartig für einen faulen Nachmittag im Schatten

27 Puente de Arganzón – ein idealer Ort für ein romantisches Bad im Fluss unter Brückenbögen in einem hübschen mittelalterlichen Dorf

28 Armiñon – ein idyllischer, dörflicher Badeort mit Sprungbrett an einer historischen Brücke. Großartig für ein Picknick

29 Embalse de Alloz – ein warmer, samtener, blaugrüner See in einem Flickenteppich aus grünen Feldern, Büschen und Pinien. Vielfältige Wassersportmöglichkeiten

34 Pozo Pígalo – ein tiefgrüner See mit hohen Felsen für tollkühne Springer und einem seichten Bassin für Familien

35 Pozo de Santa María – ein kurzer, feuchter Treck zu einem wunderschönen natürlichen Flussbecken

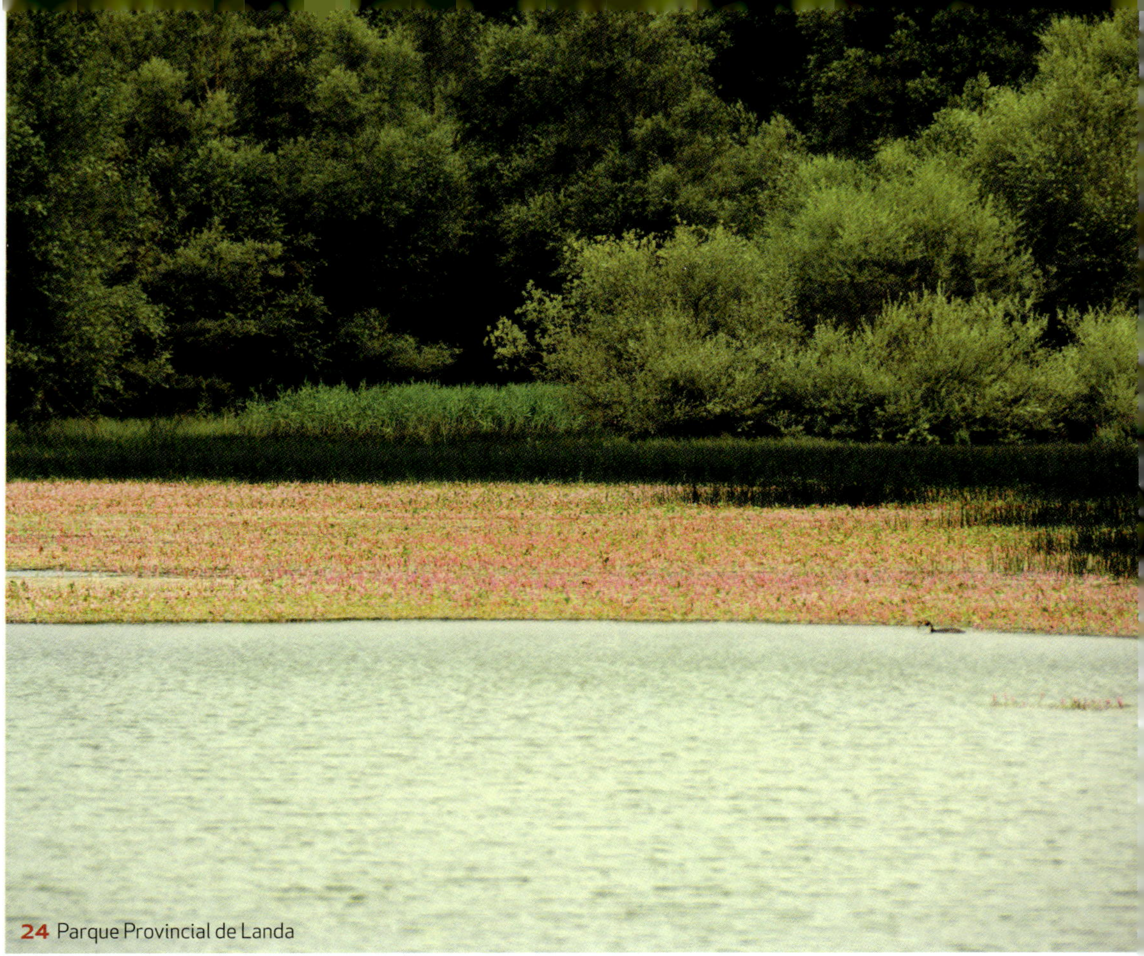

24 Parque Provincial de Landa

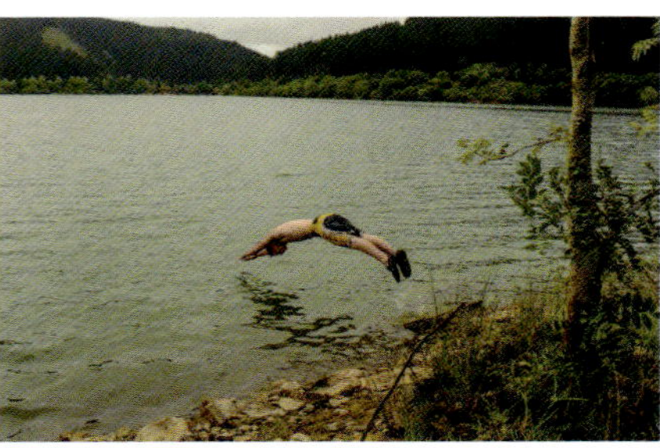

23

Schöne Stauseen sind die Glanzlichter unseres baskischen Abenteuers. Vom gewaltigen Ullíbarri-Gamboa bis zum kleinen Embalse de las Anas sind wir von diesen ruhigen Binnengewässern und ihrer malerischen Umgebung bezaubert.

Zur abwechslungsreichen Geografie des Baskenlands gehören die Vorläufer und Kämme der Pyrenäen, die Küstenebene der Bucht von Biskaya, steile, enge Täler und Bergflüsse, pittoreske Stauseen und die Halbwüste Bardenas Reales. In hügligeren Landstrichen findet man *caseríos* (Bauernhöfe alpinen Stils), die prekär über baumbewachsenen Abhängen thronen.

Die Basken leben hier seit über 5.000 Jahren und gelten als älteste Ethnie Europas, die ihre Kultur trotz der Invasionen durch Römer, Westgoten, Araber, Franzosen und Spanier bewahrt hat. Die Region ist innerhalb Spaniens autonom. ▶

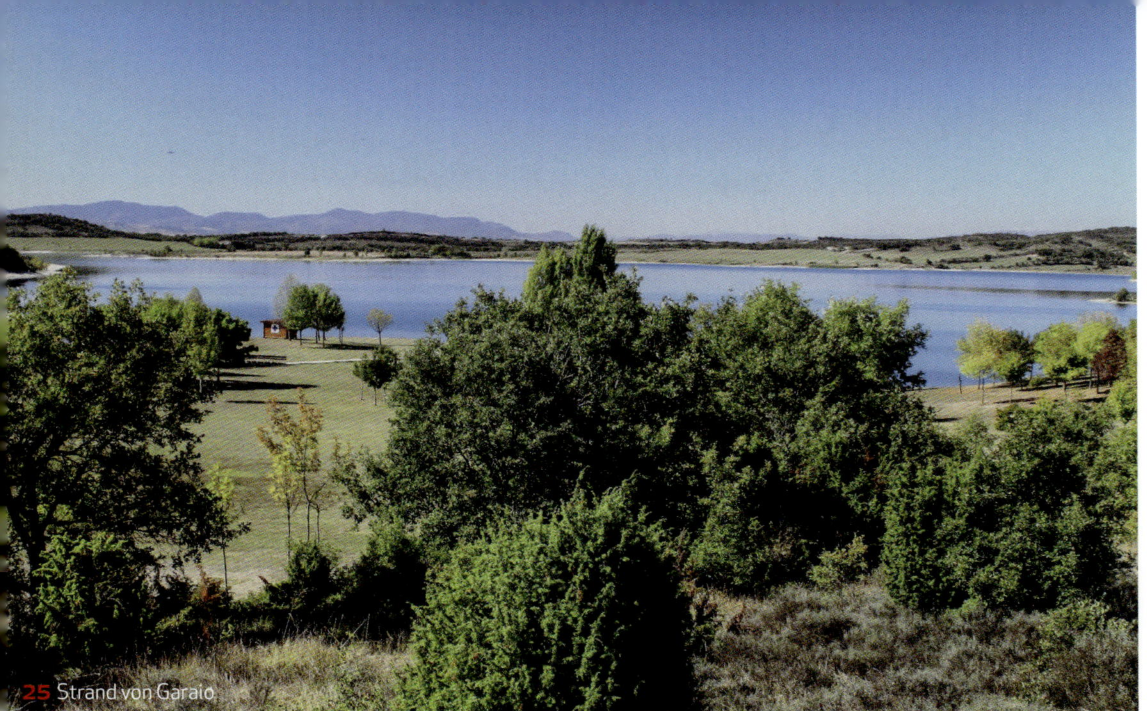

25 Strand von Garaio

Naturpark Aizkorri-Aratz

23 URKULU URTEGIA

Ein prachtvoller, dunkelgrüner See, umgeben von hohen Pinien und Ebereschen mit eingesprenkelten Wiesen. Der Rundweg von 6,5 km um den See eignet sich wunderbar zum Wandern, Joggen und Radfahren. Auch die Fische beißen gut, allerdings benötigt man einen Angelschein. Im Juli ist das Wasser herrlich warm und wir schwimmen bis zur Mitte des Sees hinaus.

➔ Von Aretxabeleta kommend, das auf Spanisch Arechavaleta heißt, fährt man auf der GI-627 nach Urkulu ab und parkt nach 9 km beim See (43.0201, -2.4829). Vom Parkplatz aus geht es gegen den Uhrzeigersinn auf einen 20-minütigen Fußweg vorbei an einigen Häusern und einer Kirche, schließlich einem weiteren weißen Haus und einem Stall mit Weinreben auf der rechten Seite. Direkt nach einer umfriedeten Ebereschenschonung geht es linker Hand die Wiese hinunter zur Badestelle, wo einige Felsen zum Sprung ins Wasser einladen (43.0157, -2.4763).

Leicht, 20 min, 43.0163,-2.4750

24 PARQUE PROVINCIAL DE LANDA

Um den Stausee Embalse de Ullíbarri-Gamboa liegen gleich zwei Naturparks – Garaio und Landa – und das Vogelschutzgebiet Medixur. Es gibt mehrere Wanderwege: Eine alte Eisenbahnstrecke wurde zu einer Wander- und Radroute umgewandelt, und ein Wanderweg von 35 km führt um die Talsperre. Wassersportenthusiasten können windsurfen, segeln, rudern und Kanu fahren. Wir besuchten den sehr gepflegten Parque Provincial de Landa unter der Woche an einem Juliabend, als er beinahe verlassen war.

➔ Von Bilbao, Concha Jeneralaren Kalea (Calle General Concha) E-70/A-8 und der N-634a 7 min (3 km), dann AP-68 und N-622 bis Ibaiartegui Auzoa/A-4016, weiter auf der AP-1, nach 37 min (60 km) Ausfahrt 7 zur N240 und A-627 nach De Ozaeta a Landa/A-3014. Parken Sie an der A-3002 wenige Schritte vom Wasser entfernt (42.9543, -2.5886) und gehen Sie zur kleinen Landzunge. Von hier können Sie in der Bucht oder hinaus zur Mitte des Stausees schwimmen.

Leicht, 2 min, 42.9532, -2.5898

25 STRAND VON GARAIO

Ein wunderschöner Strand an der Embalse de Ullíbarri-Gamboa, wo man viel unternehmen kann, darunter Kanufahren, Wandern und Vögel beobachten. Erstklassige Radrouten; Fahrräder verleiht das Fremdenverkehrsamt (+34 695 78 24 98). Ein großartiges Gebiet zum Schwimmen.

➔ Von Vitoria Gasteiz 4 min (2,7 km) Richtung Osten auf der E-5/A-1 bis De Vitoria a Ventas del Patio/N-104, Ausfahrt 364, weiter auf der Venta del Patio-Egino Erripidea/A-3012 nach Garayo Auzoa. Parken Sie an der Straße; nach einem kurzen Fußweg erreichen Sie das Wasser.

Leicht, 2 min, 42.9141, -2.5437

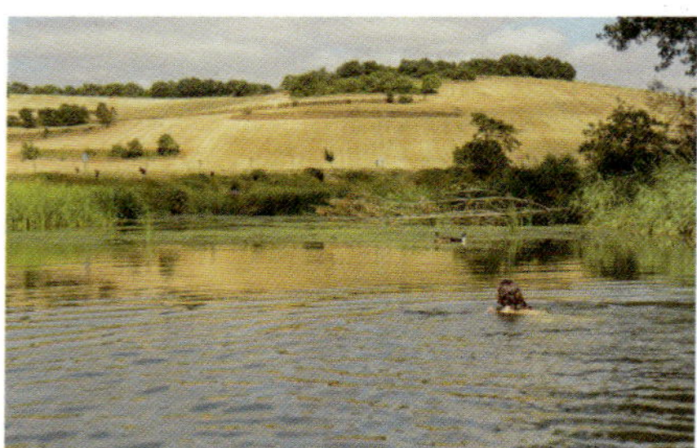

27

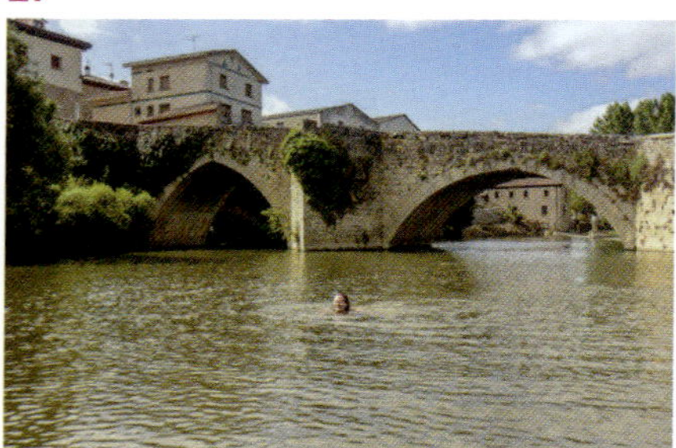

27

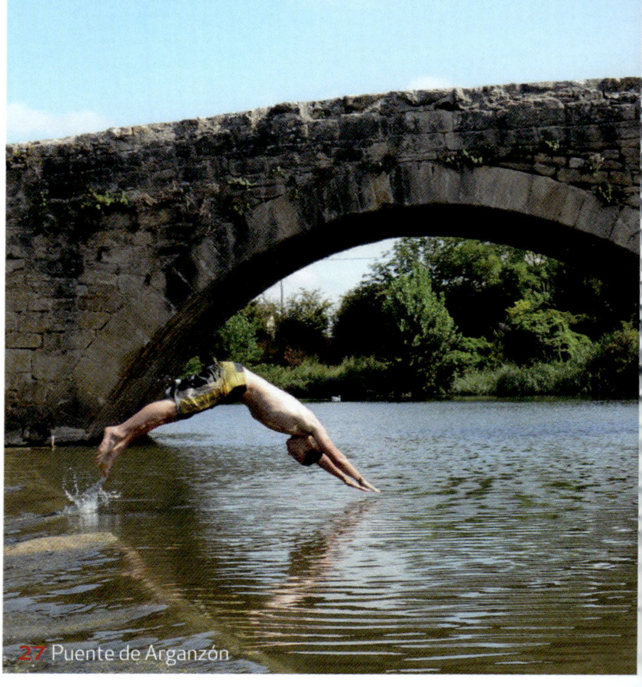

27 Puente de Arganzón

Picassos berühmtes Gemälde Guernica erzählt die Geschichte der Zerstörung dieser kleinen, von den Republikanern gehaltenen Stadt in der baskischen Provinz Vizcaya durch deutsche Bomber während des Spanischen Bürgerkriegs. Die baskische Sprache (Euskara) und Kultur wurden unter General Francos Diktatur brutal unterdrückt, erlebten aber nach Einrichtung der Autonomen Gemeinschaft Baskenland im Dezember 1979 einen neuen Aufschwung.

In den Vorläufern der Sierra de Aizkorri liegt die Talsperre Urkulu – ein sagenhafter See, umgeben von Pinien und Ebereschen. Das Wasser ist wunderbar warm, und wir schwimmen gemächlich dahin, bevor wir ein leckeres Picknick aus Pintxos zu uns nehmen, wie die aufwendigen Häppchen der Region heißen (Brotstückchen mit gefüllter Paprika, Seehecht, Kabeljau, Anchovis und Kroketten).

Ullíbarri-Gamboa, der größte baskische Stausee, liegt in einem schönen Naturpark. Für Wanderer und Radler gibt es eine 35 km lange »grüne Route« auf der Strecke einer alten Bahnlinie um den See. Oder man kann am familienfreundlichen Strand im Parque Provincial de Landa entspannen.

Der Parque Provincial de Garaio auf einer Halbinsel im ▶

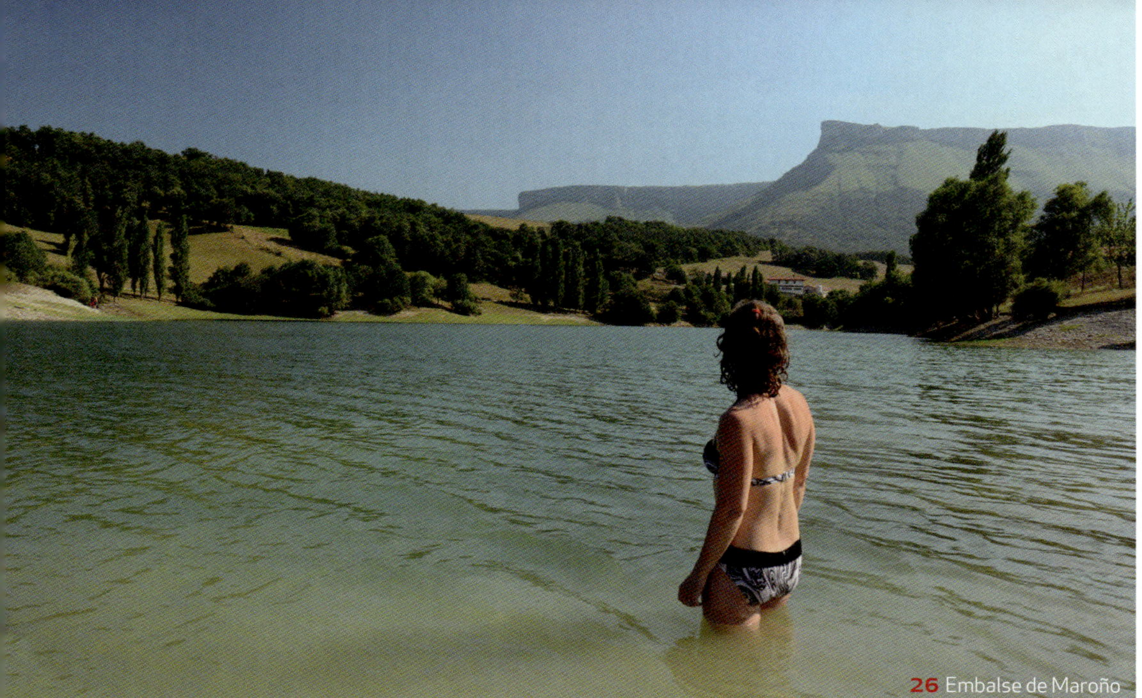

26 Embalse de Maroño

Río Zadorra

26 EMBALSE DE MAROÑO

Hohe Berge rahmen diesen schönen Stausee inmitten einer offenen Landschaft, wo Weiden in bewaldete Gebirgsausläufer übergehen. Auf einem Schild steht »Baden verboten«, aber der See ist so einladend, dass wir dem Vorbild eines Ortsansässigen in einem Rolling-Stones-T-Shirt folgen, der lässig hineinspringt. Ein wunderbarer Ort für einen gemächlichen Nachmittag unter den Bäumen am Ufer.

→ Westlich von Amurrio von der A-3618 ab- und an einem Bauernhof vorbei links (43.0462, -3.0621) um den See herumfahren. Nach einem weiteren Hof geht links ein schlecht befestigter Weg ab (43.0419, -3.0639), der zu einem kleinen Parkplatz für 5 bis 10 Autos führt. Dort gehen Sie durch das Metalltor: Direkt vor Ihnen liegt ein schattiges Ufer mit grasbewachsenen Rändern, wo Sie ins Wasser steigen können.

Leicht 2 min, 43.0449,-3.0592

27 PUENTE DE ARGANZÓN

Schwimmen in einem romantischen Fluss unter einer romanischen Brücke neben dem mittelalterlichen Dorf Arganzón an der A-435. Es gibt mehrere Stellen, um in den Río Zadorra zu steigen; wir sind vom Wehr neben der Brücke gesprungen. Unternehmungslustige können auch flussaufwärts baden. Hier haben die Felder zu beiden Seiten grasbewachsene Ufer, ideal, um sich auszustrecken und zu picknicken. Die Mitarbeiter von Camping el Roble Verde (www.campingelrobleverde.com) kennen sich bestens mit den Wanderrouten der Gegend aus.

→ Von Vitoria Gasteiz auf der AP-1 nach Süden, Ausfahrt 334 auf die CL-127 Richtung Puebla de Arganzón/Treviño bis A-4345, weiter durch die Stadt und über die Brücke. Sie parken das Auto neben der Straße (42.7677, -2.8338) und gehen über die Straße den kurzen Weg zum Fluss.

Leicht, 2 min, 42.7682,-2.8334

28 ARMIÑON

Ein wirklich schöner Ort zum Schwimmen im Río Zadorra. Stundenlang sprangen wir bei der Brücke (14. Jh.) von Armiñon in den Fluss. Wunderschöner Ort für ein Picknick im Schatten. Sehr zu empfehlen. Keine Läden im Dorf; eine Bar öffnet am Abend – suchen Sie das Schild »Nitrato de Chile« an der Hauptstraße neben dem Fluss.

→ Bei Armiñon von der A-1/N-1 abfahren und den Wagen an der Seite des ungeteerten Uferwegs bei der Brücke parken (42.7228, -2.8741). Hier sieht man noch eine kleine Brücke, die zu einem von Bäumen beschatteten Picknickareal führt. Biegen Sie unmittelbar rechts ab und gehen Sie bis zu einer Lücke im Gebüsch (42.7215, -2.8741). Hier können Sie in das große, tiefe, baumgesäumte Staubecken des Flusses springen. Wasserschuhe sind empfehlenswert. Schwimmen Sie durch den Fluss und nehmen Sie den rechten Kanal zurück zur Brücke, wo sich ein hölzernes Sprungbrett befindet (42.7228, -2.8731).

Leicht, 5 min, 42.7214,-2.8744

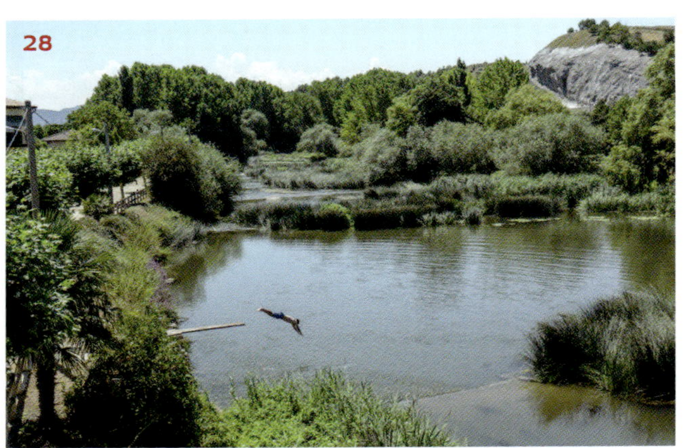

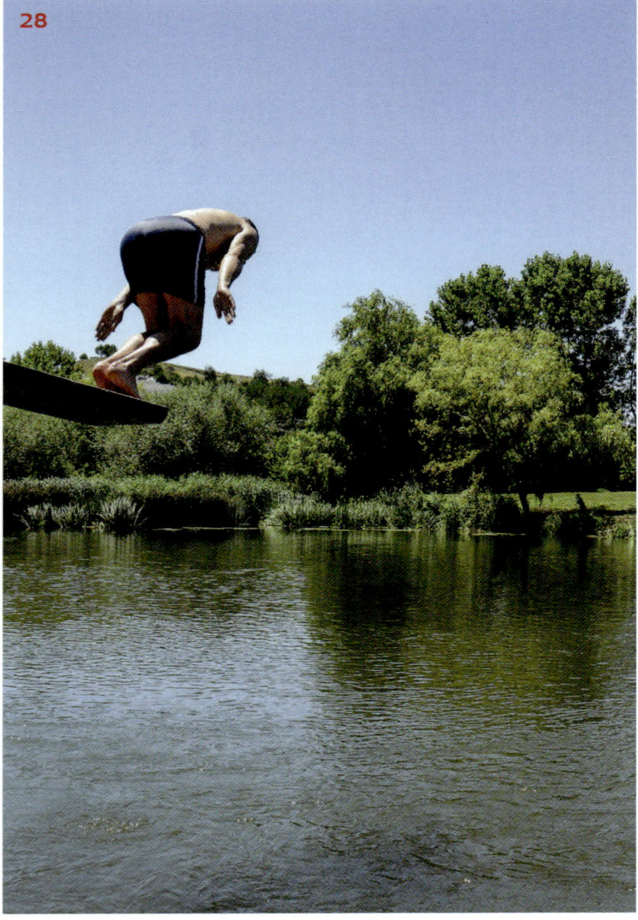

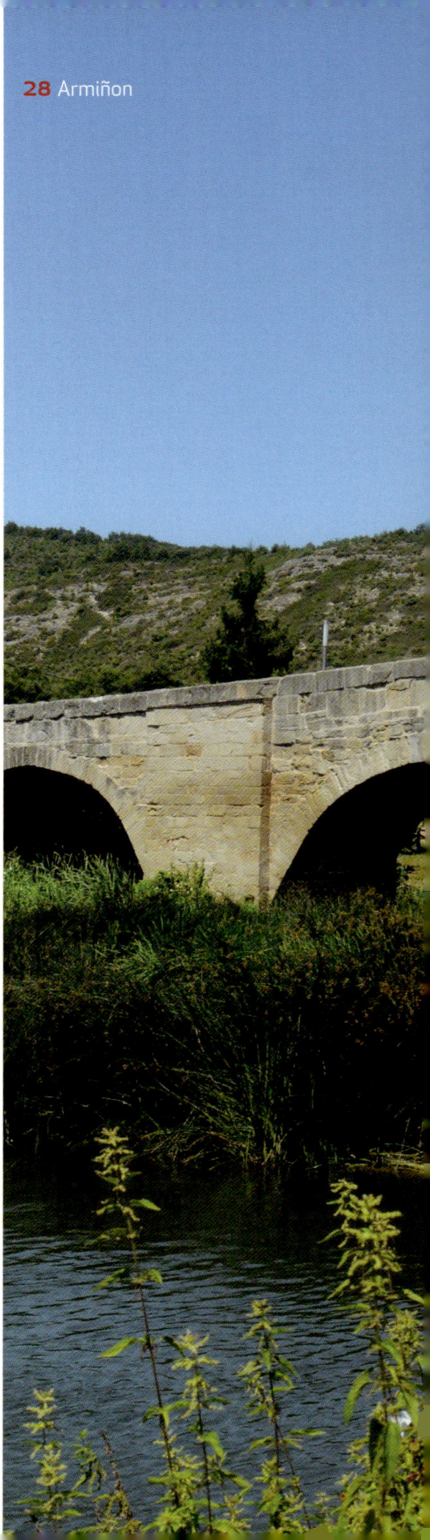

28 Armiñon

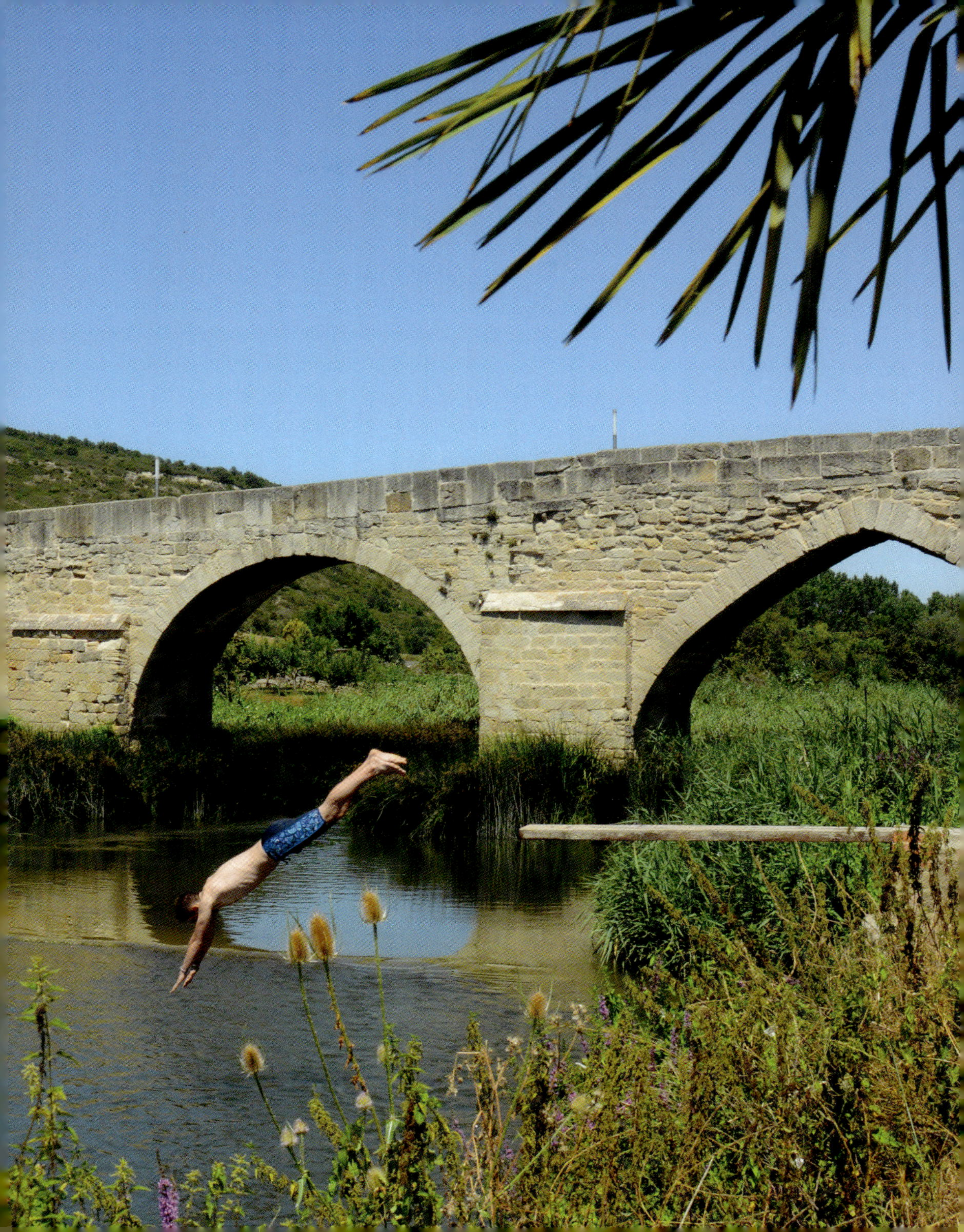

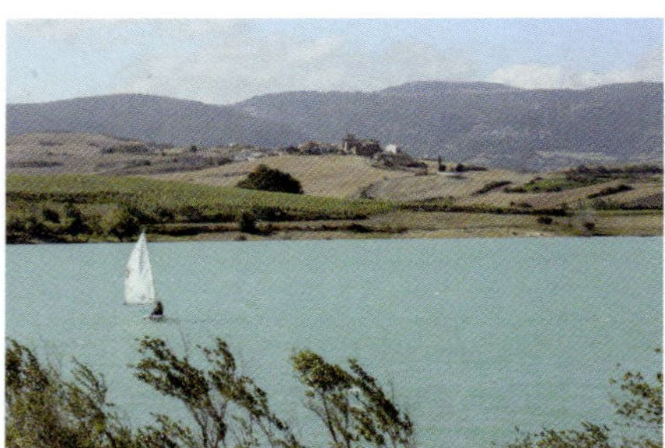

29

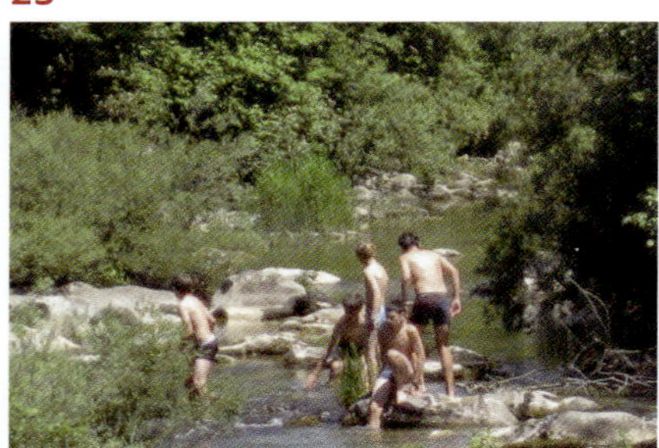

33

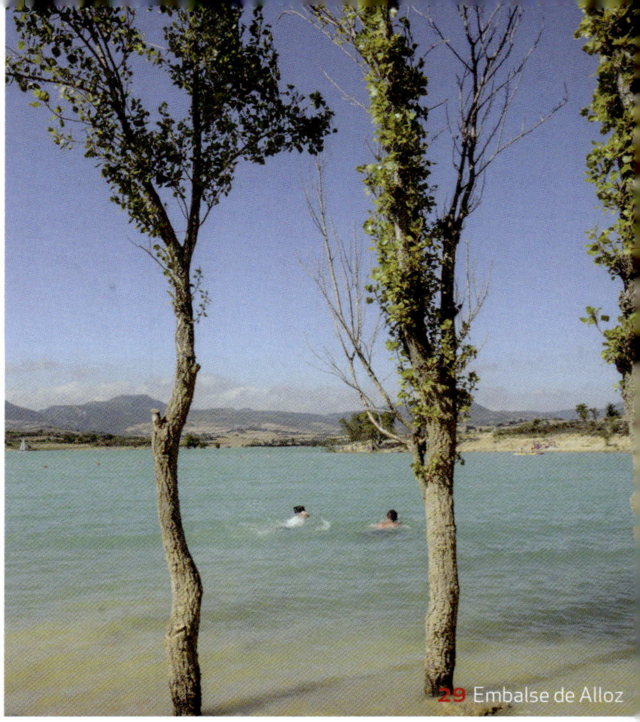

29 Embalse de Alloz

Südosten des Stausees bietet Gelegenheit, inmitten wogender grüner Hügel, ausgedehnter Weiden und schöner Waldflächen von Weißdorn, Ahorn und Esche ein erfrischendes Bad zu nehmen.

Die Ausläufer der Berge rund um den Maroño-Stausee sehen aus wie gewaltige grüne Bärte. Das Schwimmen durch den See und zurück ganz ohne Wellen, Strömungen und andere Besucher mutet fast an, als würde man fliegen. Ein himmlischer Ort voller Vogelgezwitscher, wisperndem Wind in den Bäumen und dem entfernten Bimmeln von Ziegenglöckchen.

Auf einen Tipp hin folgen wir dem Río Zadorra zu dem mittelalterlichen Ort Arganzón, wo der Bau eines Wehrs ein romantisches Flussbecken geschaffen hat, den eine romanische Steinbrücke überquert. Weiter südlich, im Dorf Armiñon, gibt der klare Fluss mit Schilf und schönen Blumen, die an seinen Ufern wachsen, ein idyllisches Bild ab.

Richtung Pamplona gelangen wir spät abends zum Alloz-Stausee. Als wir am nächsten Morgen aufwachen, erwartet uns das schönste blaugrüne Wasser, das man sich denken kann, eingebettet in einen bunten Teppich aus Feldern mit einem Hintergrund aus pinienbedeckten Hügeln.

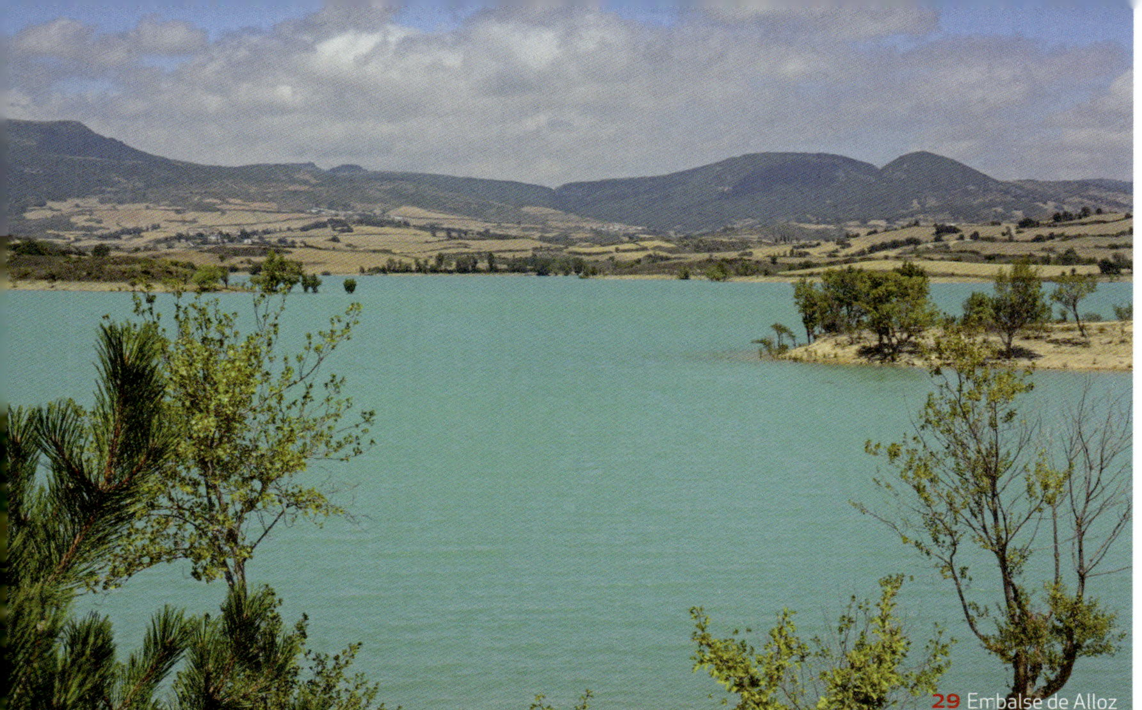

29 Embalse de Alloz

Rund um Pamplona

29 EMBALSE DE ALLOZ

Für uns war das Wasser dieser vom Río Salado gespeisten Talsperre das wärmste, seidigste und blauste von allen. Segelboote, Kajaks, Kanus und Windsurfer kreuzen über den See, der von einem bunten Teppich von Feldern, Büschen und Pinien umgeben ist. Vom ⛺ Campingplatz Aritzaleku (www.aritzaleku.com) bieten sich Panoramaausblicke auf den See; man kann von hier aus hinaus zu einer kleinen Insel schwimmen.

➔ Eine 15-min-Fahrt von Estella Richtung Osten auf der NA-1110, NA-7320 und NA-7171 zur Calle San Pedro. Dort gibt es einen großen Parkplatz rechts vom See, oder Sie übernachten auf dem Campingplatz Aritzaleku.

Leicht, 5 min, 42.7199, -1.9413

30 EMBALSE DE ALLOZ

Eine abgeschiedene Badestelle bei der Ortschaft Villanueva de Yerri.

➔ Von Estella auf der NA-120 1,2 km Richtung Nordost, dann auf die NA-700 (12 min) und weiter auf der NA-7330 durch Villanueva de Yerri. Ein Schild weist auf den »pantano« (Stausee), 1 min später erreichen Sie das Ende der Straße. Hier gibt es Platz zum Parken und einen kleinen, felsigen Strand, von dem aus Sie losschwimmen können.

Leicht, 1 min, 42.7328, -1.9382

31 EMBALSE DE ALLOZ, KLEINER STRAND

Abgelegener Strand am blauen See.

➔ Von Estella auf der NA-1110 Richtung Osten und 4 km weiter auf der NA-7320 und NA-7171. Gleich hinter dem Waldgebiet links in den ersten Weg mit dem Zeichen »Sackgasse«. Von hier ist es nur eine Minute zum Strand.

Leicht, 1 min, 42.7149, -1.9418

32 EMBALSE DE YESA

Der Yesa-Stausee wird auch »Pyrenäenmeer« genannt. Der riesige See ist ein idealer Ort zum Angeln, Segeln, Kajakfahren und Windsurfen, und es gibt hier auch Thermalbecken, in denen man baden kann. Strände und Pinienwälder mit reichhaltiger Fauna umgeben die Talsperre, am Himmel kann man Fischadler sehen. Wir begegneten Pilgern auf ihrem Weg nach Santiago de Compostela. Die heilige Route führt in der Nähe der Ruinen des Bergdorfes Ruesta vorbei, ein Rastplatz, wo es auch eine kleine Bar gibt.

➔ Von Pamplona auf der A-21 nach Südosten, dann auf die N-240. Gleich hinter den Thermalbädern und der Brücke liegt rechts ein langer Kiesstreifen zum Parken. Klettern Sie von hier den steilen Hang zum felsigen Ufer hinab.

Leicht, 2 min, 42.6135, -1.1074

33 RÍO ESCA, BURGUI

Ein hübsches Dorfbassin mit klarem Wasser an Burguis romanischer Brücke am Eingang des Roncal-Tals.

➔ Von Pamplona auf der A-21 Richtung Südost, dann auf der N-240 und der A-137 zur NA-137 und Burgui. Parkgelegenheiten in Brückennähe.

Leicht, 1 min, 42.7189, -1.0040

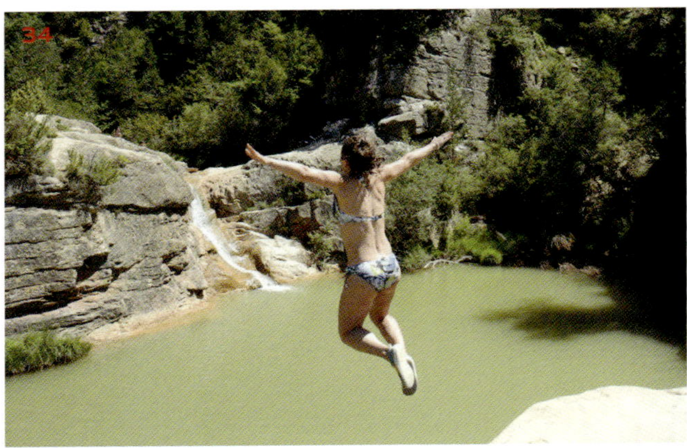
34

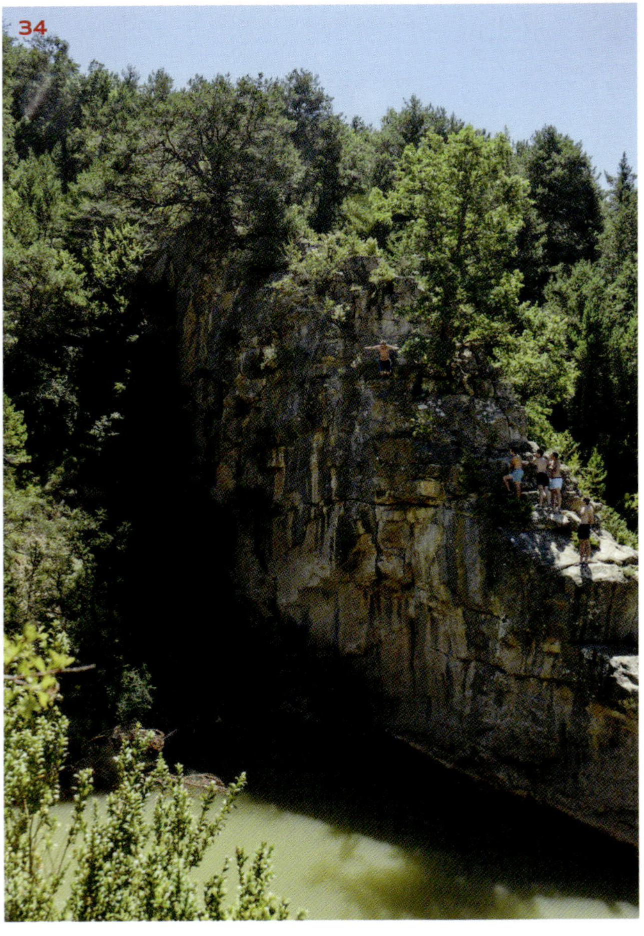
34

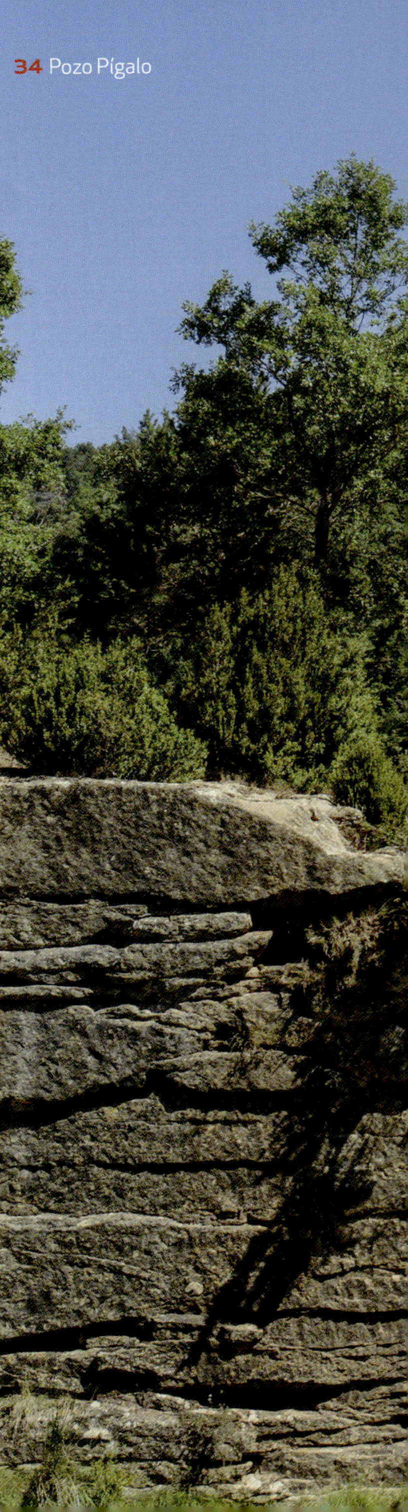
34 Pozo Pígalo

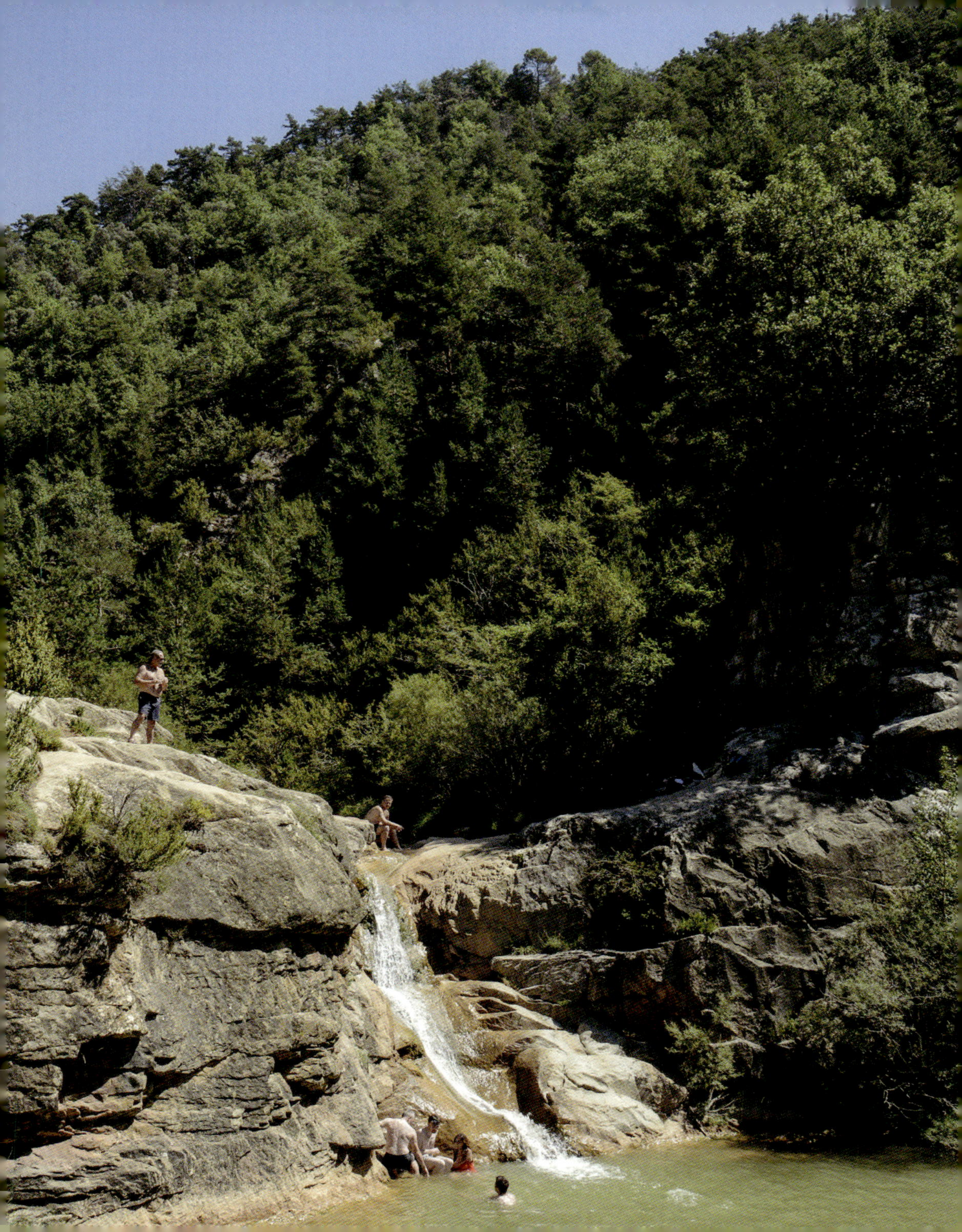

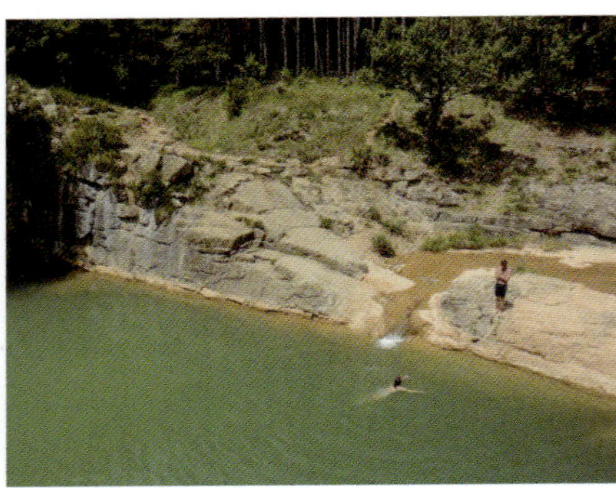

35

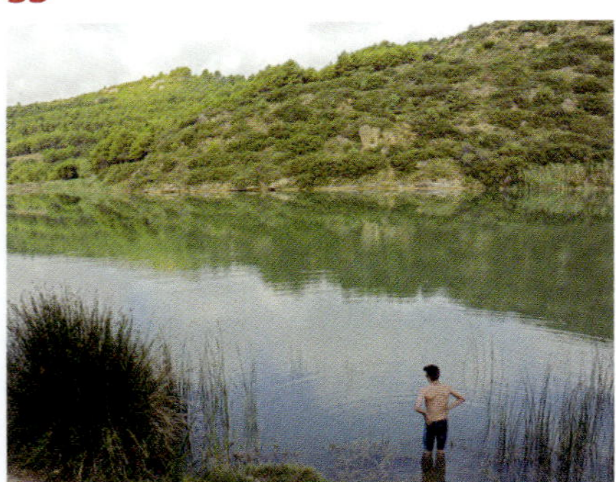

36

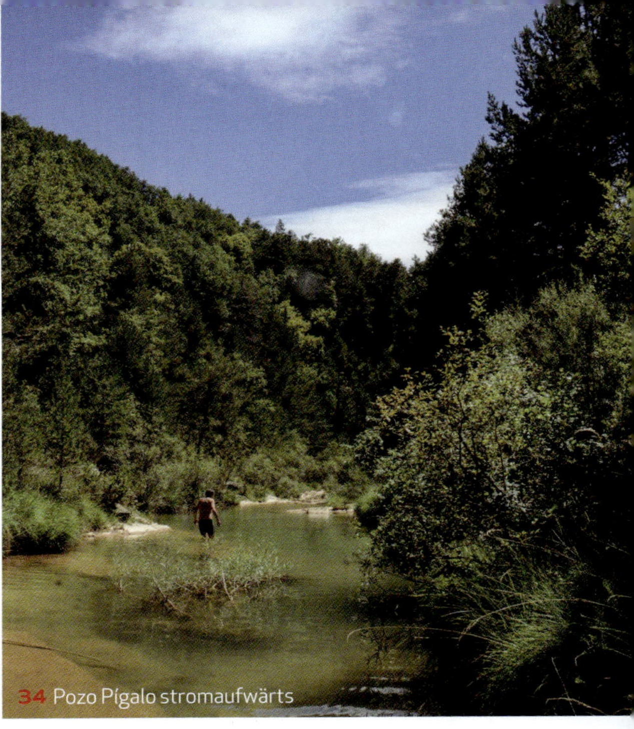

34 Pozo Pígalo stromaufwärts

»Pyrenäenmeer« ist der Spitzname des riesigen Yesa-Stausees in Navarra am Jakobsweg. Umgeben von Wäldern mit Portugiesischen Eichen, bietet er für Pilger, Einheimische und Touristen einen Ort der Erfrischung und Rast.

Der Bezirk Cinco Villas ist seit Jahrhunderten besonders mit dem Wasser verknüpft, und es waren die Römer, die hier den ersten Damm bauten. Wir fahren bei Einbruch der Dunkelheit durch das Dorf Uncastillo und zelten wild an einem weiteren Stausee, dem Embalse de las Anas. Obwohl Baden nicht ausdrücklich erlaubt ist, scheinen sich die Spaziergänger nicht daran zu stören, dass wir hineinspringen. Am Morgen raubt uns die aufgehende Sonne über dem winzigen See den Atem, und wir können einem illegalen Bad abermals nicht widerstehen

Pozo Pígalo ist ein wahres Fest für Springer. Unsere Jungs schließen sich den einheimischen Draufgängern an, die die hohen Felsen immer weiter hinaufklettern, um sich in das tiefe, schmale Becken zu stürzen. Wir können kaum hinsehen, bis sie wieder auftauchen und wir alle vor Erleichterung lachen. Schließlich suchen wir stromaufwärts am Pozo de Santa María Frieden und Stille und aalen uns wie Eidechsen auf den warmen Felsen.

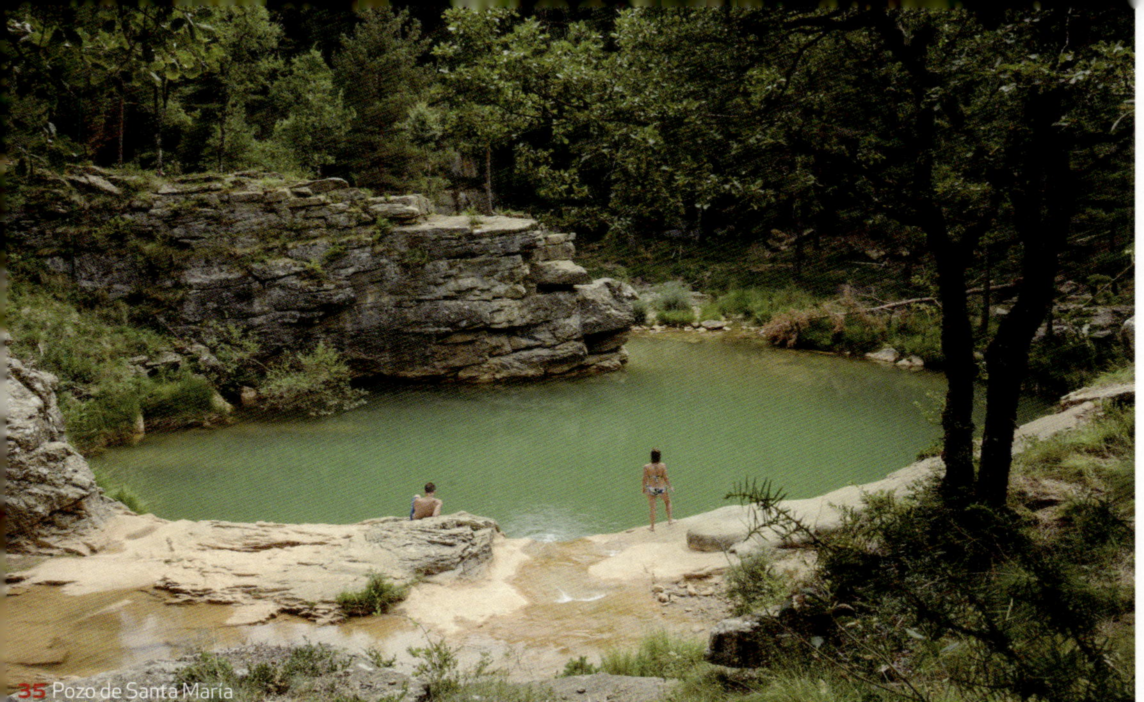

35 Pozo de Santa María

Luesia

34 POZO PÍGALO

In Luesia, einem hübschen spanischen Dorf, sollte man sich die ausgezeichneten Backwaren der Panadería Luis Mariano nicht entgehen lassen (42.3690, -1.0243). Reihen Sie sich morgens um 11 Uhr, wenn sie öffnet, in die Schlange ein, und versorgen Sie sich mit Madeleines (Magdalenas), köstlichen flachen Schokoladenkuchen, und frisch gebackenem Brot – einfach ideal für ein Picknick am nahen Pozo Pígalo. Gelegen inmitten eines Pinienwaldes, ist dieses tiefe, grüne Strudelbecken ein herrlicher Ort zum Schwimmen, der sich mit einem flacheren Bereich auch für Kinder eignet. Unsere Jungs schlossen sich den Einheimischen an, die von dem gestuften Felsen sprangen, wobei sich einige bis weit über 12 m hinauftrauten.

➔ Von Luesia auf der A-1202 Richtung Uncastillo, beim Schild »Pígalo« (42.3737, -1.0284) rechts abbiegen und 9 km weiter auf der unebenen, gewundenen Lehmpiste bis zum Parkplatz (3 € pro Tag). Zu Fuß geht es 150 m weiter zum See.

Leicht, 3 min, 42.4281, -0.9959

35 POZO DE SANTA MARÍA

Wenn Sie nach einer wilderen und abgeschiedeneren Badestelle suchen, folgen Sie dem Pfad nach Norden von Pozo Pígalo entlang dem Río Arba. Nachdem Sie den Fluss einige Male hin und her überquert haben und 800 m flussaufwärts gewandert sind, erreichen Sie ein weiteres wunderschönes Strudelbecken: den Pozo de Santa María. Sie werden einige Male durch den Fluss waten müssen, und es gibt unterwegs auch ein paar Gelegenheiten, ins Wasser zu hüpfen. Wenn Sie sich von Pozo de Santa María weiter stromaufwärts vorwagen, finden Sie weitere *pozos*, um sich abzukühlen. Großartige Wanderrouten in der Gegend.

➔ Nehmen Sie den Pfad nördlich des Wasserfalls von Pozo Pígalo über eine kleine Brücke und folgen Sie dem Fluss stromaufwärts, bis Sie Pozo de Santa María erreichen. Wasserschuhe sind empfehlenswert.

Mittel, 30 min, 42.4354, -0.9979

36 EMBALSE DE LAS ANAS

Wir kamen bei Sonnenuntergang an diesem stillen Anglersee an, zelteten wild und nahmen bei Tagesanbruch heimlich ein unerlaubtes Bad. Schwimmen ist offiziell nicht erlaubt, daher seien Sie diskret und verscheuchen Sie nicht die Fische. Wenn Sie Verpflegung benötigen, decken Sie sich in Uncastillo ein. Es gibt auch einen altmodischen Waschplatz am Ort, wo Sie Ihre Wasserflaschen auffüllen können. Der beste Ort, um ins Wasser zu steigen, liegt etwa 200 m nördlich von der Stelle, wo Sie zuerst zum See gelangen. Sie werden einen kleinen Hang sehen, der hinunter zum Wasser führt.

➔ Von Uncastillo auf der Calle de las Eras, bei 42.3629, -1.1286 von der A-1202 abfahren und der Straße nach Norden folgen, die parallel zum Río Riguel verläuft, bis Sie den See erreichen.

Leicht, 1 min, 42.37603, -1.12420

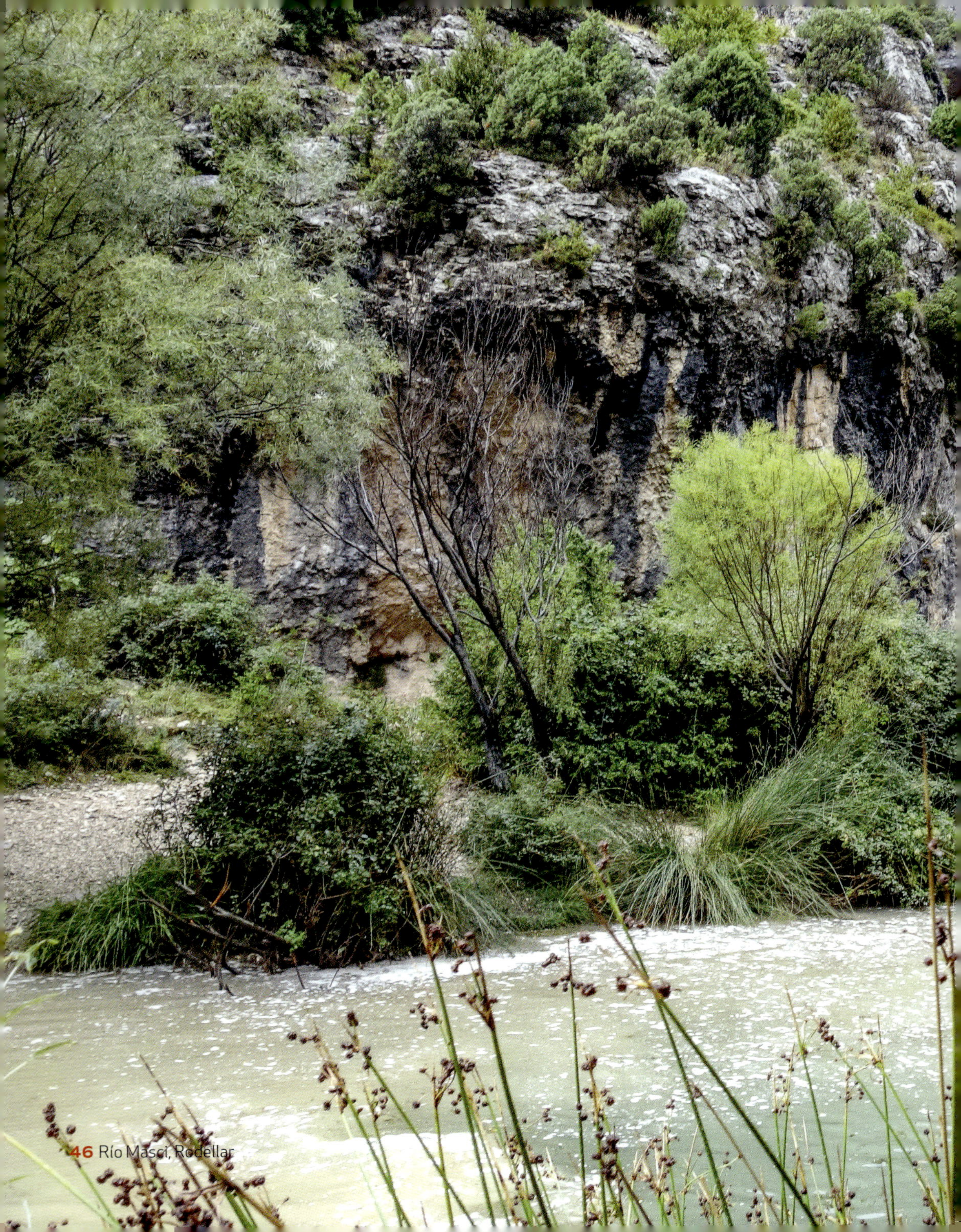

 Río Mascún, Rodellar

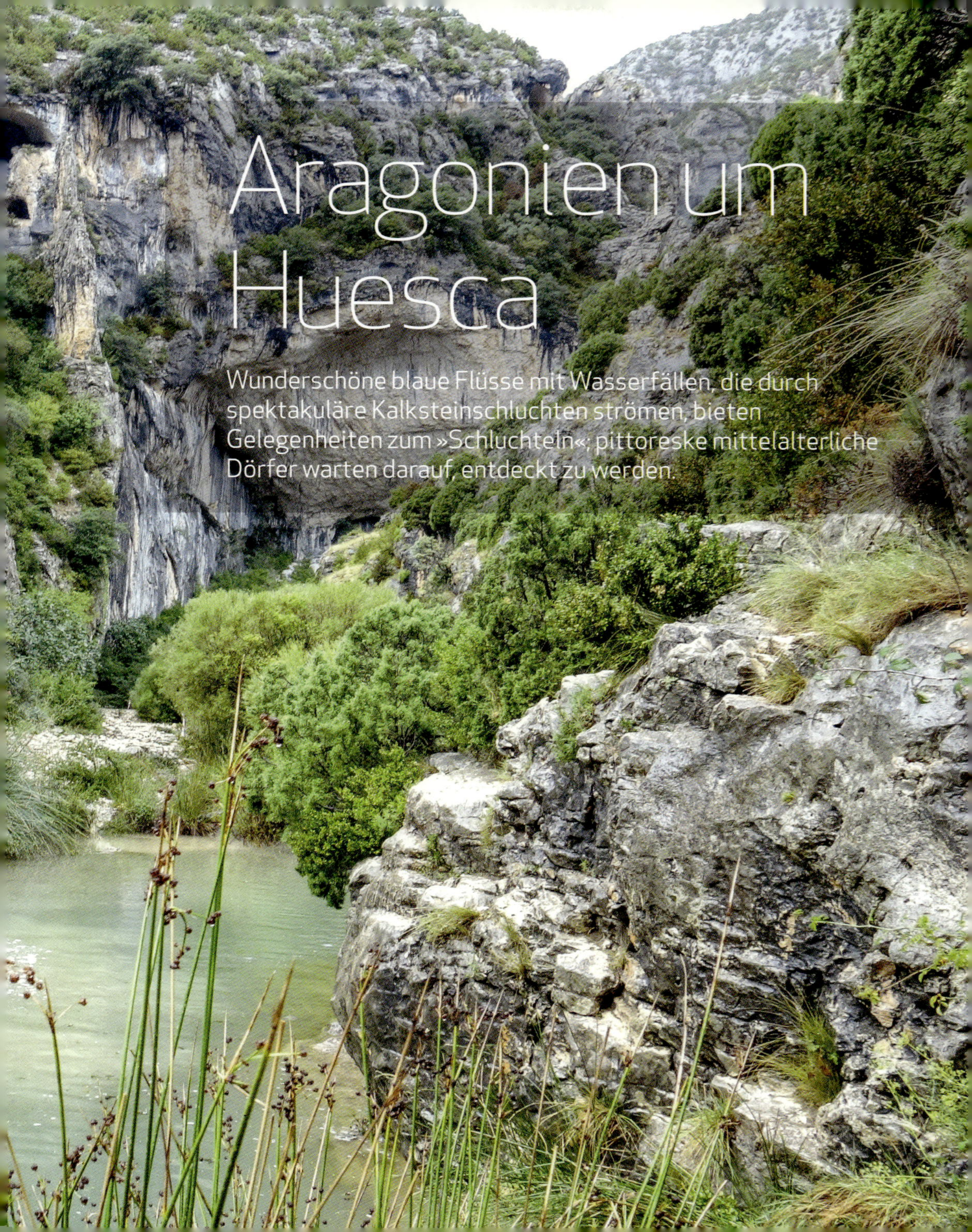

Aragonien um Huesca

Wunderschöne blaue Flüsse mit Wasserfällen, die durch spektakuläre Kalksteinschluchten strömen, bieten Gelegenheiten zum »Schluchteln«; pittoreske mittelalterliche Dörfer warten darauf, entdeckt zu werden.

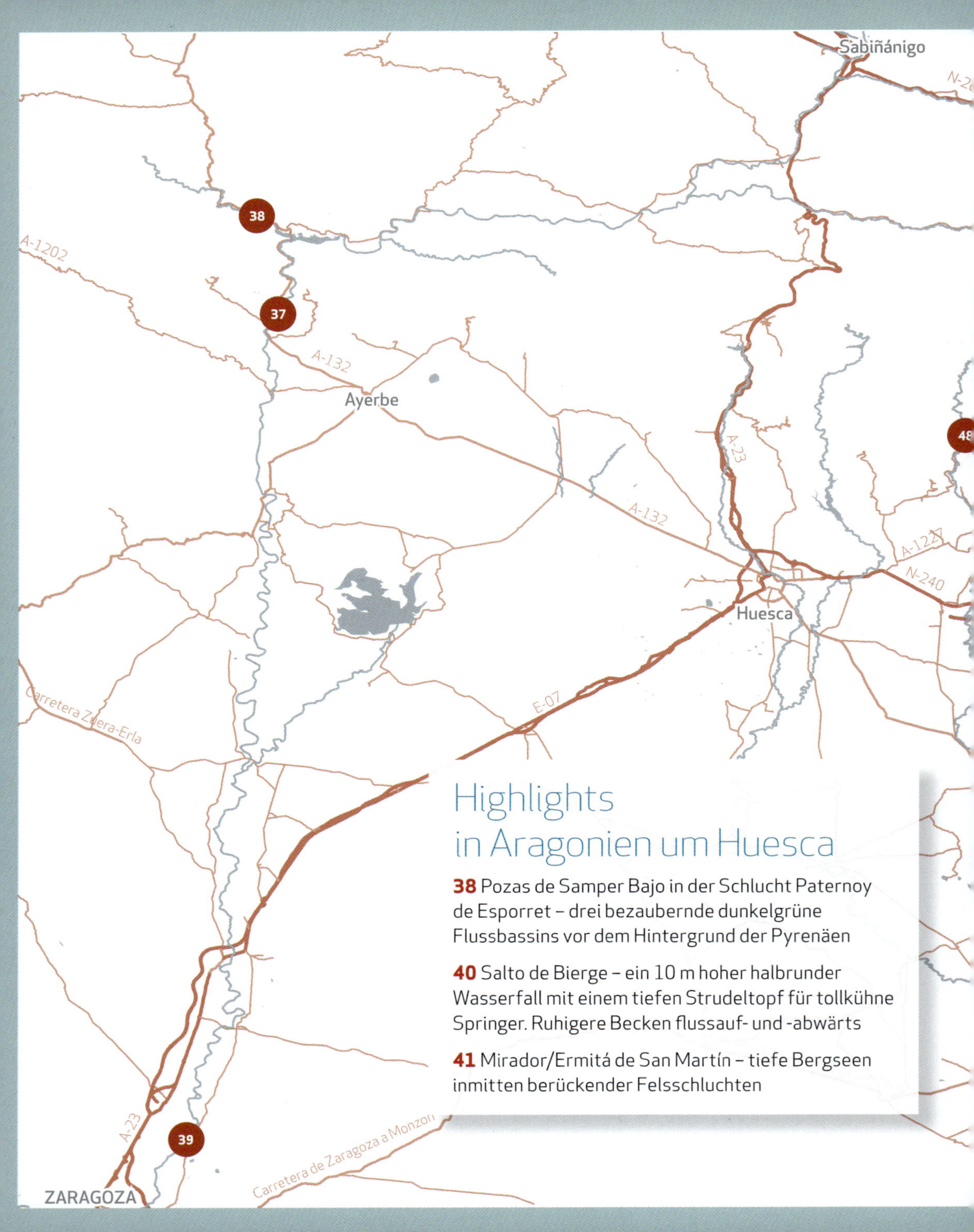

Highlights in Aragonien um Huesca

38 Pozas de Samper Bajo in der Schlucht Paternoy de Esporret – drei bezaubernde dunkelgrüne Flussbassins vor dem Hintergrund der Pyrenäen

40 Salto de Bierge – ein 10 m hoher halbrunder Wasserfall mit einem tiefen Strudeltopf für tollkühne Springer. Ruhigere Becken flussauf- und -abwärts

41 Mirador/Ermitá de San Martín – tiefe Bergseen inmitten berückender Felsschluchten

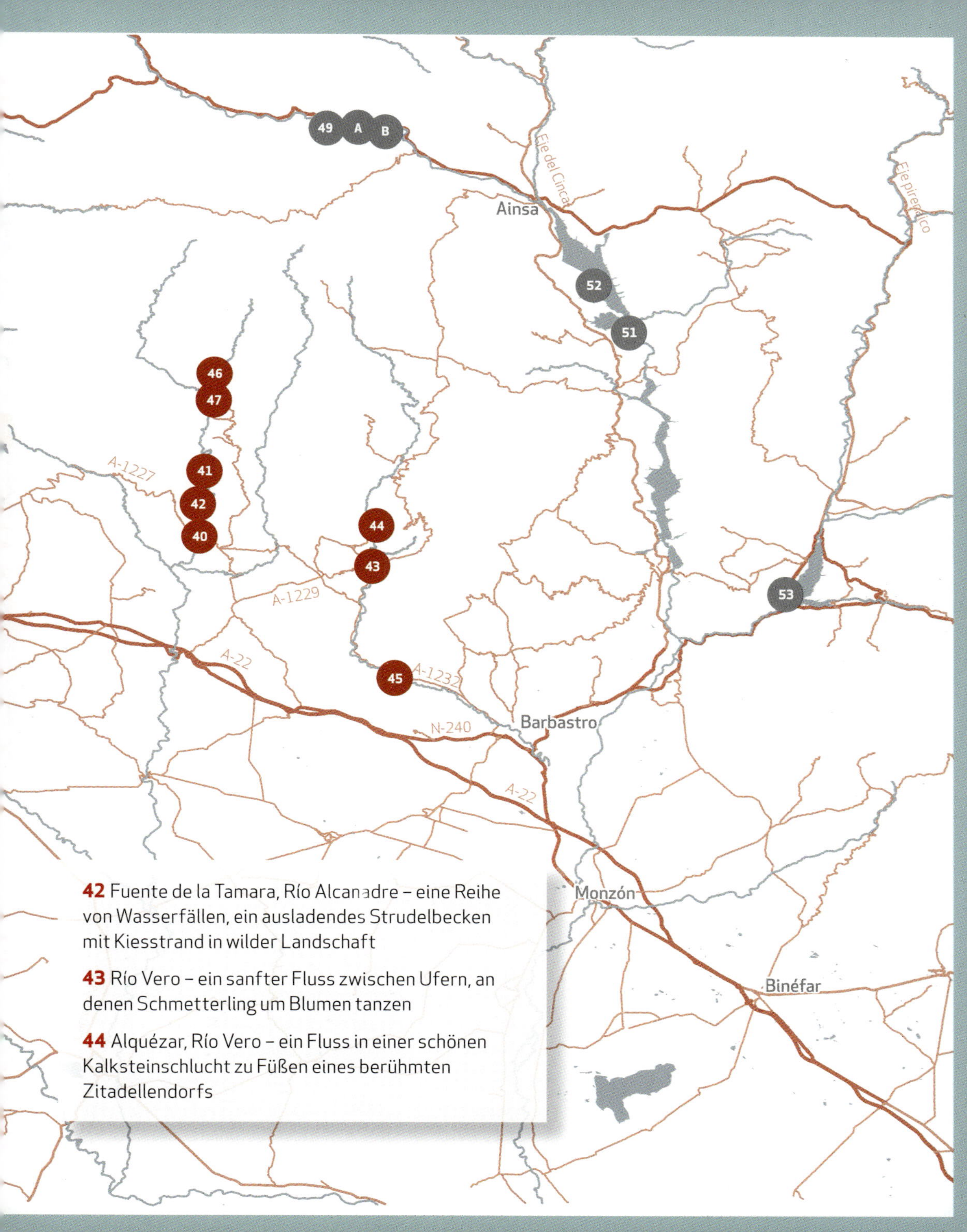

42 Fuente de la Tamara, Río Alcanadre – eine Reihe von Wasserfällen, ein ausladendes Strudelbecken mit Kiesstrand in wilder Landschaft

43 Río Vero – ein sanfter Fluss zwischen Ufern, an denen Schmetterling um Blumen tanzen

44 Alquézar, Río Vero – ein Fluss in einer schönen Kalksteinschlucht zu Füßen eines berühmten Zitadellendorfs

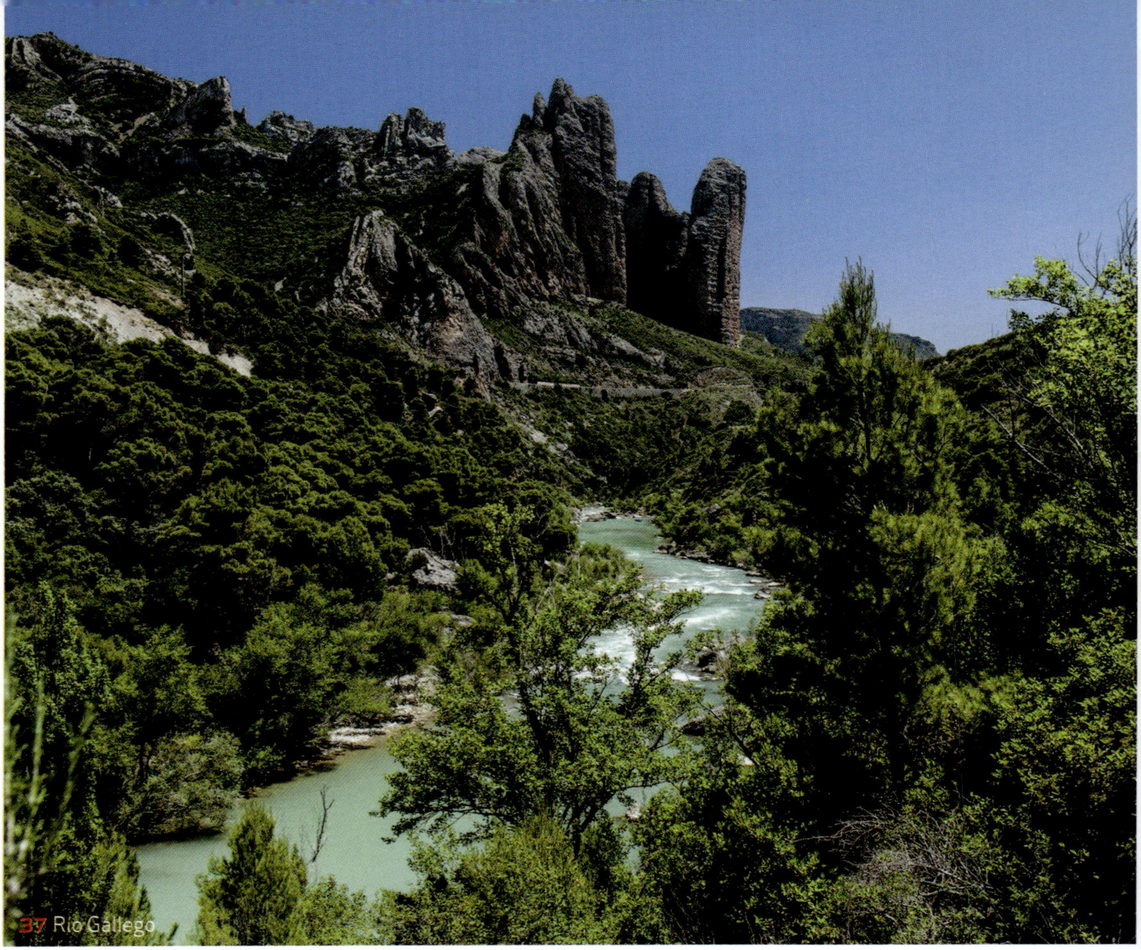

37 Río Gallego

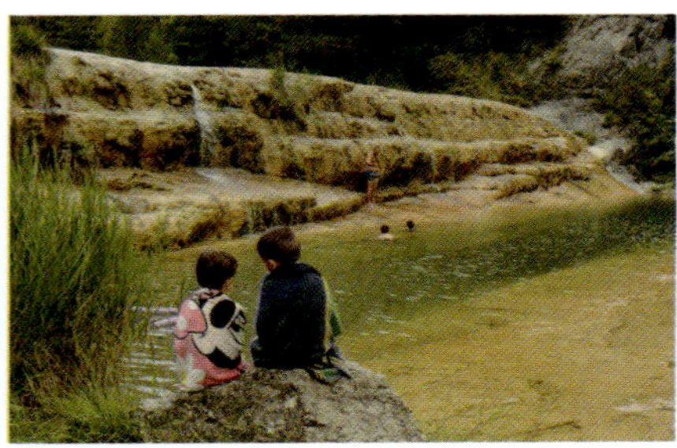

38

Erkunden Sie die atemberaubenden Kalksteinschluchten, tiefen Canyons und Höhlen sowie die türkisfarbenen Flüsse und dramatischen Wasserfälle des Bergmassives der Sierra de Guara.

Wasser und Wind haben über 70 Schluchten in die Felsen getrieben und das Gebiet zu einem der begehrtesten europäischen Ziele für das Canyoning gemacht – ein Magnet für Abenteuerlustige und Waghalsige. Doch auch auf die nicht ganz so Mutigen unter uns üben die spektakuläre Landschaft und die Wildtiere dieses Naturparks einen großen Reiz aus.

Schöne Badestellen gibt es in Hülle und Fülle ebenso wie Gelegenheiten für schwindelerregende Sprünge, während man Steinadler, Wanderfalken und Bartgeier in den Felswänden der engen Schluchten brüten sehen kann. Versäumen Sie ▶

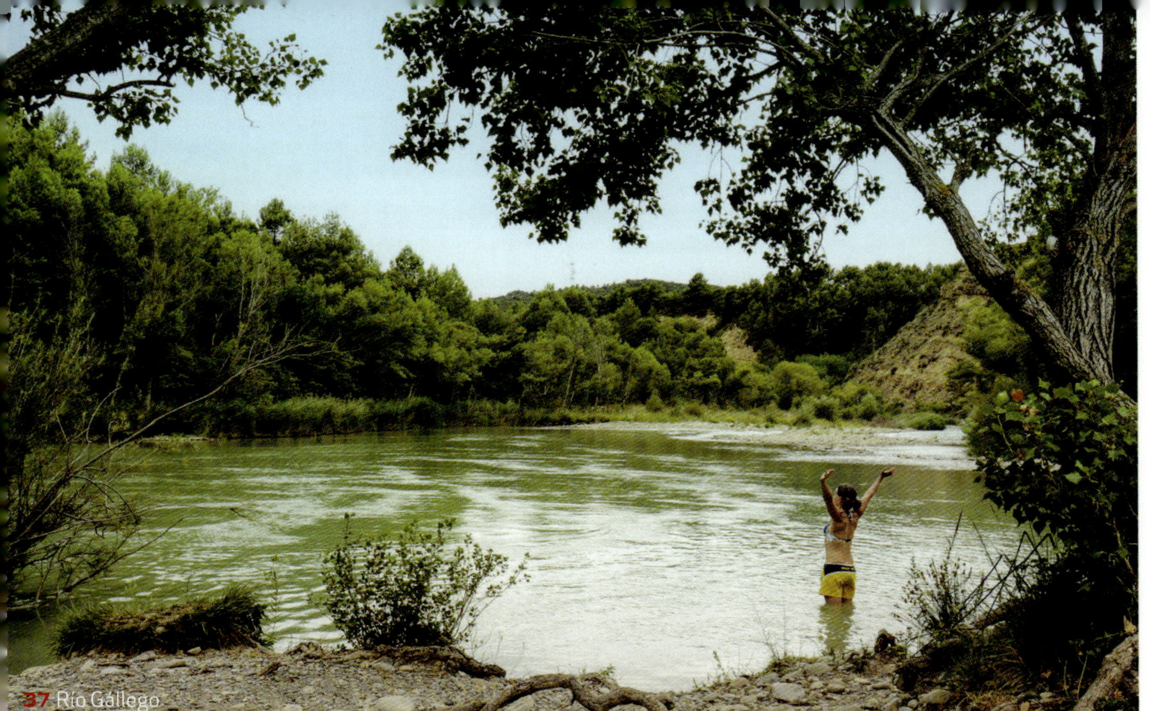

37 Río Gállego

Ayerbe

37 RÍO GÁLLEGO

Der Río Gállego ist ein reißender Fluss, besonders wenn die Schleusen des Peña-Stausees geöffnet sind. Es gibt jedoch eine Flussbiegung mit einem Kiesufer, das die Einheimischen *la playa* (den Strand) nennen, wo man im ruhigen, hellgrünen Wasser sicher schwimmen kann.

➜ Der Zugang zum Fluss liegt gegenüber dem Dorf Murillo de Gállego an der A-132,wo ein Schild (42.3353, -0.7506) auf Camping Armalygal hinweist (www.armalygal-camping.com). Fahren Sie den schmalen Weg hinunter am Zeltplatz vorbei, bis Sie einen kleinen Parkplatz erreichen (42.3309, -0.7470). Der steile Weg hinunter ist ausgeschildert. Zur Rechten zwischen zwei Bäumen liegt der kleine Flussstrand.

Einfach , 10 min, 42.3305, -0.7469

38 POZAS DE SAMPER BAJO

Dank des Tipps eines Einheimischen genossen wir vor dem Hintergrund der Pyrenäen in drei malerischen dunkelgrünen Flussbecken in der Schlucht von Paternoy de Esporret ein herrliches Bad. Das mittlere Becken mit kleinen Wasserfällen ist ideal für kleine Kinder. Größere, tiefere und wildere Flussbecken weiter ober- und unterhalb sind eher für erwachsene Schwimmer geeignet. Am Morgen eines Werktags Ende Juli hatten wir den Ort für uns allein, am Nachmittag stieß ein Großvater mit vier kleinen Kindern zu uns.

➜ Sie stellen den Wagen auf einem Feld am Rand der A-132 fast auf halbem Weg zwischen Salinas de Jaca und Santa María ab (42.4008, -0.7616) und gehen zu Fuß die Straße weiter zur Brücke über den Río Asabón. Kurz davor zweigt rechts ein Weg ab. Folgen Sie diesem, bis Sie das untere Flussbecken erreichen, durchqueren Sie den Fluss und klettern Sie die Felsen hinauf zu den oberen beiden Becken. Bei Nässe glitschig.

Mittel, 5 min, 42.4013, -0.7624

39 SOTO DE PEÑA EL CUERVO

Eine hübsche Schwimmexkursion im gewundenen Flusslauf des Río Gállego zwischen San Juan de Mozarrifar und Peñaflor. Zur üppigen Flussfauna gehören verschiedene Reiherarten, Regenpfeifer, Strandläufer und Eisvögel. Hier finden Sie einige riesige Sprungfelsen und ein steiniges Flussufer.

➜ Von Peñaflor auf der A-123 2,4 km Richtung Süden. Fahren Sie unmittelbar vor der Bushaltestelle der Linie 28 rechts ab und folgen Sie der Straße 100 m um das Feld herum bis zum Fluss.

Einfach, 2 min, 41.7418, -0.8085

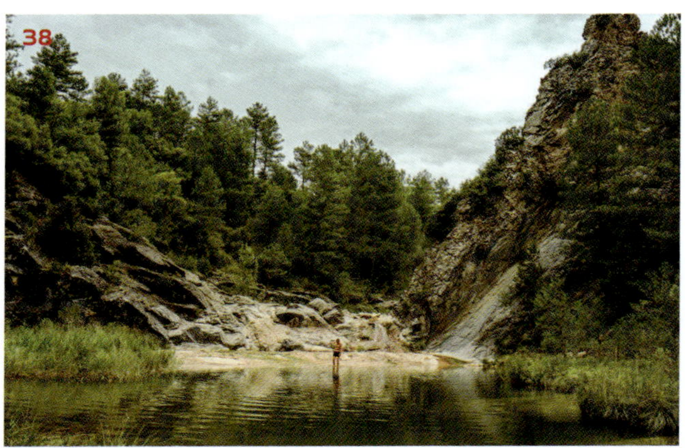

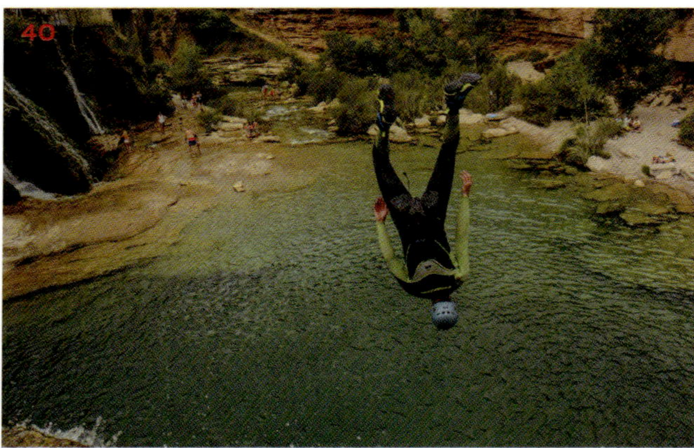

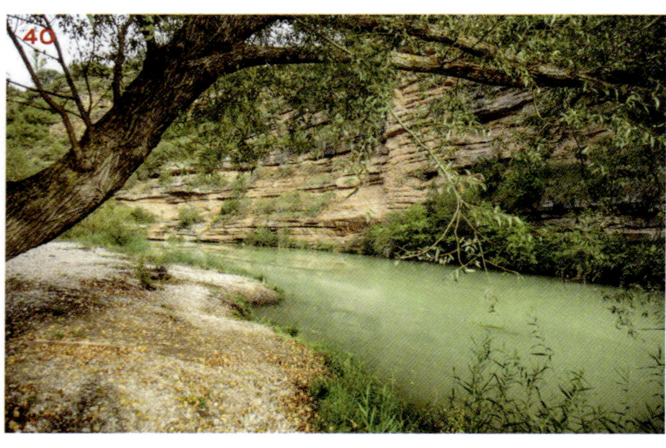

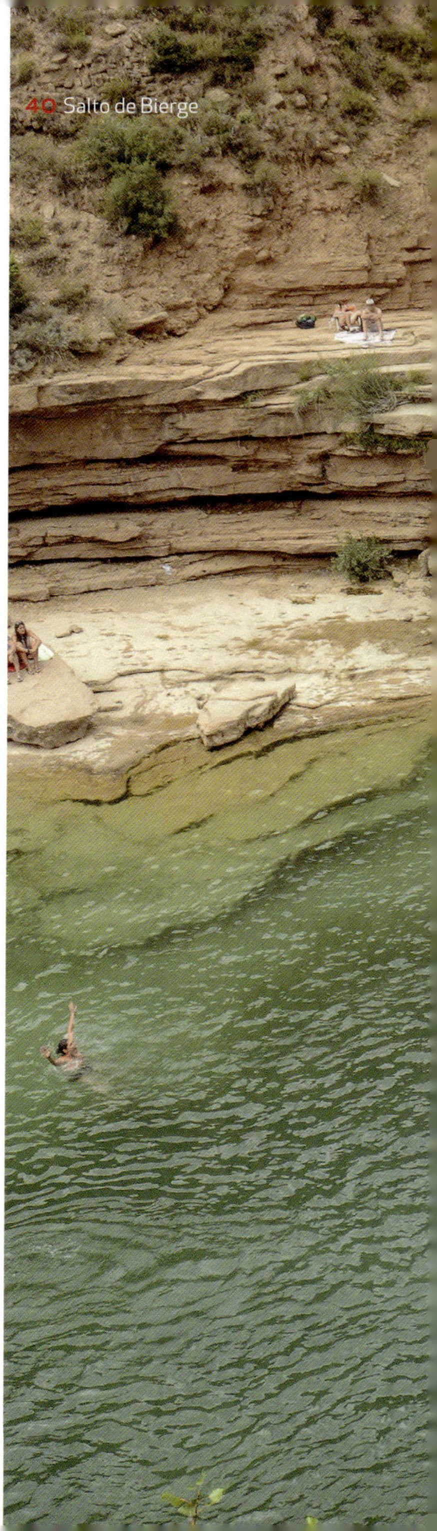

40 Salto de Bierge

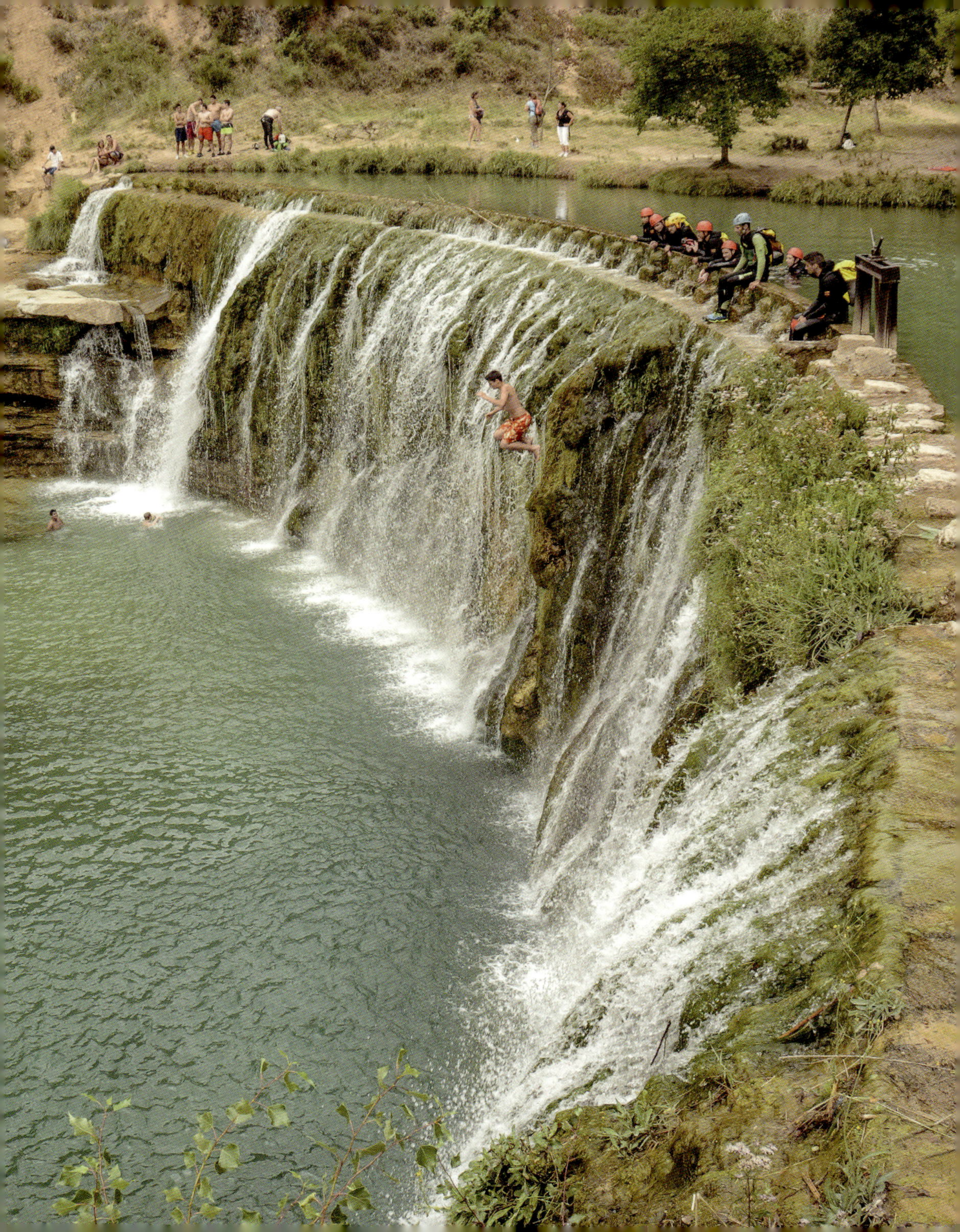

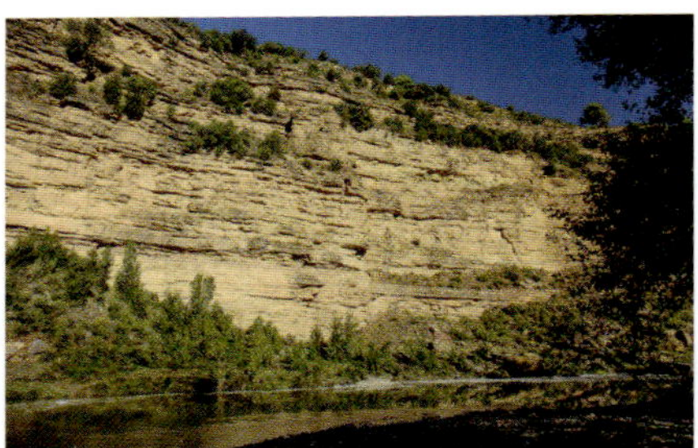

42

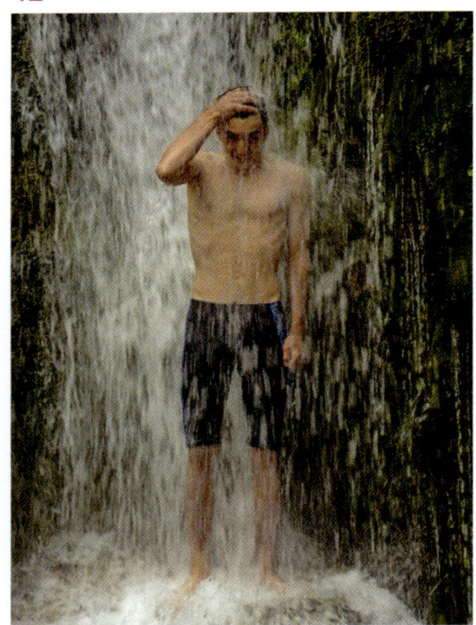

40

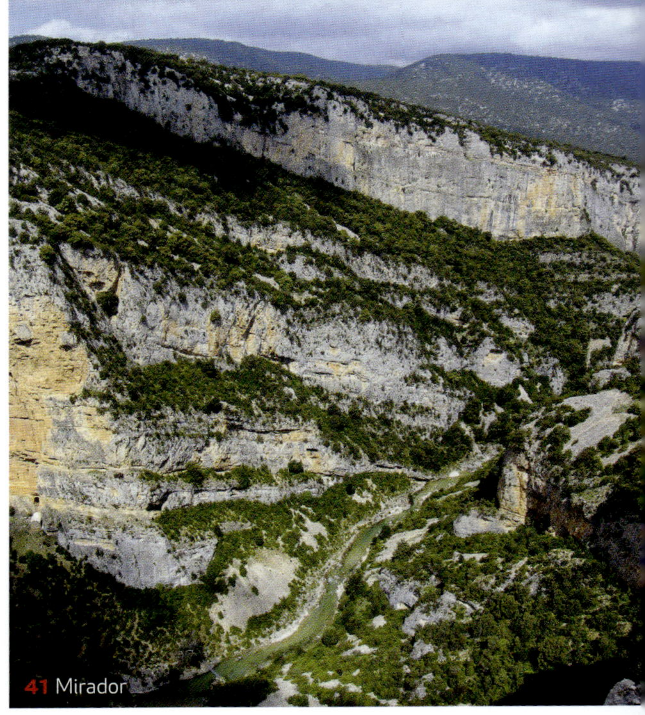

41 Mirador

nicht die prähistorischen Höhlenmalereien an mehreren Orten des Kulturparks Río Vero.

Die Region Aragonien bietet verschiedenartigste Landschaften, von ewigem Gletschereis über grüne Täler, fette Weiden und Obstgärten bis hin zu den trockenen Ebenen des zentralen Tieflands. Aragonien ist Heimat zahlloser Flüsse – an erster Stelle der Ebro, Spaniens (nach Volumen) größter Fluss, der die ganze Region durchströmt. In der Provinz Huesca steht der Aneto – der höchste Berg der Pyrenäen.

Die Stadt Huesca, einstmals Bolskan, wurde von den römischen Kolonisten in Osca umbenannt. Unter dem Feldherrn Quintus Sertorius prägte Osca seine eigenen Münzen, auf denen das Bild eines Reiters prangte, das bis heute das Stadtwappen ziert. Sertorius gründete auch die prestigeträchtige Schule, in der junge Iberer Latein und römische Kultur lernten. Später Sertoriana genannt, wurde daraus die erste spanische Universität, bis 1845, als die Universität von Zaragoza an ihre Stelle trat

Unser erster aquatischer Halt ist der Río Gállego, ein wunderschöner, aber wilder Fluss mit Strudeln und Strömungen, die sich für allzu Wagemutige als heimtückisch erweisen können. Die Einheimischen baden an den Kiesufern am »Strand« bei ▶

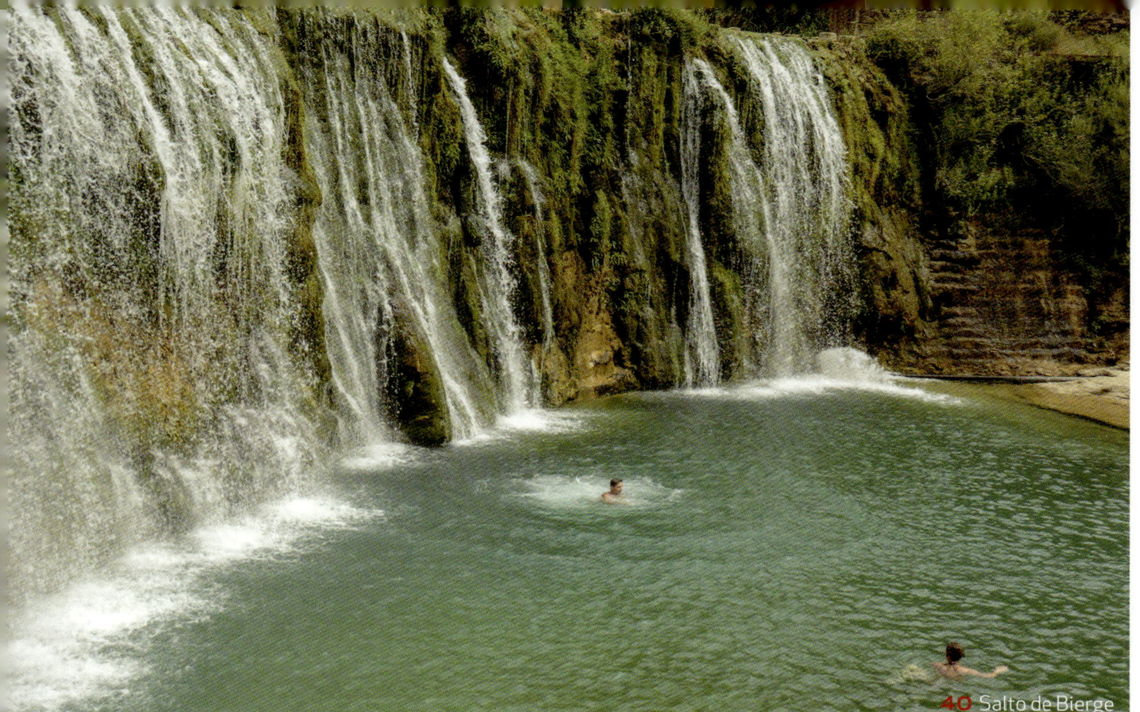
40 Salto de Bierge

Naturpark Sierra y Cañones de Guara

40 SALTO DE BIERGE

Ein beeindruckender halbrunder Wasserfall von 10 m Höhe. Trauen Sie sich, dort hinabzuspringen? Falls nicht, können Sie den Fluss hinauf- oder hinabwandern, wo es wunderschöne, abgeschiedene Stellen zum Schwimmen gibt. Eine großartige Gegend zum Canyoning.

➔ Einige km nördlich von Bierge auf der A-1227. Parken Sie neben dem Restaurant El Salto, folgen Sie dem Pfad vor dem Restaurant, der den Abhang hinunter scharf links abzweigt, biegen Sie scharf rechts in einen weiteren Weg, bis Sie eine Pumpstation auf der Linken und den Wasserfall erreichen. Folgen Sie dem Pfad stromabwärts. Von hier aus wateten wir durch den hüfthohen Fluss zum anderen Ufer. Alternativ überqueren Sie die Brücke und biegen dahinter sofort rechts in einen kleinen Pfad. So kommen Sie ebenfalls flussabwärts. Beim Zeltplatz. Camping Río Vero (www.campingriovero.com) kennt man die Gegend bestens und arrangiert auf Wunsch Canyoning-Trips. Hier kann man sich auch Fahrräder leihen.

Einfach, 5 min, 42.1728, -0.0912

41 MIRADOR/ERMITÁ DE SAN MARTÍN

Tief unten im großen Canyon des Río Alcanadre, wo sich die kleine Kapelle Ermitá de San Martín an eine Felswand schmiegt, liegen inmitten der stupenden Klammformationen des oberen und unteren Peonera-Canyons tiefe Strudelbecken.

➔ 1 km nördlich des Dorfes Morrano kommt ein Parkplatz (42.2057, -0.1109), von hier geht es zu Fuß auf einem Lehmpfad 2,5 km bergab in die Schlucht. Zugang auch von Osten (etwas kürzer) von der HU-341 (Weg bei 42.2231, -0.0671 400 m vor dem Mirador del Río Balces). Folgen Sie dem Weg »pista cortada« 1,5 km nach Westen durch einen Olivenhain zu einer Bauernhausruine, an der es links vorbei zu dem Aussichtspunkt Mirador de San Martín geht, von wo man zuweilen sogar Geier auf den Felsen erblicken kann. Steigen Sie eine gut befestigte Serpentine zur Fußbrücke und der Kapelle hinab.

Schwierig, 40 min, 42.2198, -0.0875

42 FUENTE DE LA TAMARA

Ein ausgedehntes Flussbecken mit Kiesstrand am Río Alcanadre in einer wildromantischen Landschaft am Fuß einer aufregenden Klamm mit einer Reihe von Wasserfällen. Ein großer Spaß für Familien, aber auch für ernsthafte Canyoning-Freunde und Kraxler.

➔ Die schönste Route führt von Salto de Bierge den Fluss hinauf (4 km), die schnellste ist die nicht einmal halb so lange von Morrano (1,5 km). Folgen Sie dem gelb-weiß markierten Pfad S2 von der A1227. Der Weg liegt gegenüber dem Südeingang des Dorfes über Ermitá de San Bartolomé. Auch zugänglich vom Parkplatz an der HU-341 bei 42.2036, -0.0607 4 km nördlich von Bierge (2,5 km).

Einfach, 40 min, 42.1963, -0.0921

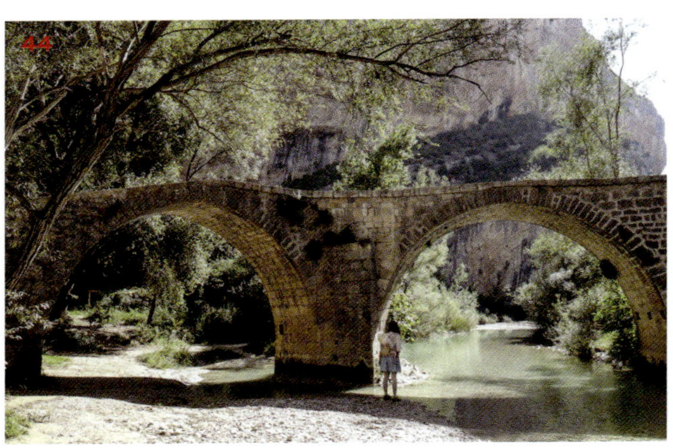
44

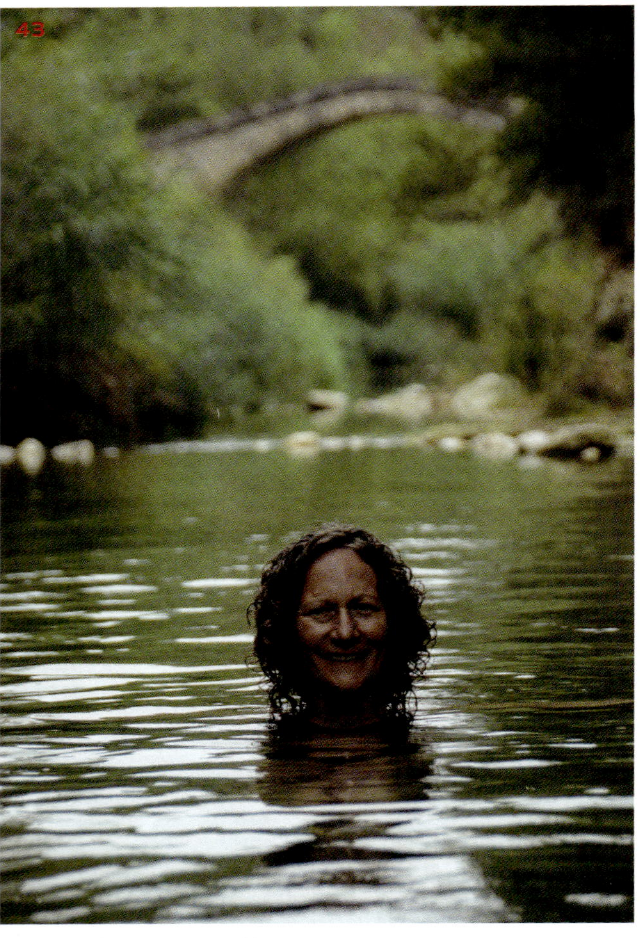
43

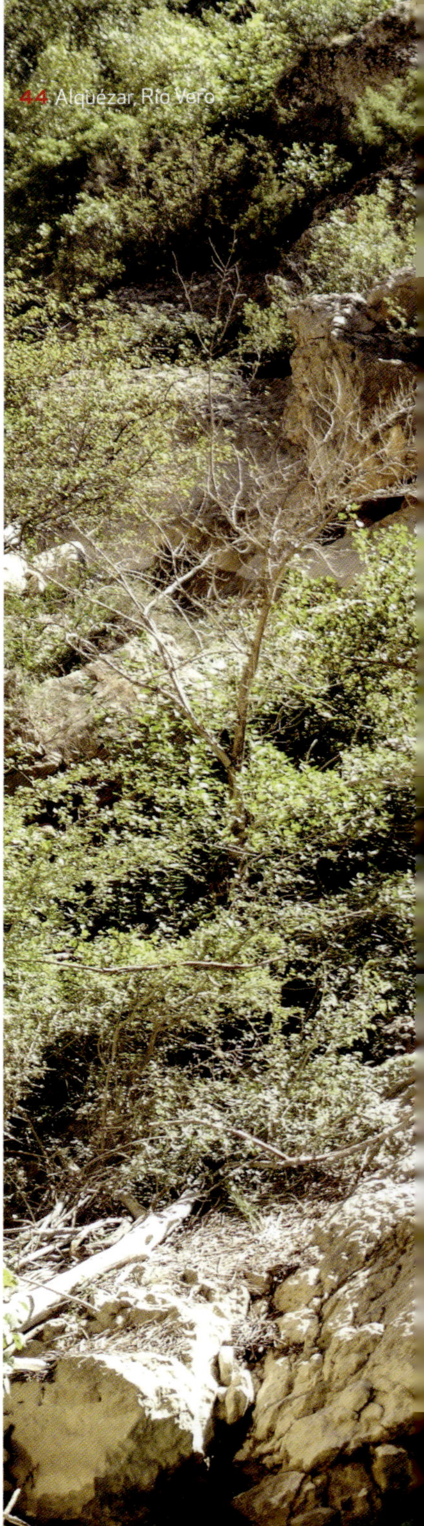
44 Alquézar, Río Vero

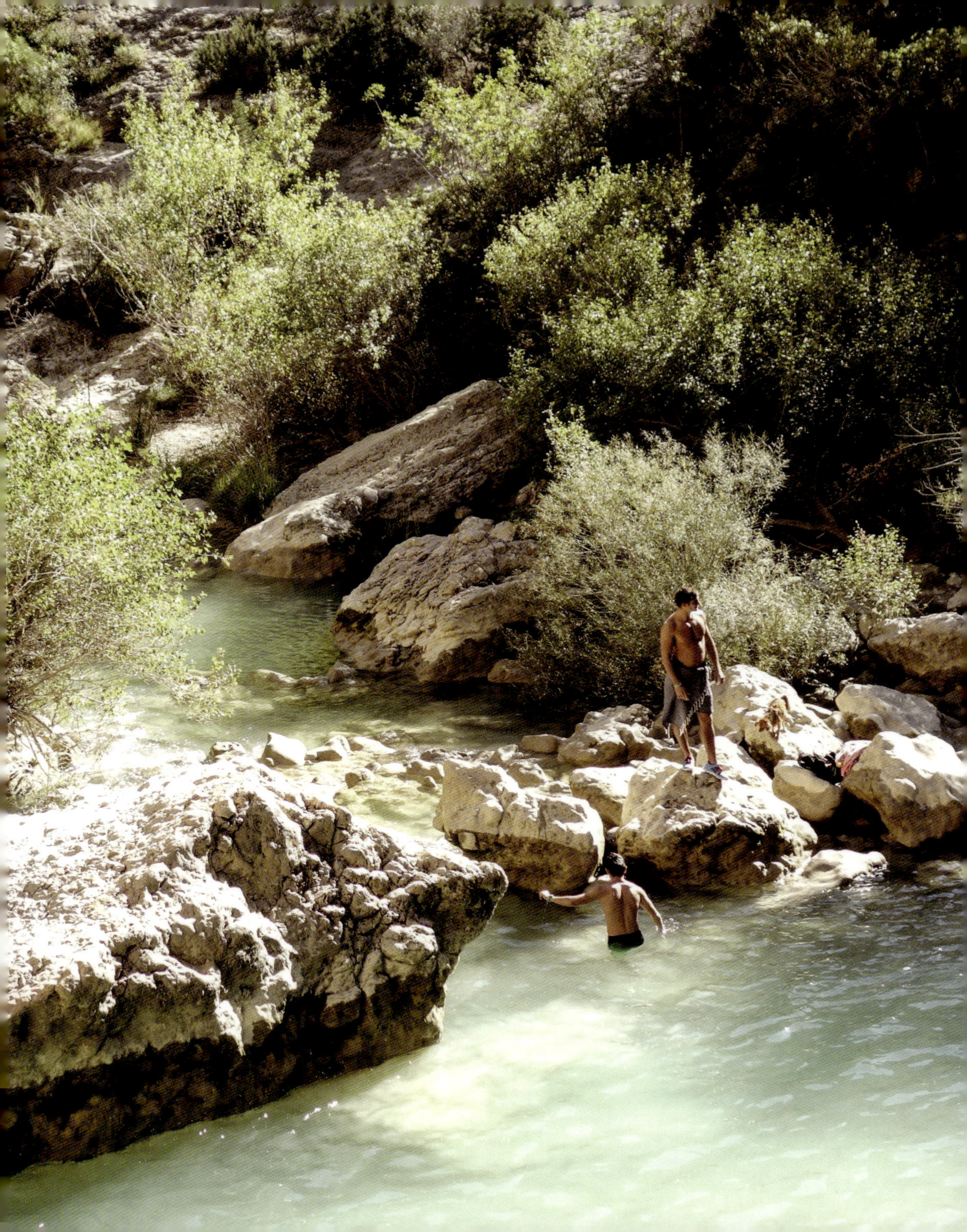

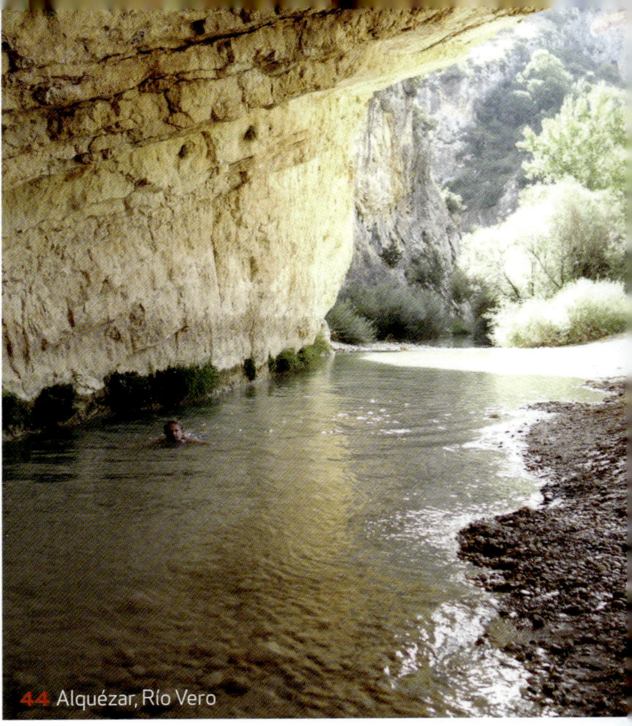
44 Alquézar, Río Vero

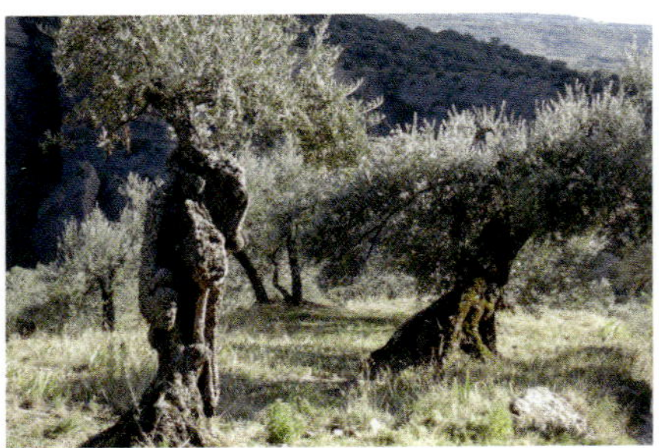

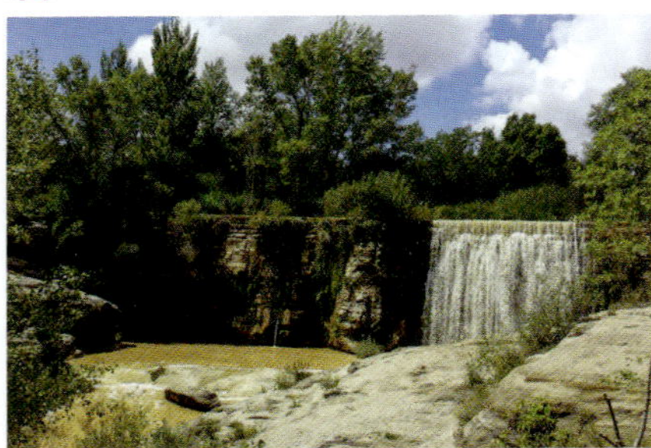
45

Murillo de Gállego, wo der Fluss sich in einer Biegung verlangsamt, aber immer noch aufregend ist.

Die versteckten Bassins des Río Asabón begeistern uns, weil sie unter einer unscheinbar wirkenden Brücke verborgen liegen und nur für diejenigen sichtbar sind, die Bescheid wissen. Hier gibt es vor der Kulisse der Gipfel der Sierra de Guara hübsche dunkelgrüne Felsbassins und Wasserfälle.

Wir fahren auf gewundenen Bergstraßen bergab, halten kurz in Ayerbe, um die köstlichen braunen Mandel-Croissants des Ortes zu genießen, und reisen weiter zum eindrucksvollen Wasserfall Salto de Bierge des Río Alcanadre. Diese erstaunliche halbrunde Kaskade lockt recht viele Besucher an, lohnt aber trotzdem einen Ausflug, und man kann sich immer noch abgeschiedenere Flussbassins stromauf- oder -abwärts suchen.

Wir finden eine Reihe wilder Schwimmbassins, als wir dem Río Alcanadre durch seine Schluchten hinauf zu seiner Quelle folgen: Fuente de la Tamara, ein herrliches, kristallklares Bassin am Fuß des Canyons; Puente de Pedruel, eine alte Brücke über einem fabelhaften tiefen Schwimmbassin; eine Schlucht und herrliche Sprungmöglichkeiten von den Felsen bei der Ermitá (Einsiedelei) San Martín del Alcanadre nach einer

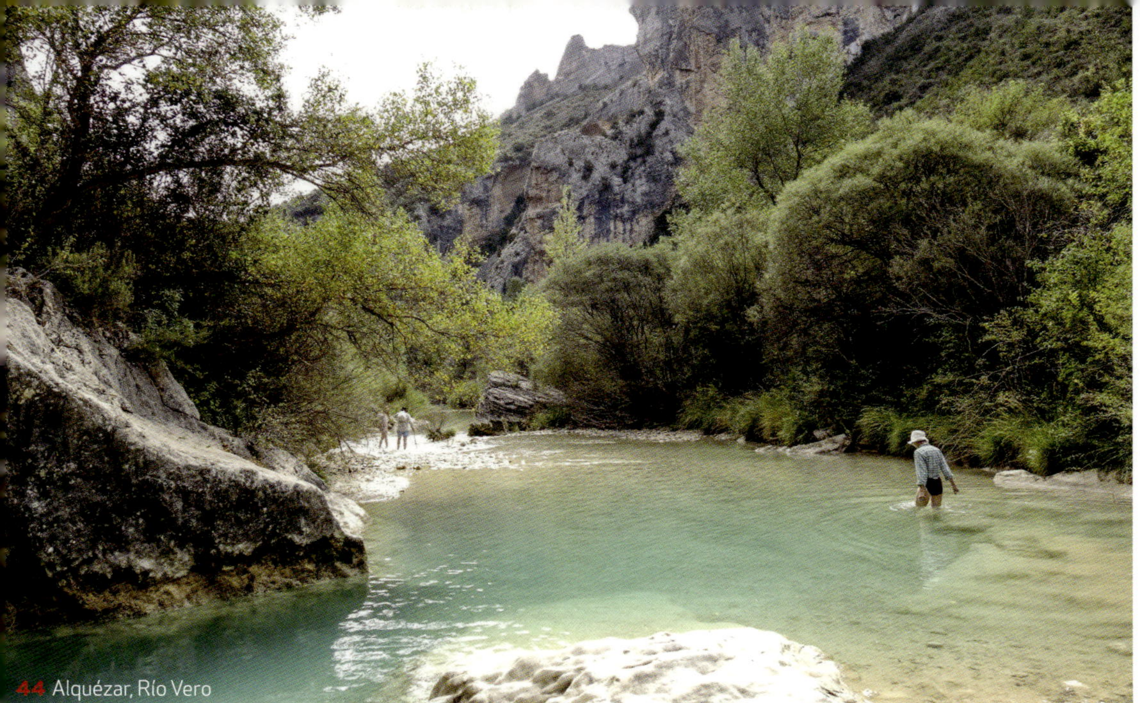
44 Alquézar, Río Vero

Río Vero

43 RÍO VERO (AM ZELTPLATZ)

Entlang dieses seichten Flusses kann man von der Brücke aus stromauf- oder -abwärts idyllische Badestellen erkunden, die zum Schwimmen einladen. Waten Sie 10 min stromabwärts, um Bekanntschaft mit der Brücke von L'Albarda aus dem 13. Jahrhundert zu machen, die sich elegant über den Fluss wölbt.

→ Parken Sie am ausgezeichneten Zeltplatz ⛺ Camping Río Vero (www.campingriovero.com) und gehen Sie den Pfad an der Brücke hinunter.

Einfach, 2 min, 42.1518, 0.0278

44 ALQUÉZAR, RÍO VERO

Ein berühmtes Zitadellendorf und ein großartiger Wanderweg hinunter zu diesem Fluss in einer Kalksteinschlucht mit Höhle, einer alten Brücke, einem Panoramaweg und einem Wasserfall. Faszinierend und feucht auch die Erkundung der Klamm des Río Vero stromaufwärts.

→ Vom Dorfzentrum in nördlicher Richtung den Schildern nach (in Richtung Barranco de la Fuente) hinunter zur Puente de Villacantal (1 km). Bassins unter der Brücke und weiter stromaufwärts in der Klamm laden zum Schwimmen ein. Gehen Sie stromabwärts den Fluss entlang, so stoßen Sie auf seichte Strudelbecken und riesige Höhlen in den Felsen. Wandern Sie nun weiter auf dem Panoramaweg, vorbei an Wasserfällen und kleinen Seen und kehren Sie durch alte Olivenhaine zum Dorf zurück. (Rundweg 1 Std.)

Mittel, 60 min, 42.1811, 0.0306

45 SALTO DE POZÁN DE VERO

Dieser Wasserfall in der Nähe des Dorfes Pozán de Vero aus dem 16. Jahrhundert entstand, als vor vielen Jahren der Alcanadre aufgestaut wurde. Ein beliebter Ort, um zu schwimmen, zu springen und sich zu vergnügen. Großartige Gegend für Wander- und Mountainbike-Touren.

→ Zwischen den Dörfern Pozán de Vero und Castillazuelo an der A-1232. Parken Sie einen halben km nach Pozán an der Straße (42.0741, 0.0446). Keine Schilder, halten Sie nach einem grünen Mülleimer Ausschau und folgen Sie dem Pfad durch das Feld hinunter zum Wasserfall.

Einfach, 5 min, 42.0731, 0.0433

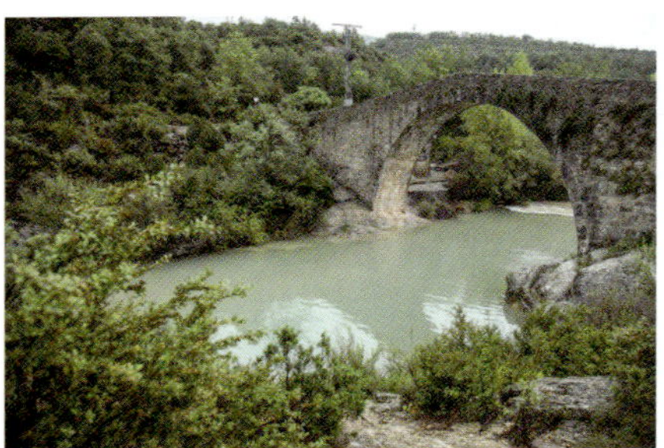

47

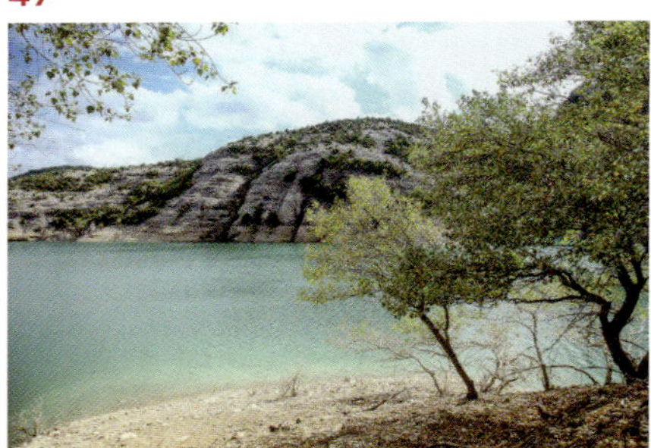

48

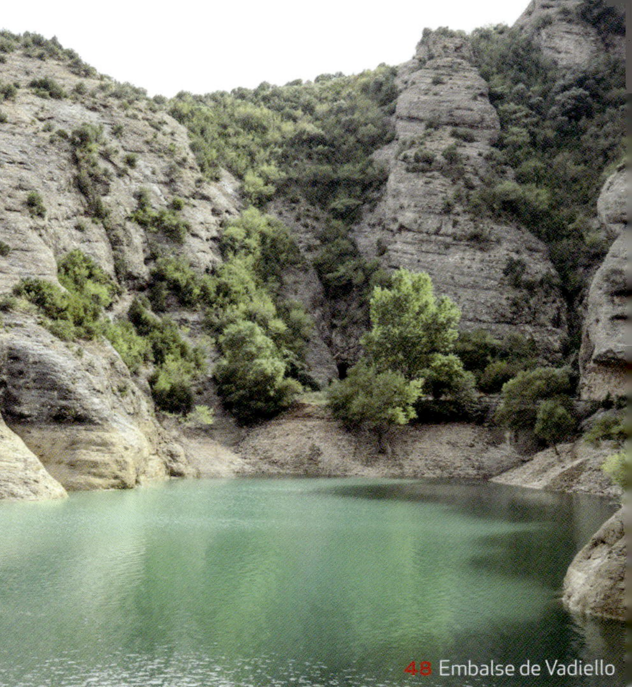

48 Embalse de Vadiello

wildromantischen Wanderung durch eine Flussschlucht.

Der Río Vero ist eine weitere freudige Überraschung. Das anmutige Ufer an dem freundlichen Zeltplatz zieren Rosenlorbeer und Schilf, und wir genießen einen angenehmen Spaziergang entlang des geschlängelten Wasserlaufs, unterbrochen von erfrischenden Bädern in kleinen Flussbassins.

Unterhalb des mittelalterlichen Dorfes Alquézar unternehmen wir eine lange Wanderung auf zerklüfteten Wegen den Canyon hinunter, wo wir zwischen den beeindruckend aufragenden roten Klippen tiefe, verlockende Badestellen und Wasserfälle finden.

In dem Dorf Pozán de Vero folgen wir La Senda de los Azudes (Weg der Wassermühle) stromaufwärts jenseits der mittelalterlichen Brücke zum Azud de Arriba (oberes Wehr) und einem großen Wasserfall mit einem tiefen Becken. Wir folgen dem Flussufer weiter durch Olivenhaine und Wälder, bis wir einen versteckten Wasserfall erreichen.

Außerhalb von Zaragoza kehren wir zu einer Biegung des Río Gállego zurück, wo eine riesige Felswand Waghalsigen Gelegenheit bietet, aus großer Höhe in ein tiefes Bassin zu springen. Einfach herrlich, in Spanien in freier Natur zu schwimmen! ■

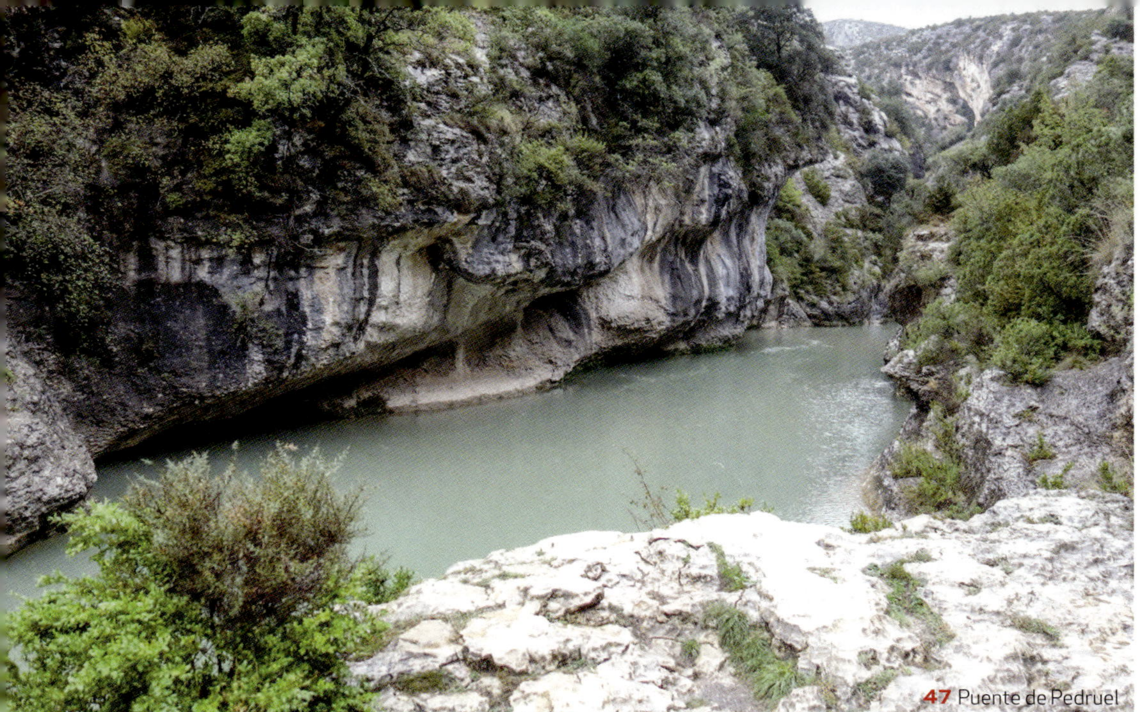

47 Puente de Pedruel

Rodellar & Vadiello

46 FUENTE DE MASCÚN, RODELLAR

Tief in dieser berühmten, hypnotisierenden Schlucht unter der »Delphin«-Klippe und den Höhlen finden wir eine Quelle und Bassins zum Baden. Beachten Sie, dass der Wasserspiegel blitzschnell anschwellen kann, wenn es in den Bergen regnet.

➔ Von der Plaza Pierre Minvielle in Rodellar führt der Pfad 1 km nach Norden und in die Schlucht hinab.

Mittel, 20 min, 42.2898, -0.0803

47 PUENTE DE PEDRUEL, RODELLAR

Eine der am leichtesten zu erreichenden Badestellen des Río Alcanadre. Puente de Pedruel ist eine alte Brücke mit einem fabelhaften tiefen Schwimmbecken darunter; stromaufwärts lockt eine faszinierende Schlucht, die eine Verbindung zum trockenen Canyon von Mascún schafft. Großartige Stellen, wo man von den Felsen ins Wasser springen kann.

➔ Etwa 1 km südlich von Rodellar dem Hinweisschild ⛺ Camping El Puente folgen (Carretera Bierge, ohne Hausnummer, 22144 Rodellar, +34 974 31 83 12, www.campingelpuente.com). Erkunden Sie die Gegend stromaufwärts auf dem Pfad über dem linken Flussufer zur Mündung der Mascún-Schlucht und darüber hinaus.

Einfach, 3 min, 42.2705, -0.0811

48 EMBALSE DE VADIELLO

Ausgedehnte, hoch aufragende weiße Klippen und Bergspitzen erheben sich über dem tiefen, unglaublich blauen Wasser dieser gefluteten Bergschlucht. Obwohl man im Stausee eigentlich nicht schwimmen darf, werden Sie womöglich an entlegeneren Stellen der Versuchung erliegen.

➔ Von der A-22 auf die A-1272, dann die HU330 nördlich zum Guara-Naturpark bis zum Dorf Vadiello. Sie fahren durch den 100 m langen Felstunnel und parken rechts (auf dem Sackgassenschild steht 150 m). Gehen Sie zu Fuß weiter, bis Sie außer Sichtweite der Straße sind. Es gibt einen Weg unter der Felsformation Mallos de Lazas um die Talsperre herum.

10 min, 42.2430, -0.2762

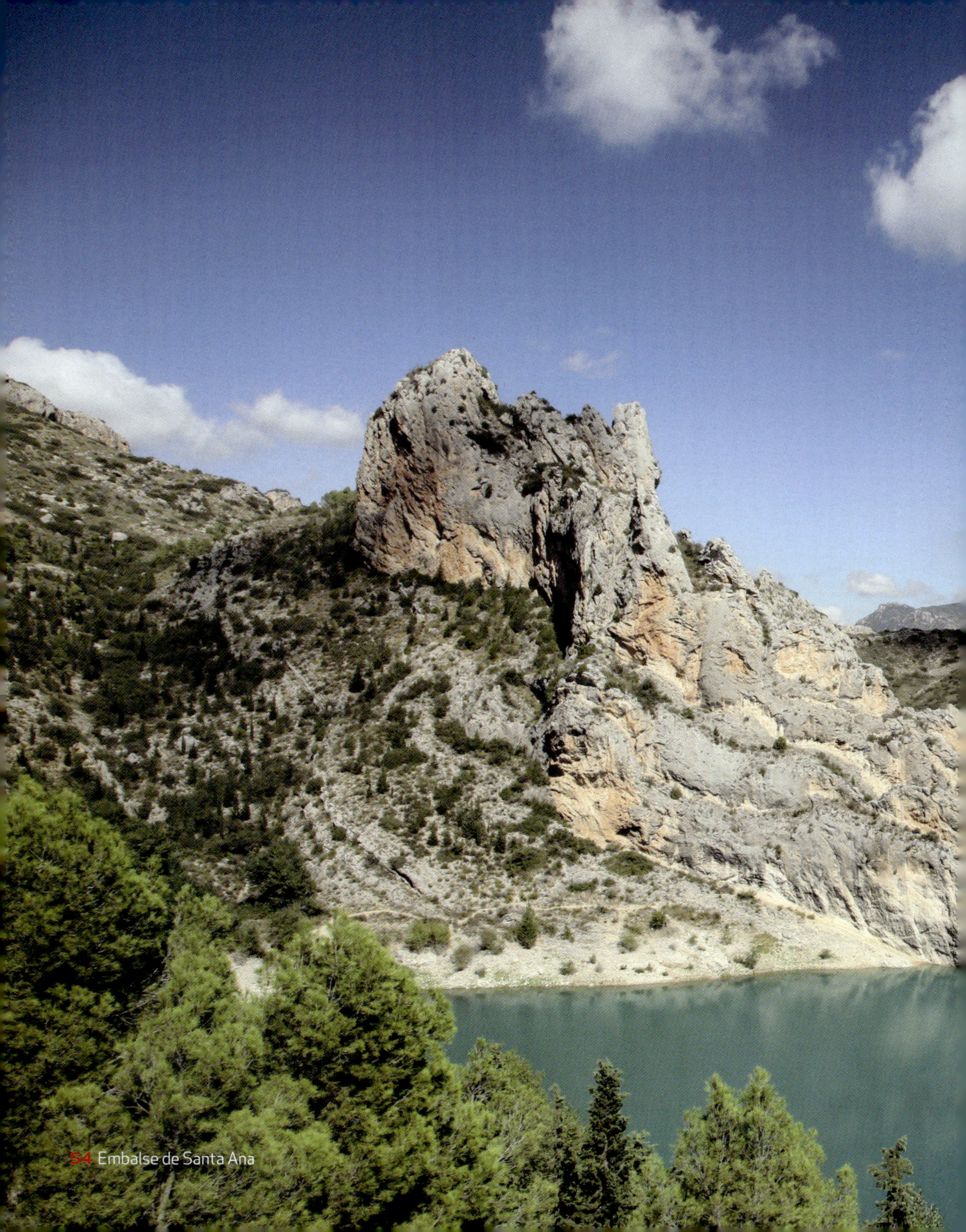

 Embalse de Santa Ana

Highlights Nordostaragoniens

49 Río Ara – herrliche Bassins bei einem hypnotisierenden Ruinendorf in einem bewaldeten Tal mit einem Canyon darunter

50 Cascada de Aso – eine malerische Mühlenruine mit Bassins unter einer wundervollen Bergszenerie

51 Iglesia de Mediano, Embalse de Mediano – schwimmen Sie in diesem Stausee durch den Glockenturm einer von blauem Wasser überfluteten Kirche

53 Embalse de Barasona – türkisfarbene Talsperre umgeben von Wald in wunderschöner Pyrenäenlandschaft

54 Embalse de Santa Ana – ein dramatischer abgelegener Stausee mit leicht zu erreichenden Badestellen

55 Sant Llorenç de Montgai – ein kleiner Stausee mit versteckten Badestellen unter Klippen – sehr abgeschieden und schön

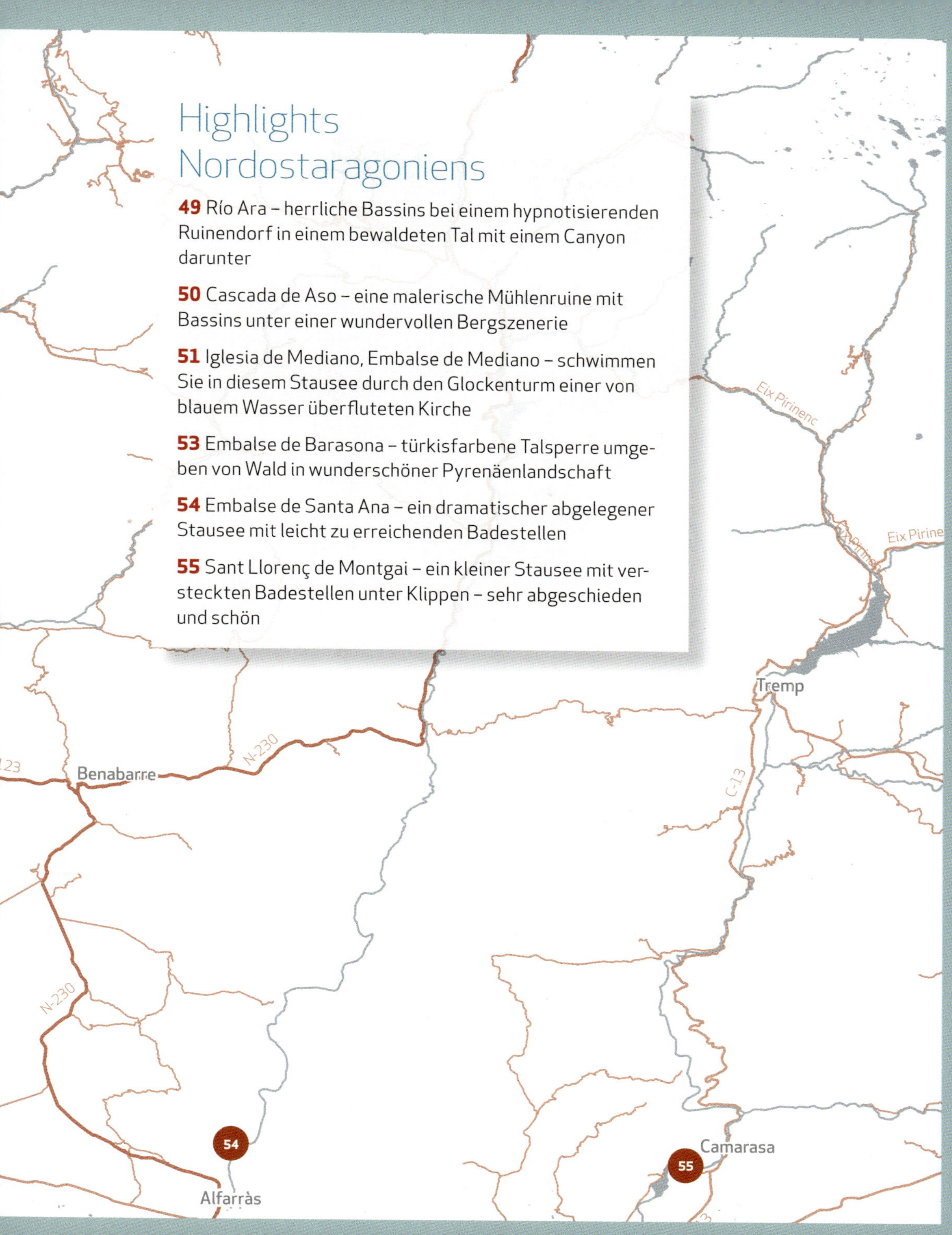

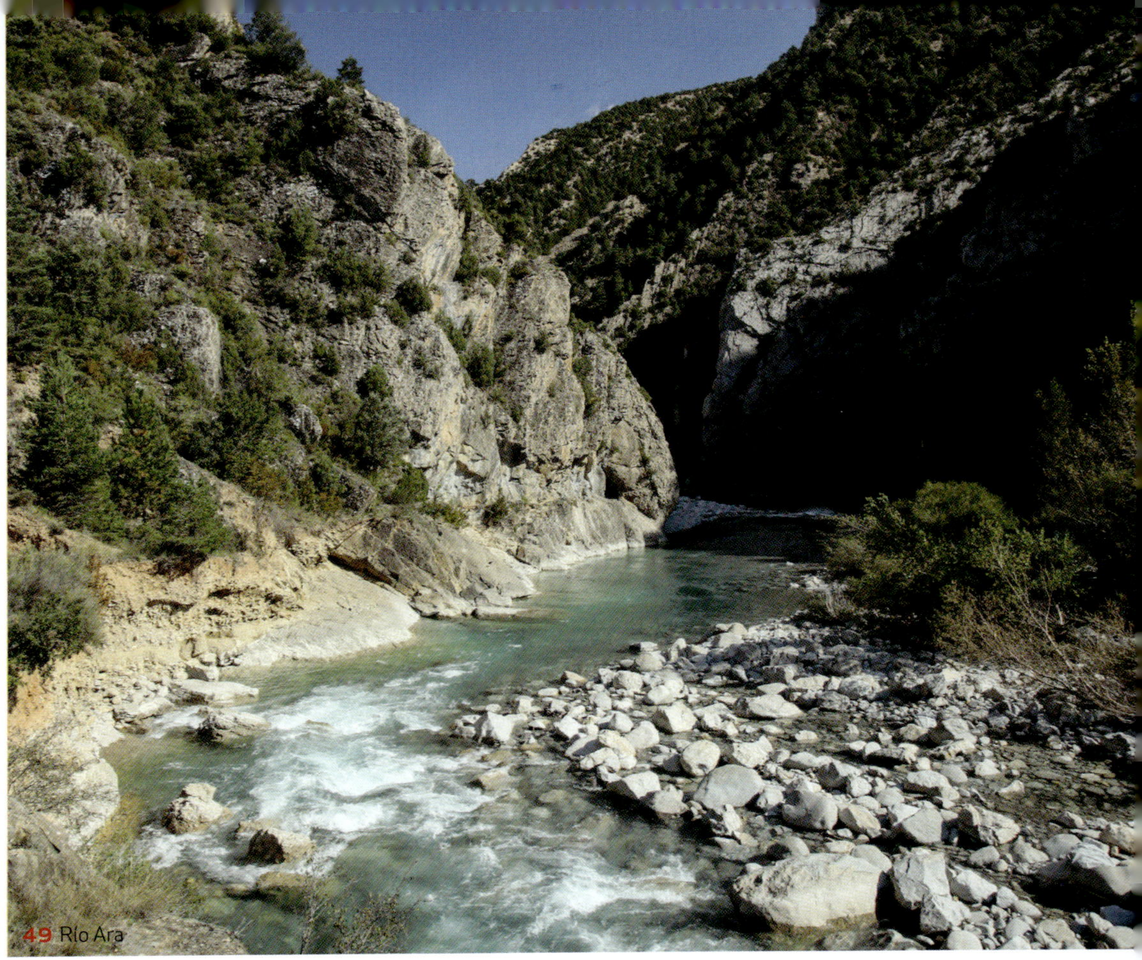

49 Río Ara

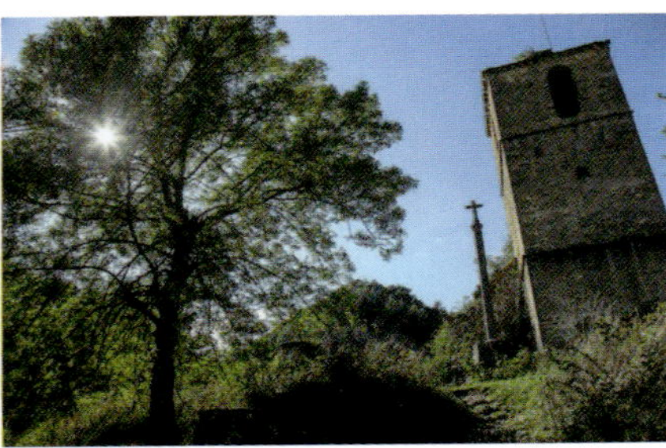

49

Wasser spielte eine bedeutende Rolle bei der Formung des Alto Aragón, des aragonischen Hochlands – von seinen schneebedeckten Gipfeln und gefrorenen Höhlenseen bis hin zu den Flüssen, Schluchten und menschengemachten Stauseen.

Die harsche Landschaft und Abgeschiedenheit hat auch die Bewohner des Berglands und ihre Kultur geprägt: Das unabhängig gesinnte Bergvolk hat eine eigene Sprache (Aragonesisch eine romanische Sprache, die von etwa 10.000 Menschen in isolierten Bergdörfern gesprochen wird). Sie haben Terrassen in die zerklüfteten Berghänge geschlagen, um Anbaufläche zu gewinnen, eine raue Landschaft, die durch blumenübersäte Wiesen und hübsche romanische Dörfer gemildert wird. Trotzdem bleiben weite Gebiete Aragoniens wild und von Menschenhand relativ unberührt.

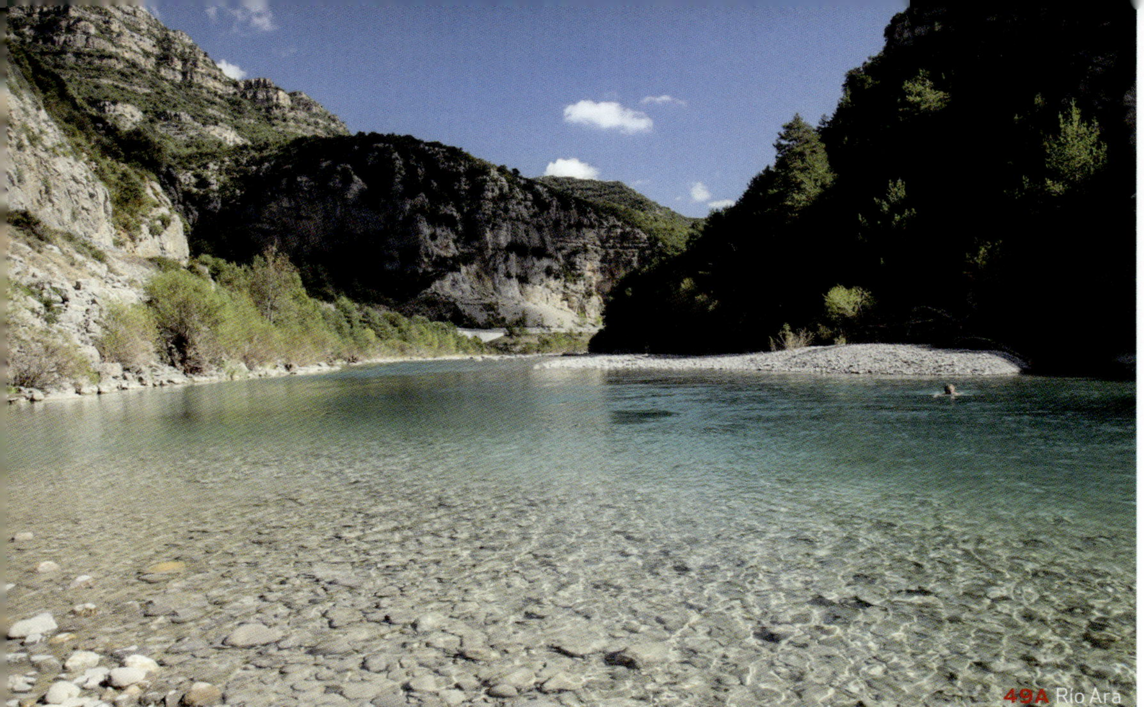

49A Río Ara

Río Ara

49 JANOVAS

Ein hypnotisierendes Ruinendorf in einem waldigen Tal am Río Ara. Ursprünglich wegen eines geplanten Staudamms evakuiert, der nie gebaut wurde, wird es nun langsam wiederaufgebaut. An der alten Brücke finden sich gute Bassins zum Schwimmen, und wem der Sinn nach mehr Abenteuer steht, kann den Canyon darunter erkunden.

➔ 13,5 km westlich von Ainsa auf der N-260 kommt links ein Weg (42.4696, 0.0002), an dessen Ende Sie die alte Brücke und reichlich Parkplätze finden. Gehen Sie zu Fuß über die Holzbrücke und erkunden Sie die Ruinen. Gute Badestellen flussauf- und -abwärts.

Leicht, 10 min, 42.4653, 0.0003

A Ara Strand

Schöne Bassins und ein Flussstrand am Río Ara, leicht von der Straße zu erreichen.

➔ 2 km östlich vorbei an der Abzweigung nach Janovas (siehe 49) gibt es eine Parkgelegenheit bei dem Schild mit der Aufschrift »450 km« gleich westlich des Balupor-Straßentunnels. Zwischen Bäumen führt ein Fußweg zum Fluss hinunter, den man von oben schon sieht. 500 m weiter führt auch eine befahrbare Straße hinunter zum Fluss.

Leicht, 2 min, 42.4658, 0.0231

B Ara Bassin

Ein kleiner Wasserfall und ein tiefes Bassin, verborgen unterhalb der alten Straße.

➔ Sie fahren 1 km weiter östlich an A (Ara-Strand) vorbei auf der N-260, nehmen kurz vor dem nächsten Straßentunnel die Abfahrt rechts und folgen der alten Straße (sie schwenkt nach dem Felsen wieder auf die N-260), bis Sie den Fluss und die Bassins zur Rechten sehen.

Leicht, 2 min, 42.4628, 0.0340

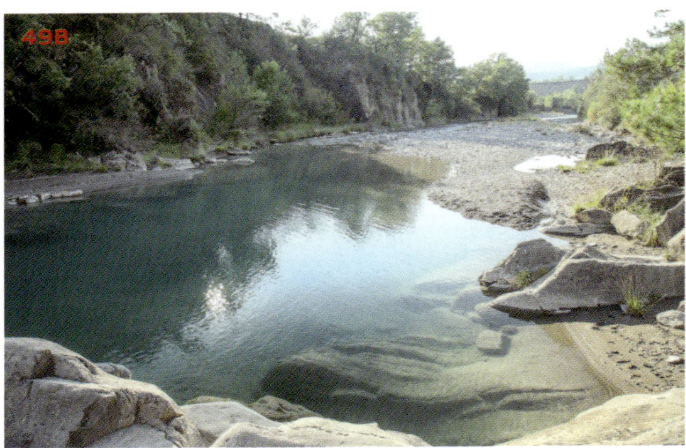
49B

49
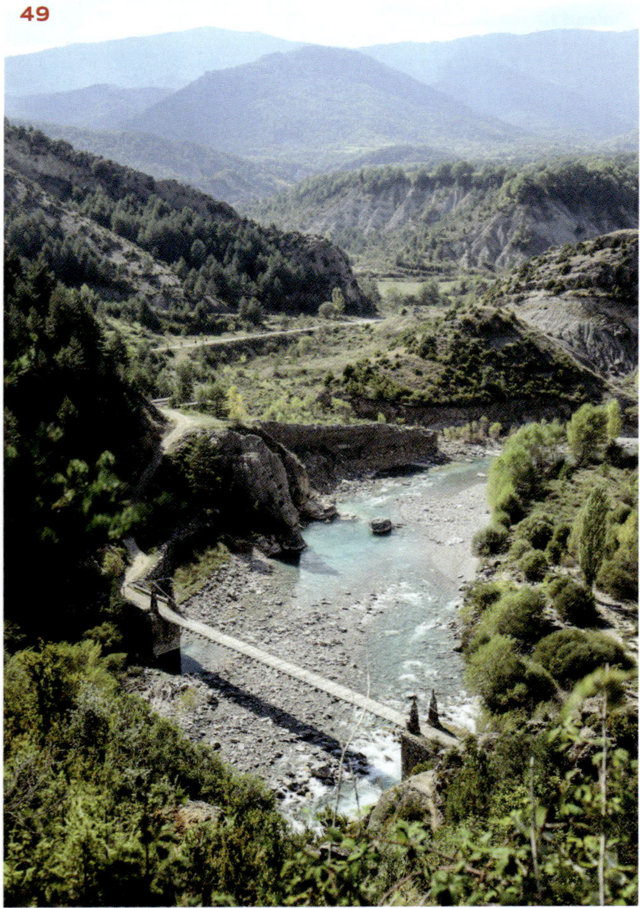

49A Ara Strand

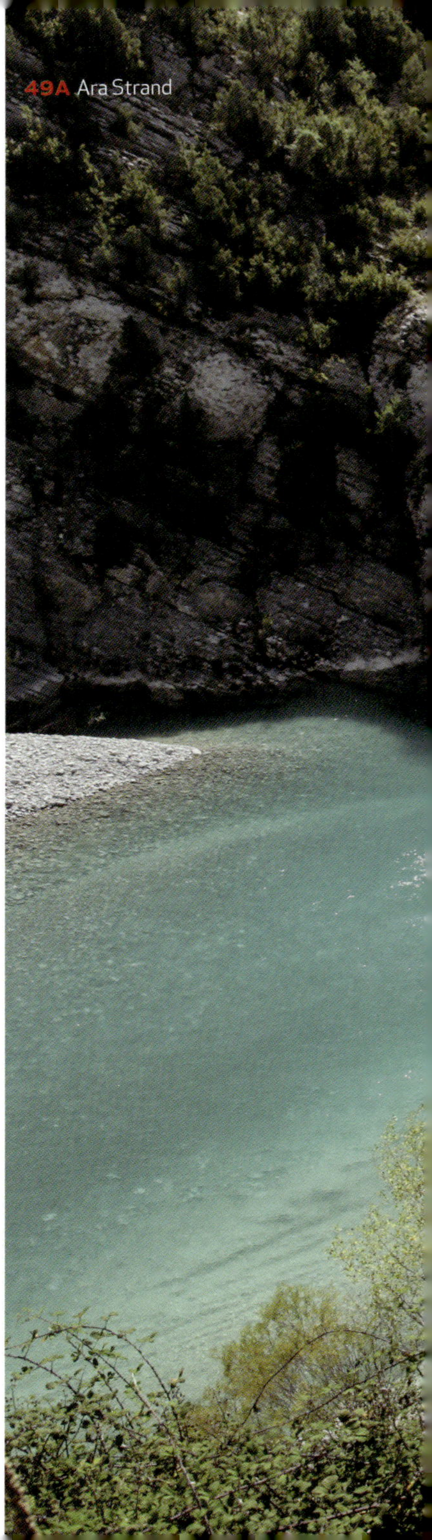

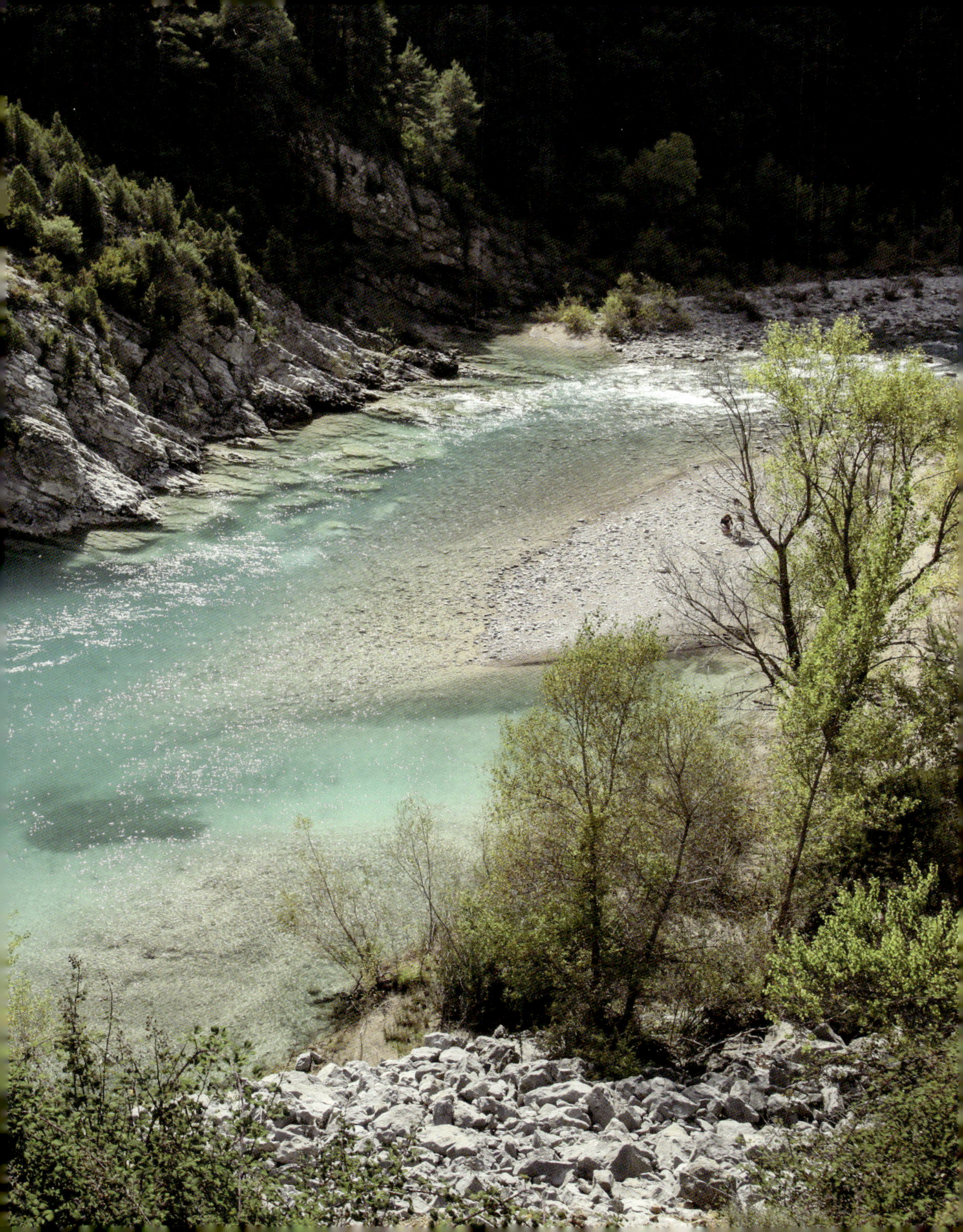

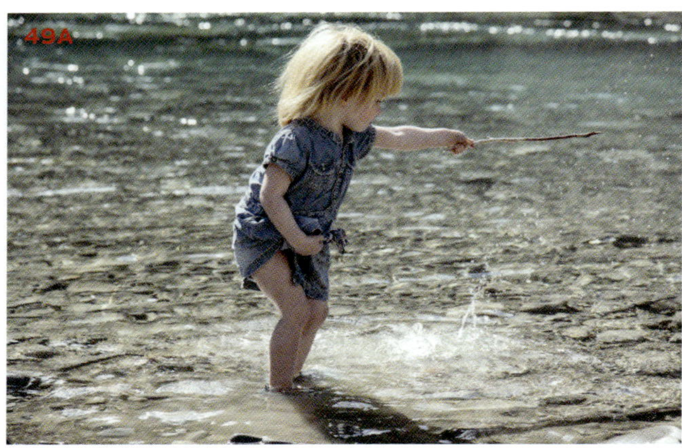
49A

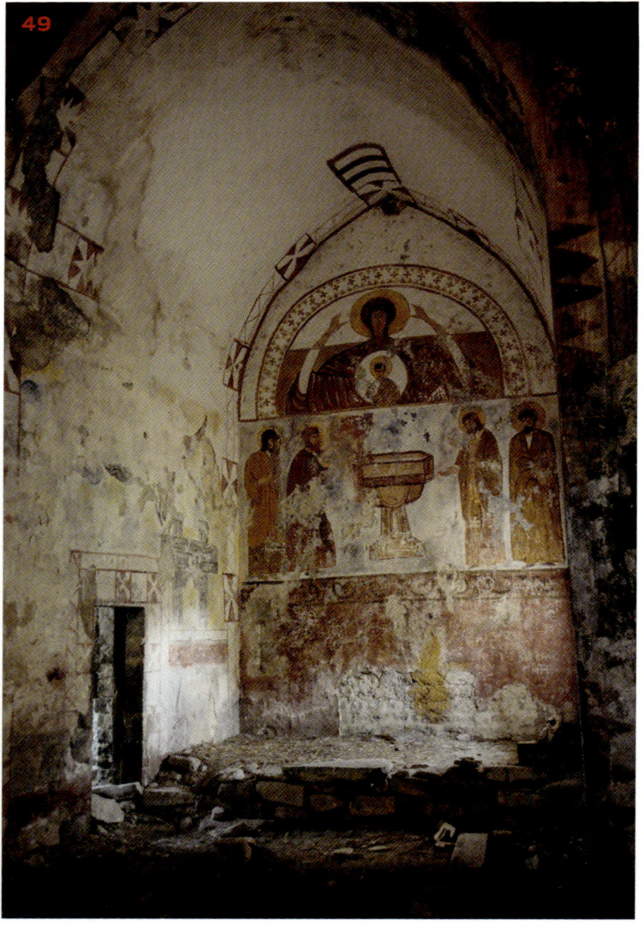
49

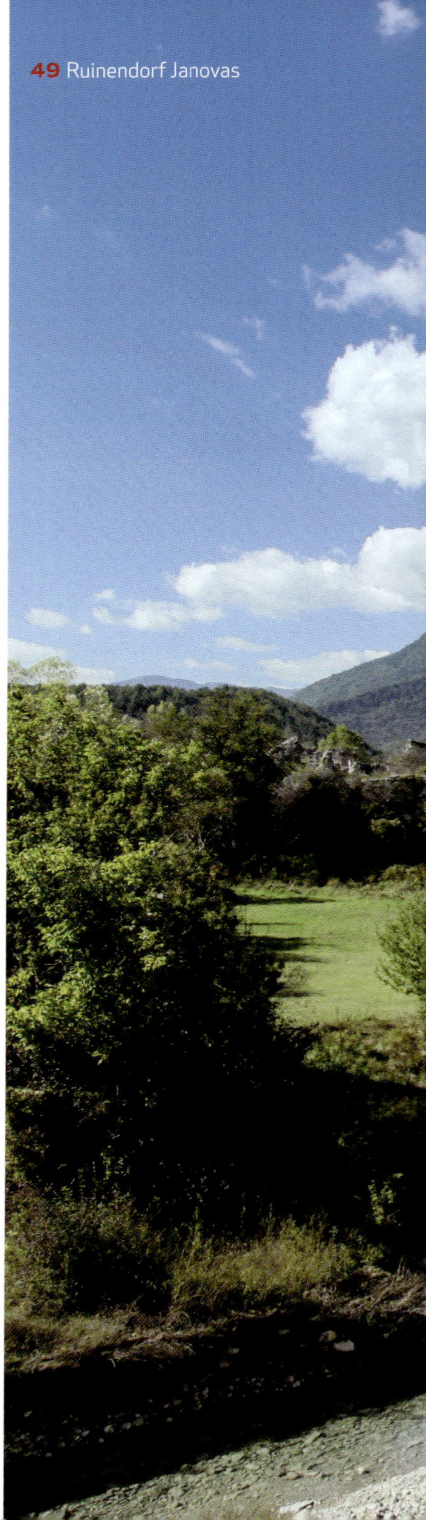
49 Ruinendorf Janovas

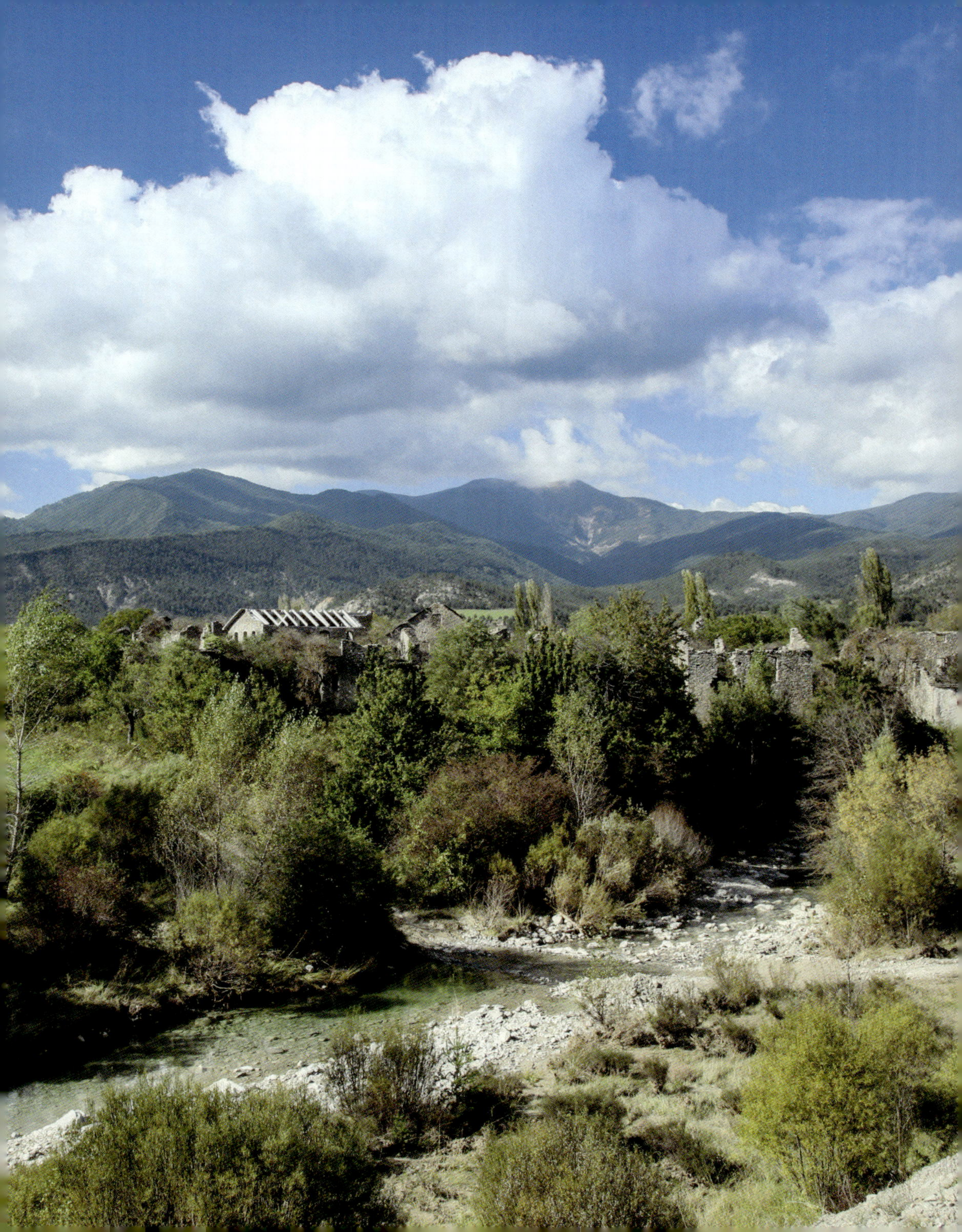

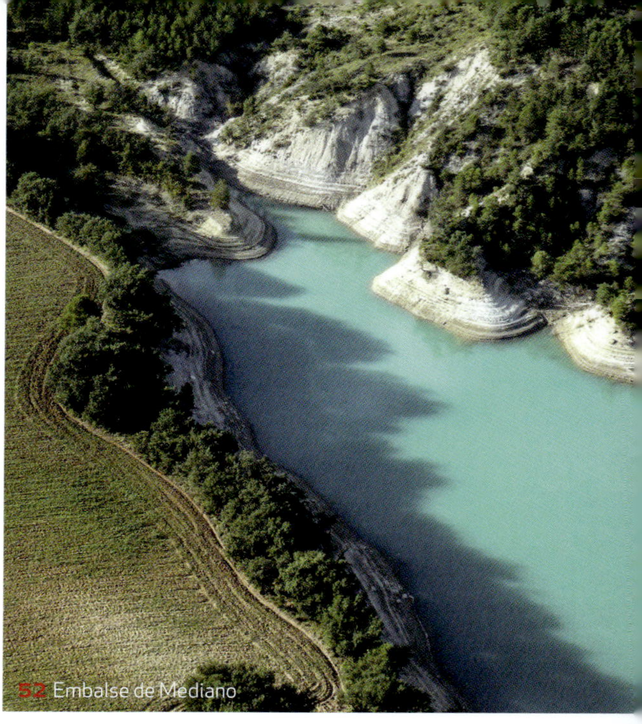
52 Embalse de Mediano

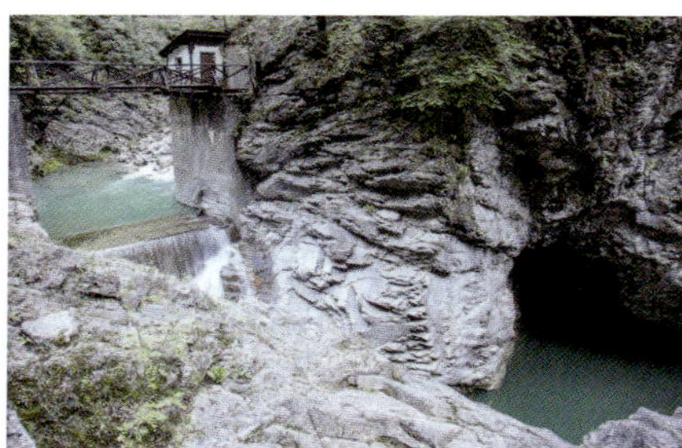
50

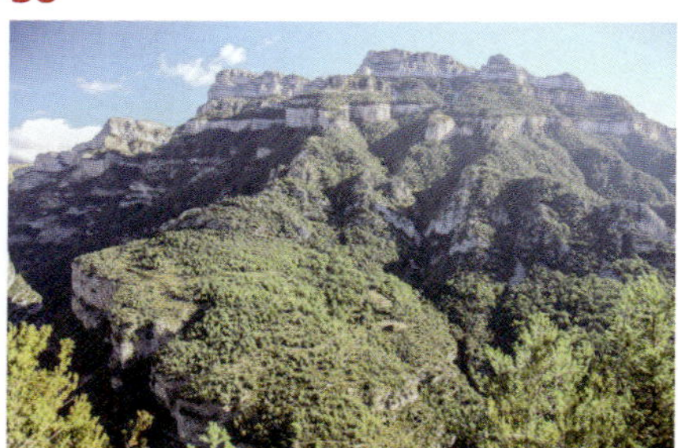
50

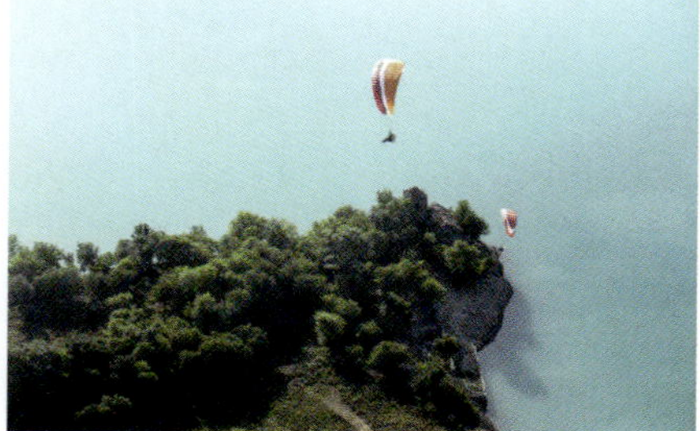
52

Das mittelalterliche Königreich Aragonien war ursprünglich ein kleines Pyrenäenland, das Sancho III. von Navarra gründete und 1035 seinem Sohn Ramiro I. vererbte. Spätere Könige eroberten südliche Gebiete von den Mauren, und Ainsa Sobrarbe wurde ihre Hauptstadt und erste Feste. Nun bietet die Burgruine Ausblicke auf die spektakulären Gipfel des Nationalparks Ordesa y Monte Perdido.

Die meisten Seen und Flüsse in diesem Park sind aufgrund ihrer ökologischen Bedeutung und Fragilität geschützt, dafür ist das Schwimmen und Kajakfahren im dynamischen, 70 km langen Ara erlaubt (ein prä-indogermanischer Name, der »Fluss« bedeutet). Der Río Ara entspringt hoch oben auf dem Berg Vignemale und ist Heimat einer großen Vielfalt von Wassertieren wie Forellen, Schmerlen, Bisamratten und Otter. Über 120 Vogelarten brüten in seinem Einzugsbereich, darunter Eisvögel und Fischadler. Lange Zeit diente er als Transportweg für Baumstämme und sein Wasser als Antriebskraft für Getreidemühlen. Der Fluss wurde nie aufgestaut, trotzdem finden sich auf seinem Lauf einige großartige Wasserfälle und tiefe Strudelbecken zum Schwimmen, besonders bei dem faszinierenden Ruinendorf Janovas, dessen Einwohner tapfer der brutalen Zwangsumsiedlung durch Francos Guardia Civil ▶

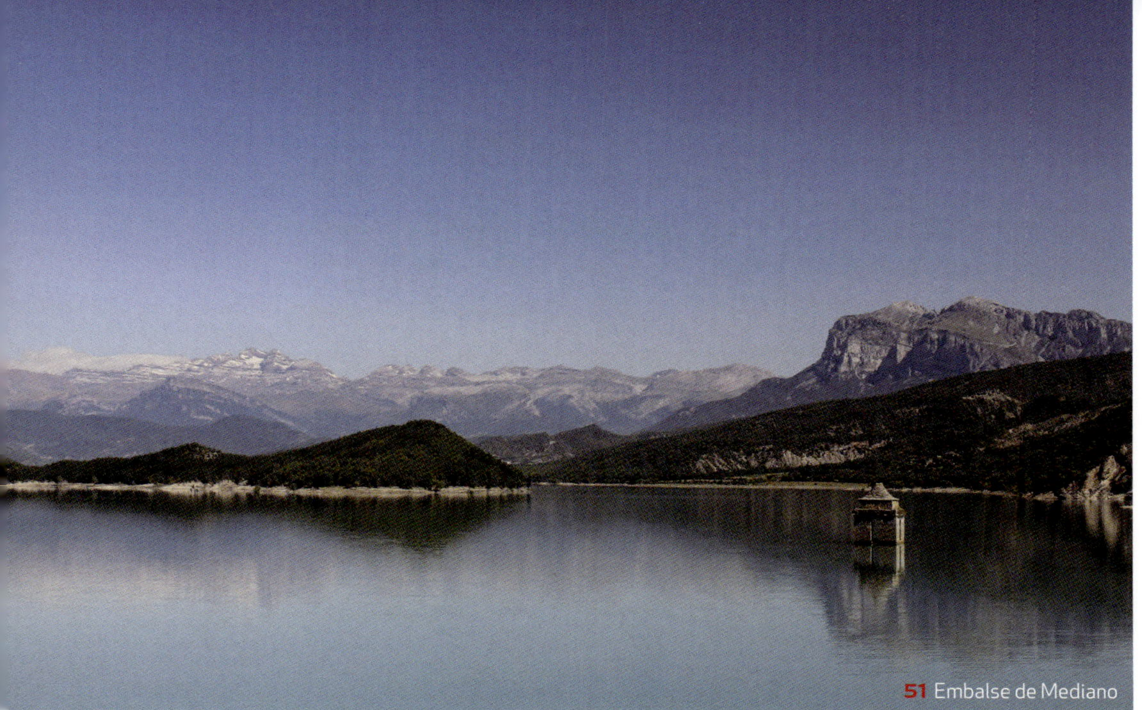

51 Embalse de Mediano

Nationalpark Ordesa y Monte Perdido

50 CASCADA DE ASO

Wunderschöne Berglandschaft nördlich von Ainsa mit einer Einsiedelei, die sich an den Felsen schmiegt. Am Zusammenfluss mit dem Río Bellos steht eine malerische Mühlenruine mit Bassins darunter. Darüber finden sich ein Wasserfall und ein tiefes Becken.

➔ Von Ainsa auf der A-138 nach Norden, bei Escalona links auf die HU-631, nach 14,5 km bergauf an der Bergstraße parken. Nehmen Sie den Pfad »Circuito de San Úrbez«, dann »molino, cascada« (Mühle, Wasserfall). Gehen Sie weiter auf dem Hauptpfad über den Río Bellos, um die Einsiedelei zu besuchen – ein Rundgang von etwa 45 min. Nach der Rückkehr können Sie sich in dem ökologischen Yoga-Zentrum und Gasthaus 🍴 Casa Cuadrau an der HU-631 mit vegetarischer Kost stärken (www.casacuadrau.org). Biegen Sie links nach Vió ab (nehmen Sie die Einbahnstraße Via Buerba), an der T-Kreuzung mit dem Schild »Vío« wieder links und noch 1,1 km weiter.

Mittel, 15 min, 42.5609, 0.0486

51 IGLESIA DE MEDIANO

Ein Kirchturm, der stehen blieb, als das Dorf überflutet wurde, erhebt sich aus dem blauen Wasser dieses Stausees, dem Embalse de Mediano. Bei Hochwasser kann man durch den offenen Glockenturm schwimmen. Bei Niedrigwasser tauchen die Ruinen der Kirche aus dem Wasser auf.

➔ Von Ainsa auf der A-138 15 km nach Süden, beim Schild »Central Mediano« abbiegen. Sofort links einschlagen und dann die 2 km zum Ufer und zur Kirche entweder fahren oder gehen.

Mittel, 30 min, 42.3194, 0.2043

52 COSCOJUELA DE SOBRARBE

Hinter dem Dorf Coscojuela de Sobrarbe führen Wege zum Ufer des Embalse de Mediano, wo Sie sich, umgeben von Kalksteinhängen, in seinen stillen Wassern einem gloriosen Schwimmvergnügen hingeben können. Falls Sie gerne fliegen: Der örtliche Flugplatz bietet Rundflüge in Leichtflugzeugen über die atemberaubende Berglandschaft an (www.girolibre.es).

➔ Folgen Sie auf der A-138 7,5 km südlich von Ainsa dem Schild »Coscojuela de Sobrarbe«. Sie fahren an dem hübschen Restaurant 🍴 Casa Falceto (+34 974 94 10 94) vorbei, parken nach 2,1 km, wo die Straße scharf rechts abbiegt, und gehen auf dem Feldweg zum See hinunter.

Mittel, 10 min, 42.3538, 0.1802

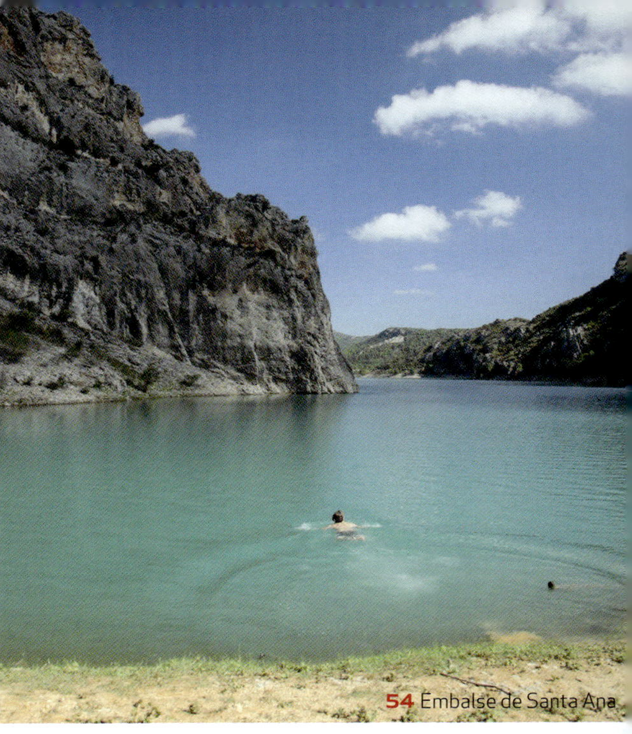
54 Embalse de Santa Ana

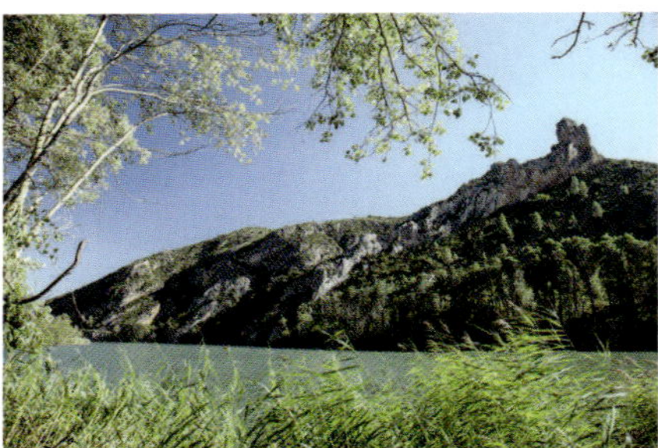
55

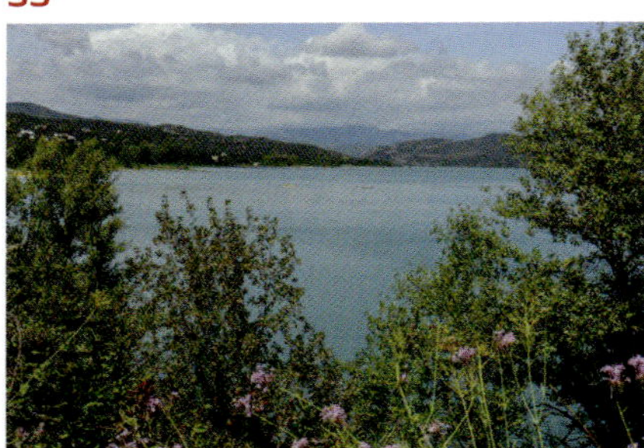
53

widerstanden. Nur eine Familie zog 1984 fort, der geplante Damm aber wurde nie realisiert. Jetzt kaufen die einstigen Einwohner nach und nach ihr altes Eigentum zurück, bauen es Stein für Stein wieder auf und ziehen dort ein.

Weiter im Süden ergießt sich der Río Cinca in die ruhigen blauen Wasser des Embalse de Mediano – einem von 515 Stauseen, die unter Francos Herrschaft gebaut wurden. Der aus dem Wasser ragende romanische Kirchturm des Dorfes von Mediano ist das ganze Jahr über zu sehen, und Taucher besuchen regelmäßig seine verlassenen Hallen. Der See fügt sich sanft in die Kalksteinhänge und -rücken der umliegenden Berge.

Der Stausee Embalse de Barasona ist eine hellgrüne Augenweide in einer wunderschönen Pyrenäenlandschaft, die vom Turbón-Massiv mit dem Cotiella-Gipfel im Hintergrund beherrscht wird.

Der Embalse de Santa Ana mit seinem klaren Wasser, umgeben von Felsen und Hügeln, ist kaum bekannt und bietet an einem heißen Tag Gelegenheit zu einer langen Schwimmexkursion. Es ist auch ein hervorragender Ort, um Wassersport zu treiben, zu wandern und Fahrrad zu fahren.

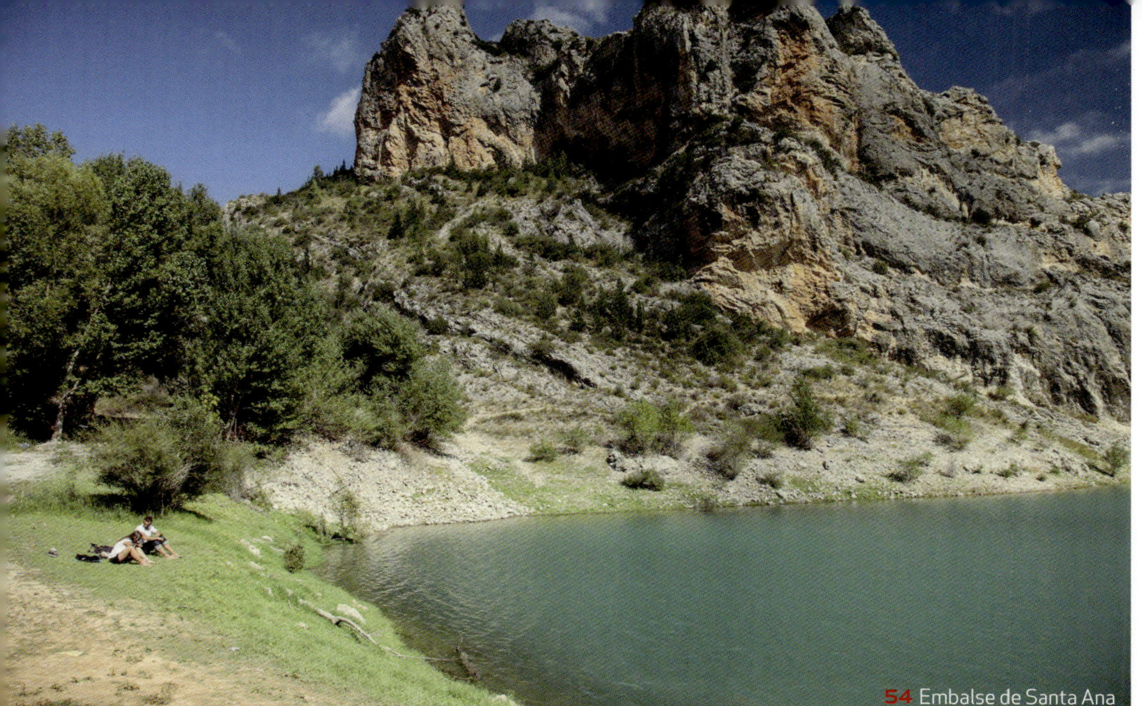

54 Embalse de Santa Ana

Stauseen

53 EMBALSE DE BARASONA

Dieser türkisfarbene Stausee, auch als Embalse Barasona-Joaquín Costa bekannt, liegt in einer schönen Pyrenäenlandschaft, beherrscht vom Turbón-Massiv mit dem Gipfel des Cotiella im Hintergrund.

➔ Auf der N-123 nach Westen zwischen Benaberre und Barbastro auf die N-123a nach Torres del Obispo, dann 3,6 km bis zu einem kleinen Schild nach Aguinaliu. Hier links ab auf eine schmale, gewundene Straße bis zur Straßenbrücke, rechts ab nach Barbastro und sofort darauf auf einen schmalen Weg rechts, der zum Seeufer führt, wo man parken kann. (Alternativ, östlich von Barbastro nach 24 km nach Aguinaliu abbiegen und sofort unter der Brücke links fahren.) Gehen Sie im Uhrzeigersinn um den See, vorbei an einer Reihe kleiner Höhlen, bis Sie die versteckten Strände und abgeschiedenen Stellen unter den Bäumen finden, die sich großartig zum wilden Zelten und Naturbaden eignen.

Leicht, 10 min, 42.1248, 0.3442

A Gegenüberliegendes Ufer

➔ Es gibt ein Hotel, Wassersportmöglichkeiten und einen Zeltplatz auf der gegenüberliegenden Seite des Stausees (42.13015, 0.309836), aber herrliche Stellen zum Schwimmen findet man auch am Strand östlich der Touristenplätze. Von der N-123 zwischen Barbastro und Benaberre auf die N-123a Richtung Graus und Benasque, nach 1,6 km kommt links ein Zeltplatz, 300 m weiter sehen Sie einen Kreisverkehr und einen Weg zur Rechten, der zum Strand mit Booten und einem Bootssteg führt. Wandern Sie den Strand weiter hinunter, um ruhigere Badestellen zu finden.

Leicht, 5 min, 42.1327, 0.3115

54 EMBALSE DE SANTA ANA

Ein wahrhaft dramatischer und entlegener Stausee, aber mit leicht zugänglichen Badestellen. Erkunden Sie den alten Damm, wenn Sie dort sind.

➔ Von Lleida 30 km nördlich auf der N-230, dann am riesigen Wasserrohr rechts dem Schild »Embalse de Santa Ana 4« folgen, nach 300 m die linke Abzweigung den Hügel hinauf und nach 35 m an den rot-weißen Schlagbäumen (die offen sein sollten) wieder links, 1 km weiter hinauf zum Parkplatz und links zum Damm. Gehen Sie 300 m zum Ufer hinab zu einer Wiese und einem Strand.

Mittel, 10 min, 41.8843, 0.5786

55 SANT LLORENÇ DE MONTGAI

Offiziell in der Provinz Katalonien gelegen, dient das ausgewiesene Naturschutzgebiet vielen verschiedenen Wassersportarten. Der kleine Stausee ist ein hervorragender Ort zum Schwimmen unter Klippen. Sehr abgeschieden und schön, doch gleich unterhalb der Straße zugleich leicht zu erreichen.

➔ Von der C-13 nördlich von Balaguer links ab auf LV-9047, bis nach 1,5 km das Schild »Sant Llorenç de Montgai« kommt. Sie überqueren den Damm, parken nach 100 m und können das Seeufer zur Linken erkunden.

Leicht, 5 min, 41.8724, 0.8554

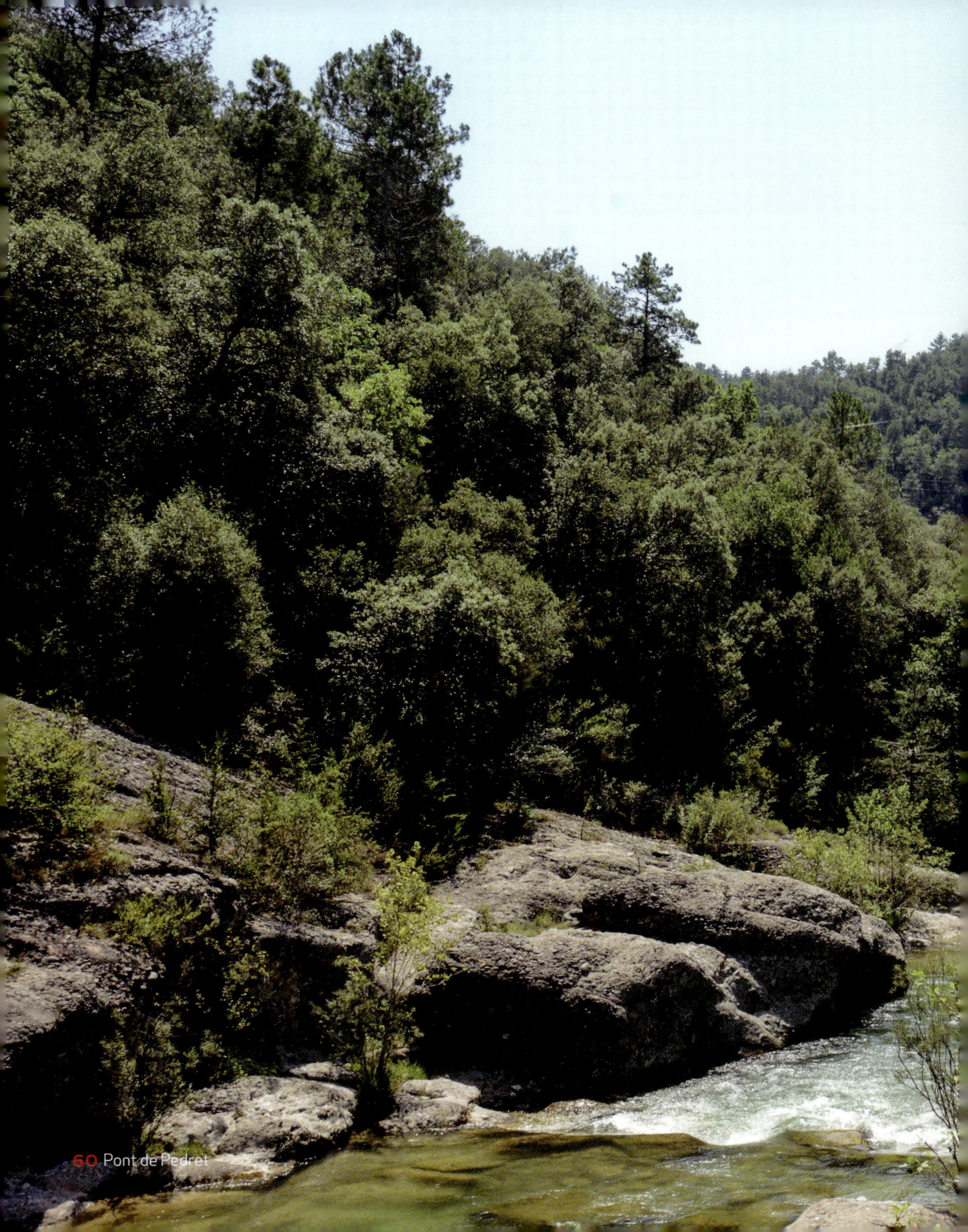

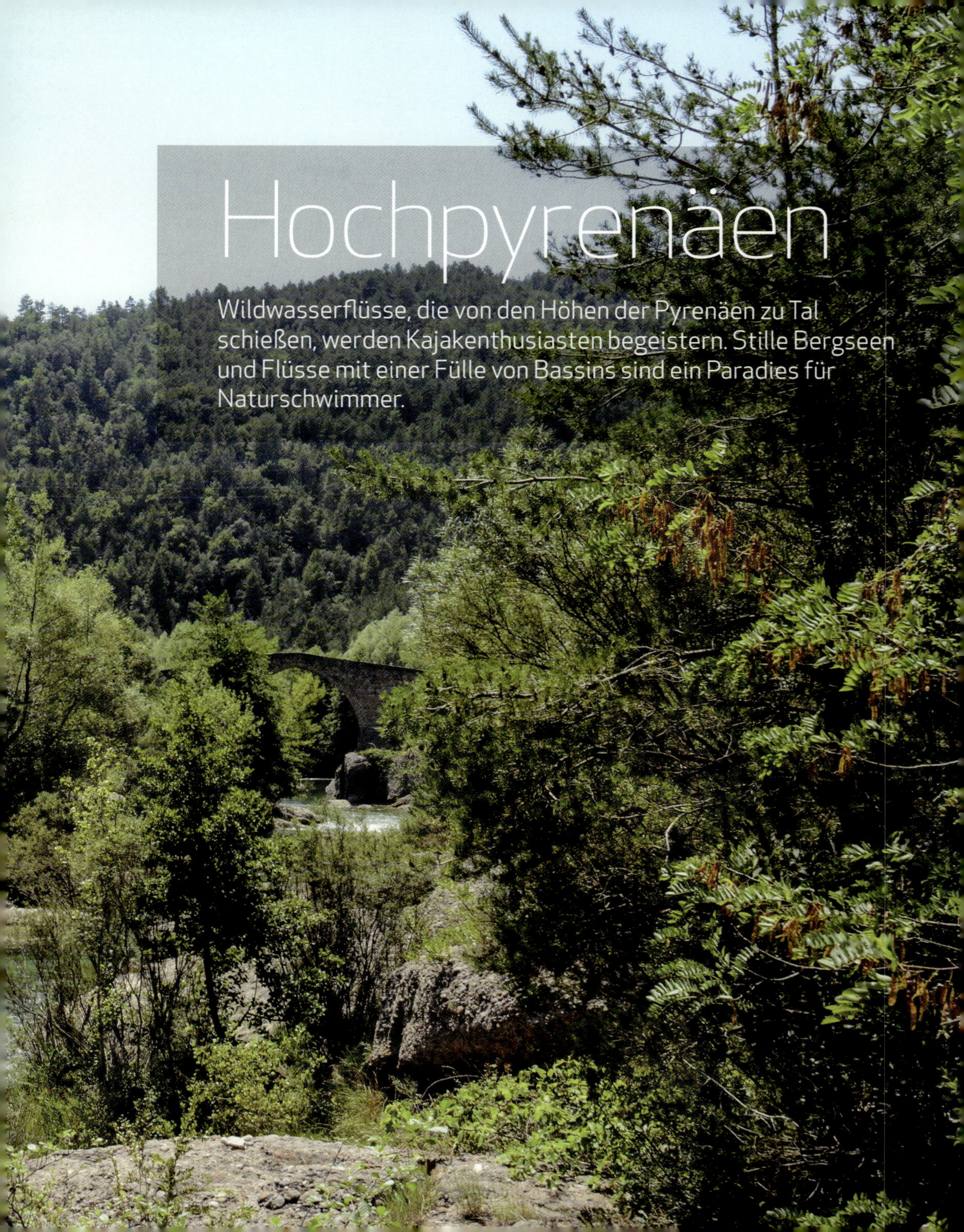

Hochpyrenäen

Wildwasserflüsse, die von den Höhen der Pyrenäen zu Tal schießen, werden Kajakenthusiasten begeistern. Stille Bergseen und Flüsse mit einer Fülle von Bassins sind ein Paradies für Naturschwimmer.

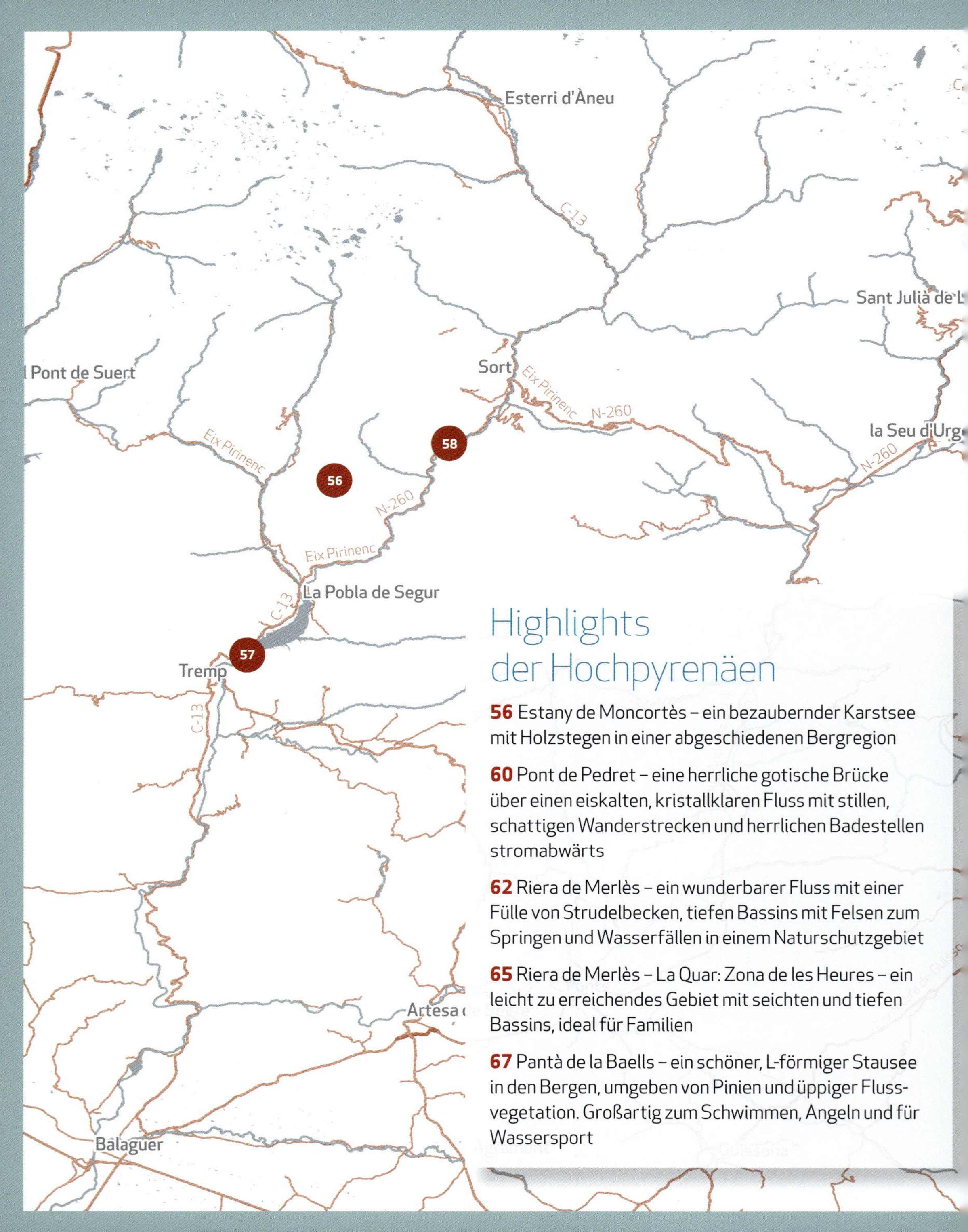

Highlights der Hochpyrenäen

56 Estany de Moncortès – ein bezaubernder Karstsee mit Holzstegen in einer abgeschiedenen Bergregion

60 Pont de Pedret – eine herrliche gotische Brücke über einen eiskalten, kristallklaren Fluss mit stillen, schattigen Wanderstrecken und herrlichen Badestellen stromabwärts

62 Riera de Merlès – ein wunderbarer Fluss mit einer Fülle von Strudelbecken, tiefen Bassins mit Felsen zum Springen und Wasserfällen in einem Naturschutzgebiet

65 Riera de Merlès – La Quar: Zona de les Heures – ein leicht zu erreichendes Gebiet mit seichten und tiefen Bassins, ideal für Familien

67 Pantà de la Baells – ein schöner, L-förmiger Stausee in den Bergen, umgeben von Pinien und üppiger Flussvegetation. Großartig zum Schwimmen, Angeln und für Wassersport

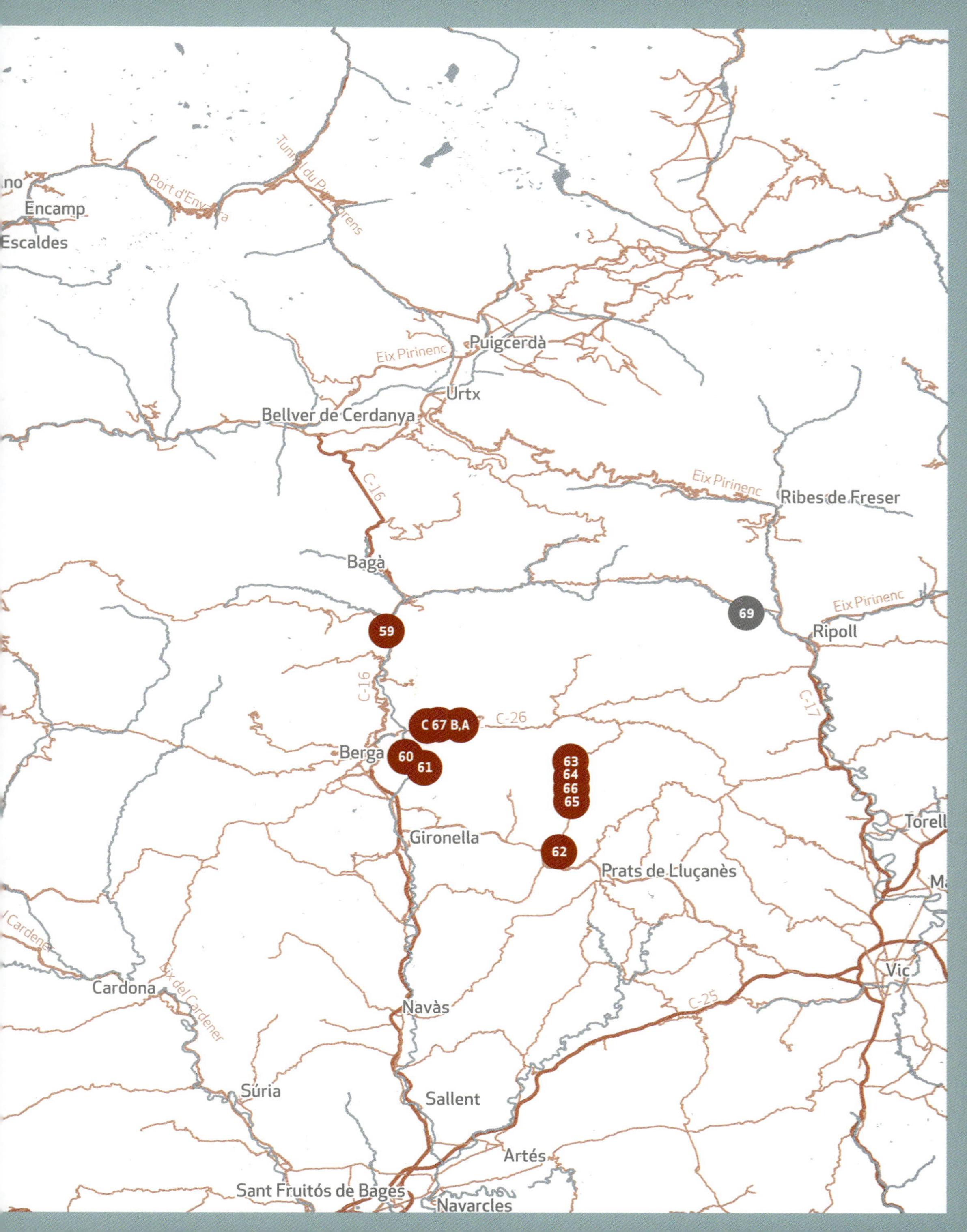

Encamp
Escaldes
Port d'Envalira
Tunnel du Puymorens
Puigcerdà
Eix Pirinenc
Urtx
Bellver de Cerdanya
C-16
Eix Pirinenc
Ribes de Freser
Bagà
69
Eix Pirinenc
Ripoll
59
C-16
C-17
C 67 B,A
C-26
Berga
60
61
63
64
66
65
Torell
Gironella
62
Prats de Lluçanès
Cardona
Eix del Cardener
Vic
C-25
Navàs
Súria
Sallent
Artés
Sant Fruitós de Bages
Navarcles

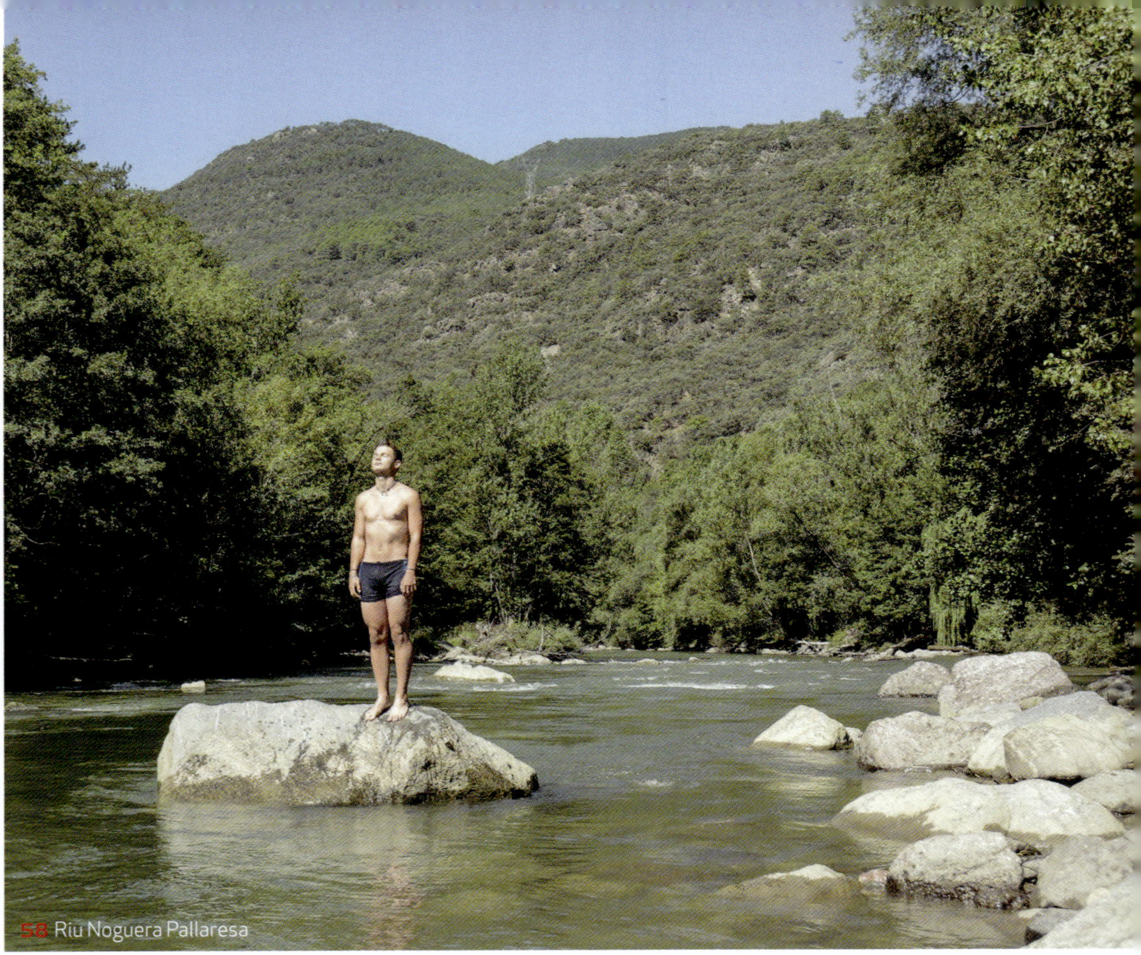

58 Riu Noguera Pallaresa

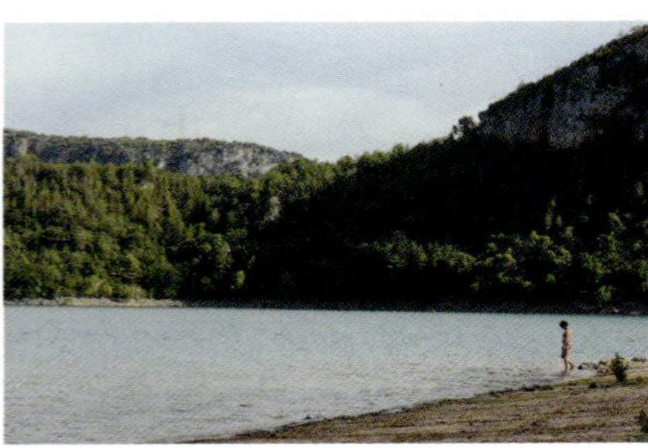

57

Hoch in den monumentalen Pyrenäen ergießen sich aus Bergquellen reißende Bäche über Felsen, glitzern türkisblaue Stauseen, scheiden sich Wildwasserflüsse durch weitläufige grüne Täler.

Die natürliche, auf ihren Gipfeln schneebedeckte Gebirgsbarriere zwischen Spanien und Frankreich, in der auch das winzige Fürstentum Andorra liegt, erhebt sich am Pico de Aneto auf eine Höhe von über 3.400 m. Die Region, in der sich wildes Felsterrain mit bezaubernden Kulturlandschaften mischt, ist ein idealer Ort, um ganz in die Natur einzutauchen.

In einigen Dörfern werden jedes Jahr Birkenholzflöße gebaut, auf denen in Trachten gekleidete Flößer zu Ehren der Holzfäller, die eine so wichtige Rolle in der Wirtschaft der Region innehatten, stromabwärts fahren. Der 154 km lange Riu ▶

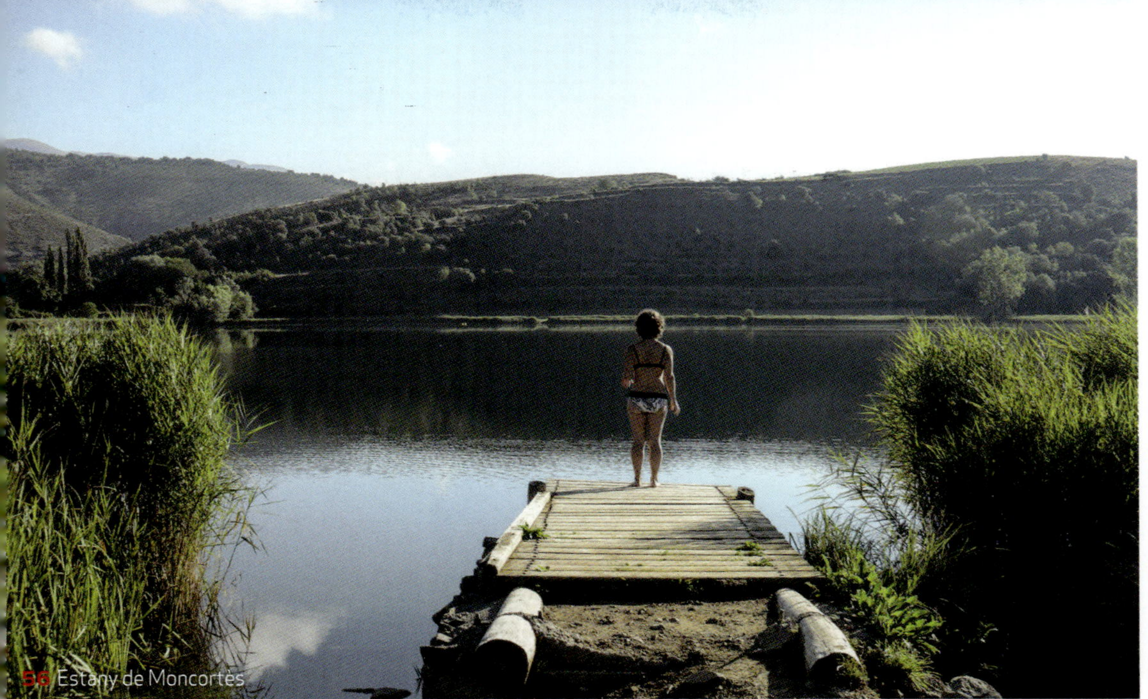

56 Estany de Moncortès

Serra de Boumort

56 ESTANY DE MONCORTÈS

Hoch in den Bergen liegt der verschlafene Moncortès-See. Wir schlüpften am frühen Morgen leise in sein hypnotisch blaues Wasser. Einer der wenigen Karstseen Spaniens, wird er von einem unterirdischen Fluss gespeist und vereist daher nie, was ihn zu einem bevorzugten Winterquartier von Zugvögeln macht. Viele Mythen ranken sich um den See, in denen eine Jungfrau, ein Bettler, ein Gott und eine Ratte vorkommen. Wir entschieden uns für ein legendäres Badevergnügen und verbrachten Stunden damit, von einem Holzsteg ins Wasser zu hechten. Großartiger Ort zum Angeln und wilden Zelten mit guten Wanderwegen im Umkreis. Bringen Sie sich ein Picknick mit, da es weit und breit keinen Laden gibt. Sehr empfehlenswert.

➜ 100 m westlich nach dem Dorf Moncortès (42.3294, 1.0051) an der Straßengabelung links fahren, nach 300 m den Wagen an einer Erweiterung der Straße parken und durch ein Tor ganz in der Nähe den Weg hinunter zum See nehmen. Von zwei Stegen aus kann man gut ins Wasser springen, weitere finden sich auf der Ostseite des Sees.

Leicht, 5 min, 42.3288, 0.9928

57 PANTÀ DE SANT ANTONI

Ein riesiger Stausee, an dem der Zeltplatz Camping Gaset einen eigenen Strandabschnitt hat. Mit 11 km Länge ist der Sant Antoni der längste Süßwassersee Kataloniens, gespeist vornehmlich mit Wasser des Riu Noguera Pallaresa. Großartige Gegend zum Segeln Wandern, Nordic Walking und Mountainbiking. Es gibt eine Reihe von Buchten um den See, die nur per Boot oder Kajak zu erreichen sind. Wir begnügten uns mit einem langen, befriedigenden Schwimmausflug unter der untergehenden spanischen Sonne.

➜ ⛺ Camping Gaset findet sich an der C-13 zwischen den Dörfern Talarn und Salàs de Pallars an Km 91. Man kann vor dem Zeltplatz parken und durch das Haupttor hinunter zum Strand gehen (www.campinggaset.com).

Leicht, 4 min, 42.1874, 0.9253

58 RIU NOGUERA PALLARESA

Aus den Hochpyrenäen kommend, windet sich der Riu Noguera durch den Bergwald. Der befahrbare, 60 km lange Flussabschnitt gilt als bester Ort für Wildwassersport in Europa. Wir bezogen Quartier auf dem freundlichen Zeltplatz am Fluss, Camping Beta. Man kann hier und in der Nähe baden. Schwimmen Sie morgens, wenn der Fluss ruhiger ist, mittags werden die Schleusen des nahen Stausees geöffnet, sodass Rafter und Kajakfahrer auf ihre Kosten kommen.

➜ ⛺ Camping Beta liegt im Weiler Baro, ein paar Kilometer nördlich von Gerri de la Sal an der N-260, die am Riu Noguera Pallaresa entlangführt (www.campingbeta.net). Fahren Sie bei dem Schild »Apartaments Terrafirma« rechts zum Zeltplatz ab.

Leicht, 2 min, 42.3584, 1.0819

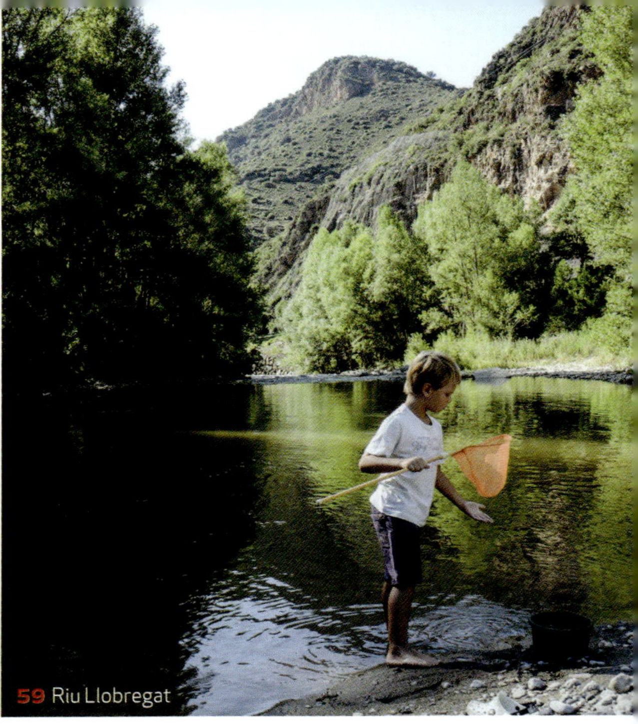
59 Riu Llobregat

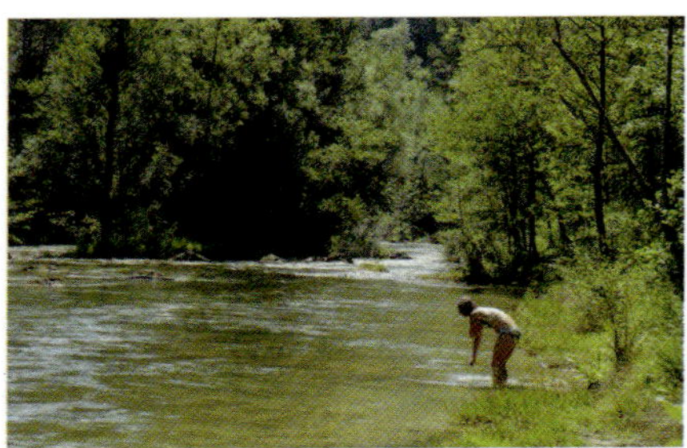
61

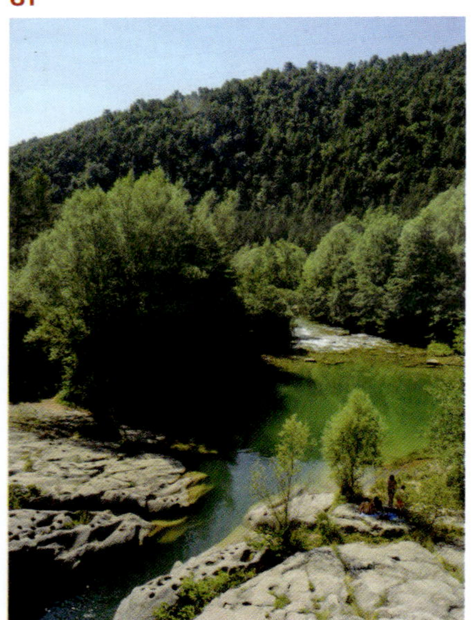
60

Noguera Pallaresa, der hoch in den Pyrenäen auf der Pla de Beret im Arantal entspringt, war ein Hauptverbindungsweg zwischen verschiedenen Teilen der Region.

Heute gilt der Noguera als der beste Fluss Europas für Wildwassersport, seine 60 befahrbaren Kilometer ziehen Abenteuerlustige an, die auf seinen aufregenden Strecken raften und Kajak fahren. Unsere erste Kostprobe des reißenden Noguera bekommen wir an einem grünen und angenehmen Familienzeltplatz am Rand von Baro im wunderschönen Landkreis Pallars Sobirà, eine der größten und am dünnsten besiedelten Gegenden Kataloniens, die weitgehend Naturschutzgebiet ist. Der Zeltplatzeigner selbst kocht uns eine leckere katalanische Spezialität – Butifarra-Würste, Ei, Pommes frites und Salat –, und am nächsten Tag machen wir erste Bekanntschaft mit dem Fluss. Der Morgen ist hier die Zeit zum Baden, da die nahe Talsperre nachmittags die Schleusen öffnet,um die Fließgeschwindigkeit für die Kanuten und Kajakfahrer zu erhöhen.

Der Moncortès-See, auf Katalanisch Estany de Moncortès, ist im völligen Gegensatz dazu eine Oase der Ruhe. Nach der Anfahrt auf einer schmalen Bergstraße durch heikel auf den Hängen stehende Dörfer entdecken wir diesen unglaublichen ▶

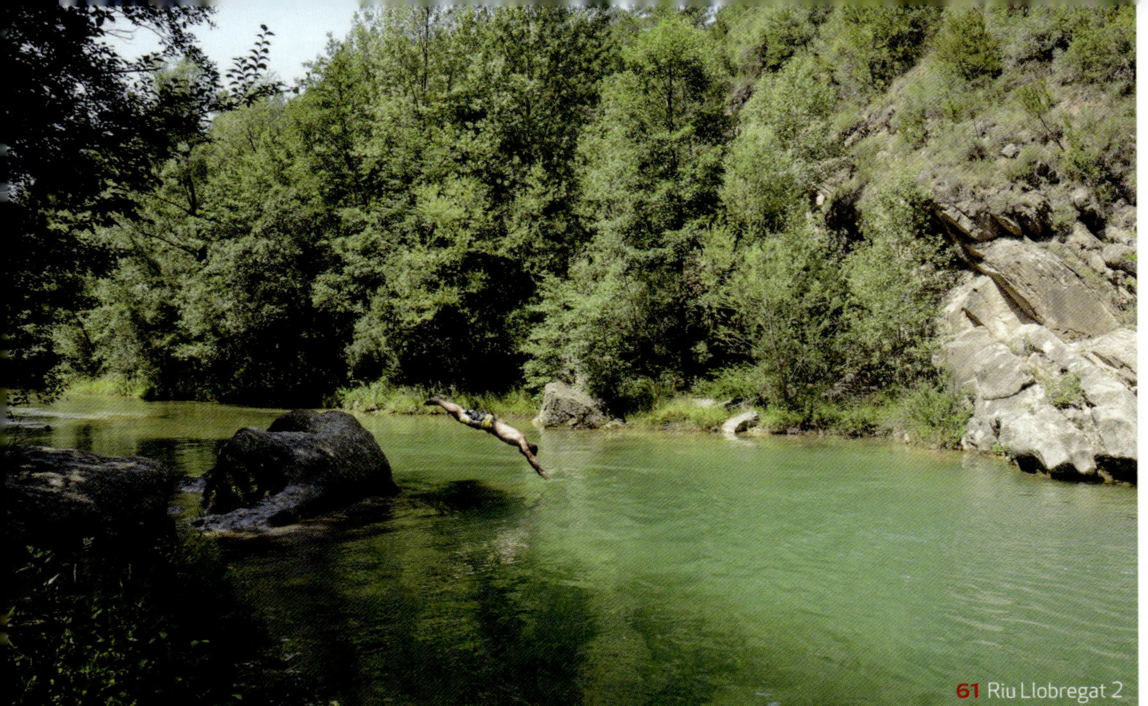

61 Riu Llobregat 2

Serra del Cadí

59 RIU LLOBREGAT

Ein kleines Wehr an einer abgeschiedenen Biegung des Flusses. Hübscher Ort für eine Rast, um sich nach einer langen Reise abzukühlen. Großartig für Kinder, um ihre Angelkünste zu schulen.

➔ 1,5 km nach der Abfahrt von der B-400 Richtung Süden auf die Autopista de Montserrat (C-16) führt ein schmaler Pfad zum Fluss hinunter.

Leicht, 5 min, 42.2056, 1.8665

60 PONT DE PEDRET

Diese prachtvolle gotische Brücke wölbt sich über den Riu Llobregat wie ein Eselsrücken. Sie verbindet die Stadt Berga mit der Kirche von Sant Quirze de Pedret. Es ist ein geheimer, nur den Einheimischen bekannter Ort, mit Felsen, die wie Skulpturen wirken. Prickelnd kaltes Wasser raubt uns den Atem. Wandern Sie auf der Via Verde del Llobregat flussabwärts, von der links kleine Pfade zu tieferen Schwimmbecken abzweigen. 50 m stromaufwärts sind Steinstufen zum Sonnenbaden ins Flussufer geschnitten. Gehen Sie 50 m von der Brücke flussabwärts am Wehr vorbei, nehmen Sie den Pfad zu Ihrer Linken durch die Bäume und kraxeln Sie auf die Felsen, wo sich eine großartige Stelle für Sprünge bietet.

➔ In Berga von der C-16 auf den Camí de Pedret abbiegen und die Straße bis zum Ende fahren (42.1062, 1.8798), weiter 3 km die steil abschüssige, von Pinien gesäumte Straße hinab bis zur Brücke. Mehrere Parkplätze an der Straße. Erleben Sie den spektakulär auf einer Bergspitze gelegenen Zeltplatz ▲ Camping Fontfreda (www.campingfontfreda.com).

Leicht, 2 min, 42.1062, 1.8806

61 RIU LLOBREGAT 2

Unternehmen Sie einen Spaziergang auf dem mäandernden Weg stromabwärts von Pont de Pedret zu einem verlassenen Becken an einer Biegung des Flusses. Wir sprangen und tauchten von den Felsen ins grüne, wirbelnde Wasser. Ein sehr friedlicher Ort, vermutlich kommen nicht viele Menschen flussabwärts.

➔ 1300 m flussabwärts von der Pedret-Brücke (42.1062, 1.8806). Sie folgen dem Weg von der Westseite der Brücke stromabwärts, gehen durch den Tunnel und über eine flache Brücke. Biegen Sie einige Meter nach der Brücke auf der rechten Seite des Weges (42.1005, 1.8889) in einen schmalen Pfad, durch das Unterholz bis zum Fluss ca. 20 m.

Leicht, 16 min, 42.1003, 1.8879

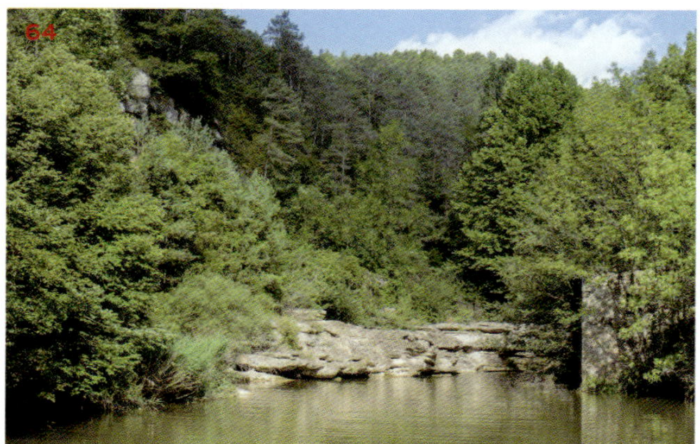
64

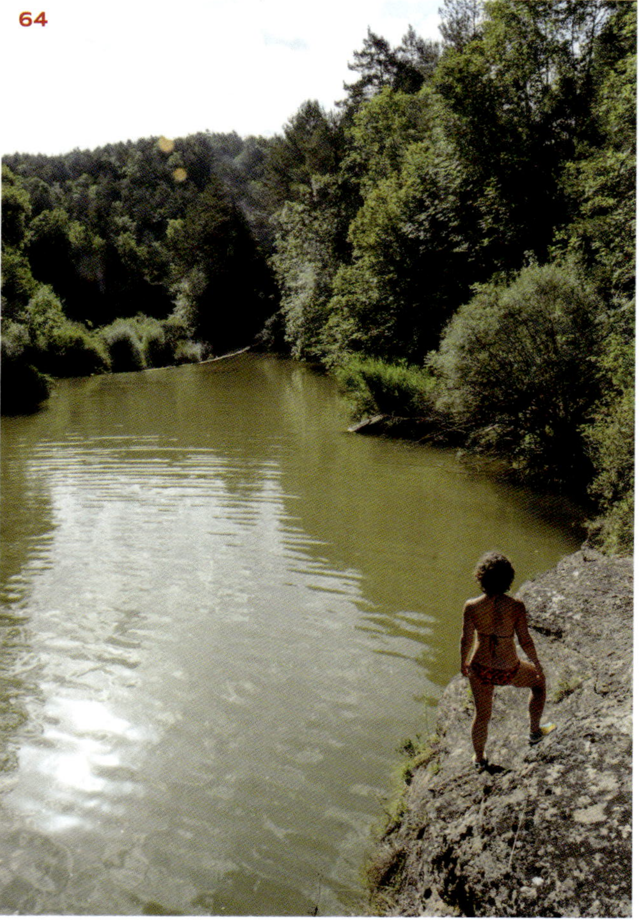
64

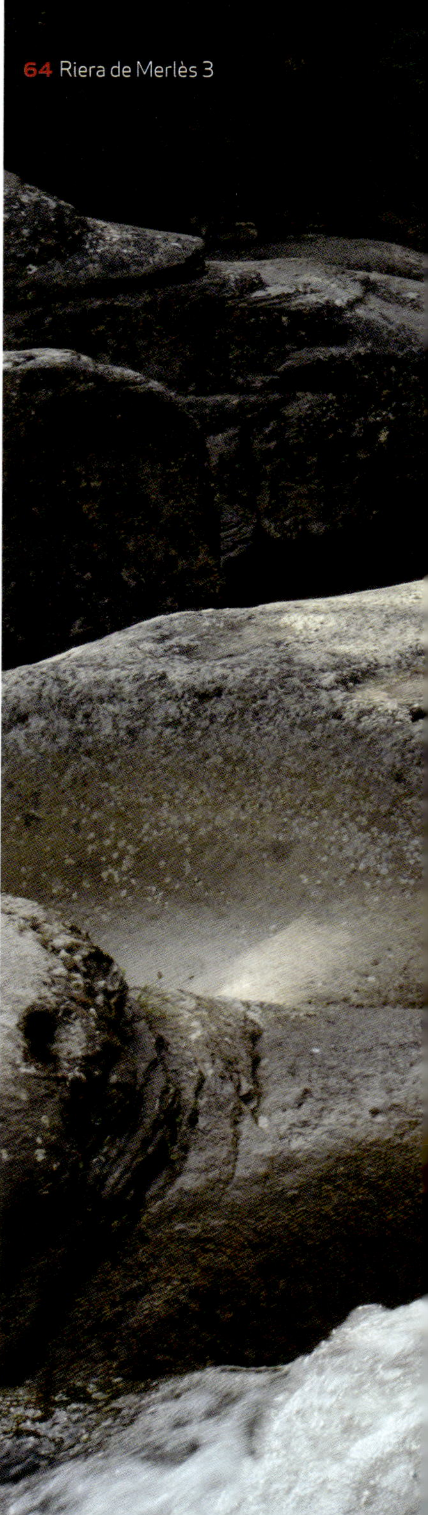
64 Riera de Merlès 3

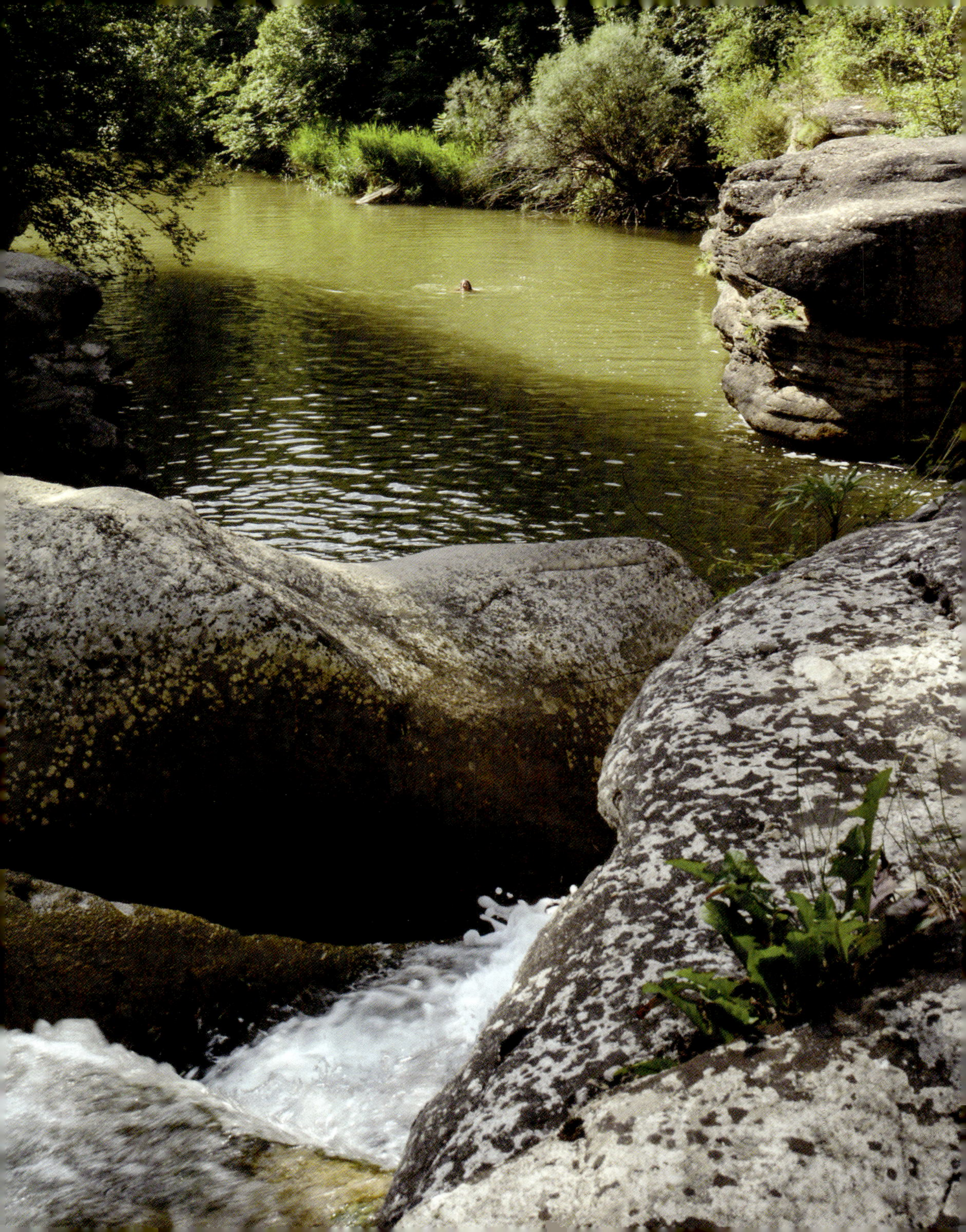

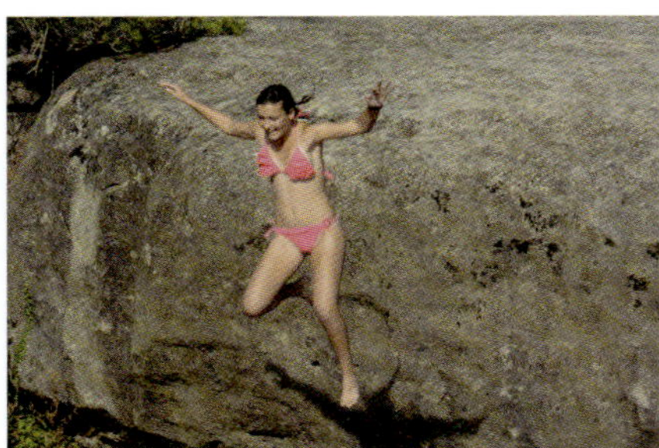

62

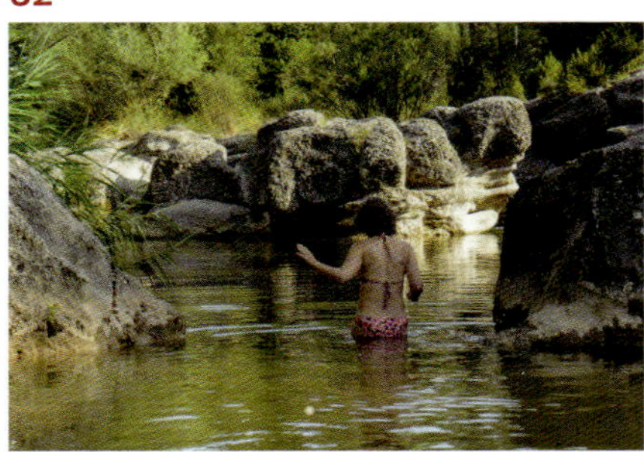

63

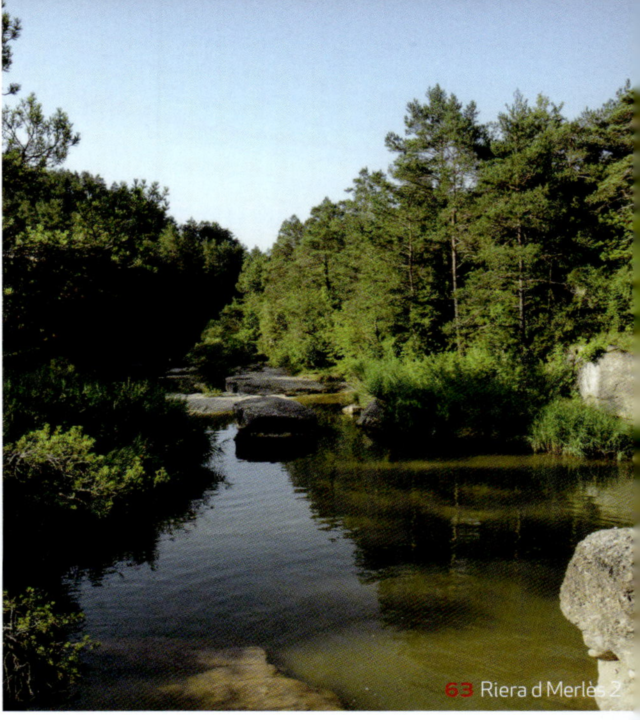

63 Riera d Merlès 2

Karstsee. Es gibt nur wenige magischere Erfahrungen als neben einem prachtvoll grünen See zu wandern und sich in sein erstaunlich warmes Wasser zu werfen, wenn die Sonne mit goldenen Strahlen über den Gipfeln der Pyrenäen aufgeht.

Nach einer Reise auf gewundenen Straßen und durch in die Berge getriebene Tunnel erblicken wir einen riesigen blauen See: Pantà de Sant Antoni, gespeist mit dem Wasser des Riu Noguera. Dieser Stausee ist der tiefste Kataloniens und bietet den Bewohnern der Binnenlandprovinz Lleida erfrischende Abkühlung. Benannt nach der Kirche Sant Antoni de Susterris, die von dem Reservoir überflutet wird, kommt bei Niedrigwasser gelegentlich noch die Kirchturmspitze zum Vorschein.

Wir fahren steile Straßen mit Haarnadelkurven entlang zu einem kleinen Strand an einem Zeltplatz, wo wir schwimmen gehen. Einige Meter weiter entlang der Hauptstraße nach Tremp steht die Strandbar El Xiringuito. Wenn Sie hier Drinks bestellen, dürfen Sie 30 min umsonst Kajak fahren.

Richtung Osten über Berga zu einer gotischen Brücke – Pont de Pedret – fahren wir den Riu Llobregat entlang und machen Halt, um uns abzukühlen. »Fahren Sie immerzu bergab, bergab« sagt der Mann, und wir beherzigen seinen Rat. Bei der ▶

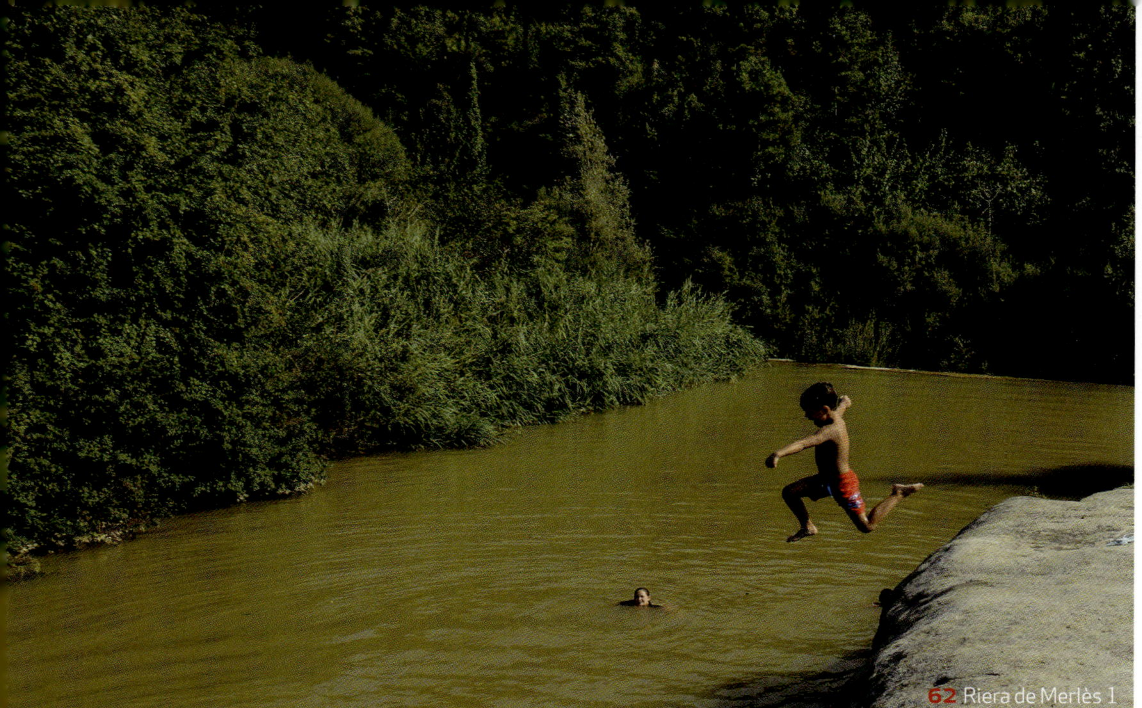

62 Riera de Merlès 1

Riera de Merlès

62 RIERA DE MERLÈS 1

Eine schöne Stelle am Fluss in der Nähe von Santa María de Merlès. Wir stießen auf eine junge Familie, die von den Felsen ins tiefe Becken sprang. Es gibt einen weiteren großen Felsen zum Springen auf der anderen Seite des Flusses. Man könnte in der Nähe sicherlich gut wild zelten, wenn man aufpasst und rücksichtsvoll ist.

→ 5 km (10 min) nördlich von Santa María de Merlès auf der BV-4406 kommt auf der linken Straßenseite ein kleiner Streifen, wo man das Auto parken kann (42.0319, 1.9989). Auf der gegenüberliegenden Straßenseite führt ein Kiesweg im Uhrzeigersinn um ein Feld zum Fluss.

Leicht, 3 min, 42.0315, 1.9991

63 RIERA DE MERLÈS 2

Naturschwimmbecken neben dem Zeltplatz Càmping Riera de Merlès. Großartig für Sprünge, um sich zu suhlen, herumzutollen und zu spielen.

→ In der Nähe des Zeltplatzes Càmping Riera de Merlès (www.campingrieramerles.net) lockt eine Fülle von Badestellen, erkunden Sie daher beide Flussufer stromauf- und stromabwärts. Es gibt auch ein Bassin nördlich der Betonbrücke. Der Zeltplatz eignet sich wunderbar für Familien und hat einen hervorragenden Swimmingpool.

Leicht, 1 min, 42.0913, 2.0083

64 RIERA DE MERLÈS 3

Ein abgeschiedener und bezaubernder Wasserfall mit einem Strudelbecken an einer Haarnadelkurve des Flusses. Gehen Sie an der gegenüberliegenden Seite der Kaskade ins Wasser. Fahren Sie zeitig hin, um diesen Ort ungestört zu genießen.

→ Vom Càmping Riera de Merlès 5 min nach Süden (400 m) zu einem kleinen Pfad durch das Unterholz, auf diesem weiter bis zu den Felsen, die das Hauptbecken mit dem Wasserfall zur Linken überblicken. Sie gelangen auch dorthin, wenn Sie 20 m die Straße entlanggehen und den kleinen Pfad durch den Wald nehmen. Er führt zum Wehr am Fuß des Beckens.

Leicht, 1 min, 42.0879, 2.0071

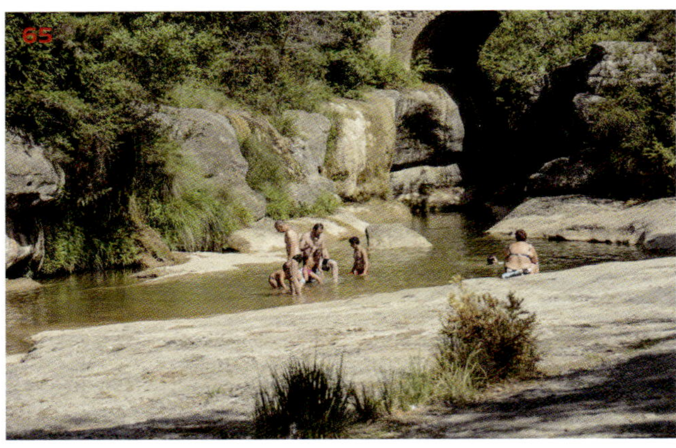

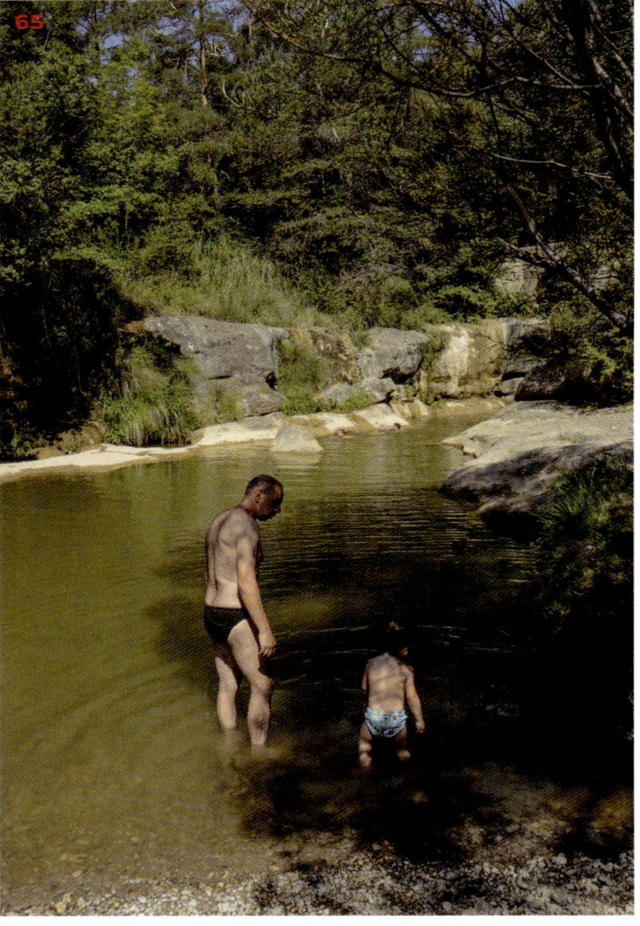

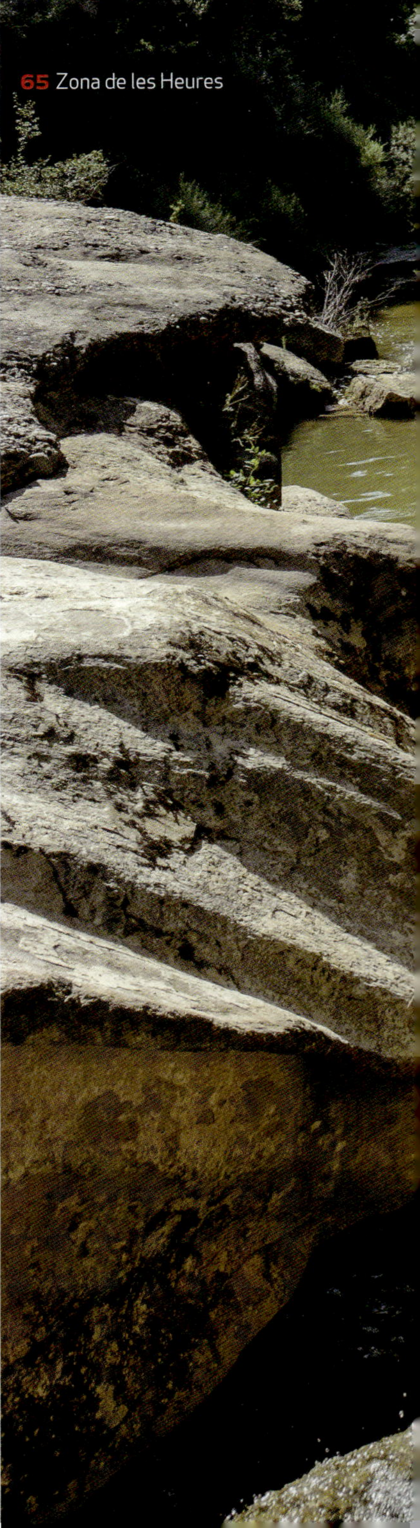

65 Zona de les Heures

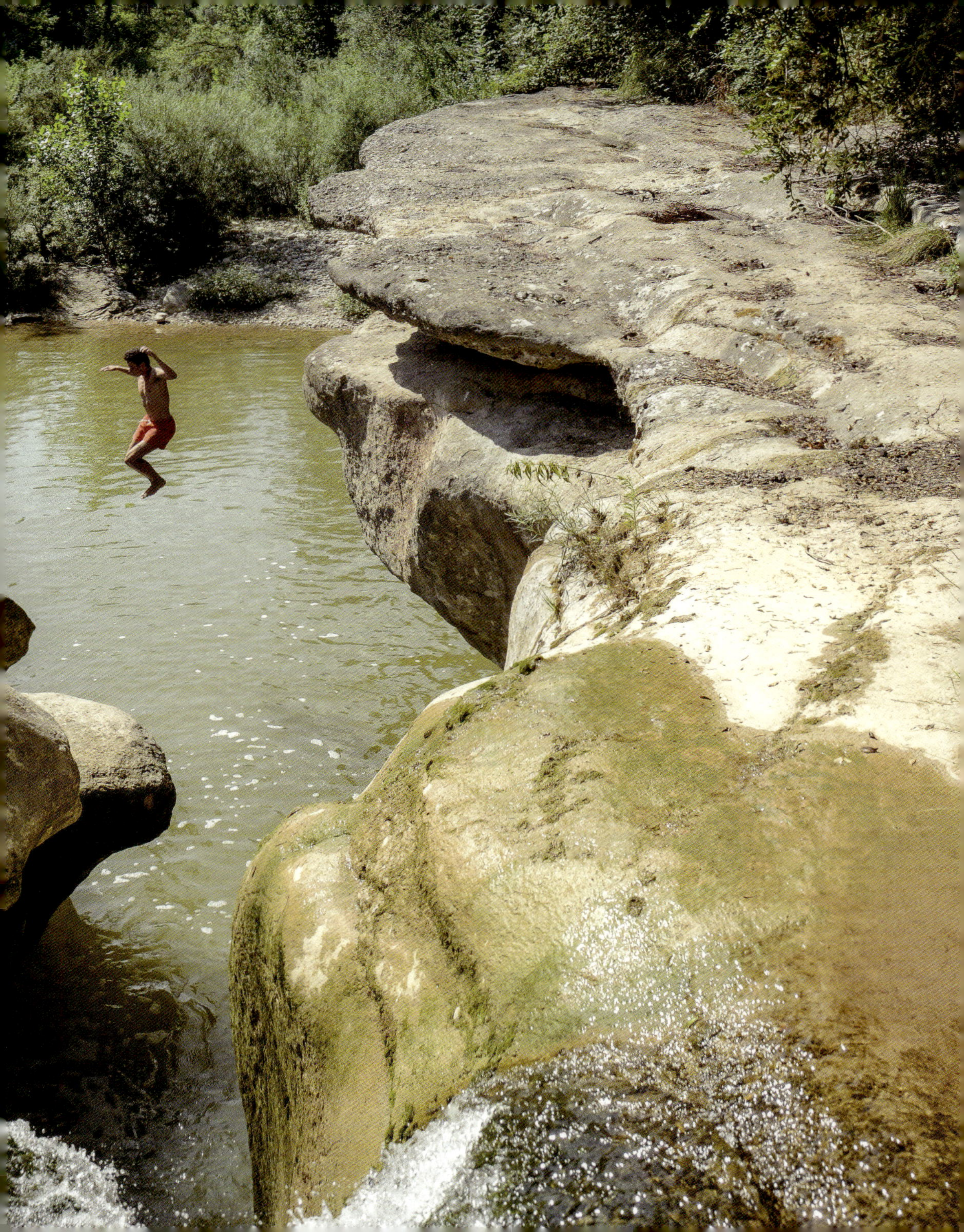

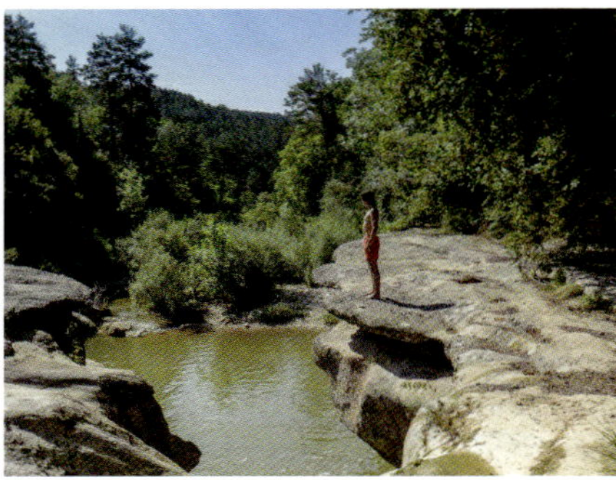

65

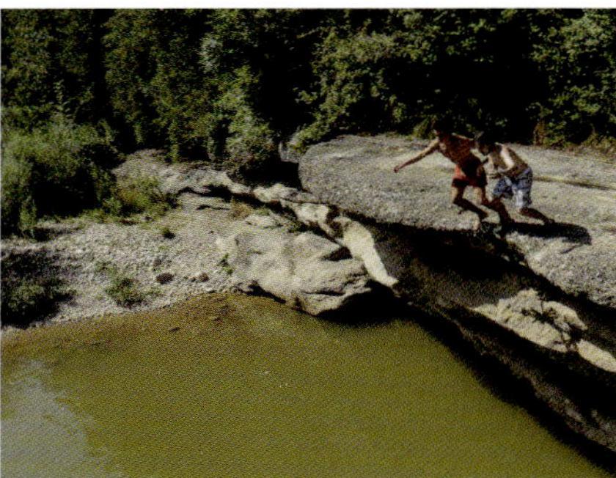

65

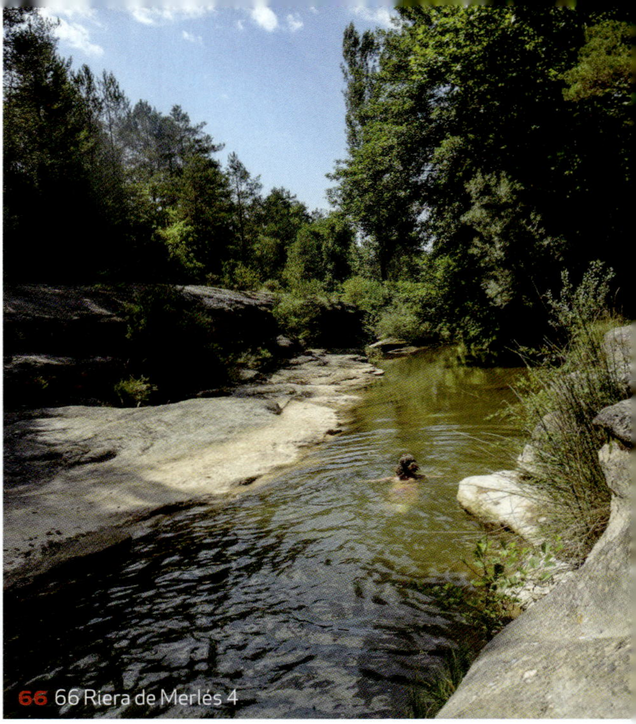

66 66 Riera de Merlés 4

Brücke springen die Jungs in das tiefe, grüne Wasser zwischen den Felsen, die aussehen wie Skulpturen von Henry Moore. Nur Einheimische kennen diesen Ort und kommen zum Schwimmen und zum Lesen auf die schattigen Lichtungen. Das eisige Bergwasser raubt uns den Atem. 50 m den Fluss hinauf von der Brücke sind Steinstufen in den Uferhang geschnitten – eine Sonnenfalle. Unternehmen Sie einen gemächlichen Spaziergang auf dem breiten, ebenen Pfad stromabwärts und achten Sie auf die kleinen Pfade zur Linken, die zu tiefen Schwimmbecken für abgeschiedenere Badefreuden führen. Es gibt eine Fülle von weiteren Badestellen entlang dieses Wasserlaufs.

Zahlreiche Wasserfälle und natürliche Strudelbecken in Schluchten, die von der Gewalt des Wassers in den Sandstein geschliffen wurden, machen die Riera de Merlès zu einem Traum für Naturschwimmer. Das Gebiet steht wegen seiner Otterpopulation unter Naturschutz, in und um den Fluss findet man Forellen, Welse, Pyrenäen-Gebirgsmolche, Salamander und eine Vielfalt von Fröschen und Kröten ebenso wie Eisvögel und einen kleinen Wildkatzenbestand.

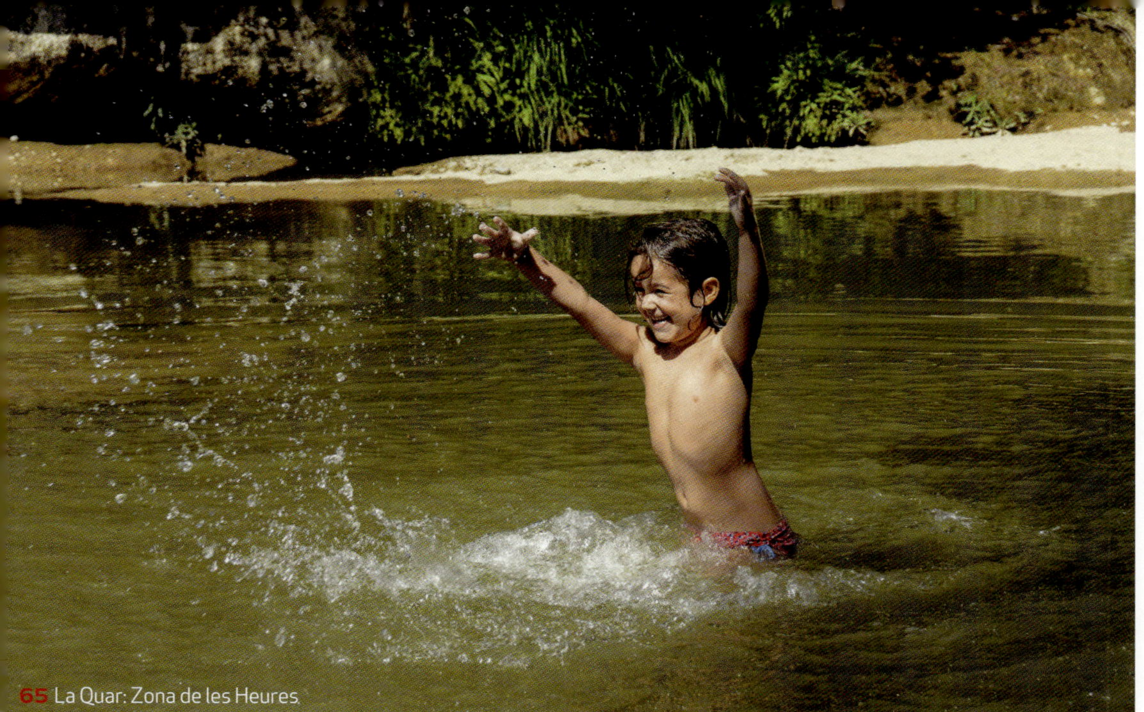

65 La Quar: Zona de les Heures

Riera de Merlès flussabwärts & Baells

65 LA QUAR: ZONA DE LES HEURES

Ein großartiger Ort für Familien, um die Riera de Merlès zu genießen. Es gibt ein seichtes Bassin für Kinder und eine schmale Schlucht mit einem recht tiefen Becken darunter für Eltern, die gerne springen. Es gibt mindestens vier weitere Flussbecken in der Nähe der Zona de les Heures – ein herrliches Abenteuer für Kinder und die im Herzen Junggebliebenen.

→ 2 km Fußweg (25 min) südlich des Càmping Riera Merlès, dann in den links abzweigenden Weg (42.0733, 2.0079) am Schild »Vilartimó«, wo auch ein Schild auf die Goles de les Heures weist. Dem Weg rechts folgen, bis der Fluss ins Blickfeld kommt. Steigen Sie die Felsen hinunter, der erste Zugang zum Fluss kommt auf der Rechten. Gehen Sie 100 m weiter, um die Schlucht zu erreichen, wo Sie in den Fluss springen können. Prüfen Sie zuerst den Wasserstand.

Leicht, 5 min, 42.0741, 2.0088

66 RIERA DE MERLÈS 4

Wunderbare, abgeschiedene Badestelle mit erfrischend kühlem Wasser in langen Felsbecken in einer hübschen Formation. Sie werden zwei schöne Orte entdecken und viel Abgeschiedenheit.

→ Etwa 200 m nördlich der Zona de les Heures. Gehen Sie über ein kleines Feld.

Leicht, 5 min, 42.0789, 2.0099

67 PANTÀ DE LA BAELLS

Ein schöner, grüner, L-förmiger Bergstausee umgeben von Pinien und üppiger Vegetation. Er ist 11 km lang, wird vom Riu Llobregat mit kristallklarem Wasser gespeist und eignet sich ideal zum Schwimmen, Angeln und Wassersport. Es gibt eine Reihe von Pfaden hinunter zum Ufer, darunter diesen nicht ausgewiesenen zu einem versteckten Strand.

→ C-26 zwischen Vilada und Berga. Halten Sie nach dem kleinen Weg zum See Ausschau.

Leicht, 5 min, 42.1314, 1.9064

A Moli del Cavaller

→ Fahren Sie von der C-26 bei dem Schild »Molí del Cavaller« ab.

Leicht, 5 min, 42.1309, 1.9160

B Bootssteg

→ Biegen Sie von der C-26 bei einer 3 x 2 m großen grauen Betonplatte zur Befestigung des Hangs zu Ihrer Linken rechts in einen unbefestigten Weg ab, an dem ein grüner Müllcontainer steht, und folgen Sie dem Weg hinunter zum Wasser.

Leicht, 5 min, 42.1305, 1.9044

C Felsiges Ufer unter Straßenbrücke

→ Fahren Sie von der C-26 am Ostende der Straßenbrücke auf einen Parkplatz ab. Sie werden ein Schild mit einem kleinen Kanu sehen. Parken Sie und gehen Sie den Weg hinunter zum Wasser.

Leicht, 5 min, 42.1270, 1.8839

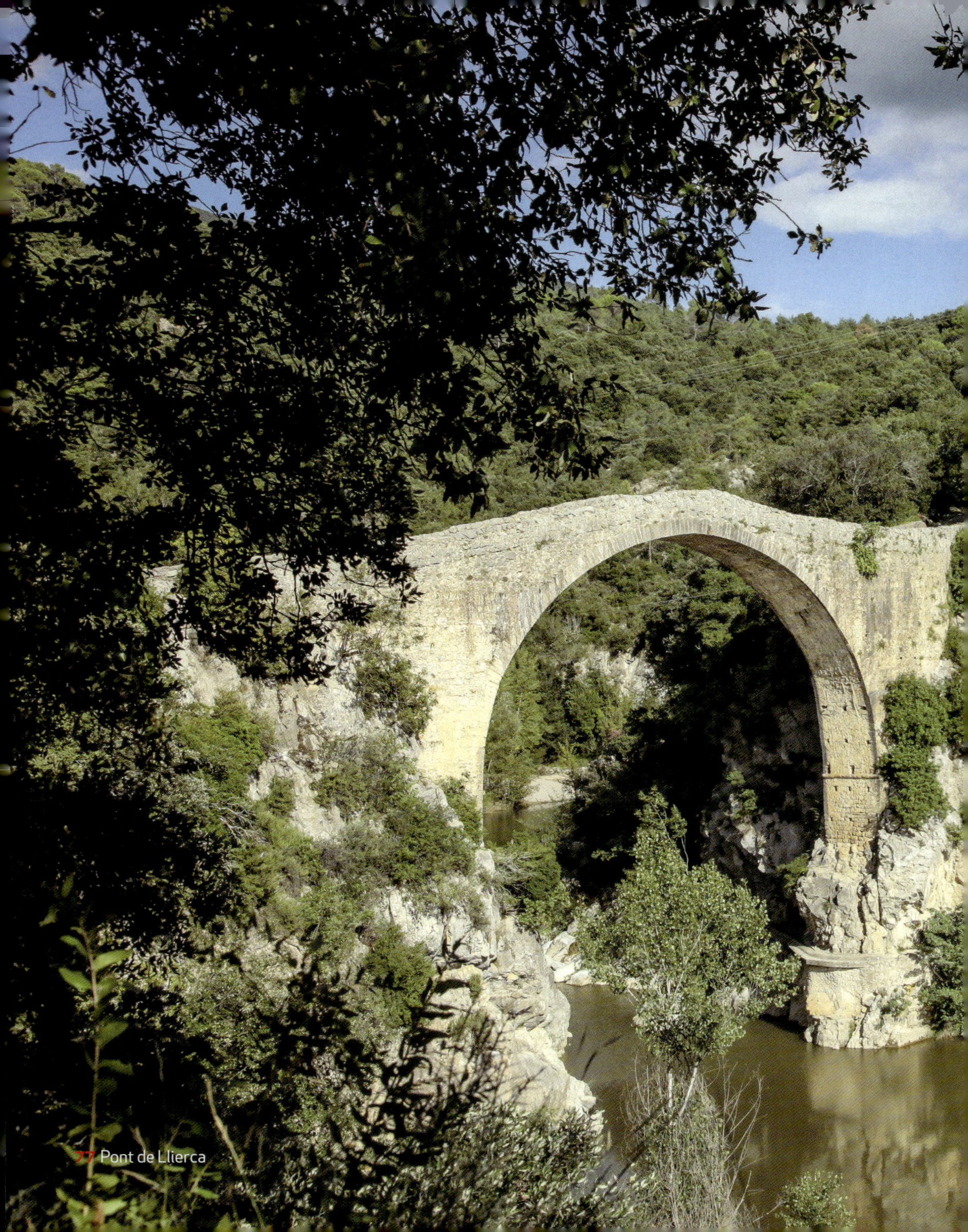

77 Pont de Llierca

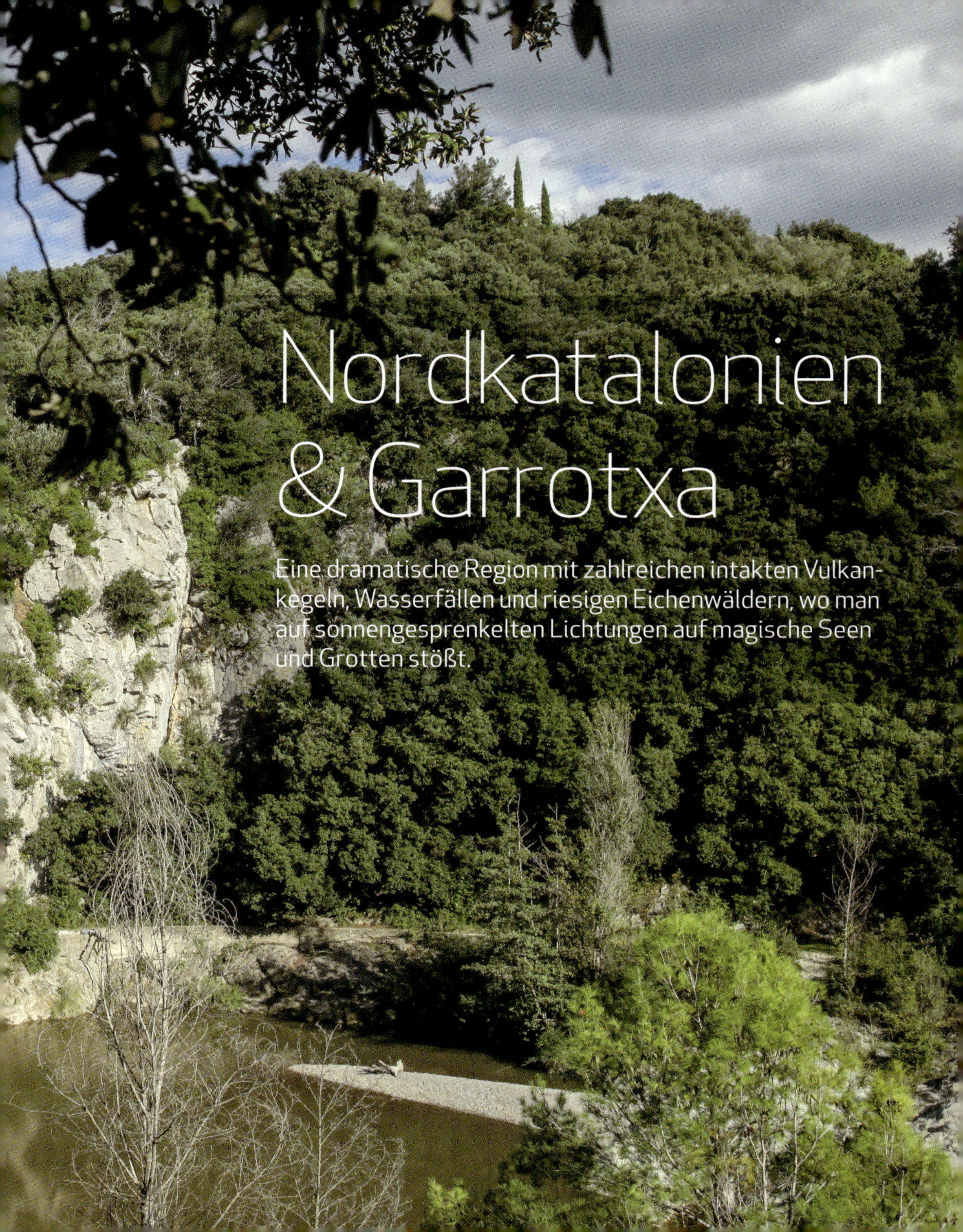

Nordkatalonien & Garrotxa

Eine dramatische Region mit zahlreichen intakten Vulkankegeln, Wasserfällen und riesigen Eichenwäldern, wo man auf sonnengesprenkelten Lichtungen auf magische Seen und Grotten stößt.

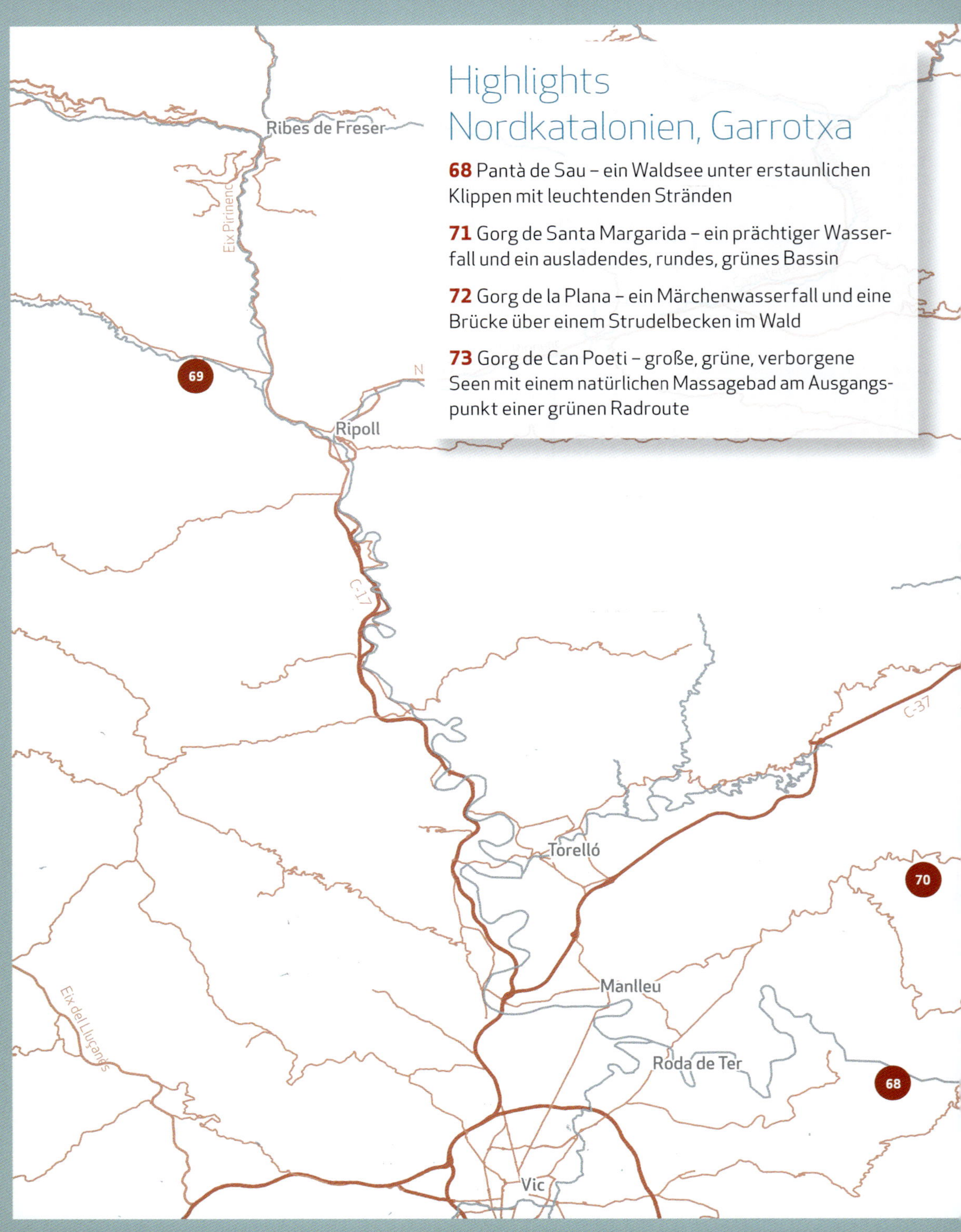

Highlights Nordkatalonien, Garrotxa

68 Pantà de Sau – ein Waldsee unter erstaunlichen Klippen mit leuchtenden Stränden

71 Gorg de Santa Margarida – ein prächtiger Wasserfall und ein ausladendes, rundes, grünes Bassin

72 Gorg de la Plana – ein Märchenwasserfall und eine Brücke über einem Strudelbecken im Wald

73 Gorg de Can Poeti – große, grüne, verborgene Seen mit einem natürlichen Massagebad am Ausgangspunkt einer grünen Radroute

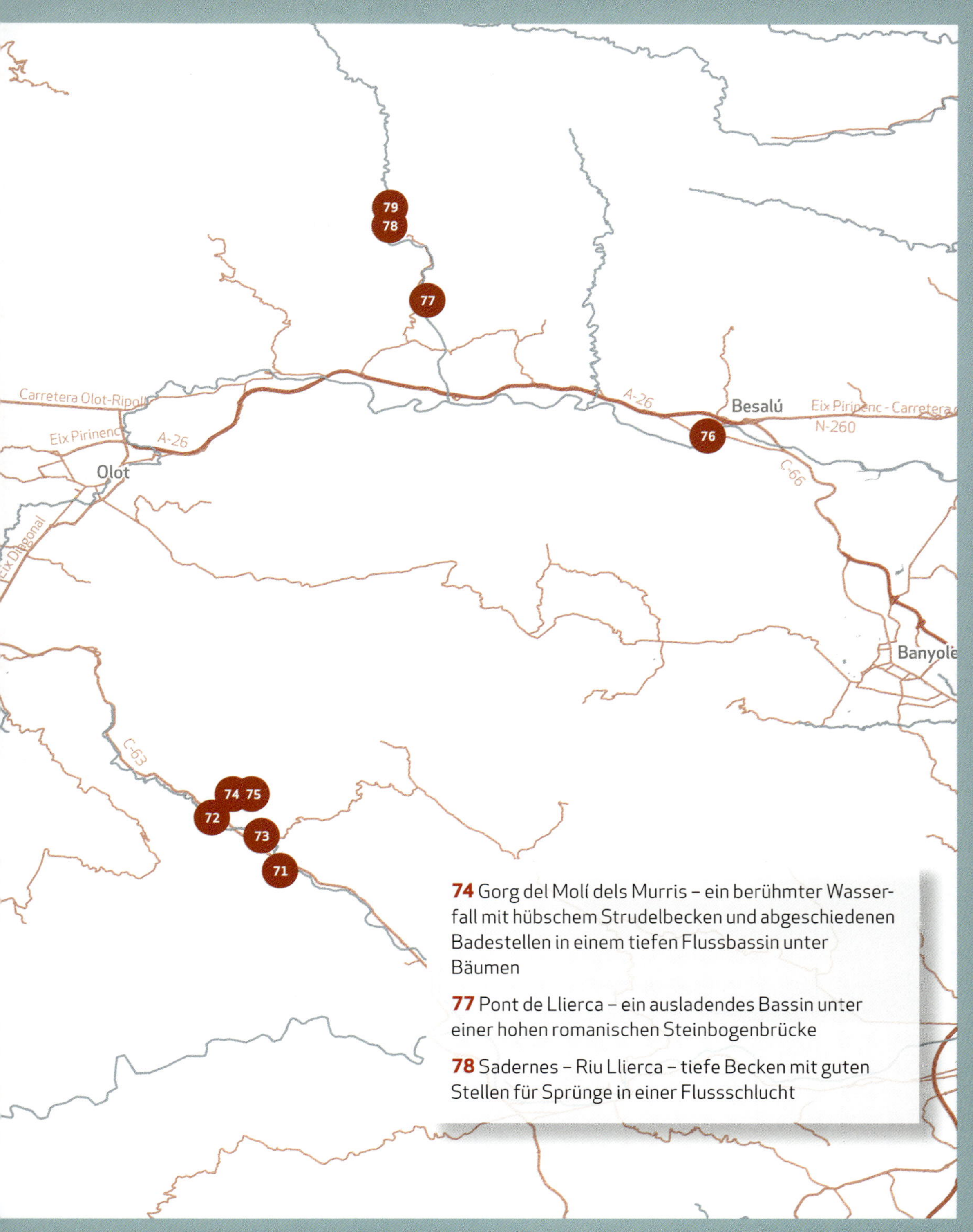

74 Gorg del Molí dels Murris – ein berühmter Wasserfall mit hübschem Strudelbecken und abgeschiedenen Badestellen in einem tiefen Flussbassin unter Bäumen

77 Pont de Llierca – ein ausladendes Bassin unter einer hohen romanischen Steinbogenbrücke

78 Sadernes – Riu Llierca – tiefe Becken mit guten Stellen für Sprünge in einer Flussschlucht

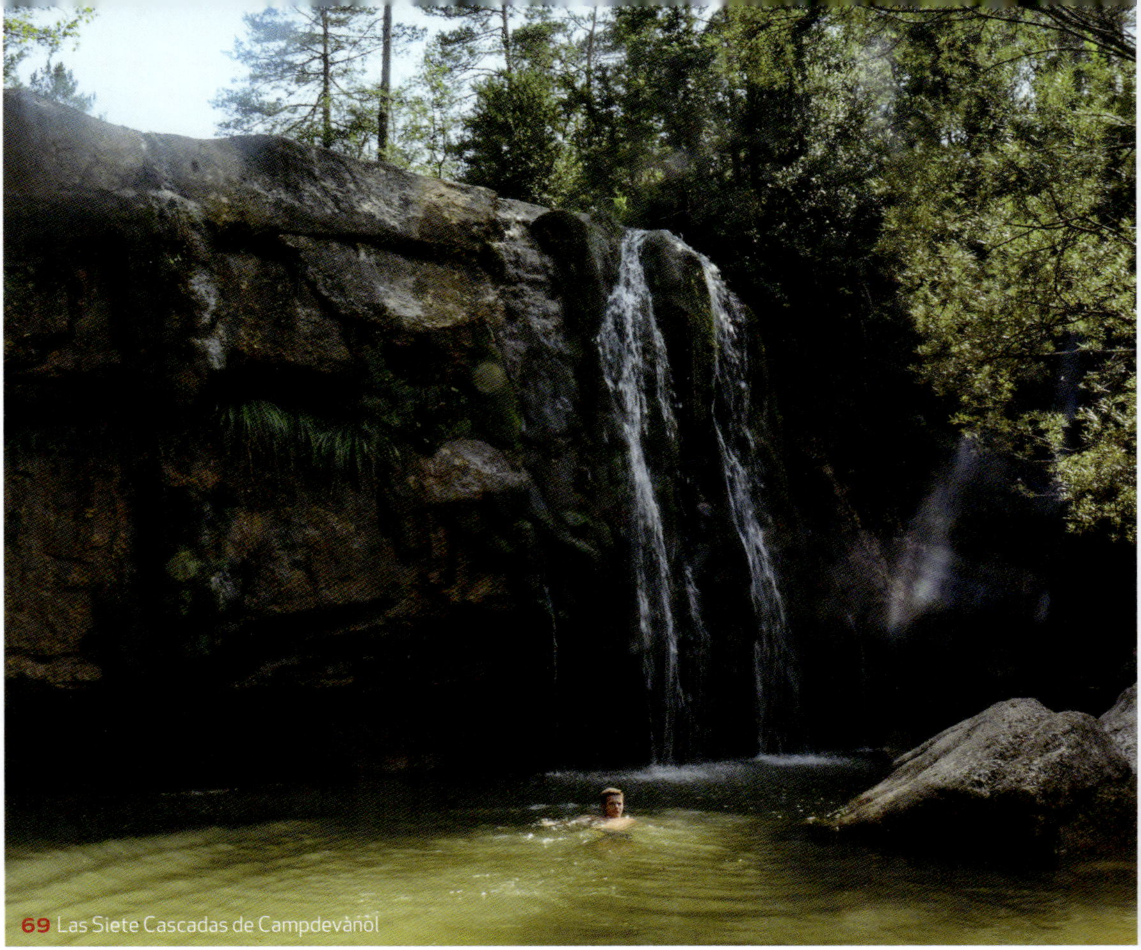

69 Las Siete Cascadas de Campdevànol

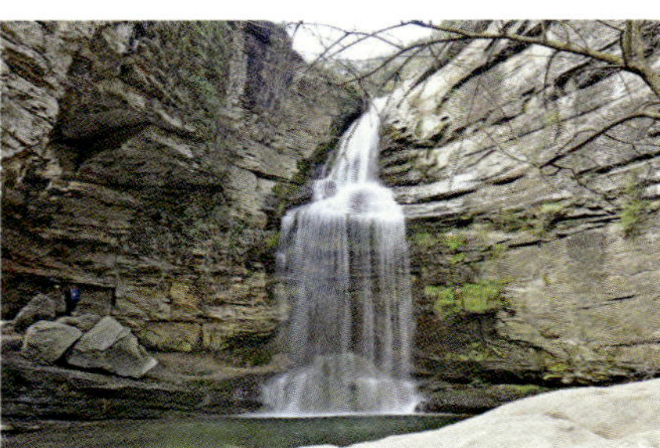

70

Nordkatalonien ist ein Land der Wasserfälle, Seen und riesigen Eichenwälder. Einige seiner ältesten und malerischsten Dörfer liegen in einer wildromantischen Vulkanlandschaft.

Der Parc Natural de la Zona Volcànica de la Garrotxa zählt 38 Vulkane und eine Reihe intakter Vulkankegel. Der letzte Ausbruch ereignete sich zwar vor 11.000 Jahren, aber eine gewisse Aktivität ist geblieben, und man kann die seismischen Erschütterungen beinahe spüren, wenn man die Gegend bereist.

Die Region wurde von Griechen, Karthagern, Römern und Westgoten erobert, bevor der Frankenkönig Karl der Große die maurischen Besatzer vertrieb. Ende des 11. Jahrhunderts war Katalonien ein sich selbst regierendes Fürstentum. Später begann eine Phase maritimer Ausdehnung, die großen Wohlstand brachte. Ein Bauernaufstand gegen die Übergriffe ▶

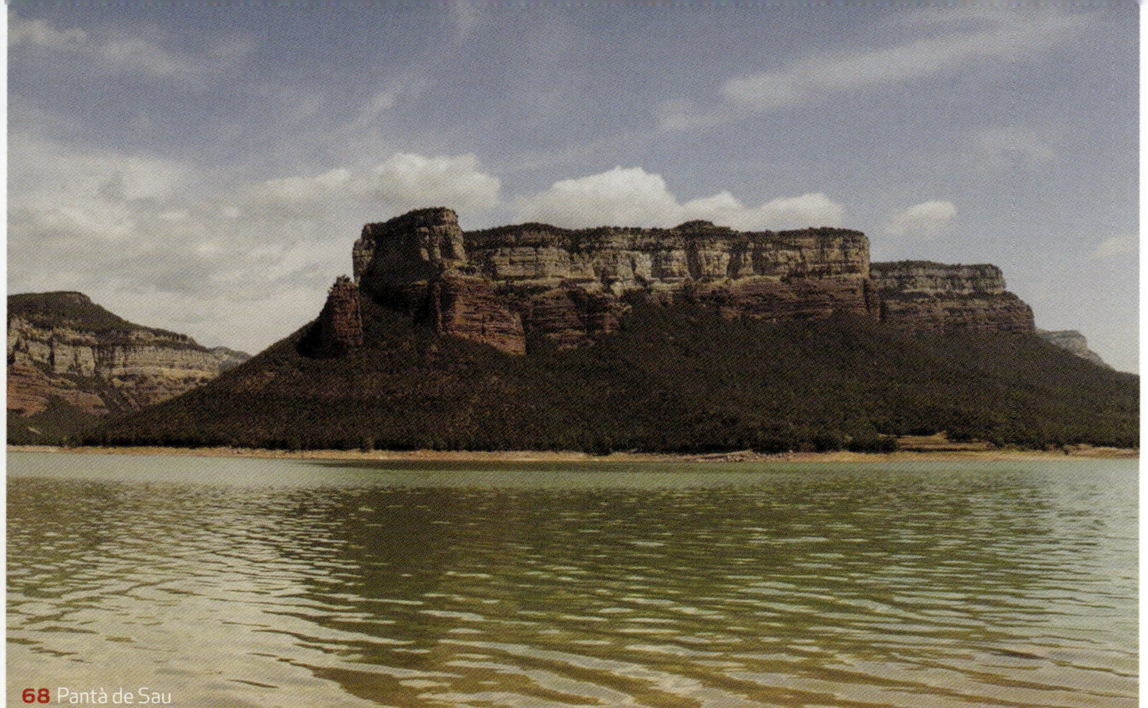
68 Pantà de Sau

Um Ripoll & Rupit

68 PANTÀ DE SAU

Eine abgelegene Straße führt um das Südufer des Sees durch Wälder, bietet Zugang zu mehreren schönen Badestränden und überquert dann das erstaunliche Massiv Les Guilleries und die Savassona-Berge.

➔ Von Vic auf der C-25 nach Osten, bei J183 auf die BV-5213 abbiegen, über Tavernoles etwa 11 km weiterfahren und den Schildern zum Hotel Parador de Vic-Sau folgen (+34 938 12 23 23, http://www.paradores-spain.com/spain/pvicsau.html). 600 m vor dem Hotel führt eine geteerte Straße an einem Parkplatz vorbei, Les Masies de Roda. 2,5 km weiter findet sich der beste Strand, es gibt aber noch viele weitere Badestellen an dieser Straße.

Leicht, 2 min, 41.9691, 2.3842

69 LAS SIETE CASCADAS DE CAMPDEVÀNOL

Ein spektakulärer Ausflug durch ein Waldgebiet zu sieben glitzernden Wasserfällen mit Strudelbecken, von denen der eindrücklichste 10 m hoch ist. Der Pfad zwischen ihnen ist ausgeschildert und für alle Altersstufen geeignet. Sie können die Wanderung zu einem Rundweg von etwa drei Stunden ausweiten.

➔ Der beste Ausgangspunkt ist ⛺ Càmping Pirinenc an der GI-401, 42.2274, 2.1388 (www.campingpirinenc.com). Parken Sie hier für 10 €, da Ihnen die örtliche Polizei ein Bußgeld aufbrummt, falls Sie den Wagen woanders als auf ausgewiesenen Flächen abstellen. Nehmen Sie den Weg entlang des Zeltplatzes und und folgen Sie dem Fluss. Sie kommen an einem Bauernhof vorbei, der köstlichen Schafskäse verkauft. Gehen Sie den Hügel hinauf zum ersten Wasserfall.

Leicht, 20 min, 42.2209, 2.1443

70 LA FORADADA, CANTONIGRÒS

Ein großer, magischer Wasserfall am Ende eines angenehmen Spaziergangs durch einen Walnuss- und Eichenwald. Großartiger Ort, um an einem Sommertag zu faulenzen. Fahren Sie zeitig hin, um ihn in völliger Ungestörtheit zu genießen.

➔ Das Dorf Cantonigròs liegt an der C-153. Parken Sie neben dem Fußballplatz. Folgen Sie dem deutlich ausgeschilderten breiten Weg an der südöstlichen Ecke des Platzes. Bevor Sie den Wasserfall erreichen, steigt der Pfad steil an, aber er hat ein Geländer.

Mittel, 20 min, 42.0409, 2.3948

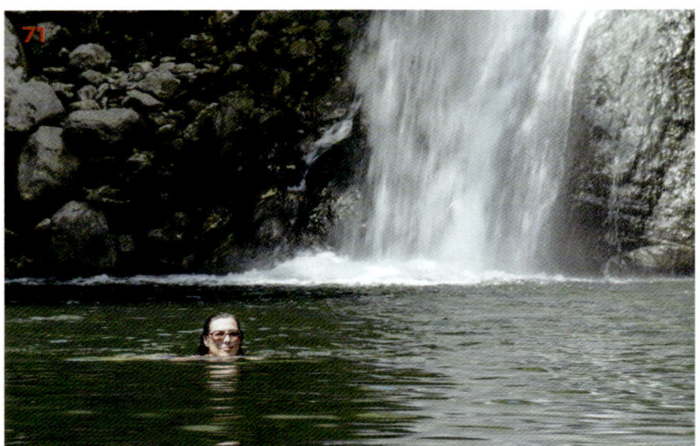

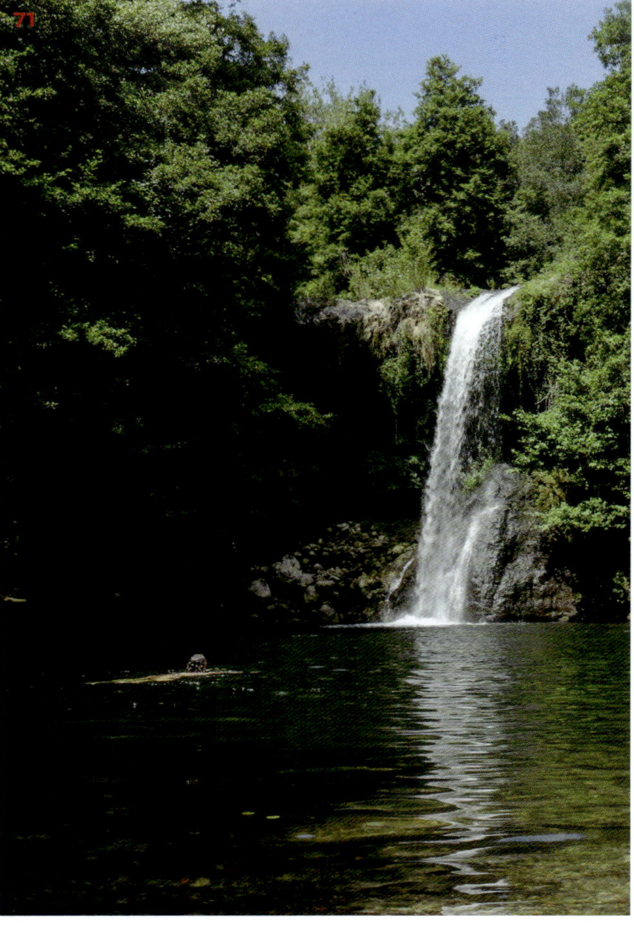

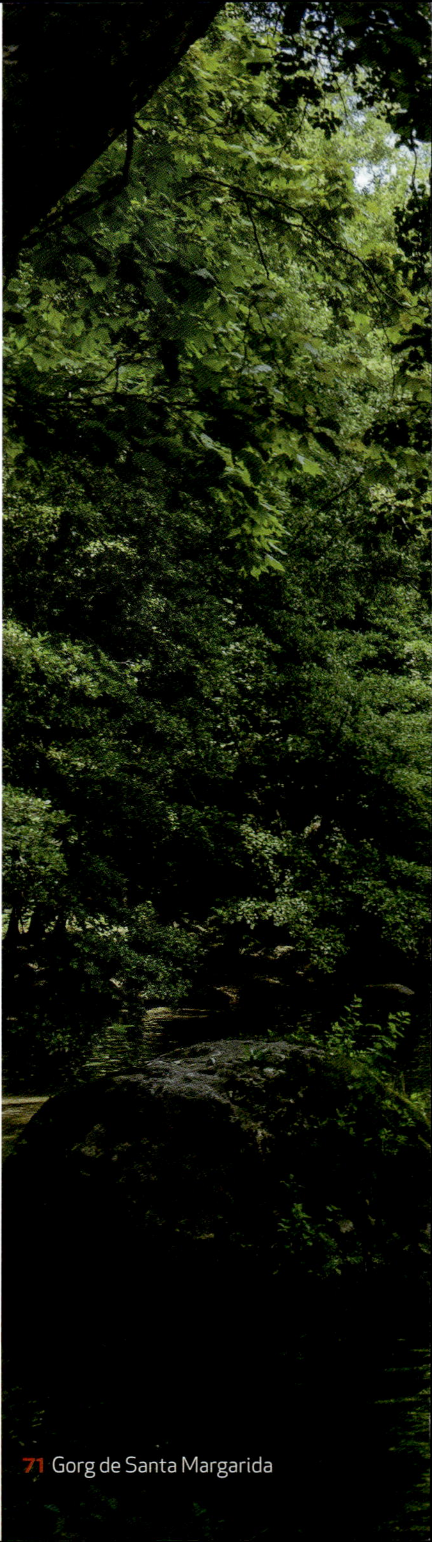

71 Gorg de Santa Margarida

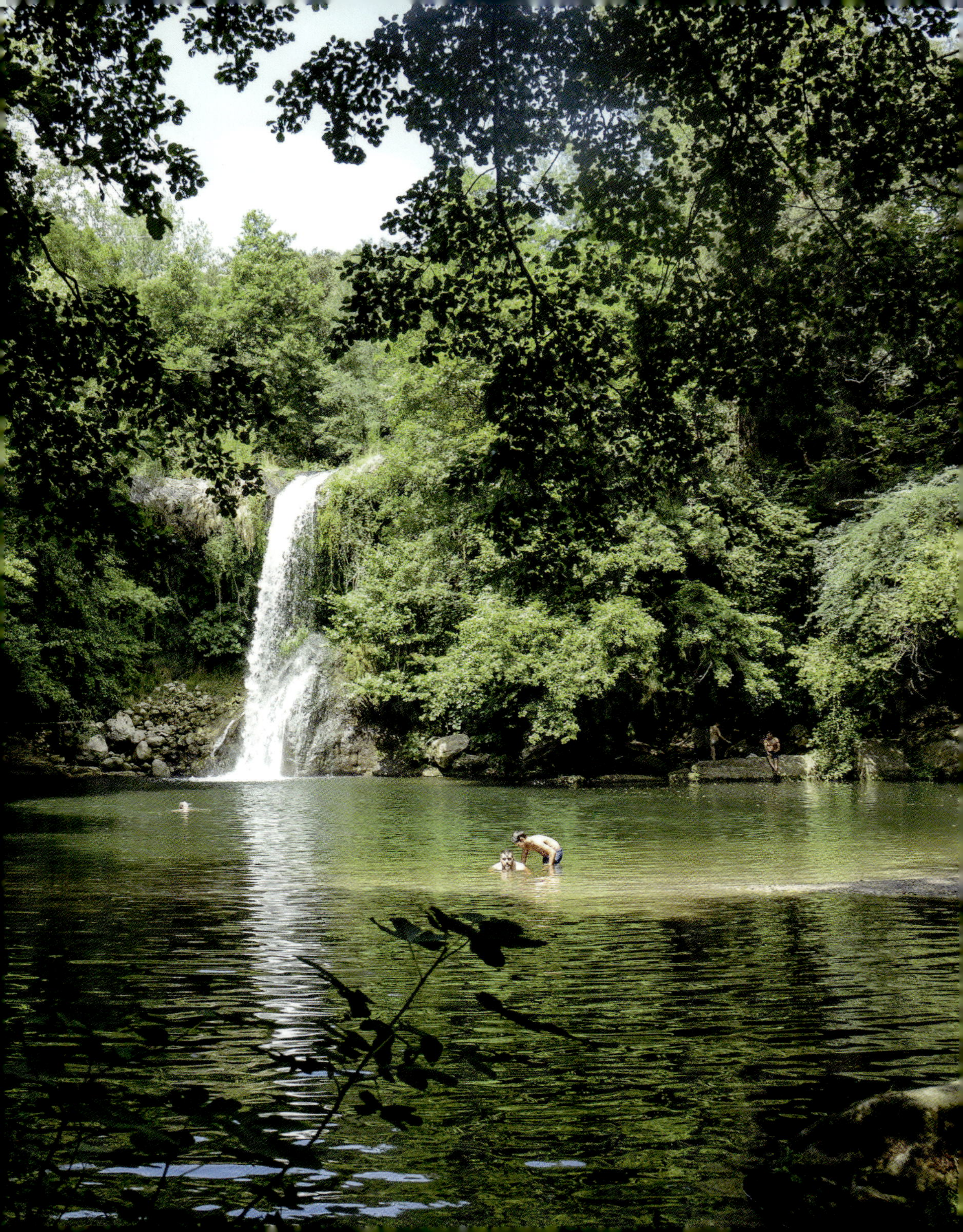

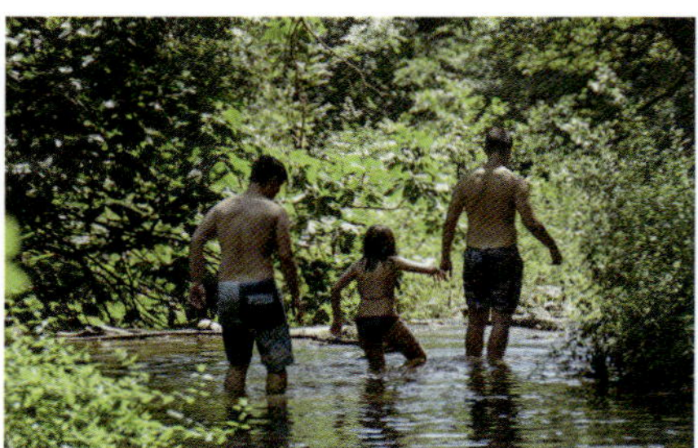

72

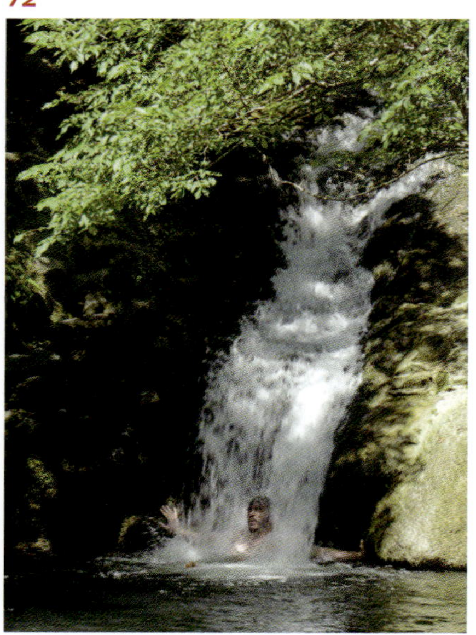

72

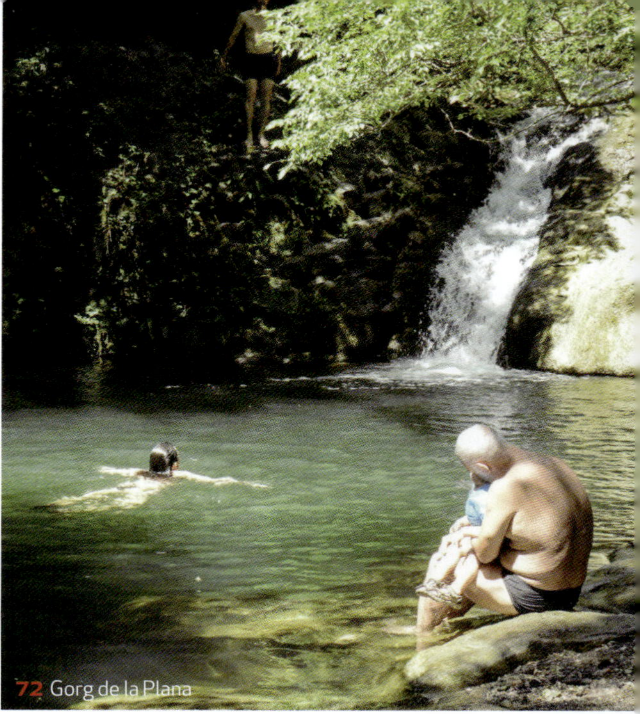

72 Gorg de la Plana

des Adels löste 1462 einen Bürgerkrieg in der Region aus, der zehn Jahre währte. 1931 wurde der Region die Unabhängigkeit gewährt, und eine große Fabrikarbeiterklasse machte Katalonien zur Hochburg des Widerstands gegen Francos Truppen. Die katalanische Kultur wurde von der faschistischen Regierung nach dem Bürgerkrieg gnadenlos unterdrückt. 1979 wurde zwar eine gewisse Autonomie wiederhergestellt, viele verlangen jedoch weiterhin einen eigenständigen katalanischen Staat.

In der Alta Garrotxa, dem katalanischen Hochland der östlichen Pyrenäen, wechseln sich eindrucksvolle Berghöhen und nackte Felswände mit tiefen Tälern ab. Die hier siedelnden Menschen nahmen die Herausforderung dieser wilden Landschaft an und errichteten die großartige, 28 m hohe Brücke über den Riu Llierca mit nur einem Bogen (Pont Roman) sowie eine Vielzahl mittelalterlicher und romanischer Gebäude.

Den Riu Llierca hinauf jenseits des Weilers Sadernes, stoßen wir auf einladende *gorgues* (Bassins). Wir tauchen, springen von den Felsen, machen uns aber dann recht bald zum Juwel in der Krone auf: ein hypnotisierend smaragdgrünes Naturbassin im Fluss Sant Aniol, auf Katalanisch »Riera Sant Aniol«, mit einem die weißen Felsen hinabstürzen Wasserfall. ▶

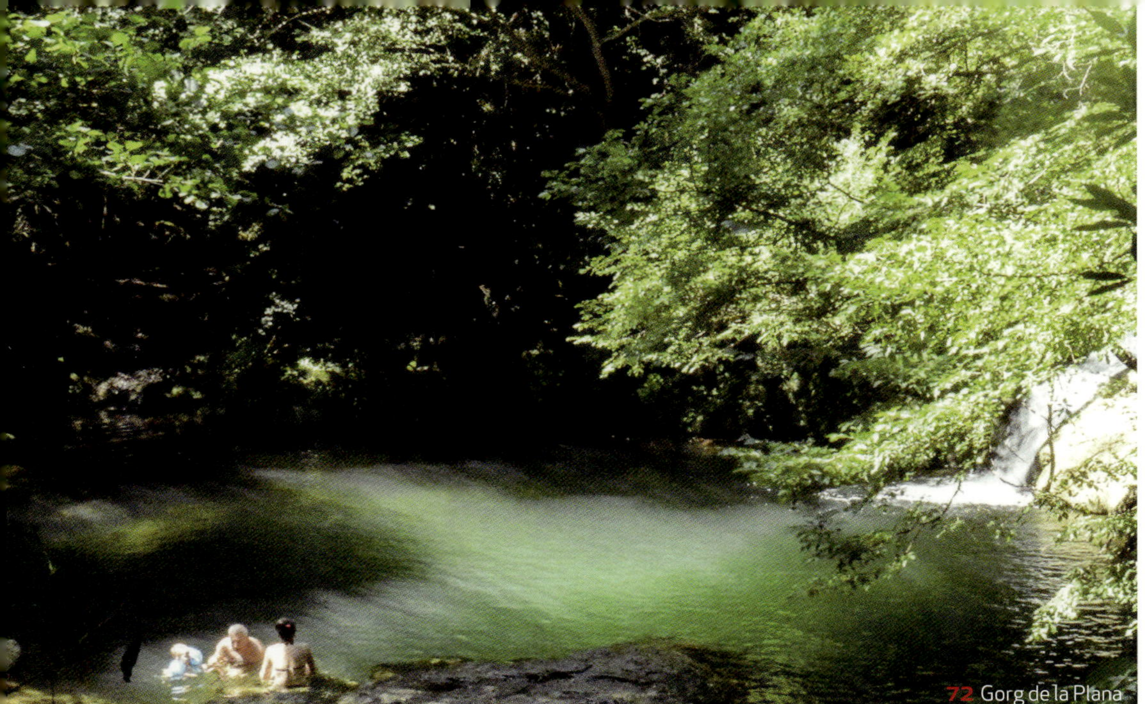

72 Gorg de la Plana

Les Planes d'Hostoles

71 GORG DE SANTA MARGARIDA

Ein hübsches Dorf mit einer Fülle von Badestellen in freier Natur. Ein herrlicher Wasserfall und ein großes, rundes, grünes Strudelbecken. Weiden Sie sich beim Schwimmen an der wunderschönen Umgebung. Ein magischer Ort für Kinder. Es gibt einen großartigen Wanderweg von hier zu anderen Badestellen.

→ Von Les Planes d'Hostoles 2 km auf der C-63 nach Südosten kommt eine große Wurstfabrik. Parken Sie kurz davor an der Straße, gehen Sie auf dieser zum Eingang der Fabrik und folgen Sie der Mauer auf dem breiten Weg um das Gelände herum. Am Wald angekommen, führt ein Pfad 5 min bergauf, wo sich der Wasserfall befindet.

Leicht, 5 min, 42.0445, 2.5528

72 GORG DE LA PLANA

Ein Wasserfall wie aus einem Märchen. Das Wasser fließt unter einer Holzbrücke in ein wonniges Bassin – ein idealer Ort für Feen und Kobolde.

→ Von Les Planes d'Hostoles auf der C-63 1 km nach Nordwesten, den Wagen zur Rechten gegenüber dem Friedhof abstellen und durch ein Metalltor 70 m einen baumgesäumten Weg hinunter. Nehmen Sie den Pfad zur Rechten, gehen Sie am Haus vorbei und zwischen den Gärten bis zur anderen Seite. Hier hören Sie den Wasserfall und gelangen zu hölzernen Stufen, die hinunter zur bezaubernden Lichtung führen.

Leicht, 6 min, 42.0632, 2.5295

73 GORG DE CAN POETI

Große grüne Gumpen, wo die Einheimischen schwimmen, komplett mit einem kleinen Wasserfall, einem natürlichen Massagebad und einem weiteren kleinen Bassin, das tief genug ist, um vom Felsen hineinzuspringen. Herrlicher Ort für Kinder. An der Brücke beginnt ein grüner Rundweg.

→ Im Zentrum von Les Planes d'Hostoles von der C-63 am Restaurant El Rebost d'en Bacus auf den Passeig Estacio einbiegen. Nach 100 m finden sich an der Escola de Parapent (Gleitschirmschule) überall Parkmöglichkeiten. Gehen Sie zu Fuß 100 m nordöstlich bis zur Brücke weiter. Unmittelbar dahinter führt zur Linken der Pfad hinunter zum Gorg de Can Poeti.

Leicht, 5 min, 42.0569, 2.5464

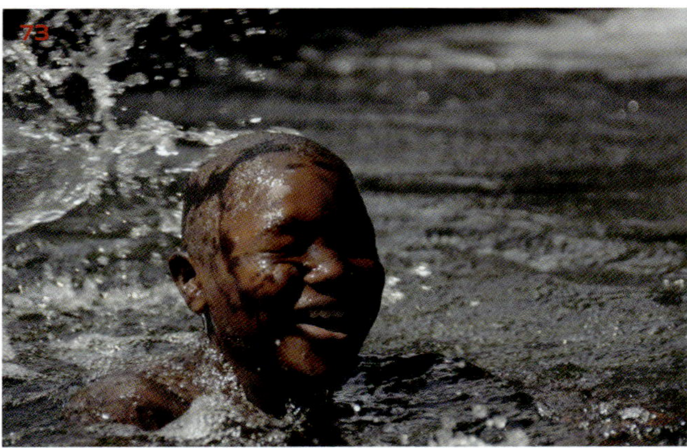

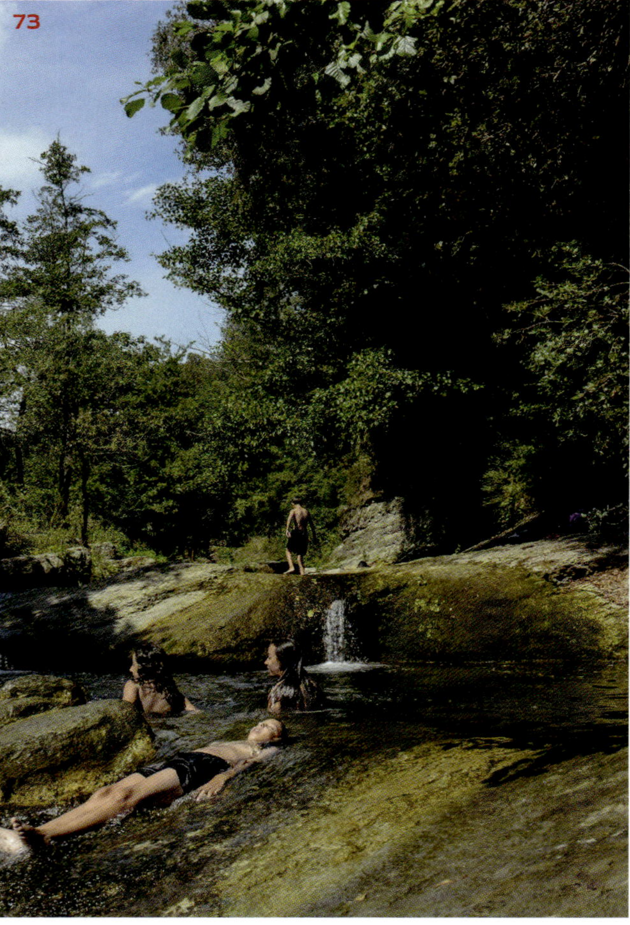

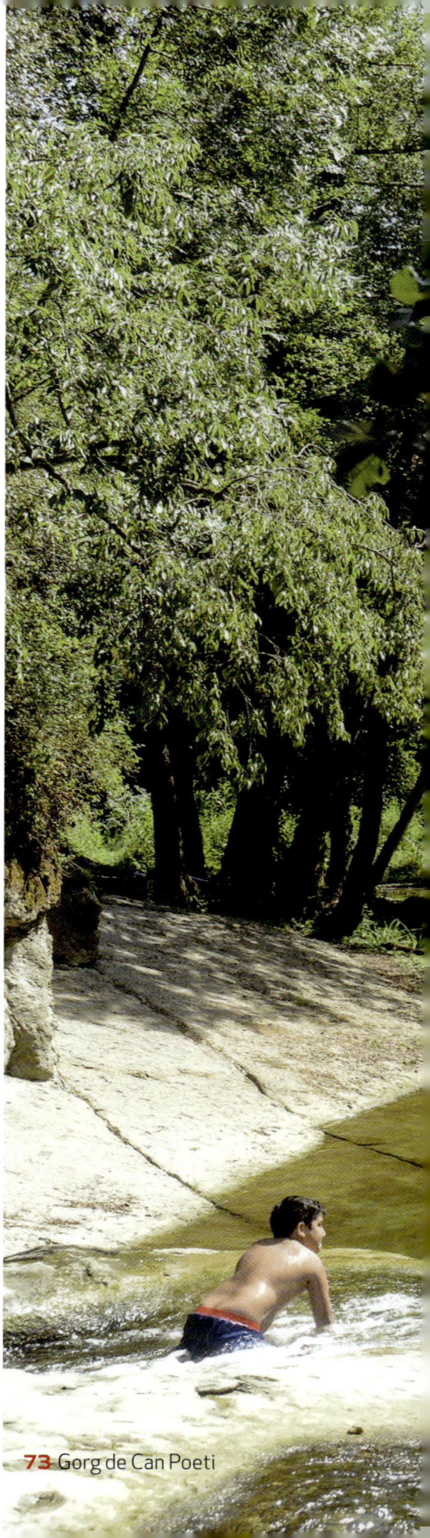

73 Gorg de Can Poeti

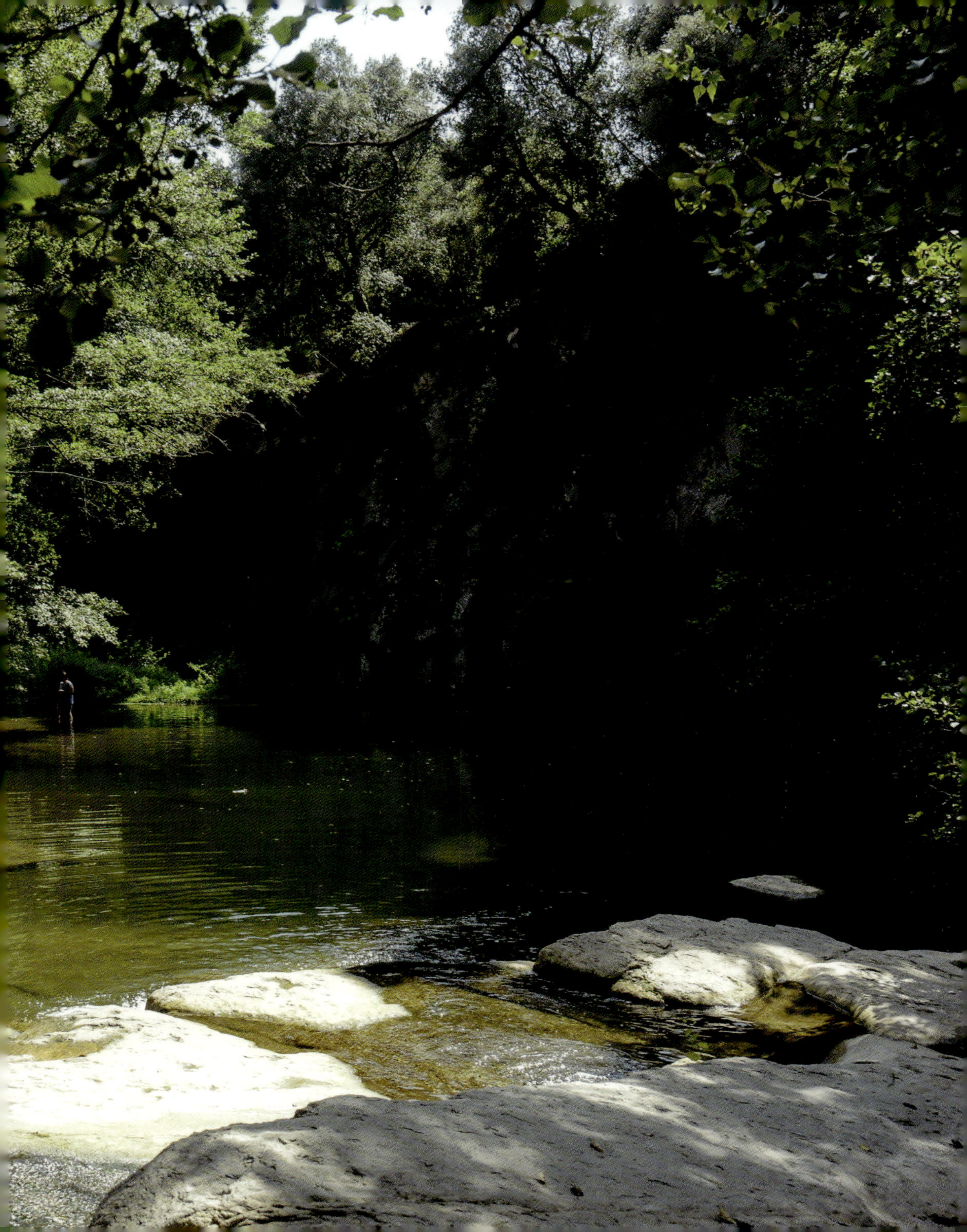

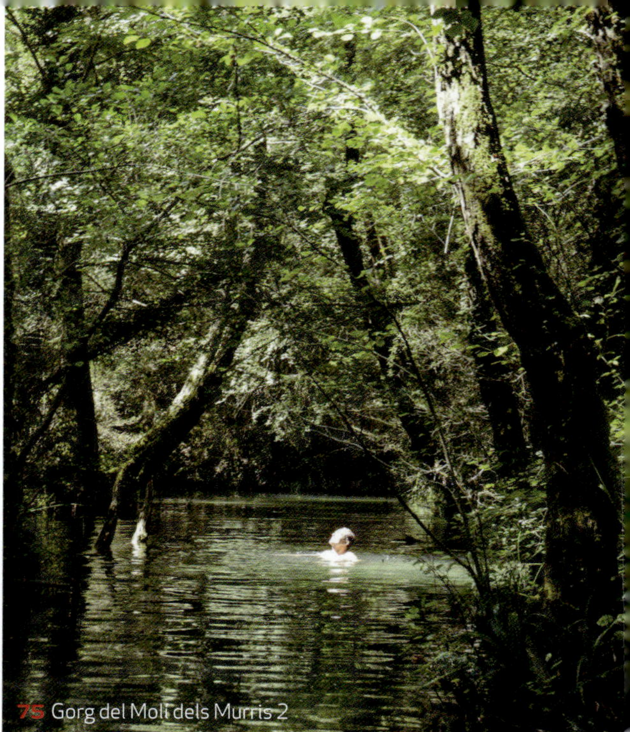
75 Gorg del Molí dels Murris 2

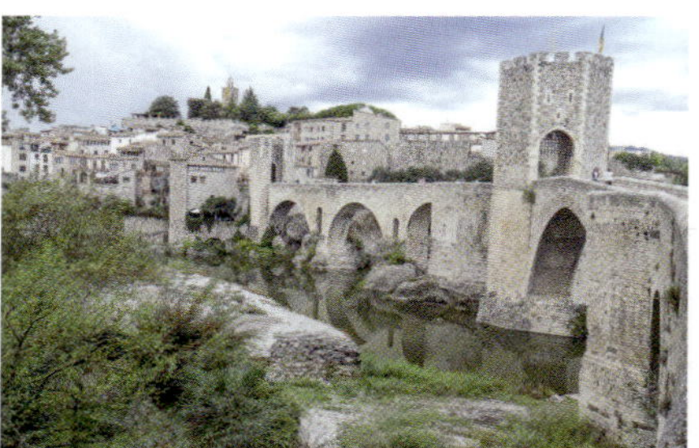

76

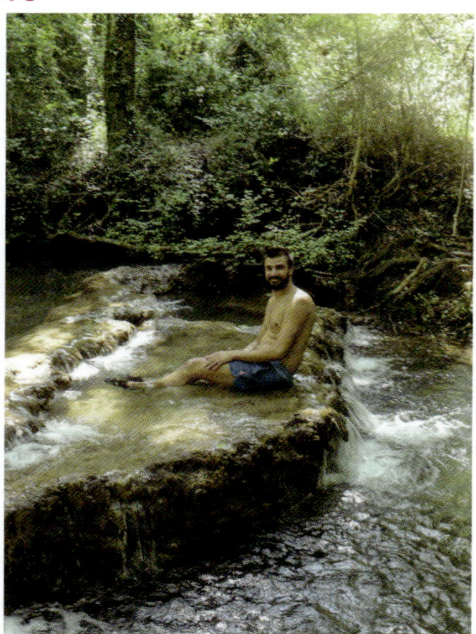
75

Weiter nach Südosten gelangen wir zu dem kleinen Dorf Les Planes d'Hostoles. Die Gegend ist eine wahre Wonne für Naturschwimmer mit bezaubernden Wasserfällen, Grotten und Flussbassins. Die bekannteste Kaskade ist der Gorg del Molí dels Murris, ein natürlicher Wasserfall von hohen Felsen in einen breiten Pool umgeben von Bäumen. Nach einem kurzen Sprung ins Nass erkunden wir die Gegend flussabwärts und entdecken ein tiefes Bassin für völlig ungestörte Badefreuden.

Wir erreichen den umwerfenden Gorg de Santa Margarida, wo es einen grandiosen Wasserfall und ein riesiges grünes Naturbassin gibt. Das Wasser ist klar, köstlich und tief genug, um ordentlich schwimmen zu können.

Noch aufregender und romantischer ist der versteckte Gorg de la Plana, ein sagenhaftes grünes Becken unter einer Brücke das durch Bäume und moosbedeckte Felsen vor den Blicken verdeckt wird. Man kann sich leicht vorstellen, wie hier zur Sommersonnenwende Kobolde herumtollen. Schließlich folgen wir aus Jux und Tollerei einem Tipp zu einer anderen Stelle, die nur den Einheimischen bekannt ist: Gorg de Can Poeti. An einem riesigen grünen Bassin mit einem kleinen Wasserfall schauen wir den Dorfkindern zu, wie sie wortwörtlich Freudensprünge ins kühle Wasser vollführen und völlig

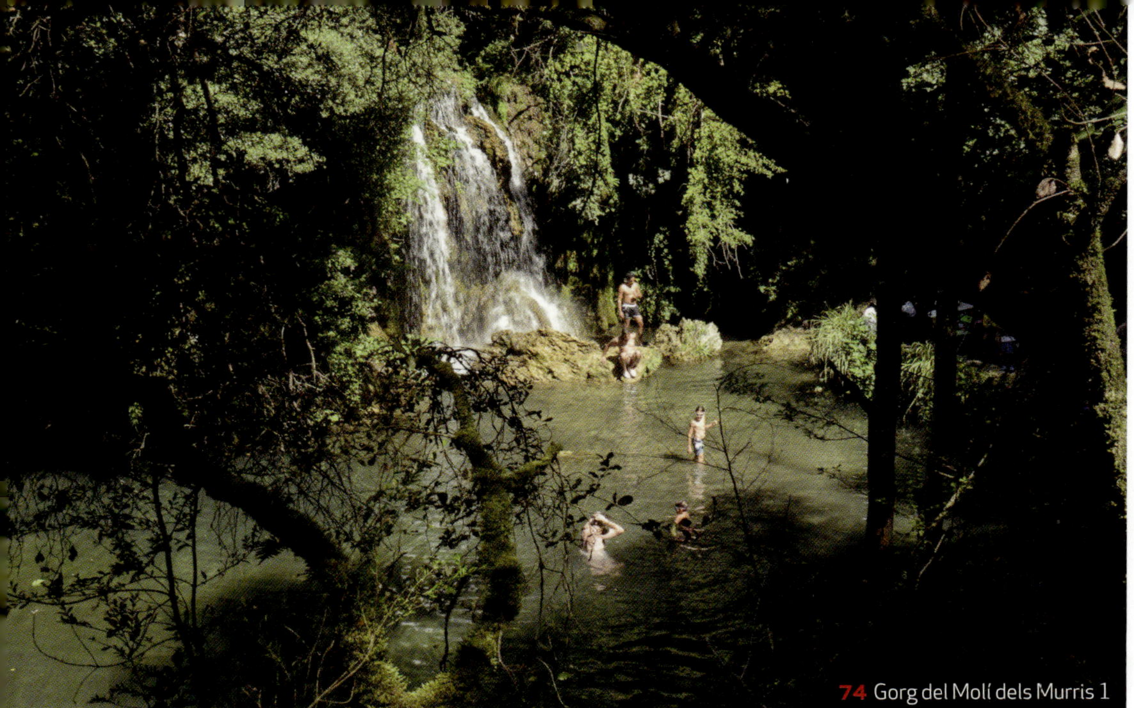

74 Gorg del Molí dels Murris 1

Planes d'Hostoles & Besalú

74 GORG DEL MOLÍ DELS MURRIS 1

Der berühmte Gorg del Molí dels Murris (*gorg* ist Katalanisch für Gumpe/Strudelbecken/Bassin) ist ein bezaubernder Wasserfall mit einem hübschen Becken und viel Platz zum Entspannen. Wie bei La Foradada (70) empfiehlt es sich, sie früh am Tag zu besuchen.

→ Von Les Planes d'Hostoles auf der C-63 auf die GI-531 abfahren und nordwestlich 1,4 km weiter einen kleinen Berg hinunter bis zu einigen Parkplätzen zur Rechten. 20 m die Straße hinunter ist der Weg zum Wasserfall ausgeschildert. Wir übernachteten auf dem Càmping L'Alguer (www.campingalguer.com), ein großartiger Zeltplatz am Ortsrand. Die Betreiber sind bestens über die Gegend informiert und empfahlen uns einige herrliche Naturbadestellen. Sie haben außerdem den saubersten Swimmingpool, den wir in ganz Spanien gesehen haben.

Leicht, 5 min 42.0714, 2.5399

75 GORG DEL MOLÍ DELS MURRIS 2

Das Sturzwasser aus einem natürlichen Damm der Riera de Cogolls (Cogolls-Fluss) hat ein Strudelbecken tief genug für ein kühles, erfrischendes Bad geschaffen. Ein verzauberter Ort, leicht beschattet von Bäumen. Sonnenstrahlen, die durchs Blattwerk dringen, tanzen auf dem Wasser.

→ In Les Planes den Schildern folgen. Auf dem Rückweg von der Gorg del Molí dels Murris unmittelbar nach der kleinen Betonbrücke links in einen schmalen Waldweg abbiegen. Nach 20 m kommt der Damm, wo Sie baden können.

Leicht, 1 min, 42.0715, 2.5397

76 PONT DE BESALÚ – RIU FLUVIÀ

Weiden und Pappeln wachsen an den Ufern dieses Flusses, der in der Garrotxa entspringt und 100 km durch den Naturschutzpark Vulkane der Garroxta und die Ebene von Bas in der Nähe von Pere Pescador in den Golf de Roses strömt. Hier, in dem wunderschönen alten Städtchen Besalú, fließt er unter einer berühmten romanischen Brücke aus dem 12. Jahrhundert.

→ An der Ostseite von Besalú gleich hinter der neuen Brücke an der C-66z parken. Die beste Stelle zum Schwimmen findet man stromaufwärts bei den Trittsteinen, oder Sie gehen noch 200 m weiter, wo sich eine noch ruhigere Stelle unter Bäumen findet.

Leicht, 5 min, 42.1986, 2.7004

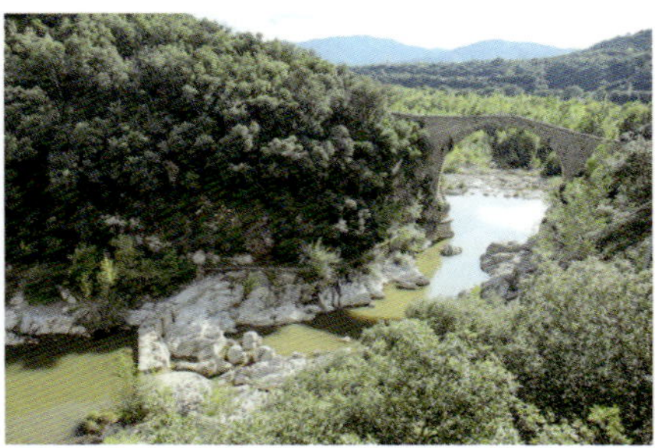

77

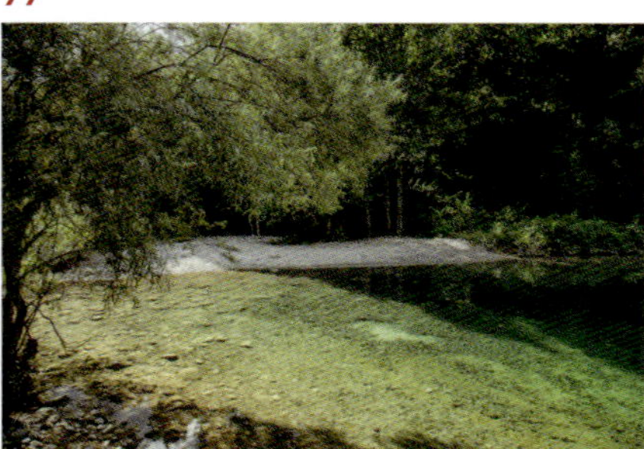

78

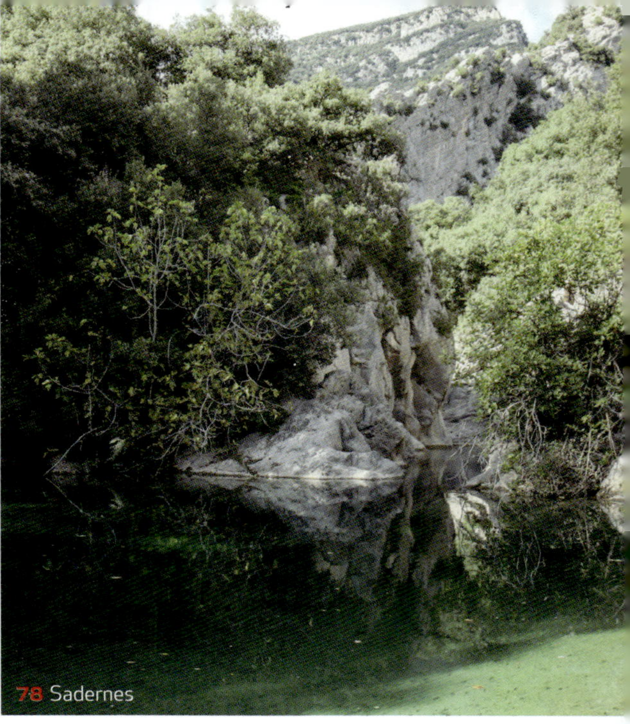

78 Sadernes

sorglos in dem natürlichen Whirlpool spielen. Hohe Bäume und altes Gemäuer schützen den Ort vor der Sommerhitze.

Überragt vom beeindruckenden, 200 m in die Höhe ragenden Tavertet-Massiv auf der einen Seite und den Guilleries-Bergmassiv auf der anderen, ist der Pantà de Sau ein Stausee in atemberaubender Lage. Hier, nur 90 km von Barcelona entfernt kann man Kajak und Wasserski fahren und segeln. Schwimmer können sich einem langen, wohligen Schwimmgang hingeben und nach dem Glockenturm von Sant Román Ausschau halten, des Dorfs, das in den Fluten der Talsperre untergegangen ist.

Die mittelalterliche Stadt Besalú im Osten ist eine Augenweide mit ihren gotischen und romanischen Bauwerken, es gibt sogar Überreste eines sephardischen Viertels und eines öffentlichen Bades. Der Name der Stadt leitet sich vom lateinischen Wort *bisuldunum* ab, das auf »zwei Flüsse« verweist; die schöne Brücke aus dem 12. Jahrhundert quert den *Riu Fluvià*. Sobald Sie Ihre kulturelle Neugier befriedigt haben, folgen Sie dem Fluss stromaufwärts zu erfrischenden Badestellen.

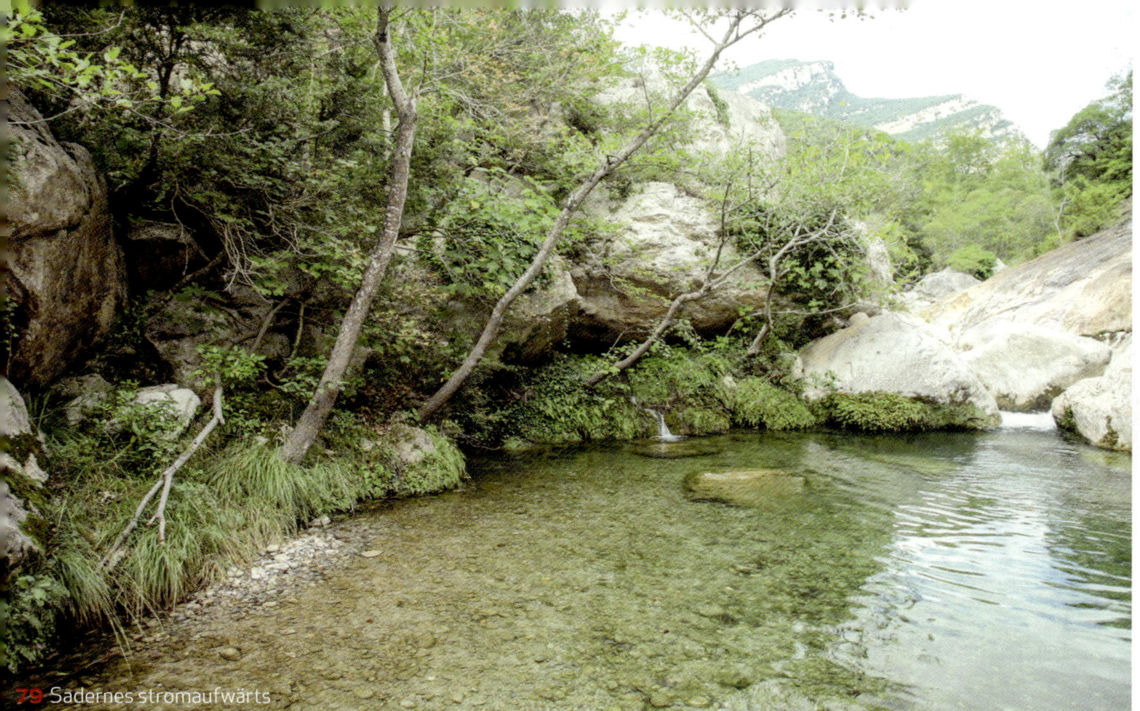

79 Sadernes stromaufwärts

Montagut

77 PONT DE LLIERCA

Ein großzügiges Flussbassin unter einer hohen romanischen Steinbogenbrücke. Auch die schönen Gumpen stromauf- und stromabwärts von der Brücke lohnen einen Besuch.

➔ 2 km nördlich von Montagut an der GIV-5231.

Leicht, 1 min, 42.2473, 2.6037

78 SADERNES – RIU LLIERCA

Verschiedene erstaunlich tiefe Strudelbecken mit Sprungsteinen in einer Flussschlucht unterhalb der Straße.

➔ Von Pont de Llierca (77) 3,5 km weiter auf der GIV-5231 zum entzückenden Kirchweiler Sadernes, wo Sie parken können (auch ein schöner, rustikaler Zeltplatz mit Herberge ▲, www.sadernes.com, +34 972 68 75 36). Die Straße das Tal hinauf ist von Juni bis August und an den Wochenenden geschlossen, zu Fuß ist es 1 km zum ersten Pool.

Leicht, 15 min, 42.2741, 2.5907

79 SADERNES FLUSSAUFWÄRTS

Ein stupendes Bassin in der Riera Sant Aniol (Sant-Aniol-Fluss), 1,6 km von der Kirche in Sadernes entfernt gleich unterhalb der Straße.

➔ Sie parken an der GIV-5231 in Sadernes und gehen rechts einen steilen Waldweg hinunter, wo Sie ein Flussbassin mit Wasserfall und darüberliegender Schlucht erwarten. Gehen Sie den Weg zurück und weiter die Straße hinauf zu einer alten Brücke über den Sant Aniol in 1 km Entfernung, wo sich stromaufwärts weitere kleine Pools finden (42.2867, 2.5897).

Leicht, 20 min, 42.2788, 2.5901

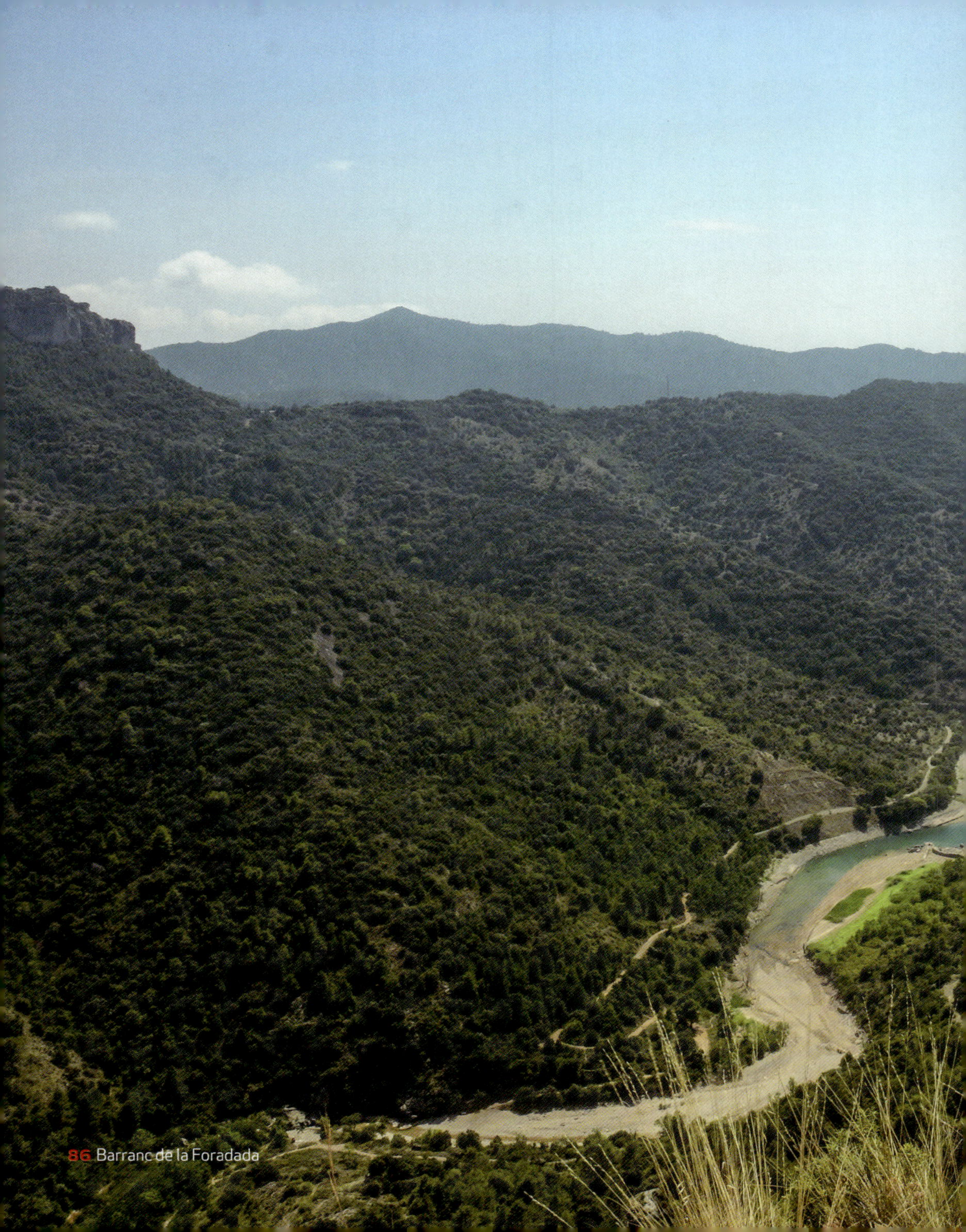

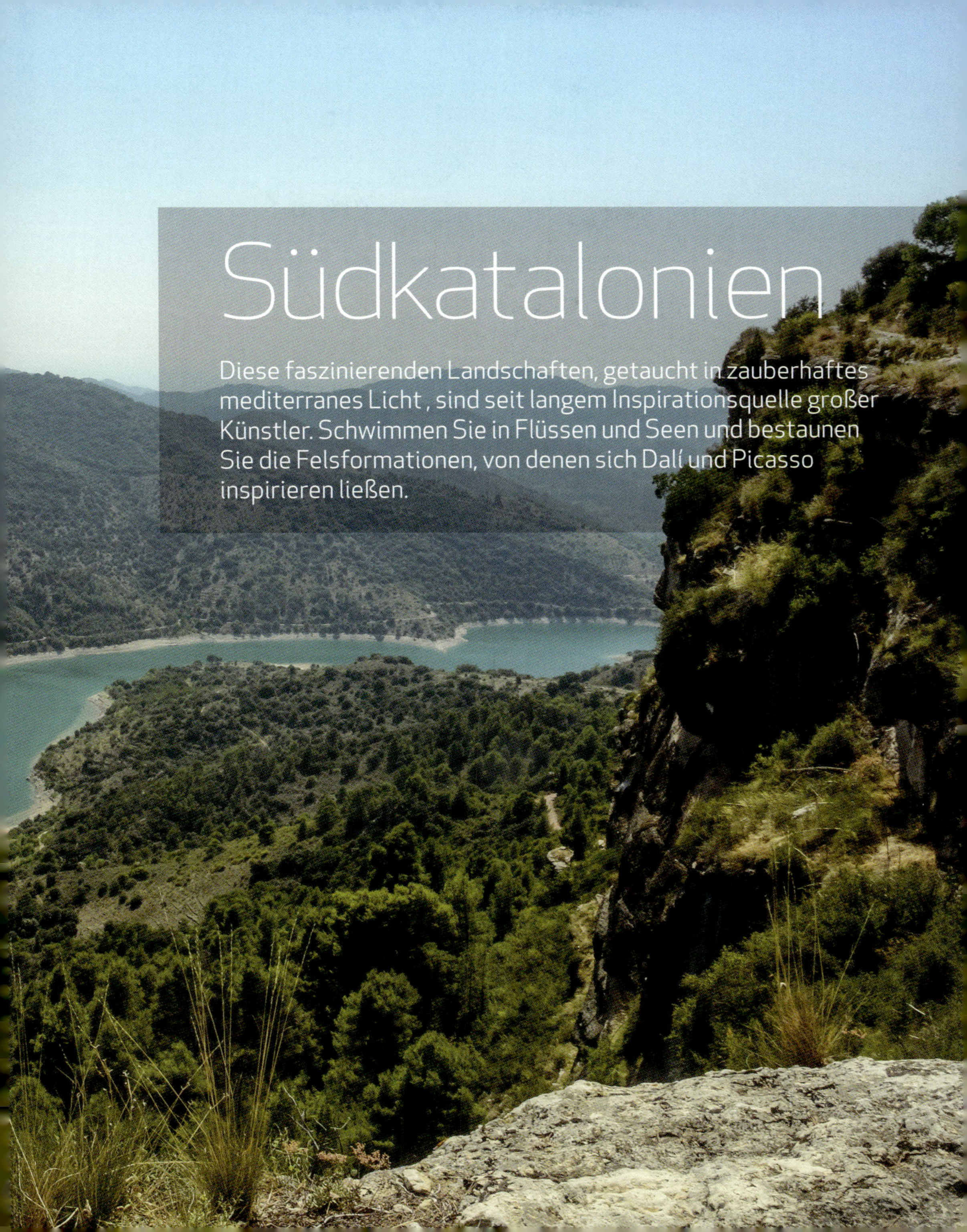

Südkatalonien

Diese faszinierenden Landschaften, getaucht in zauberhaftes mediterranes Licht , sind seit langem Inspirationsquelle großer Künstler. Schwimmen Sie in Flüssen und Seen und bestaunen Sie die Felsformationen, von denen sich Dalí und Picasso inspirieren ließen.

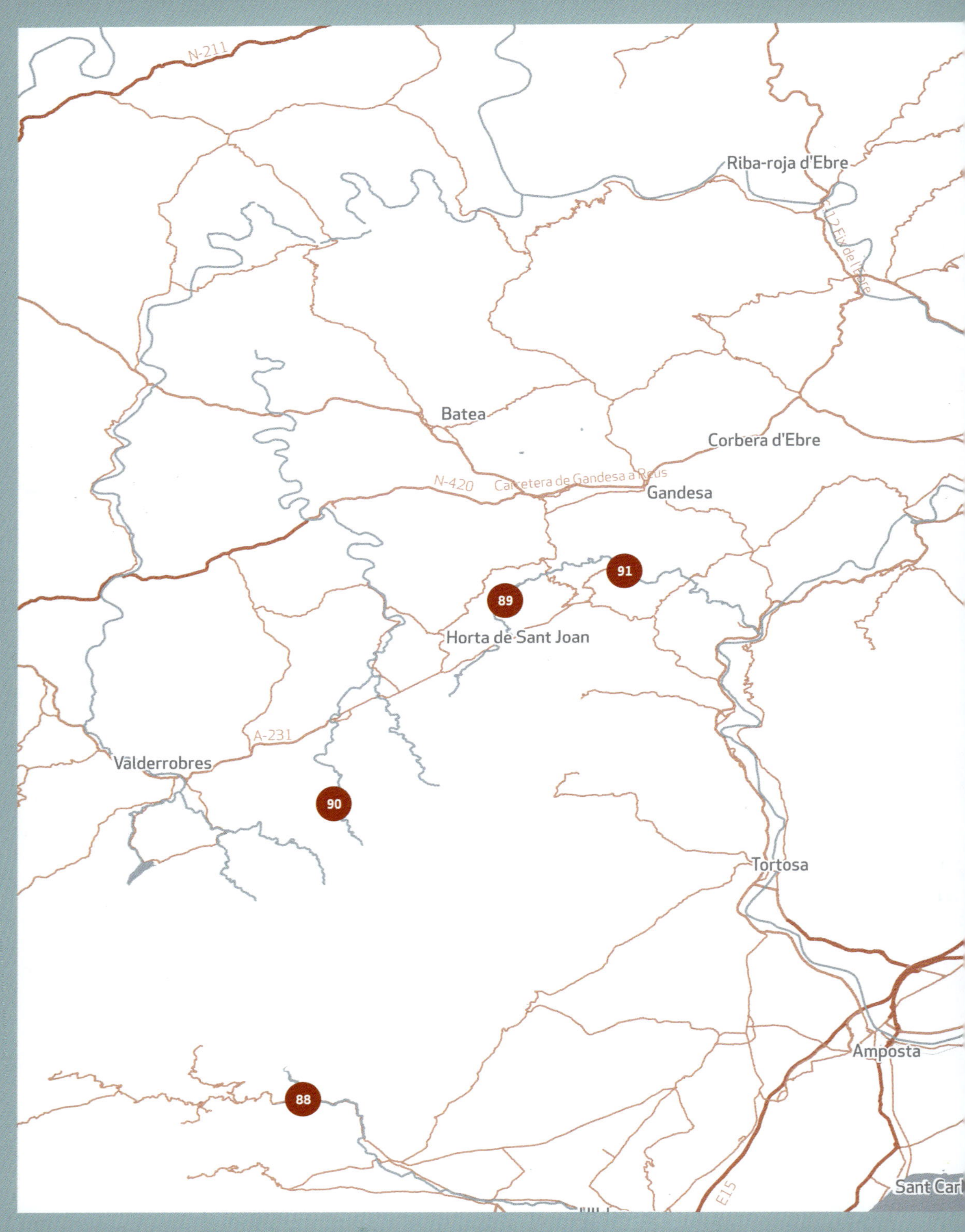

N-211
Riba-roja d'Ebre
Batea
Corbera d'Ebre
N-420
Carretera de Gandesa a Reus
Gandesa
91
89
Horta de Sant Joan
A-231
Valderrobres
90
Tortosa
Amposta
88
E15
Sant Carl

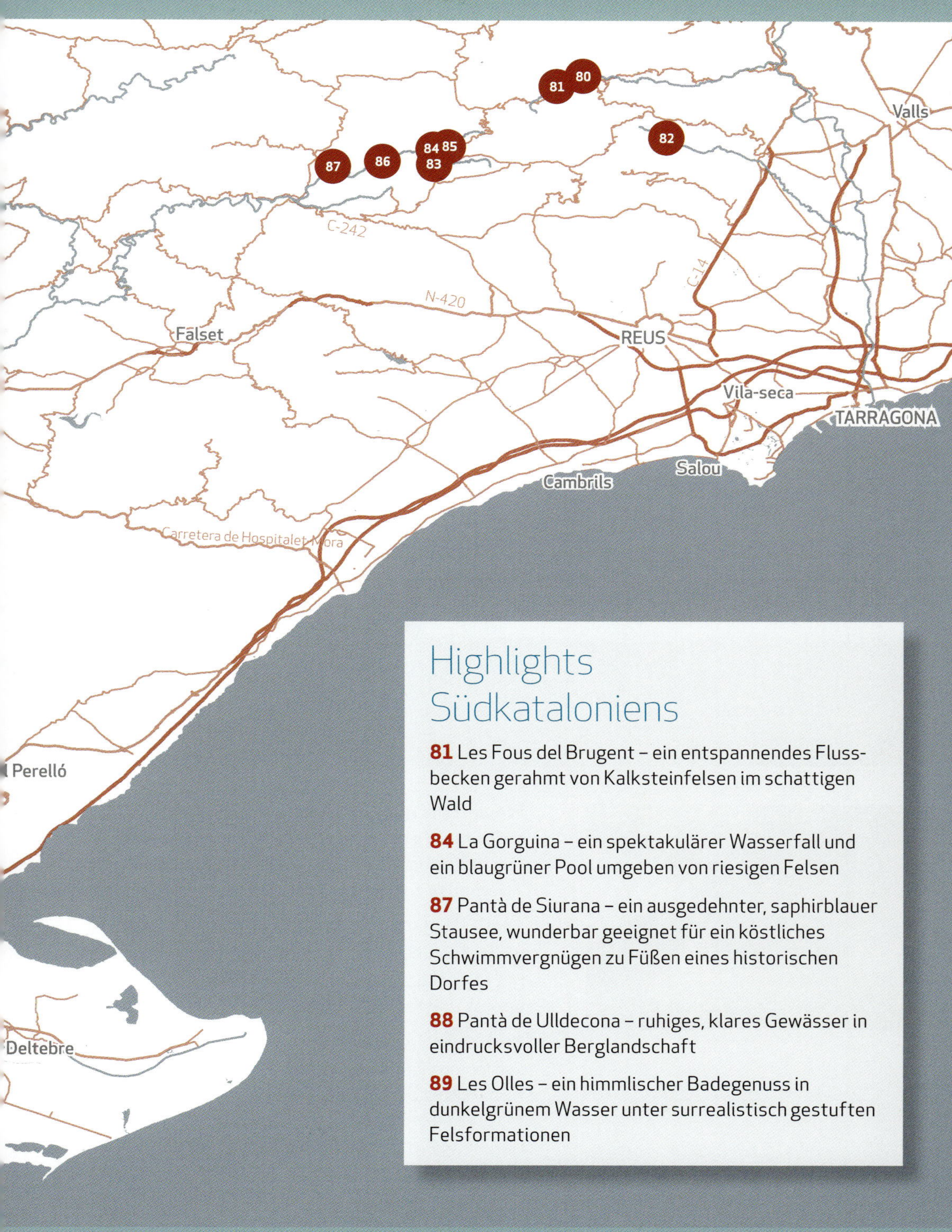

Highlights Südkataloniens

81 Les Fous del Brugent – ein entspannendes Flussbecken gerahmt von Kalksteinfelsen im schattigen Wald

84 La Gorguina – ein spektakulärer Wasserfall und ein blaugrüner Pool umgeben von riesigen Felsen

87 Pantà de Siurana – ein ausgedehnter, saphirblauer Stausee, wunderbar geeignet für ein köstliches Schwimmvergnügen zu Füßen eines historischen Dorfes

88 Pantà de Ulldecona – ruhiges, klares Gewässer in eindrucksvoller Berglandschaft

89 Les Olles – ein himmlischer Badegenuss in dunkelgrünem Wasser unter surrealistisch gestuften Felsformationen

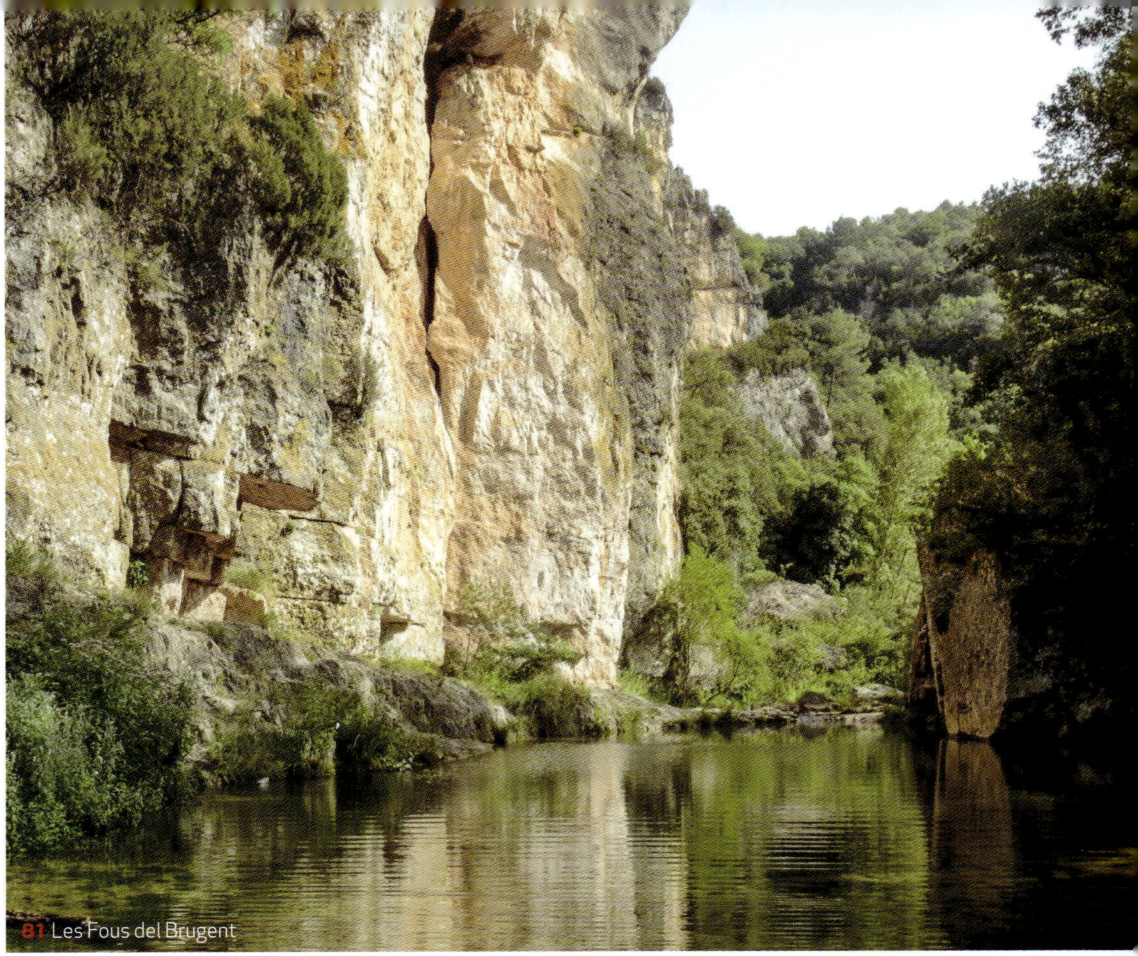

81 Les Fous del Brugent

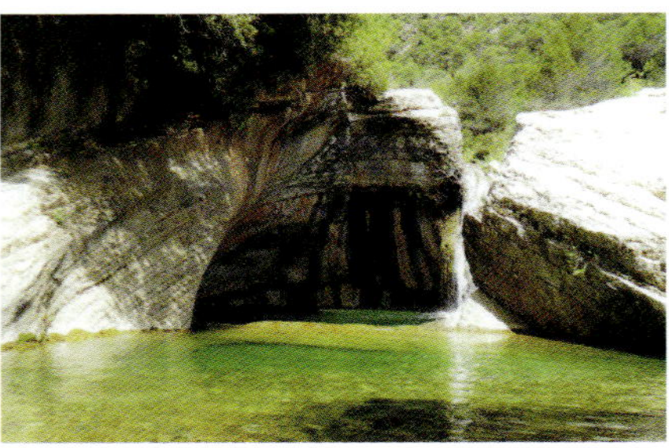

80

Wasserfälle und kristallklare Becken inmitten surrealistisch geformter Felsen und sprudelnd blaue Stauseen, umgeben von berückenden Berglandschaften, sind eine erfrischende Alternative zu den überlaufenen Stränden der Costa Daurada

Für Reisende, die sich von den goldenen Stränden des Mittelmeers fortlocken lassen, bietet das Hinterland Kataloniens mit seinen faszinierenden historischen Ortschaften Schwimmgenuss in einer Fülle von Naturgewässern.

Die bemerkenswerte Landschaft und das intensive Licht inspirierten viele Künstler, von Gaudí – dem weltberühmten Architekten der Sagrada Família – bis zum Surrealisten Joan Miró. »Es ist mir gelungen«, schwärmte Miró über eines seiner berühmtesten Gemälde der Gegend, *Gepflügte Erde*, »völlig in die Absolutheit der Natur zu flüchten.«

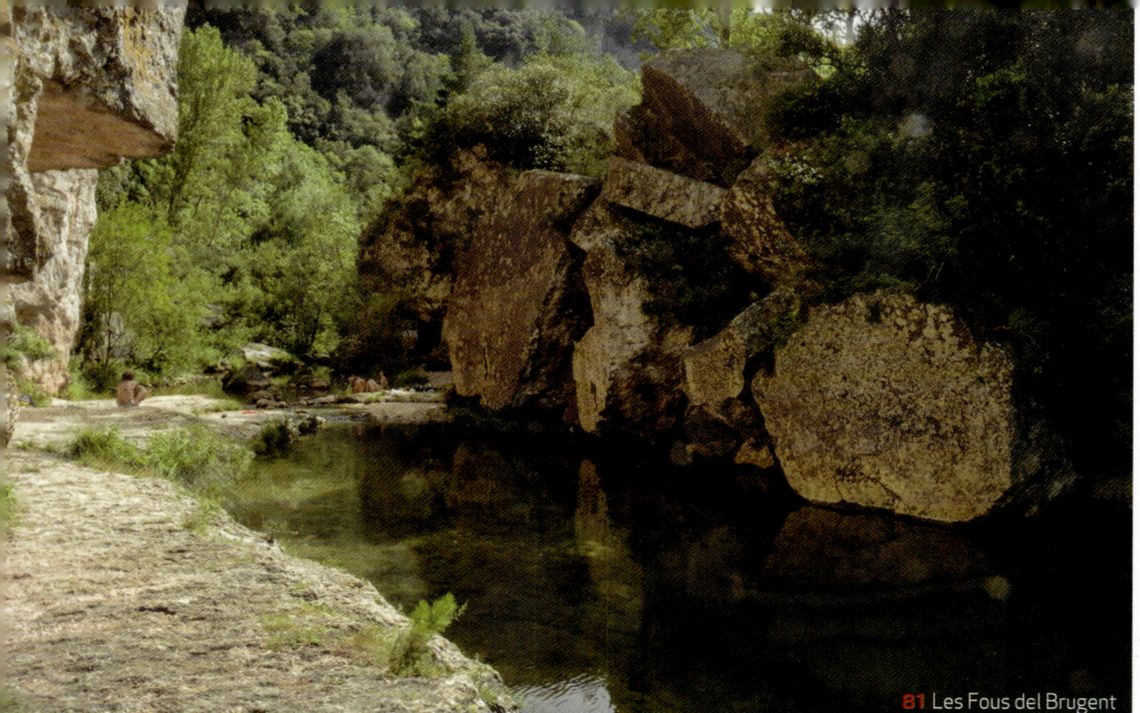

81 Les Fous del Brugent

Riu Brugent & Riu Gaià

80 TOLL DE L'OLLA

Ein kleines Strudelbecken im Fluss Brugent mit einem Wasserfall nahe dem Dorf Farena in der Provinz Tarragona. Man erreicht es vom Dorf aus zu Fuß in 10 min auf einer breiten Straße, auf der man Ausblicke auf die schöne Landschaft genießen kann.

➔ Von La Riba nach Westen auf der TV-7044 nach Farena (41.31168, 1.08658), wo kurz nach dem Dorfplatz rechts eine schmale Straße abgeht. Auf dieser kommt nach 1 km an einer Linkskurve rechts ein Weg mit dem Schild »Einfahrt verboten« und einem Hinweis auf die Casa del Mas d'en Toni. Lassen Sie den Wagen am Straßenrand stehen und schlagen Sie diesen ausgeschilderten Waldweg ein. Es gibt hier Platz für vier bis fünf Autos (41.3093, 1.0744).

Einfach, 10 min, 41.3109, 1.0641

81 LES FOUS DEL BRUGENT

Eine spektakuläre Schlucht des Brugent-Flusses mit Kalksteinfelsen. Ein fantastischer Ort, um nach einem schönen Spaziergang durch Obstgärten und Wald zu schwimmen und zu »chillen«. Wir speisten ausgezeichnet in Capafonts im Restaurant El Grévol.

➔ In Capafonts von der TV-7041 abfahren und parken (41.2959, 1.0263), zur Hauptstraße zurückgehen und rechts abbiegen. Nach 50 m links in einen betonierten Weg mit dem Schild Ermità de Barrulles schwenken (41.2966, 1.0286), der durch Obstgärten führt und sich verengt, bis man zu einer mittelalterlichen Brücke gelangt. Hier links in einen schmalen Pfad 20 bis 25 min den Riu Brugent entlangwandern. Sie müssen den Fluss mehrmals auf Trittsteinen überqueren. An einem 1 m hohen Pfahl rechts abbiegen und einem schmalen Weg um einen großen Felsen herum folgen.

Einfach, 20 min, 41.3046, 1.0484

82 NIU DE L'ÀLIGA (ADLERHORST)

In der Schlucht Font de l'Om hat der in der Nähe entspringende Riu Gaià einen hübschen Wasserfall und einen kleinen Strudeltopf geschaffen. Einst wurden mit dem Wasser des Flusses Mühlen in Alcover zur Herstellung von Eisenwerkzeugen, Mehl und Papier angetrieben.

➔ 8 km langer, sehr ebenerdiger für Kinder geeigneter Rundweg. Von Alcover dem Schild Ermità del Remei folgen. Hier beginnt der gut ausgeschilderte Wanderweg Ruta del Glorieta. An jeder Weggabelung links gehen. Sie müssen den Fluss zweimal überqueren. An einer kleinen Lichtung im Wald auf den Pfad abbiegen, der zum Wasserfall hinabführt. Es gibt stromaufwärts noch weitere Gumpen zu entdecken.

Einfach, 90 min, 41.2730, 1.1139

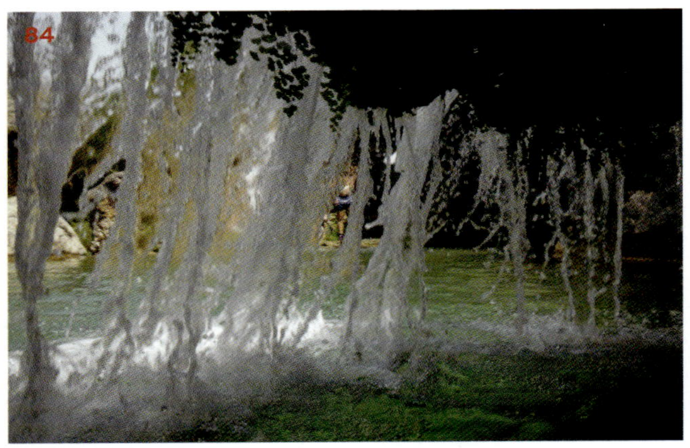
84

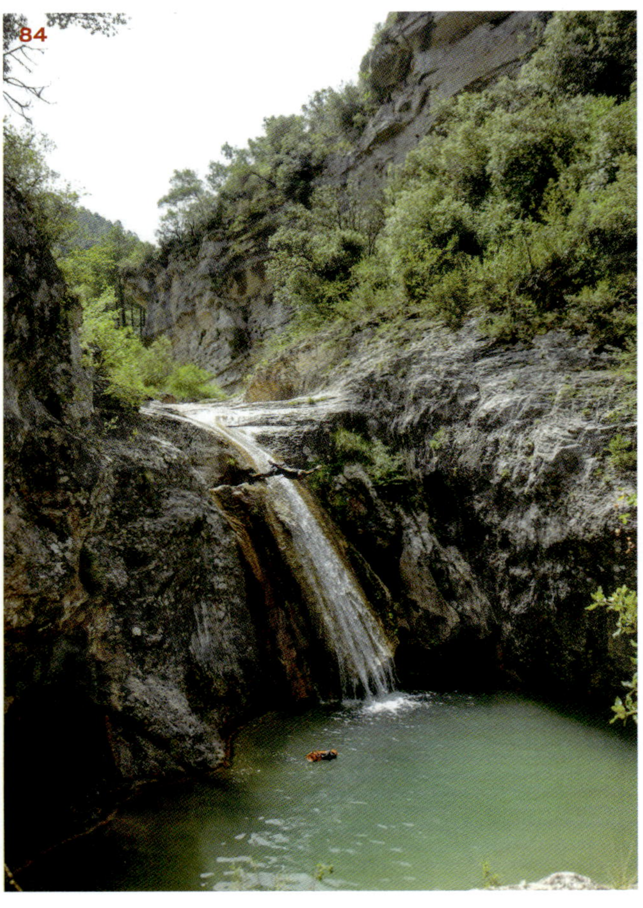
84

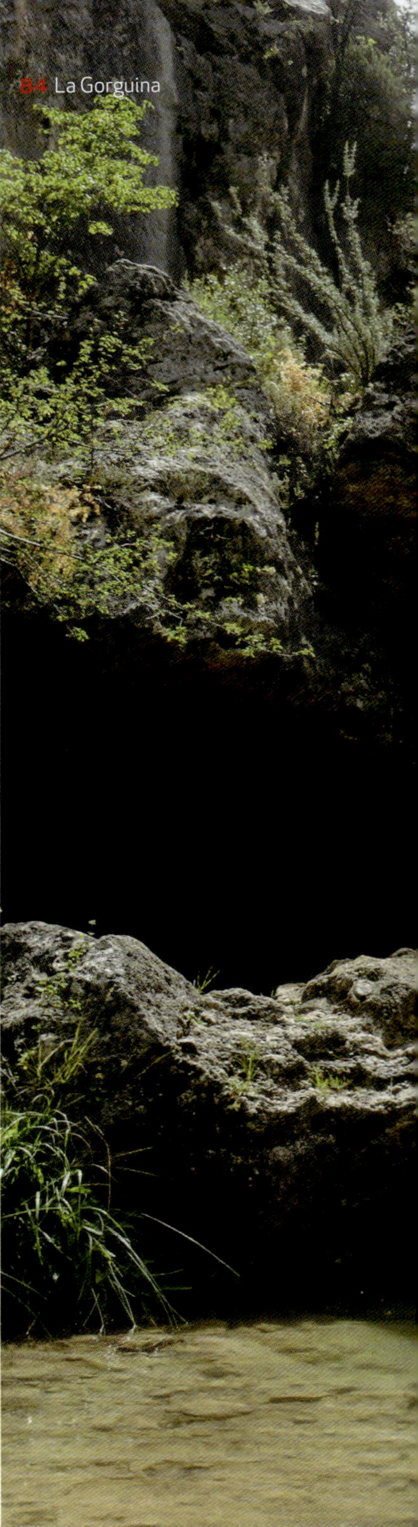
84 La Gorguina

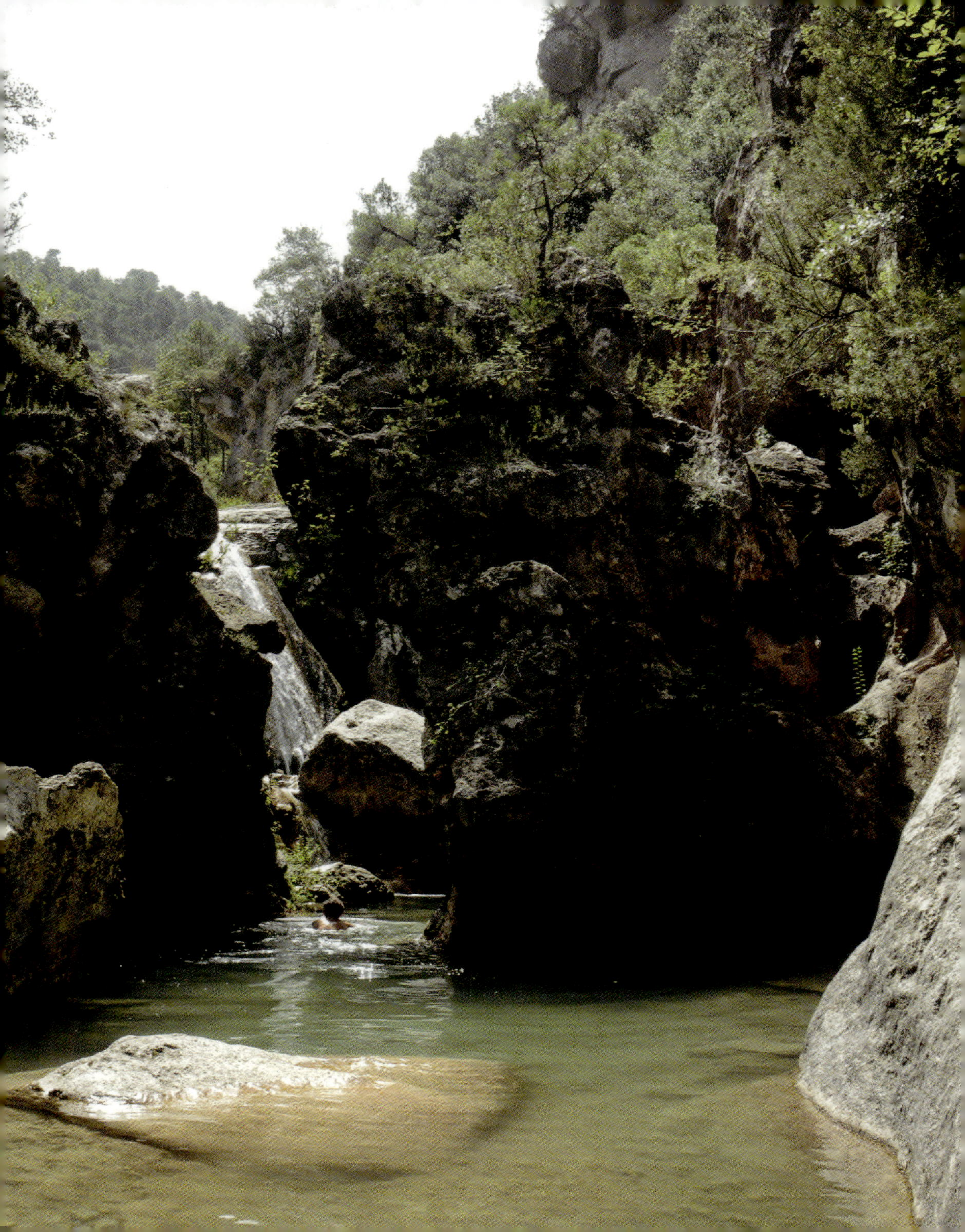

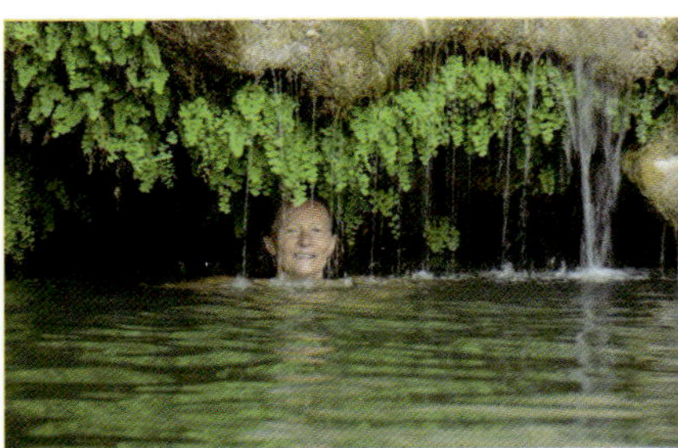

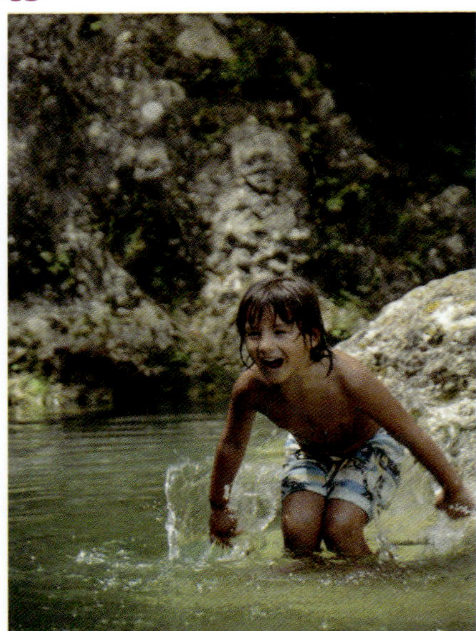

83

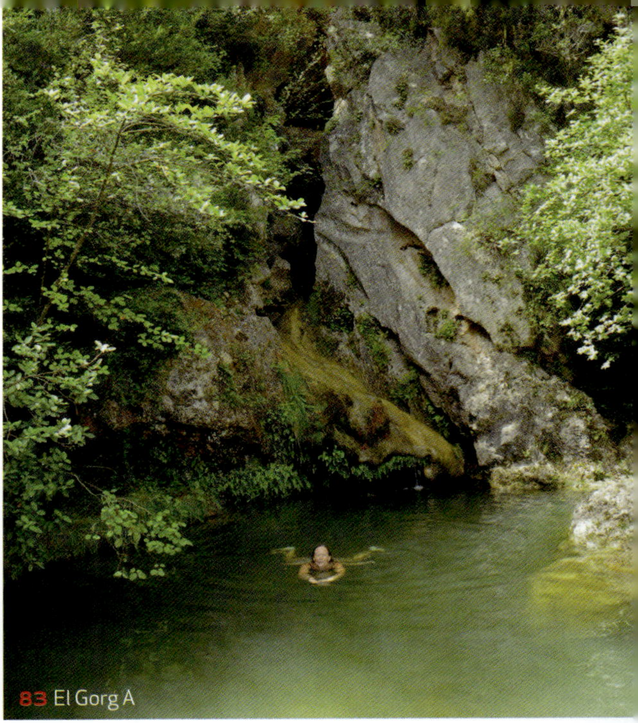

83 El Gorg A

Ein Höhepunkt unseres Besuchs dieser faszinierenden Region war Les Olles (die Löcher) am Riu de la Canaleta in der Nähe des hübschen Städtchens Horta de Sant Joan. Kaum zu glauben dass diese beeindruckenden dunkelgrünen Becken auf natürlichem Weg durch Wassererosion entstanden sind und nicht von der Hand eines surrealistischen Bildhauers.

Pablo Picasso, der seine prägenden Jahre in Barcelona verlebte, besuchte Horta de Sant Joan 1898 und genas nach eigener Aussage durch die unverdorbene Natur des Bergmassivs Els Ports vom Scharlach. Später inspirierte die Gegend seine Malerei. »Alles, was ich weiß, habe ich in Horta gelernt«, schrieb er.

Trotz der durchgreifenden Industrialisierung im 20. Jahrhundert ist etwa ein Drittel Kataloniens nicht kultiviert. Die traditionellen Feldfrüchte Mais, Mandeln, Trauben und Oliven werden nach und nach durch Kartoffeln, Tomaten, Salat, Äpfel, Pfirsiche und Nektarinen ersetzt, die in den europäischen Städten gefragt sind.

Hoch oben im Hinterland Tarragonas geben die Berge Monsant und Prades eine prachtvolle Kulisse für das saphirblaue Wasser des Pantà de Siurana ab – ein Stausee. Er ist eines der Juwelen, die den Naturschwimmer am Riu de Siruana erwarten, dem ▶

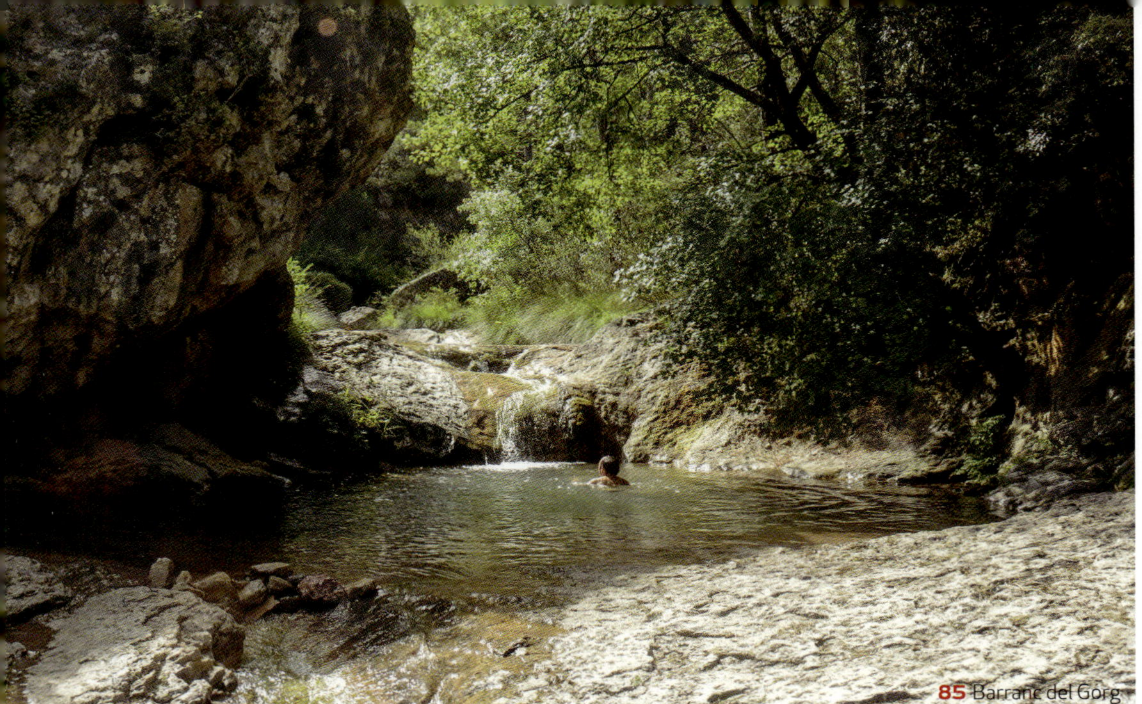

85 Barranc del Gorg

La Febró, Riu de Siurana

83 EL GORG

Als wir am frühen Morgen an diesem Zufluss des Riu de Siurana eintrafen, waren wir die einzigen Besucher. Wenn Sie Elan verspüren und abenteuerlustig sind, schwimmen Sie zur anderen Seite von El Gorg hinüber und folgen Sie dem gelb und blau markierten Pfad 20 min. Überqueren Sie die Straße und gehen Sie weiter, bis Sie auf einen schönen Wasserfall stoßen: La Gorguina (siehe 84).

➔ Vom Dorf La Febró nach Süden kann man bei Km 26 auf der T-704 am Straßenrand parken; von der Hauptstraße führt ein kleiner Weg zu weiteren Parkplätzen. Ein kleines Schild weist auf den Camí des Gorgs. Folgen Sie dem Pfand nach unten. An einer T-Kreuzung links dem Schild »Arbolí« folgen und 20 min bis zum Ende des Wegs weitergehen. Dort einen kleinen Weg nach links zum El Gorg einschlagen. Es gibt hier einen guten Zeltplatz Càmping Prades (www.campingprades.com)

Einfach, 20 min, 41.2597, 0.9749

A Kleines Becken

Es gibt auch ein kleineres, aber noch magischeres Bassin.

➔ Folgen Sie dem gelb markierten Pfad an El Gorg vorbei und klettern Sie über einige Felsen.

Einfach, 20 min, 41.2596, 0.9752

84 LA GORGUINA

Ein hübscher Wasserfall mit einem erquickenden natürlichen Strudelbecken.

➔ Der Wegbeschreibung zu El Gorg folgen, an der T-Kreuzung links nach Arbolí abbiegen und bis zur zweiten Haarnadelkurve bis kurz vor der Furt weitergehen (41.2639, 0.9763). Suchen Sie einen kleinen Pfad zur Rechten, der in den Wald führt, er ist mit einem Steinhaufen markiert. Folgen Sie ihm den Fluss entlang etwa 10 min, bis Sie 41.2657, 0.9749 erreichen. Jetzt links einen steilen Weg hinab zum Fluss. Wir ließen unsere Taschen und Kleidung dort und schwammen flussaufwärts zwischen den großen Felsen zum Becken unter dem Wasserfall.

Mittel, 45 min, 41.2656, 1.9747

85 BARRANC DEL GORG

Eine Wanderung an einem seichten Fluss mit ein paar herrlichen Badestellen zum Abkühlen. Ein erstklassiger Ort, um mit den Kindern eine kleine Abenteuertour zu unternehmen. Die Route endet am Gipfel des Wasserfalls La Gorguina (siehe 84), wo ein »*cooler hombre*« einen spektakulären, aber gewagten Sprung ins flache Bassin vollführte. Wir würden davon abraten.

➔ Folgen Sie der Wegbeschreibung nach La Gorguina (84), doch statt den Pfad durch den Wald am Steinhaufen zu nehmen, gehen Sie weiter bergab, bis Sie die Furt erreichen (41.2635, 0.9759). Folgen Sie dem Fluss stromabwärts. Ihre Füße werden in jedem Fall nass, ziehen Sie also Wasserschuhe oder ein paar alte Turnschuhe an.

Einfach, 45 min, 41.2652, 0.9752

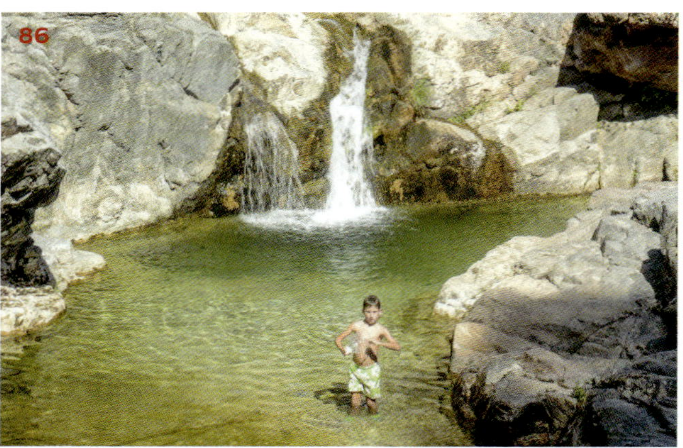

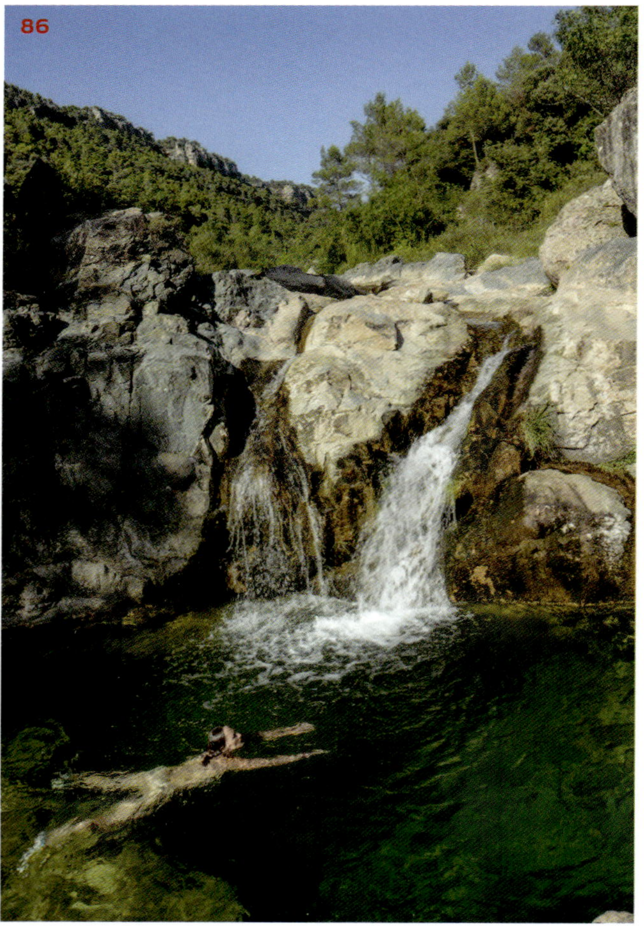

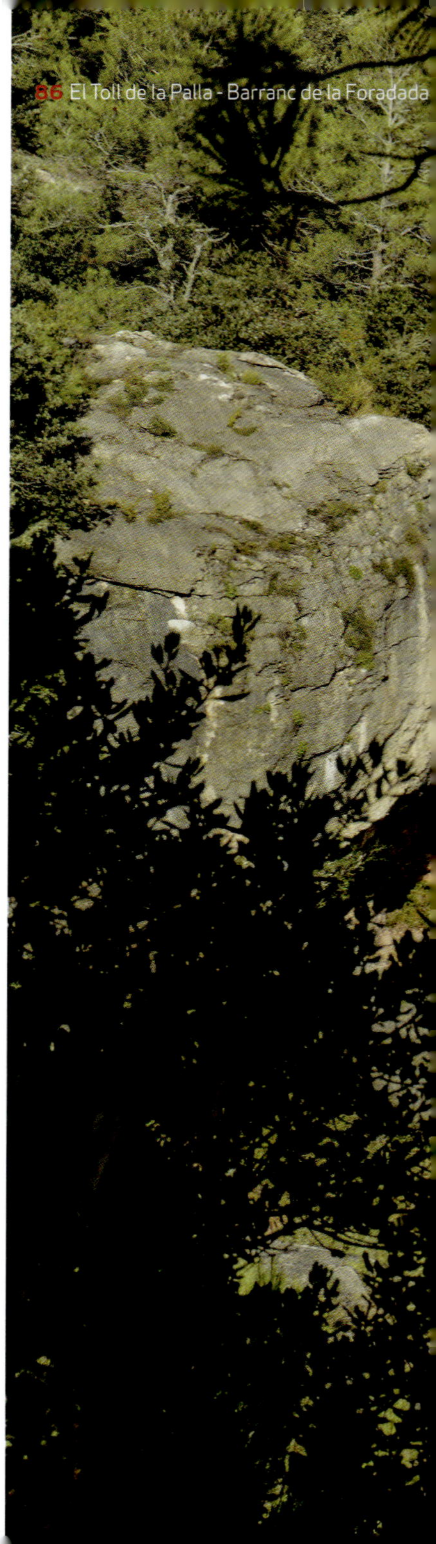

86 El Toll de la Palla - Barranc de la Foradada

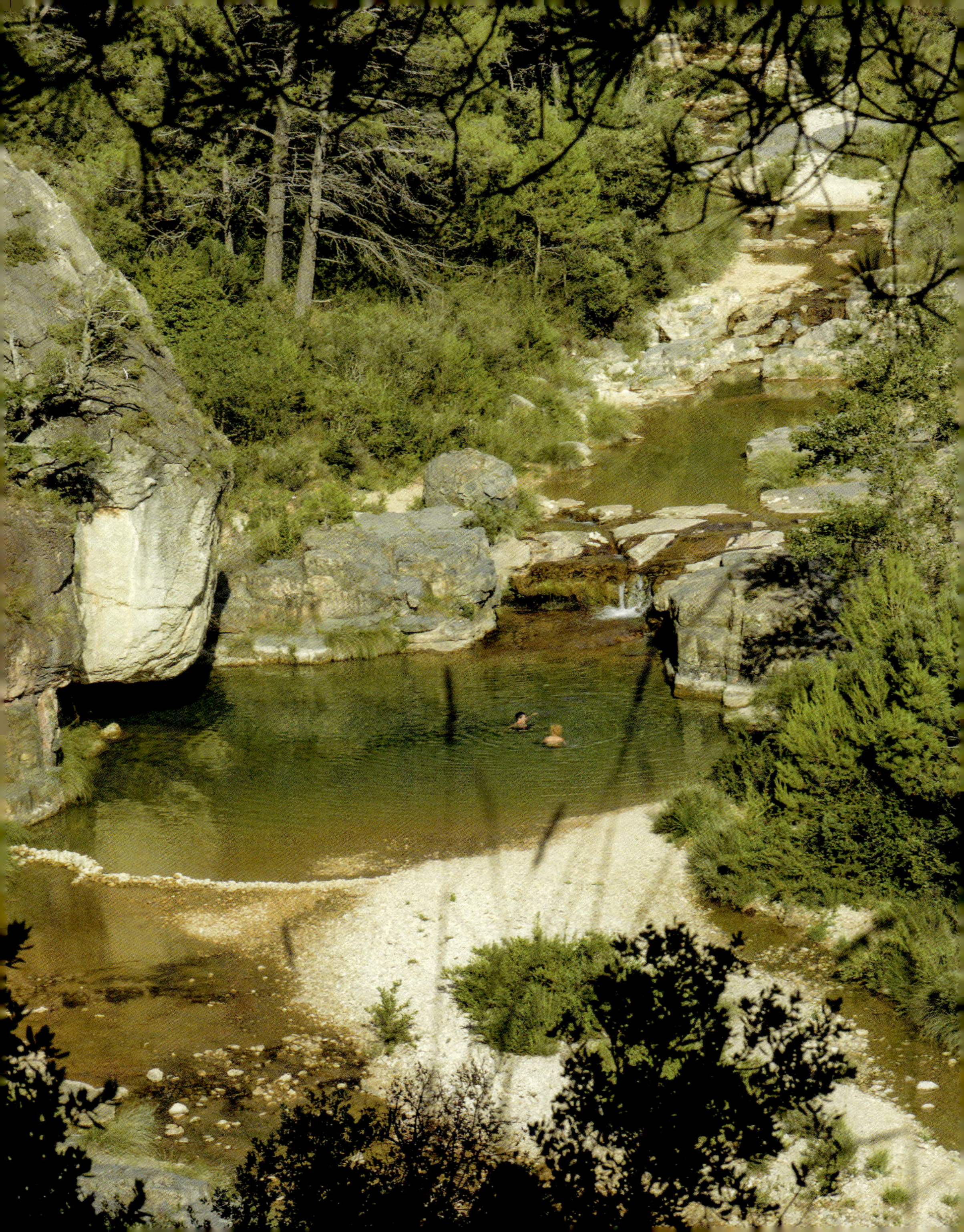

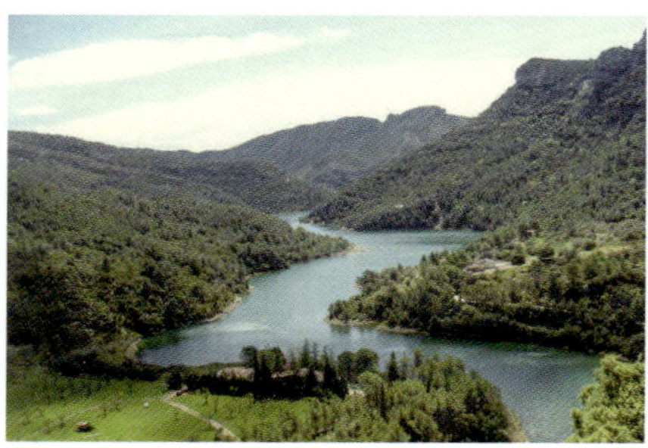

88

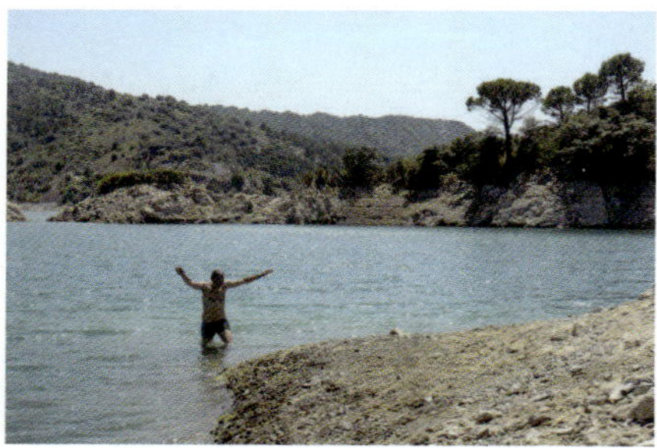

87

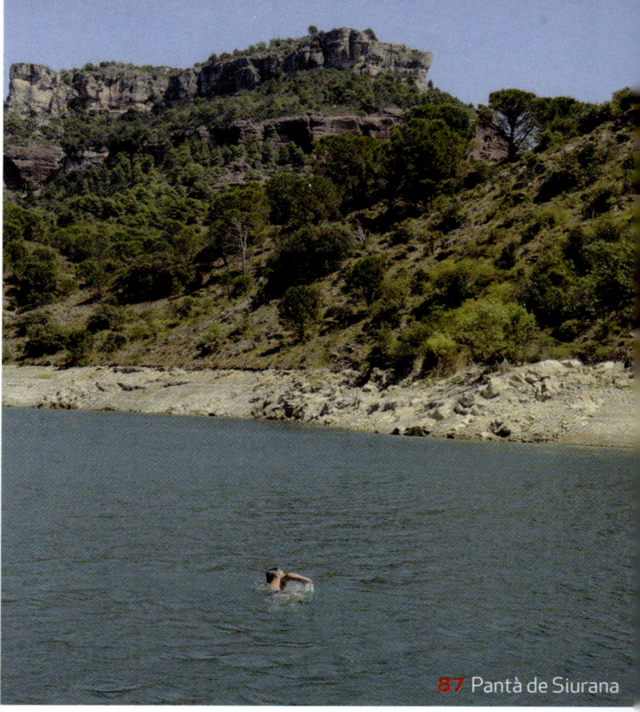

87 Pantà de Siurana

Hauptzufluss des Ebro in der Region. Wir spazieren zu einem kleinen, felsigen Strand und schwimmen entspannt zum gegenüberliegenden Ufer. An einem Steilhang über dem Stausee hockt das Dorf Siurana. Die maurische Burgruine ist hier alles, was von diesem historischen Stützpunkt der Sarazenen geblieben ist. Eine Kluft über dem Dorf ist als El Salto de la Reina Mora bekannt (der Sprung der maurischen Königin) zu Ehren von Abdelazia, die es vorzog, sich mit ihrem Pferd in die Schlucht zu stürzen, als sich den siegreichen christlichen Truppen zu ergeben. Der Legende nach stammen die tiefen Abdrücke im Fels von den Hufen ihres Pferdes, als es versuchte, sich gegen den Sturz zu stemmen.

Später wagen wir etwas und steigen vorsichtig einen felsigen Bergpfad in den Barranc de la Foradada (eine Höhlenschlucht) hinab. Immer wieder stockt uns das Herz beim Anblick des Abgrunds, der sich an unserer Seite auftut. Unten finden wir den Riu de Siurana, der sich zum Stausee hinabwindet, und folgen seinem flachen Lauf stromabwärts zu einem unglaublich klaren Felsbecken unter einem hübschen Wasserfall. Am Toll de la Palla (Strohbecken) fühlen wir uns Lichtjahre von der Zivilisation entfernt; zusammen mit unseren Kleidern streifen wir alle Sorgen ab und hechten hinein. ▶

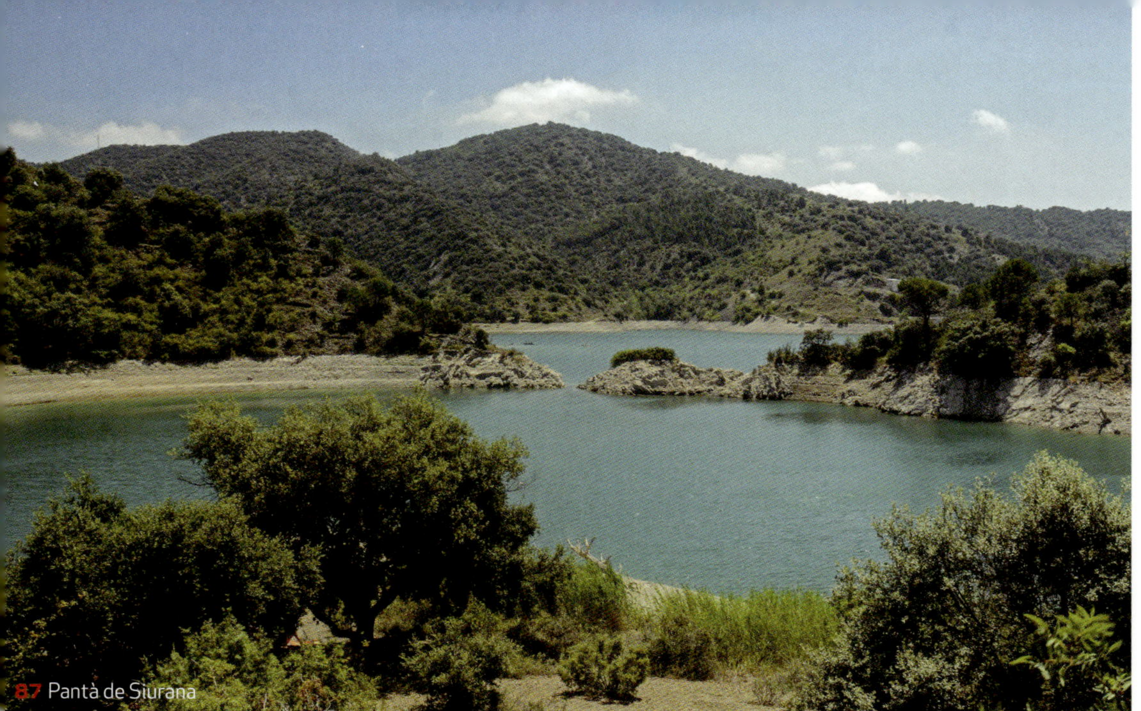
87 Pantà de Siurana

Riu de Siurana & Pantà de Ulldecona

86 EL TOLL DE LA PALLA

Auf unserer langen Wanderung hinunter in die Foradada-Schlucht stets aufmerksam, sprangen wir nackt in ein kleines Bassin unter einem bezaubernden Wasserfall und fanden weiter stromabwärts einen exzellenten Pool, wo wir nach Herzenslust plantschten. Wer suchen möchte, wird noch weitere Naturbassins im Fluss finden. Der Abstieg kann schwer sein, aber die Ausblicke über das Tal und die Mündung des Stausees sind beeindruckend. Der Badegenuss im kühlen, erfrischenden Bergfluss ist die verdiente Belohnung.

→ Den Wagen am Rand von Siurana parken (41.2585, 0.9362), Sommertarif 3 €, dann den ausgeschilderten Pfad bergab zum Fluss. Folgen Sie diesem 3 min stromabwärts zum ersten Wasserfall. Der zweite ist 5 min entfernt. Folgt man dem Fluss weiter stromabwärts, erreicht man Toll del Forn an der Mündung zum Stausee, Pantà de Siurana. Der Abstieg ist stellenweise steil, Sie benötigen solides Schuhwerk und sollten schwindelfrei sein. Man kann in der Oficina de Turisme von Siurana auch ein Kajak mieten (canoakayk@hotmail.com), damit den Stausee überqueren, das Kajak vertäuen und den Canyon hinaufwandern.

Mittel, 45 min, 41.2580, 0.9445

87 PANTÀ DE SIURANA

Ein köstlicher saphirblauer Stausee, vom Riu de Siurana gespeist und von der katalanischen Sonne perfekt erwärmt. Wir stiegen von einer kleinen, felsigen Landspitze ins Wasser und schwelgten im *aqua dulce* (Süßwasser) auf einem langen Schwimmausflug zum anderen Ufer. Eine Umrundung des Sees im Kajak dauert 1,5 bis 3 Std.

→ Parken Sie an einer schattigen Stelle an der TV-7012 (41.2564, 0.9140). Es gibt einen steinigen Pfad direkt hinunter zum Wasser. Sie können auch im Fremdenverkehrsbüro Siuranas ein Kajak mieten (canoakayk@hotmail.com), um den See zu erkunden und zur Mündung des Riu de Siurana zu paddeln, wo Sie Bassins und einen Wasserfall finden (siehe 86).

Einfach, 5 min, 41.2548, 0.9148

88 PANTÀ DE ULLDECONA

Ein unvergleichlicher Ort für lange Schwimmexkursionen in einem tiefen, klaren Gewässer, umgeben von einer eindrucksvollen Bergszenerie. Springen Sie von der Brücke, wenn Sie mutig sind und das Wasser tief genug ist. Es gibt einige Wanderrouten durch die Wälder am Nordende der Talsperre.

→ Von La Sénia aus 8 km auf der CV-105 in nordwestlicher Richtung bis zur Brücke, wo es Parkgelegenheiten gibt. Auf der linken Seite nördlich der Brücke finden Sie einen schmalen, steinigen Pfad, der hinunter zum Wasser führt. Um eine abgeschiedene Stelle zu finden, wandern Sie zum verlassenen Dorf Mangraner am Nordwestufer des Stausees.

Einfach, 3 min, 40.6715, 0.2323

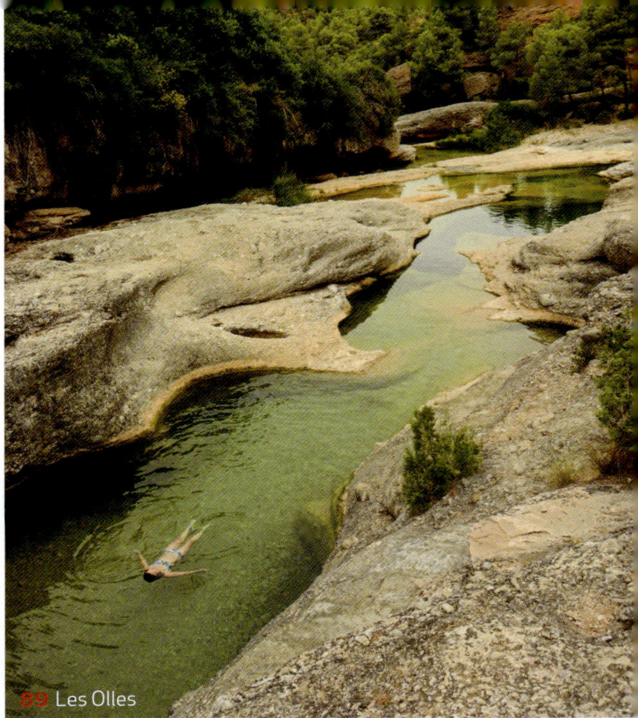
89 Les Olles

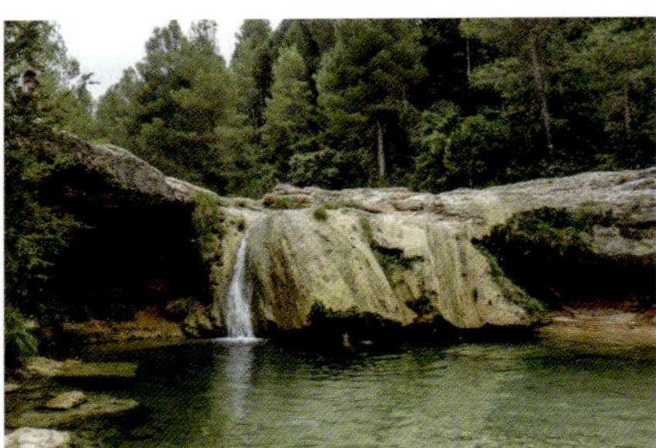

90

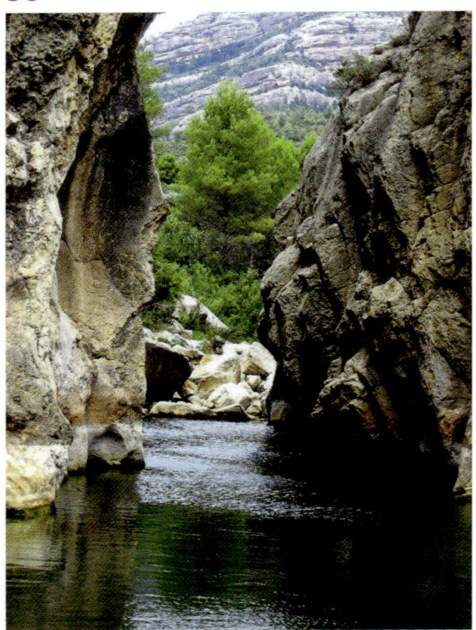
91

Wasserfälle haben bei Els Gorgs (die Bassins) tiefe Einbuchtungen in das Kalksteinbett des Febró getrieben – ein Zufluss des Riu de Siurana. El Gorg, die größte, ist dramatisch und berühmt, daher sollten Sie zeitig hinfahren, aber es gibt auch einen stillen, kleinen, schönen Pool weniger als 10 min stromaufwärts. Für uns der Star der Show ist die weit weniger besuchte, aber spektakuläre La Gorguina – ein wunderschönes, tiefgrünes Strudelbecken mit hohen Felswänden und einem beeindruckenden Wasserfall. Der 25-minütige Fußweg durch den Pinienwald über leicht schroffes Terrain schreckt viele ab, aber wir werden nach der schweißtreibenden Wanderung mit einem erfrischenden Bad entschädigt.

Wir erkunden die Serra de Prades nahe Capafonts – ein hübscher Weiler auf einem kleinen Berg, dessen Name sich vom lateinischen *caput fontis* ableitet, »Ursprung der Quelle«, das heißt des Riu Brugent. Nach einem kräftigen Mahl im örtlichen Restaurant folgen wir dem Fluss stromaufwärts durch einen schattigen Wald und wandern zügig zum Fous del Brugent weiter – ein enger Kanal kühlen, klaren Wassers, begrenzt von spektakulär hohen Felswänden.

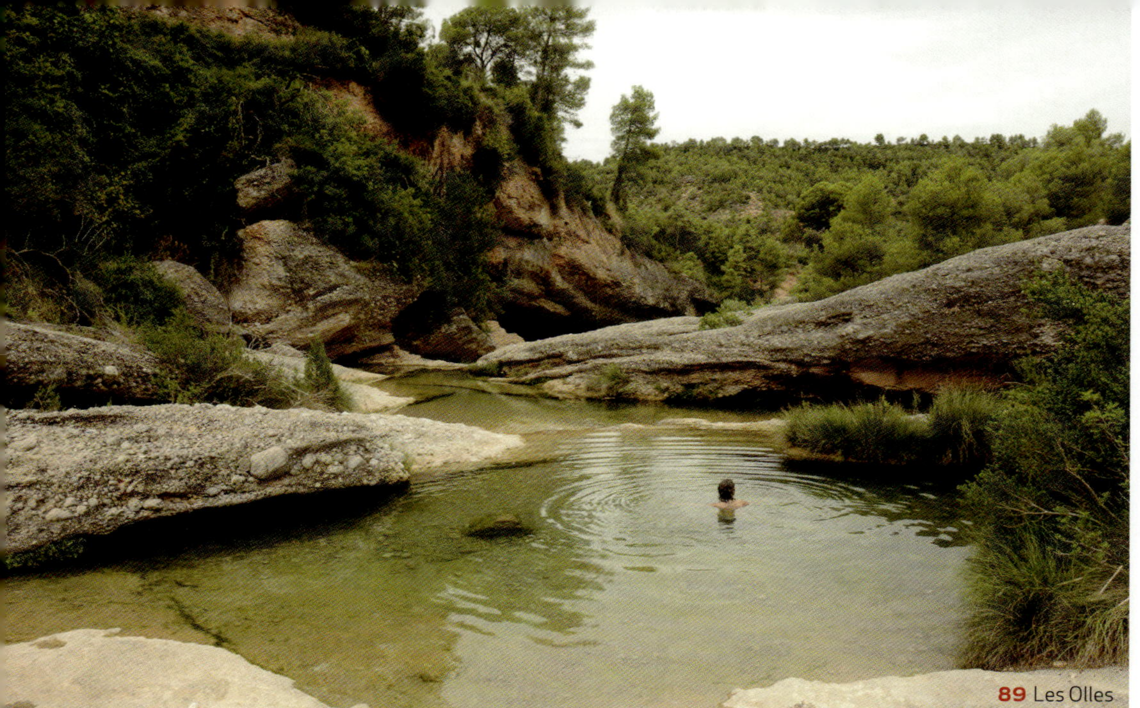

89 Les Olles

Um Horta de Sant Joan

89 LES OLLES

Eine Kette überirdischer, kraterartiger Gumpen inmitten unglaublicher, surrealistischer Felsformationen. Die grauen Gesteinsschichten wirken wie vor Äonen erstarrte Wellen des dunkelgrünen Wassers. Wir genossen das stimmungsvolle Bad zwischen und unter den Felsen in einer Reihe von Becken, die in Stufen abfallen, darunter eines, das tief genug ist, um von der Höhe des Felsens hineinzuspringen. Wenn Sie frühzeitig hinfahren, haben Sie diese erstaunliche Mondbadelandschaft für sich allein.

→ 6 km von Horta de Sant Juan nordöstlich auf der Carrer de la Bassa del Mur, dann rechts in einen nicht ausgeschilderten Weg biegen und diesen 200 m bis zu einem kleinen Platz fahren, wo Sie parken können (40.9827, 0.3550). Gehen Sie zu Fuß weiter den lehmigen Pfad zu Les Olles. Wir empfehlen, an der obersten Gumpe zu beginnen und dann entspannt zu den tieferen überzugehen. Freundlicher Zeltplatz Càmping Terra Alta (www.campingterraalta.com).

Einfach, 3 min, 40.9829, 0.3549

90 TOLL DEL VIDRE

Einheimische rieten uns dazu, uns Toll del Vidre nicht entgehen zu lassen, da es eine so beeindruckende Badestelle sei. So fuhren wir zum Dorf Arnés, im Blick einen Berg in der Ferne, der uns an eine Szene aus *Unheimliche Begegnung der dritten Art* erinnerte. Später fanden wir heraus, dass er zu den Roques de Benet gehörte und im Volksmund »Hundskopf« genannt wird. Toll del Vidre ist ein hübscher Ort für ein Picknick. Es gibt einen Wasserfall mit einem Strudelbecken darunter, um nach einer langen Wanderung darin zu schwelgen.

→ Von der T-333 bei Arnés abfahren und am Restaurante Sancho links ins offene Gelände, an der nächsten Kreuzung links, an der folgenden wieder rechts. Folgen Sie nun 6 km der Schlaglochpiste, bis sie in einen Schotter- und schließlich in einen Lehmweg übergeht. Die Straße wird sogar noch schlechter, seien Sie also darauf gefasst, die letzten paar Kilometer zum Wasserfall zu Fuß zurückzulegen.

Einfach, 20 min, 40.8556, 0.2511

91 LA FONTCALDA

La Fontcalda bedeutet auf Katalanisch »warme Quelle«, sie liegt an einer spektakulären Stelle des Riu de la Canaleta mit vertikal in die Höhe strebenden Felswänden. Hier finden Sie natürliche Wasserbassins mit einer Temperatur von über 28° C. Im Volksmund »Springquelle« genannt (*fuente de los chorros*), enthält das heilsame Wasser Magnesiumsulfat, Natrium und Calciumcarbonatchlorid. Auf der anderen Seite des Flusses führt eine alte Eisenbahnlinie hinauf zur Via Verde, wo es einige spektakuläre Mountainbike-Routen gibt.

→ Östlich von Gandesa auf der C-43 dem Schild nach Fontcalda folgen, wo der Weg nach 50 m geradeaus bergauf führt. Die einspurige Straße mit Ausweichbuchten windet sich knapp 8 km bergan bis Fontcalda, wo Sie parken können. Der Fluss verläuft mitten durch das Dorf.

Einfach, 5 min, 41.0013, 0.4275

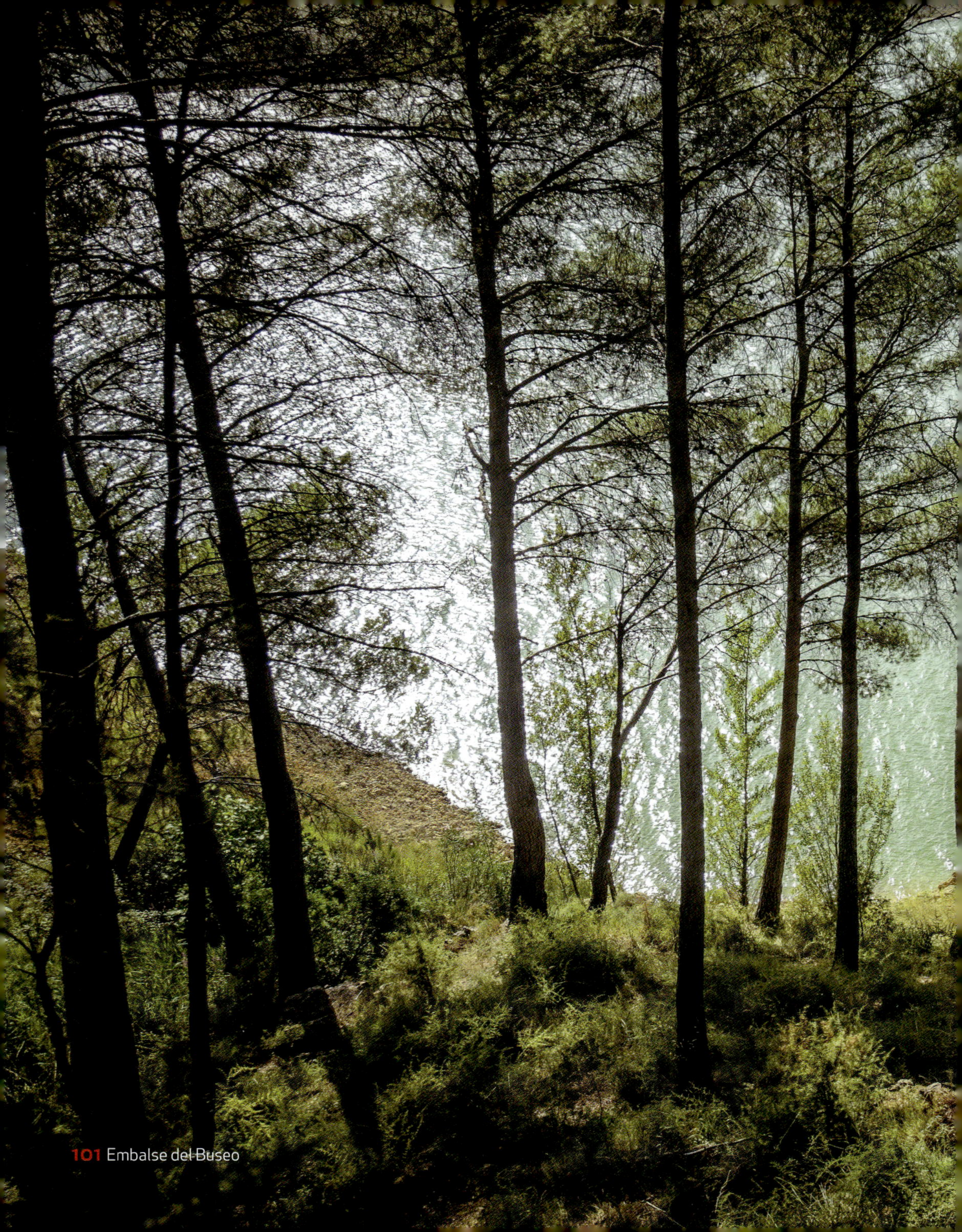

101 Embalse del Buseo

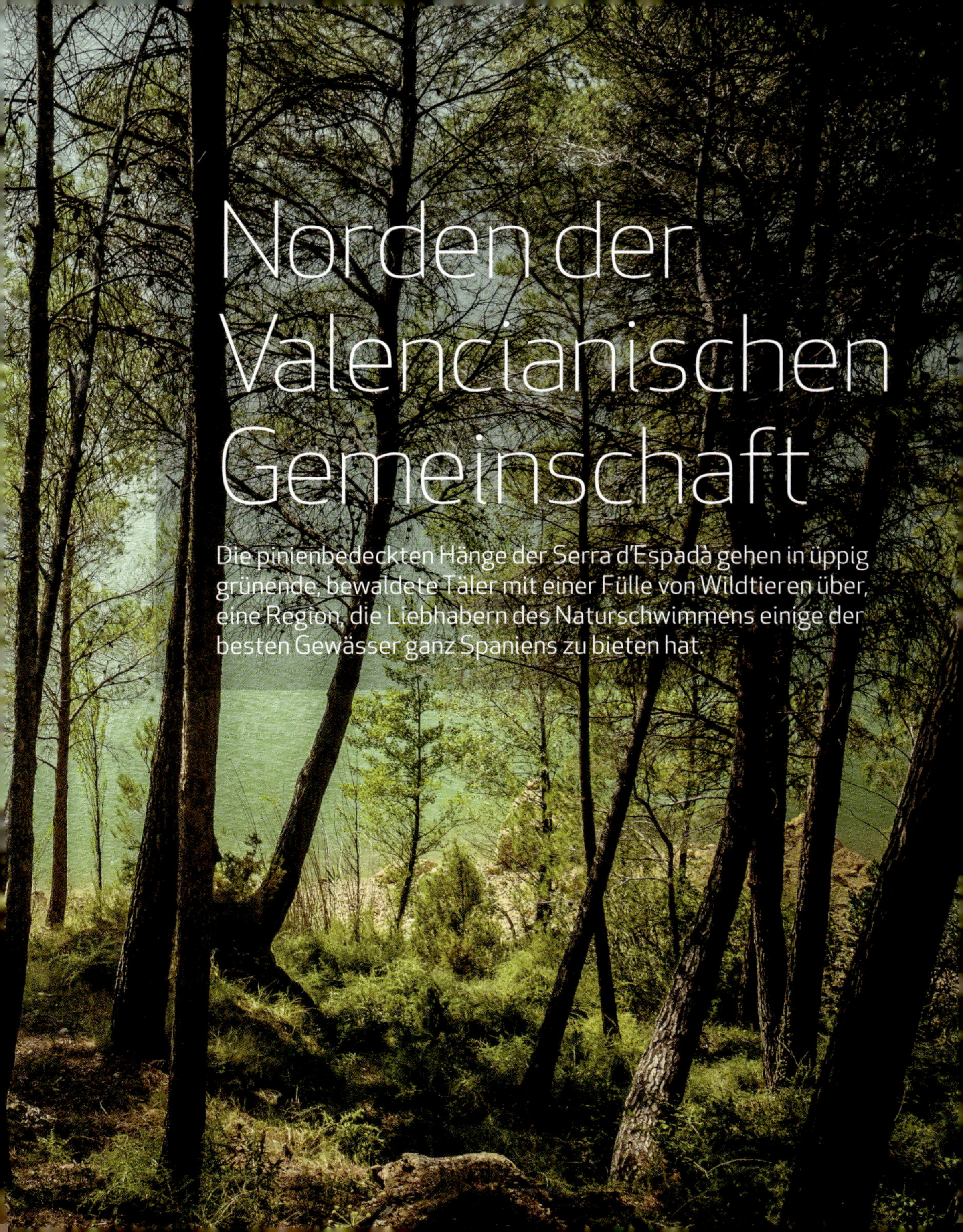

Norden der Valencianischen Gemeinschaft

Die pinienbedeckten Hänge der Serra d'Espadà gehen in üppig grünende, bewaldete Täler mit einer Fülle von Wildtieren über, eine Region, die Liebhabern des Naturschwimmens einige der besten Gewässer ganz Spaniens zu bieten hat.

Highlights im Norden der Valencianischen Gemeinschaft

92 Pozo Negro – eine dunkle, mystische Gumpe, umringt von roten Sandsteinfelsen in wie künstlerisch arrangierter Schichtung nach einer Wanderung auf einem alten Bergpfad

96 Embalse del Regajo – ein friedlicher, baumgesäumter Stausee mit schattigen, grasbewachsenen Uferböschungen

101 Embalse de Buseo – ein hübscher, grüner Stausee umgeben von Pinienwäldern und Weiden

102 Los Charcos del Barranco de la Hoz im Naturpark Chera – großartige Felsbassins laden zu Hechtsprüngen ins klare Bergwasser ein

103 El Canal, Sot de Chera – üppiges Grün umgibt das tiefe Naturbecken mit einer römischen Säule für gewagte Sprünge

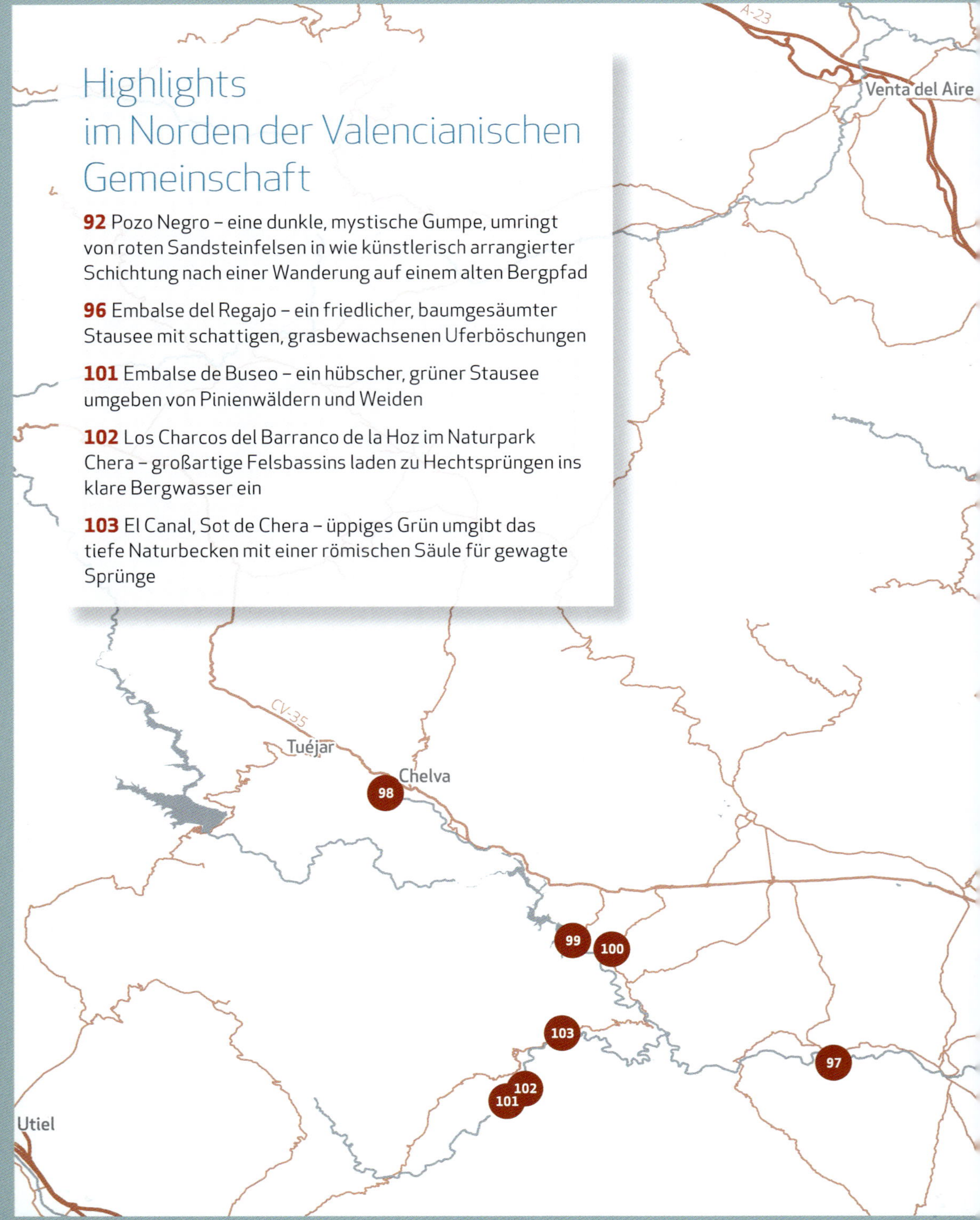

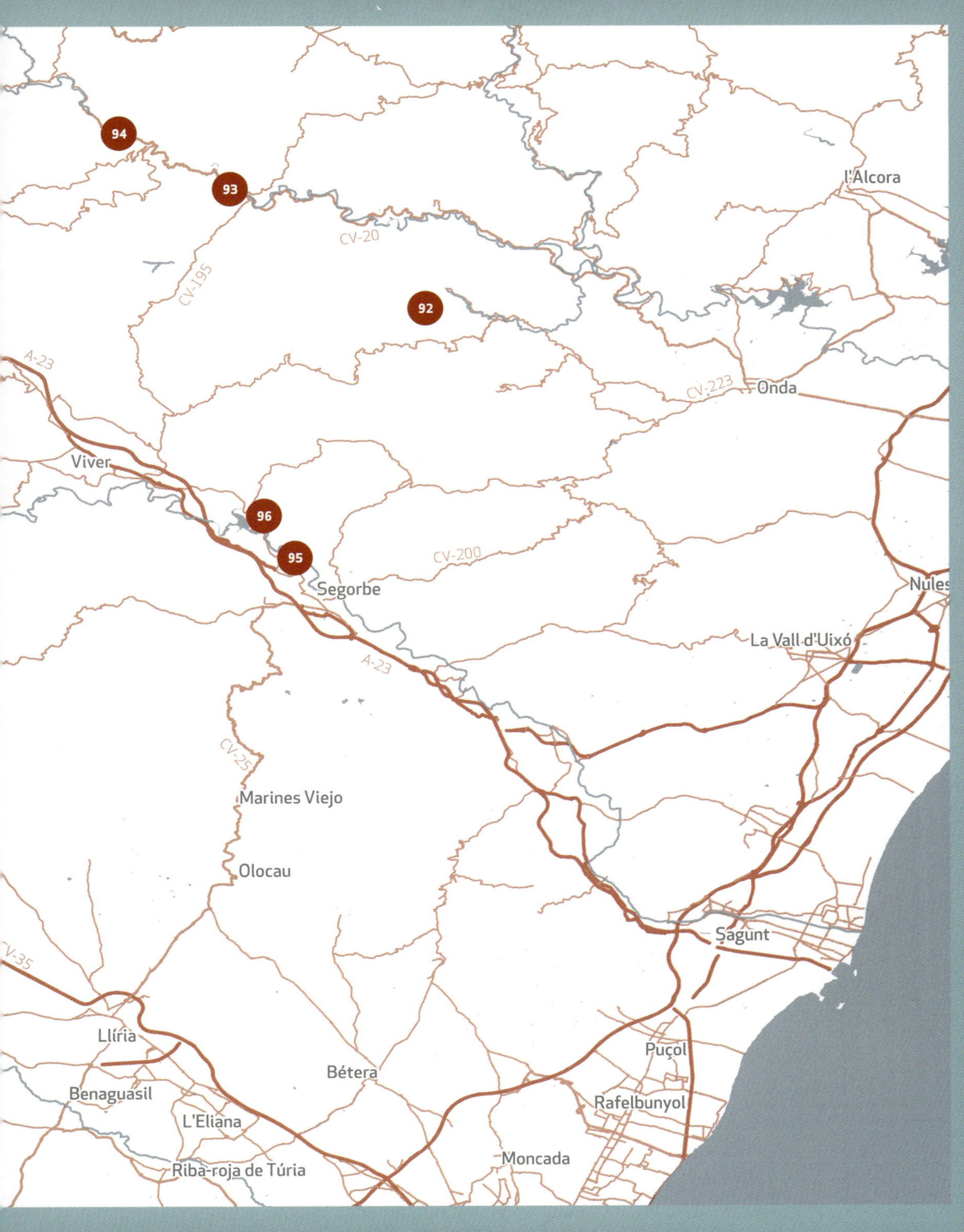

94
93
92
96
95
CV-20
CV-195
A-23
CV-223
CV-200
CV-25
CV-35
l'Alcora
Onda
Viver
Segorbe
Nules
La Vall d'Uixó
Marines Viejo
Olocau
Sagunt
Llíria
Puçol
Bétera
Benaguasil
Rafelbunyol
L'Eliana
Moncada
Riba-roja de Túria

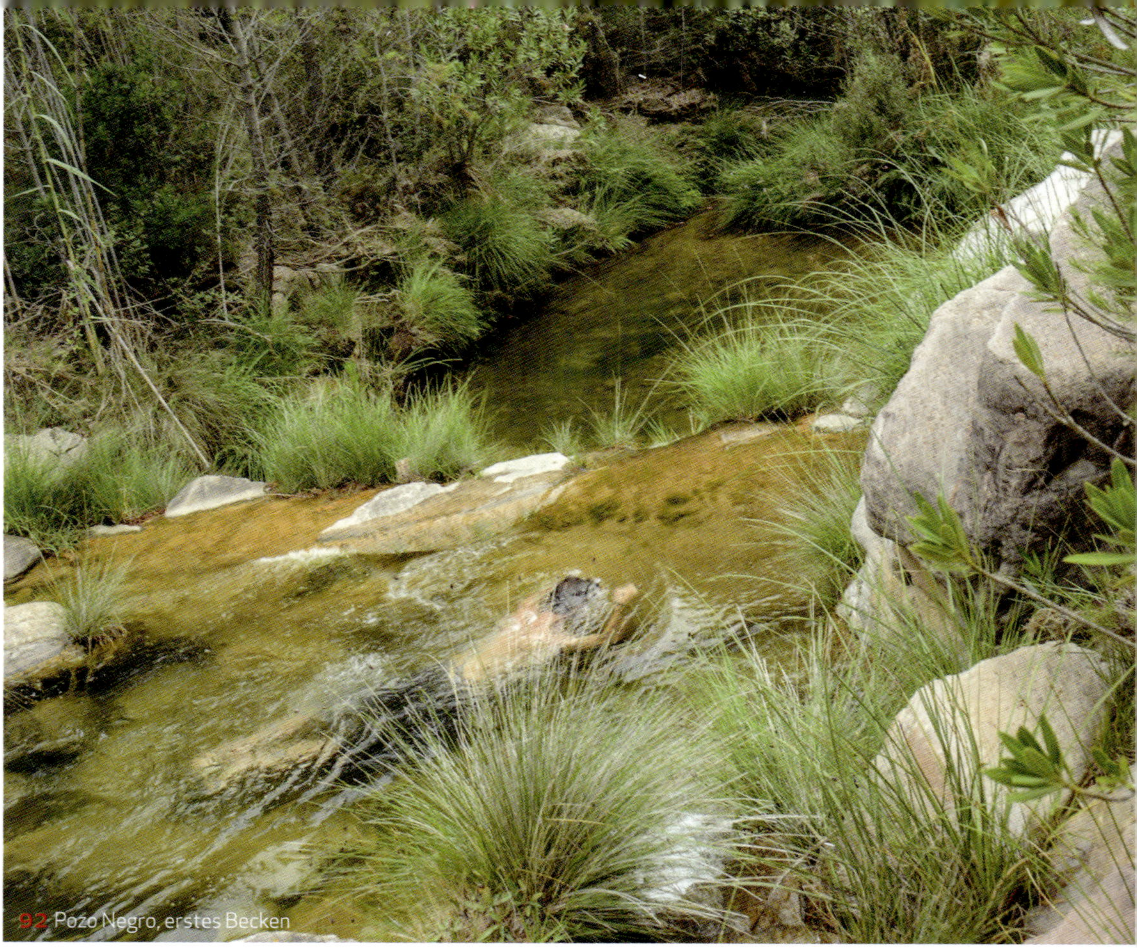

92 Pozo Negro, erstes Becken

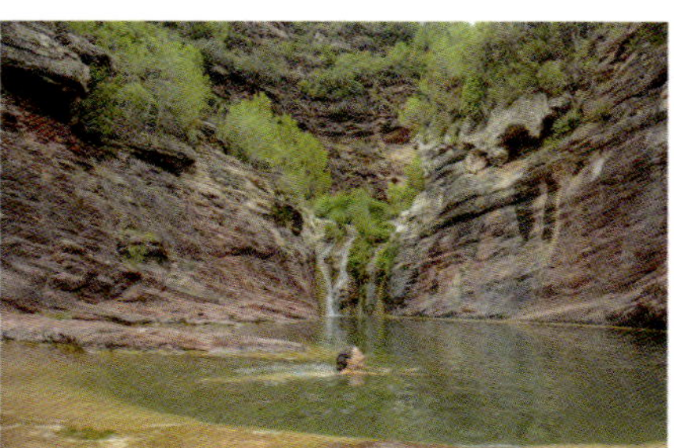

92

In den kleinen Seen der Bergbäche plätschert kristallklares Wasser sanft an Gesteinsschichten von unglaublichen Farben, während Wasserfälle aus schwindelerregender Höhe zu Tal stürzen. Gemächlichere Badefreuden bieten die von frischem Flusswasser gespeisten Talsperren und Seen des Nordens der Valencianischen Gemeinschaft.

Die Landschaft ist reichhaltig und abwechslungsreich, die Berge, Feuchtgebiete, dichten Wälder und weitläufigen Ebenen sind Heimat von 3.000 Pflanzenarten. Es gibt eine Fülle von Wildtieren, von Adlern über Eulen und Waldsäugetieren bis hin zu Reptilien, darunter Eidechsen, Salamander und Schlangen. Verrückt geschlängelte Straßen führen uns durch die pinienbedeckten Berge der Serra d'Espadà, flankiert von den Tälern der Flüsse Palancia und Mijares. ▶

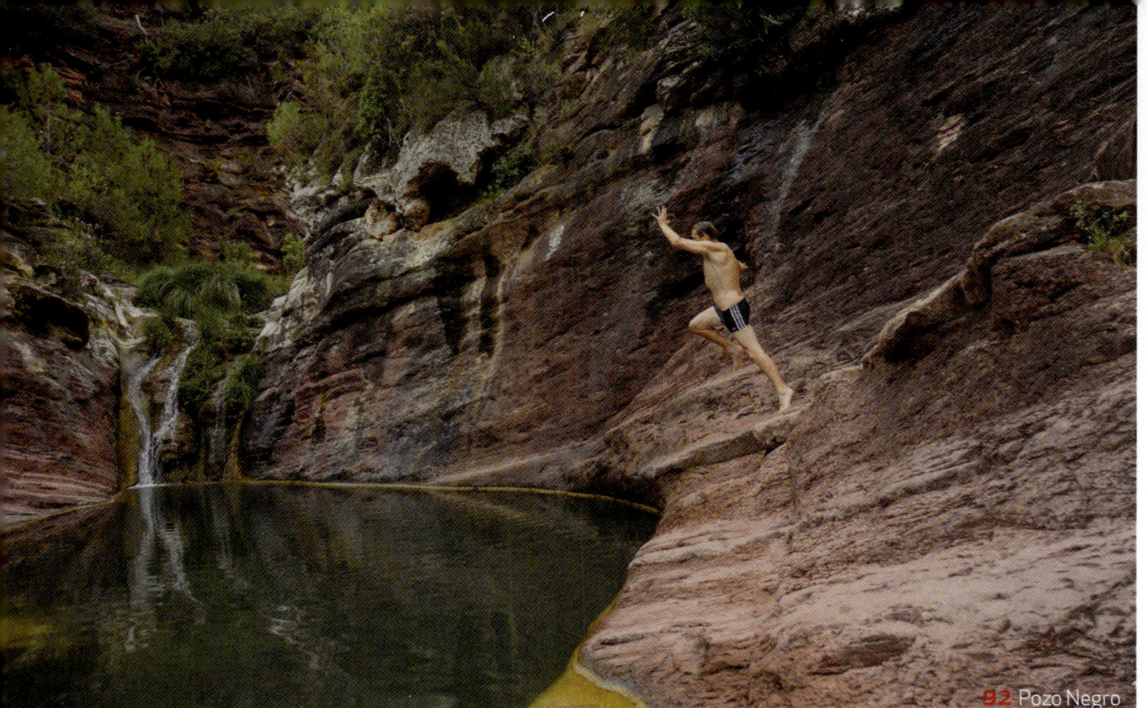

92 Pozo Negro

Serra d'Espadà

92 POZO NEGRO, FUENTES DE AYÓDAR

Beeindruckender »schwarzer« See, umgeben von bemerkenswerten roten Sandsteinformationen. Ihre Spiegelungen im tiefen Wasser machen ihn zu einem magischen Ort wie von einem anderen Stern. Wir hatten das Becken für uns allein, sprangen hinein und schwammen und tauchten darin, die ganze Zeit seiner unglaublichen Schönheit gewahr. Großartige Wanderung auf einem alten Pfad mit Ausblicken über die üppig grünen Eichen- und Pinienwälder. Fuentes de Ayódar ist ein hübsches Dorf hoch im Landkreis Alto Mijares, das man über eine gewundene Bergstraße erreicht. Es gibt auch ein Freibad der Gemeinde im Zentrum des Ortes. Sehr zu empfehlen.

➔ Auf der CV-205 bis Fuentes de Ayódar und vorbei an einer namenlosen Bar, die sich bestens für eine Stärkung auf dem Rückweg eignet, weiter zum Ortsende. Ein hölzernes Schild weist auf Pozo Negro und eine Parkmöglichkeit an einer Absperrkette auf der anderen Straßenseite. Später geht es steil über die Felsen, ziehen Sie daher sichere Schuhe an. Gehen Sie an der Kette vorbei, folgen Sie dem Pfad 1,5 km bis zu einer Weggabelung und einem Haus zur Rechten. Halten Sie sich links und folgen Sie dem Pfad weitere 200 m. Kraxeln Sie über einige hohe Felsen und biegen Sie links ab, wo sich ein tiefes Bassin vor Ihnen auftut. Es gibt noch eine kleinere Gumpe stromabwärts vom Haus, wo man gut plantschen kann (40.0135, -0.4302).

Mittel, 25 min, 40.0100, -0.4314

93 RÍO MIJARES, FUENTE DE LOS BAÑOS, MONTANEJOS

Thermalquellen, Bassins und Kajakfahren, alles in einer großartigen Naturlandschaft entlang dieses mäandernden Flusses. Der Legende nach soll ein Maurenkönig hier ein Badehaus errichtet haben, damit sein Harem ewig jung und schön bliebe. Fahren Sie früh hin, um den Río Mijares in seiner ganzen Pracht zu genießen. Wer noch mehr Energie hat, auf den warten zahlreiche Wanderwege.

➔ Von Montanejos 200 m in nördlicher Richtung auf der CV-20 bis zum Parkplatz Fuente de los Baños en Montanejos. Folgen Sie den Schildern 100 m hinunter zum Flussstrand.

Leicht, 5 min, 40.0743, -0.5336

94 EMBALSE DE ARENÓS

Hoch am Himmel über diesem spiegelartigen, von Pinienwäldern umgebenen Stausee kann man Geier sehen. Schwimmen Sie über untergegangenen Dörfern, vorbei an Burgruinen und verlassenen Bauernhäusern auf den Berghängen. Großartige Wanderwege mit stupenden Panoramaausblicken um den See und die dichten Wälder; zahlreiche Stellen, um ins Wasser zu springen.

➔ Auf der CV-20 zum Dorf Puebla de Arenoso (auf Valencianisch La Pobla de Arenós), das am Stausee liegt; hier den Wagen irgendwo abstellen und zu Fuß weiter zum See, wo man zahlreiche Stellen findet, um schwimmen zu gehen.

Leicht, 5 min, 40.1047, -0.5917

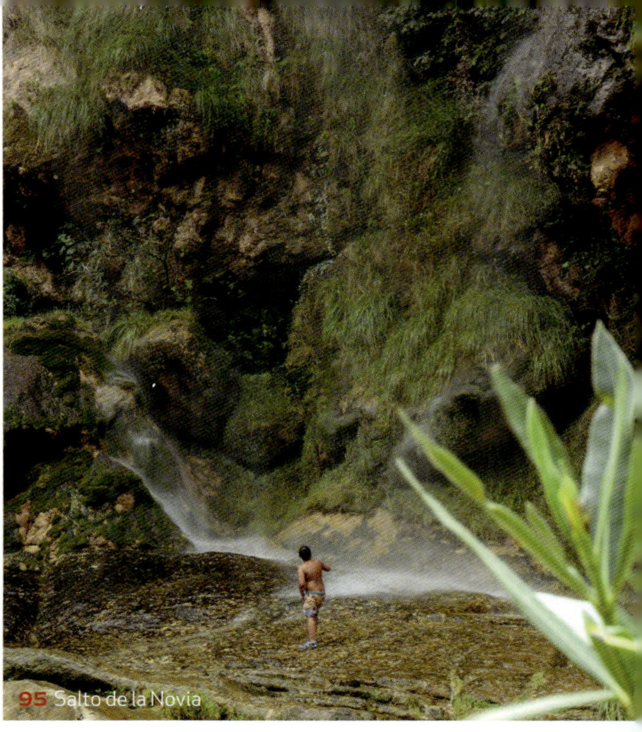
95 Salto de la Novia

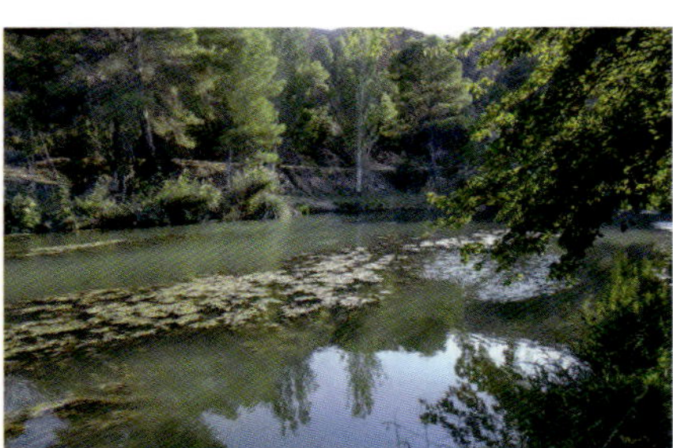
97

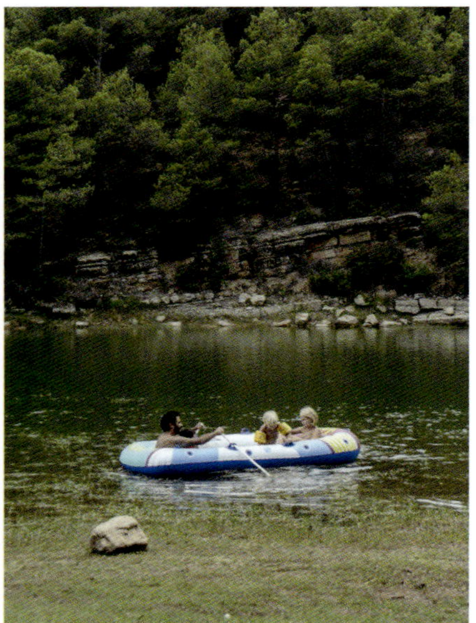
96

In Fuentes de Ayódar kultivieren die Dorfbewohner Wein- und Gemüsegärten, deren Erträge sie über den Winter bringen. Auf unserer Suche nach dem Pozo Negro (Schwarze Gumpe) kommen wir an Kindern vorbei, die im Fluss baden. Dreißig heiße und durstige Minuten später kraxeln wir über den letzten Felsen, als sich vor uns ein faszinierendes Felsbassin, umgeben von eindrucksvollen roten Sandsteinwänden, auftut. Die magische Atmosphäre und Schönheit dieses Heiligen Grals der Naturschwimmer, der von den Einheimischen *Sin Suelo* genannt wird (Bodenlos), nehmen uns gefangen.

Die Fuente de los Baños (Badequelle) im Río Mijares liegt unter Kalksteinfelsen, Oleandersträuchern und anderem Grün. Der klare Fluss, gespeist von Thermalquellen, ist das ganze Jahr über 25° C warm. Es lohnt, ihn stromaufwärts zu erkunden, wo man kleine Höhlen findet. Weiter den Río Mijares hinunter ist der Fluss aufgestaut und bildet den Arenós-See. Inmitten einer herrlichen Bergszenerie, über der die Burgruine von Arenós thront, kann man hier Kajak fahren und schwimmen. Diese stolze Burg – mutmaßlich römischen Ursprungs – diente den Mauren als Verteidigungsposten, wurde jedoch von den Christen eingenommen und schließlich 1835 von den Karlisten zerstört (erzkatholische reaktionäre Absolutisten, die ▶

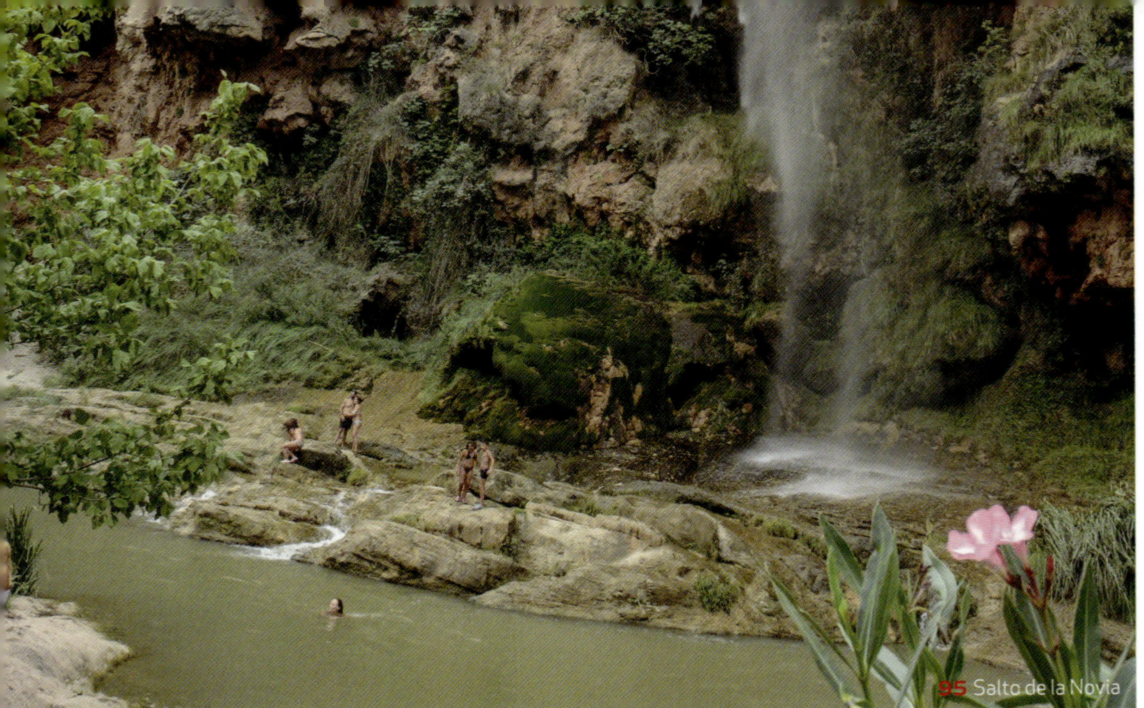

95 Salto de la Novia

Navajas

95 SALTO DE LA NOVIA

Am Rand von Navajas befindet sich der Salto de la Novia (Brautsprung), ein pittoresker Ort, wo der Legende nach ein junges Paar einer tragischen Prüfung unterzogen wurde. Ein Wasserfall von 30 m Höhe stürzt von den Felsen ans Ufer des Río Palancia hinab, wo ein tiefes Strudelbecken entstanden ist, das zum Schwimmen einlädt. Auf der Trasse Vía Verde de Ojos Negros lassen sich großartige Wander- und Radtouren unternehmen. Ideal für Kinder.

➔ Parken Sie im Dorf Navajas an der CV-213 irgendwo an der Calle Escultor Manolo Rodríguez oder Calle Vicente Mortes. An der Kreuzung dieser beiden Straßen befindet sich der Eingang zum Salto de la Novia. Sie gehen durchs Tor und folgen dem Pfad, bis Sie den Wasserfall erreichen. Klettern Sie über den Holzzaun, um zum Wasser am Flussufer zu gelangen. Camping Altomira ist ein netter Zeltplatz (www.campingaltomira.com).

Leicht, 10 min, 39.8738, -0.4997

96 EMBALSE DEL REGAJO

Ein friedlicher, von Bäumen gesäumter See mit grasbewachsenem Ufer in lieblicher Landschaft, sehr leicht zu erreichen, ideal für ein Picknick mit der Familie. Der Stausee ist auch gut zum Kajakfahren und Angeln geeignet. In der Nähe außerdem gute Wander- und Radrouten: Auf der hübschen »grünen Route« Ojos Negros können Sie nach Navajas laufen oder radeln.

➔ Von Navajas auf der CV-213 5 km in nördlicher Richtung. Kurz vor der Brücke finden sich Parkgelegenheiten zu beiden Seiten der Straße. Von hier können Sie hinunter zum See gehen. Sie können Einzel- oder Doppelkajaks leihen (www.palanciaemotions.es).

Leicht, 1 min, 39.8965, -0.5161

97 BUGARRA

Schwimmen Sie an einem der wenigen Flussstrände des Río Turia, wo Weiden und Pappeln das Ufer säumen. Man kann hier auch Kanu fahren und angeln lernen, und in den Bergen gibt es Pisten fürs Mountainbiking und Wanderwege. Großartig für Familien. Am Fluss liegt ein Zeltplatz.

➔ Auf der CV-377 nach Bugarra, im Ort am Fußballplatz links abbiegen und am Zeltplatz vorbeifahren, auf der Rechten parken. Der Fluss liegt direkt vor Ihnen.

Leicht, 5 min, 39.6051, -0.7793

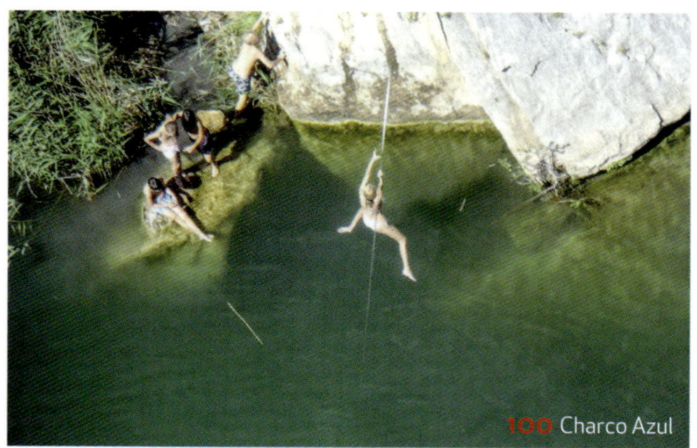
100 Charco Azul

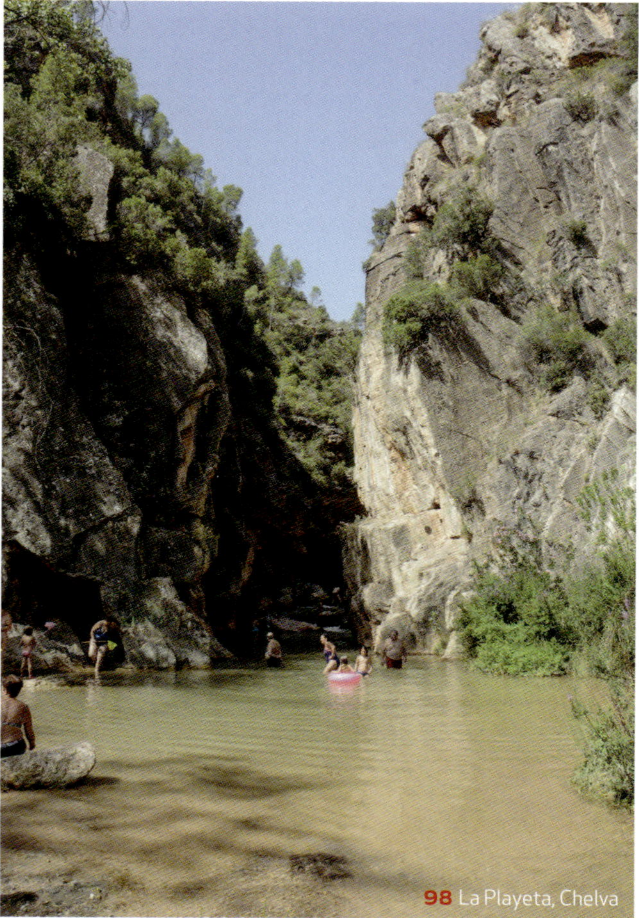
98 La Playeta, Chelva

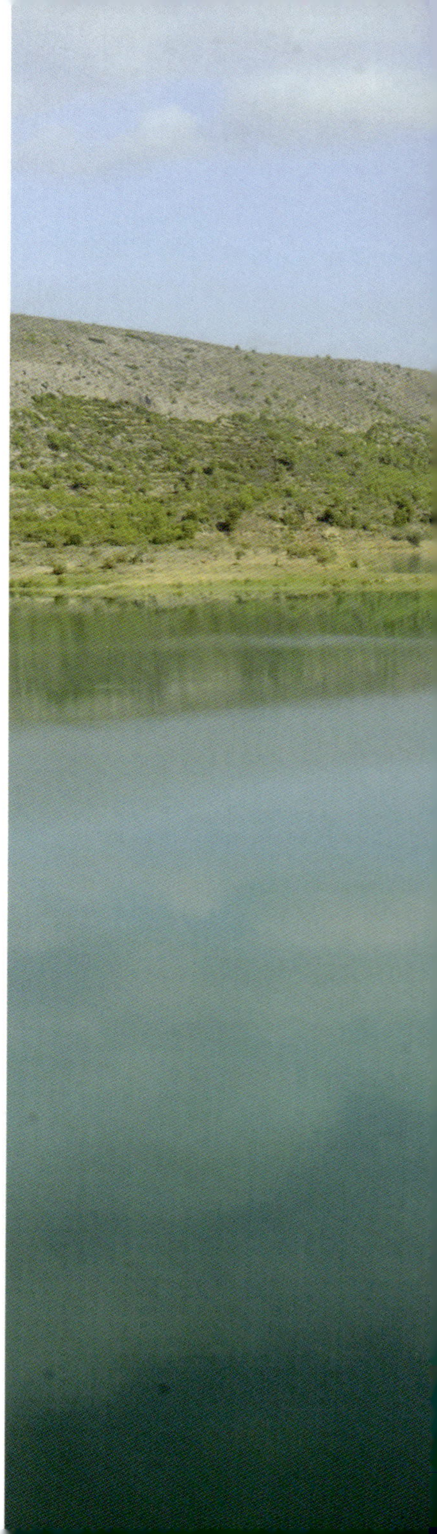

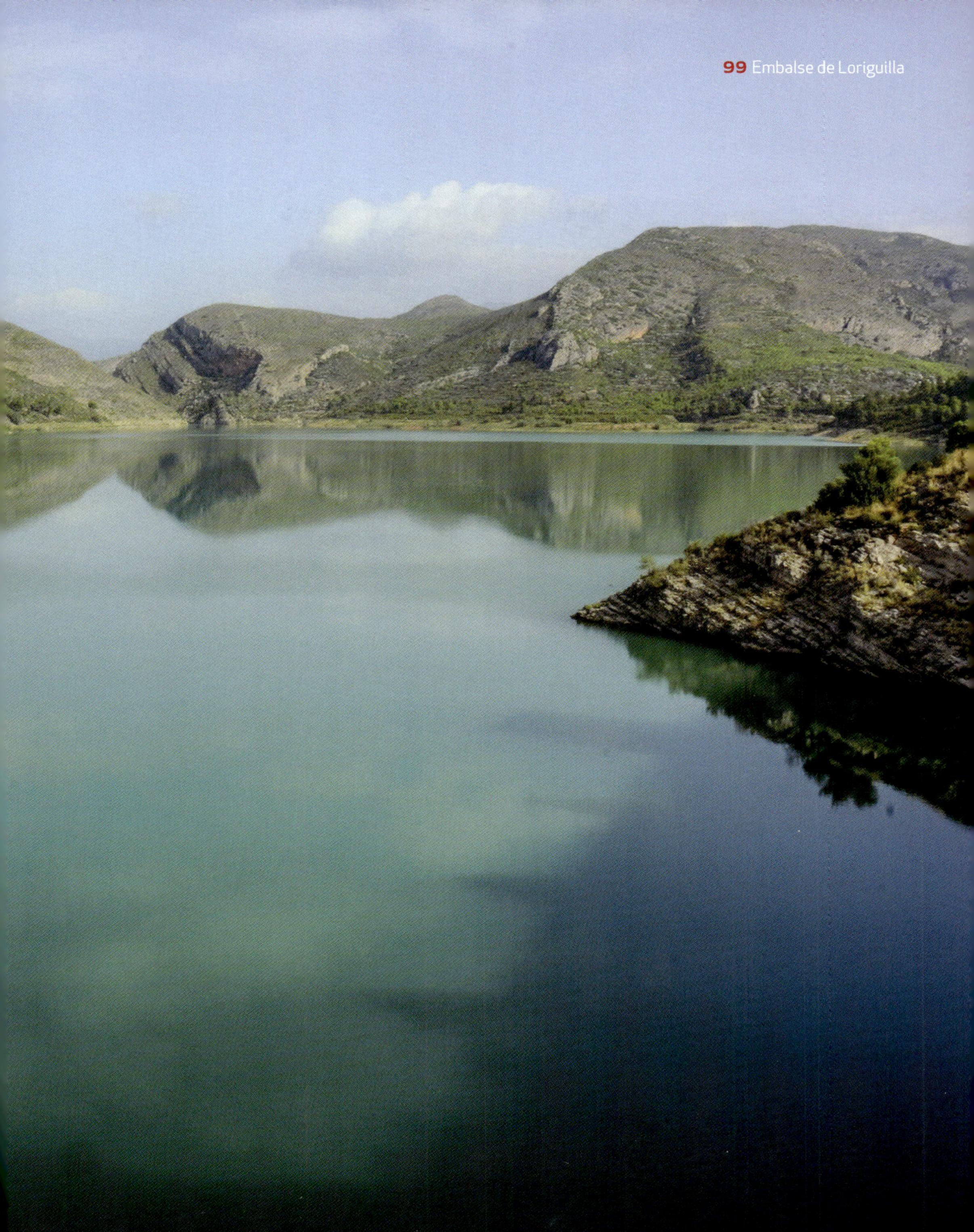
99 Embalse de Loriguilla

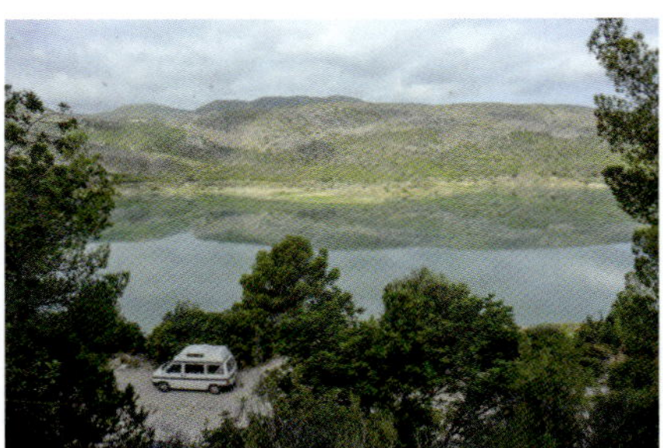

99

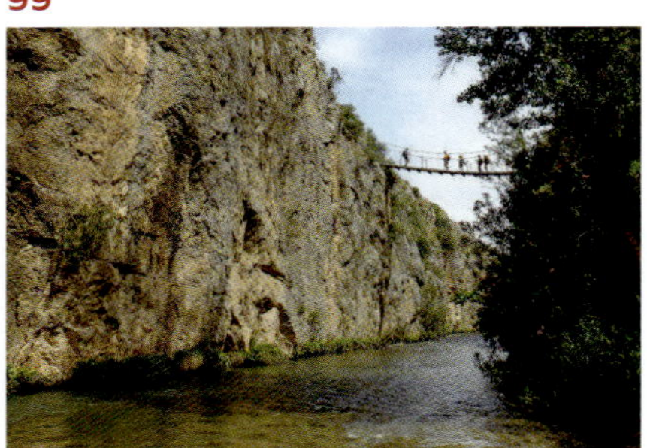

100

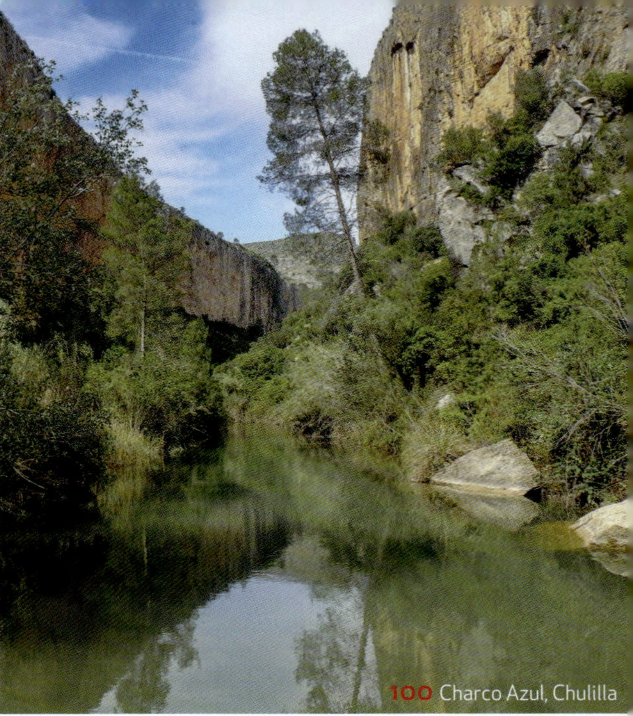

100 Charco Azul, Chulilla

für den Thronanspruch von Carlos María Isidro von Bourbon kämpften). Das mittelalterliche Dorf Puebla de Arenoso soll von dem legendären Heerführer El Cid gegründet worden sein, der im 11. Jahrhundert Valencia von den Mauren zurückeroberte.

Auch um Salto de la Novia (Brautsprung) in Navajas ranken sich zahlreiche Legenden; ein beeindruckender, 30 m hoher Wasserfall stürzt hier in ein Strudelbecken. Wir übernachten auf dem terrassierten Zeltplatz Altomira auf einem Hügelrücken zwischen den Naturparks Sierra d'Espadà und der Sierra Calderona. Im dazugehörigen beliebten Restaurant Altomira genießen die Einheimischen die Lokalspezialität Olla Navajera – ein Eintopf mit weißen Bohnen, Schweinerippchen, Blutwurst und Mangold.

Der Río Palancia schlängelt sich von Salto her um Navajas und formt dann den hübschen Embalse del Regajo nur einen Kilometer vom Dorf entfernt. Das baumgesäumte Reservoir ist der perfekte Ort zum Schwimmen, für ein Picknick und eine Siesta.

Auf unserem Weg in die Berge des Naturparks Chera erblicken wir ein Hinweisschild auf den Buseo-Stausee. Neugierig folgen wir der staubigen Straße und stoßen auf diskret in einem ▶

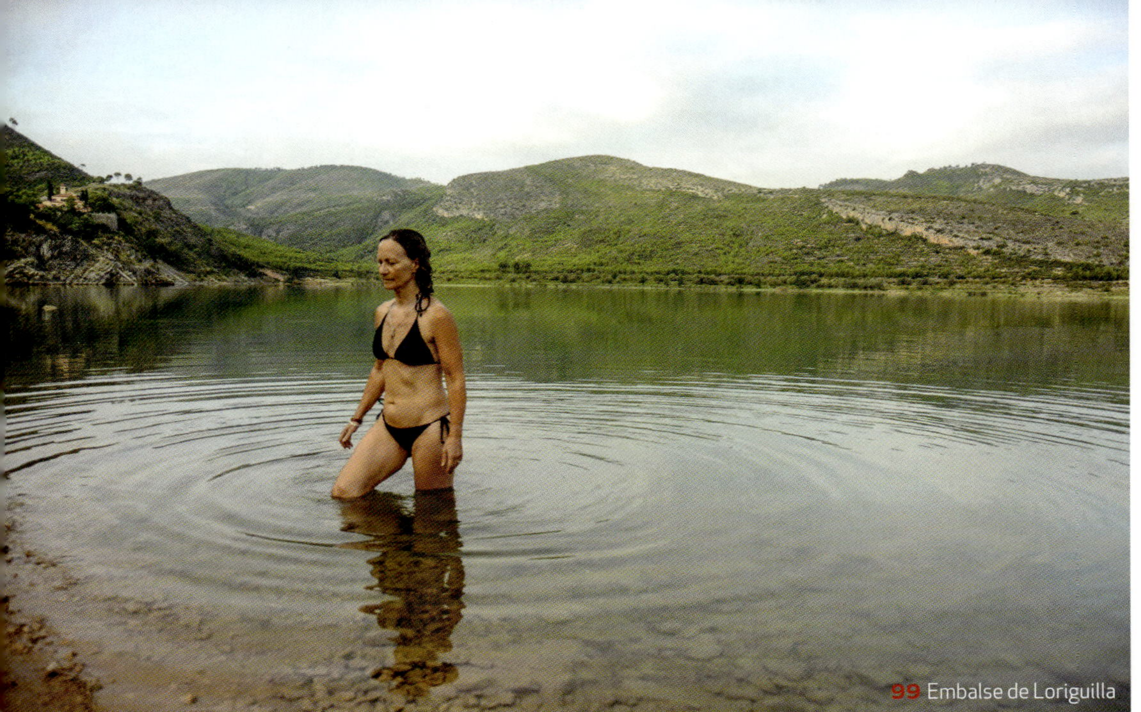

99 Embalse de Loriguilla

Río Tuéjar & Río Turia

98 LA PLAYETA, CHELVA

Ein hübscher Pool, umgeben von erstaunlichen Felsformationen an der Quelle des Río Tuéjar. Weitere Bassins finden sich stromaufwärts. Wer es noch wilder mag, kann die 10 km lange Ruta del Agua (Wasserroute) erwandern, an der sich Wasserfälle, Strudelbecken, natürliche Massagebäder und faszinierende Ausblicke auf den Canyon bieten. Für Kinder geeignet.

➔ Fahren Sie im Dorf Chelva die CV-35 eine kurze Strecke Richtung Westen. Hinter der Brücke die Erste links und bergab bis zum Río Tuéjar. Parken Sie, wo Platz ist, und suchen Sie das Schild »Ruta del Agua«. Folgen Sie dem Pfad, bis Sie den Flussstrand La Playeta erreichen. Um die Wanderung fortzusetzen, gehen Sie über die Holzstufen in der Nähe des Strands.

➔ (Wanderkarte unter www.chelva.es/sites/default/files/Rutas%20de%20Chelva.pdf)

Leicht, 10 min, 39.7468, -1.0078

99 EMBALSE DE LORIGUILLA

Ein wundervoller Stausee am Ende einer kurvenreichen Bergfahrt. Großartig zum Schwimmen und Kajakfahren. Wir kamen am frühen Abend gerade rechtzeitig zum Sonnenuntergang an. Nachdem wir die Nacht am See wild gezeltet hatten, ergötzten wir uns als Erstes an einem Hechtsprung ins Wasser und einem Kaffee am Seeufer. Der See ist auch ein guter Angelplatz.

➔ Von Chelva auf der CV-35 nach Osten an Calles vorbei, rechts auf die CV-3960 Richtung Stausee. Fahren Sie eine kleine Straße rechts bis zu einem Parkplatz oder direkt weiter zum Wasser.

Leicht, 5 min, 39.6693, -0.9122

100 CHARCO AZUL, CHULILLA

Eingeschlossen in die eng beieinanderstehenden Kalksteinwände der Turia-Schlucht ist der Charco Azul (Blauer Teich) ein Naturparadies und ein staunenswerter Ort zum Schwimmen. Sie können auch den 10 km langen Rundweg an der Seite des Canyons zum Loriguilla-Stausee nehmen – eine spektakuläre Schluchtroute, auf der Hängebrücken über den Río Turia führen. Ein Bergsteigerhimmel.

➔ Bleiben Sie auf der CV-35 nach Losa del Obispo und fahren Sie auf die CV-394 nach Chulilla ab. Schlagen Sie von der Plaza de la Baronía den gut ausgeschilderten lokalen Wanderweg 1 PR-74 ein.

Mittel, 20 min, 39.6648, -0.8924

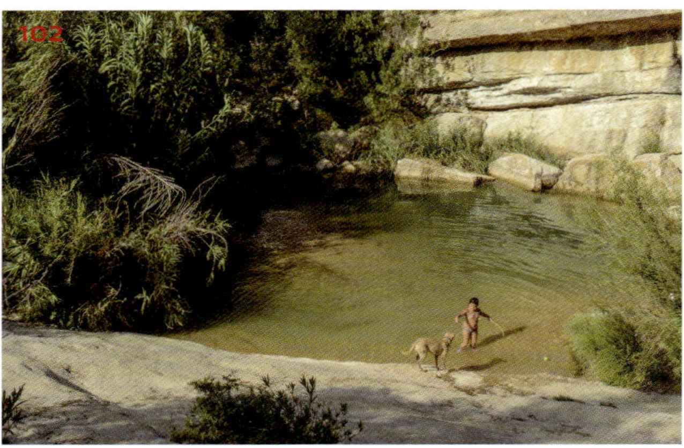

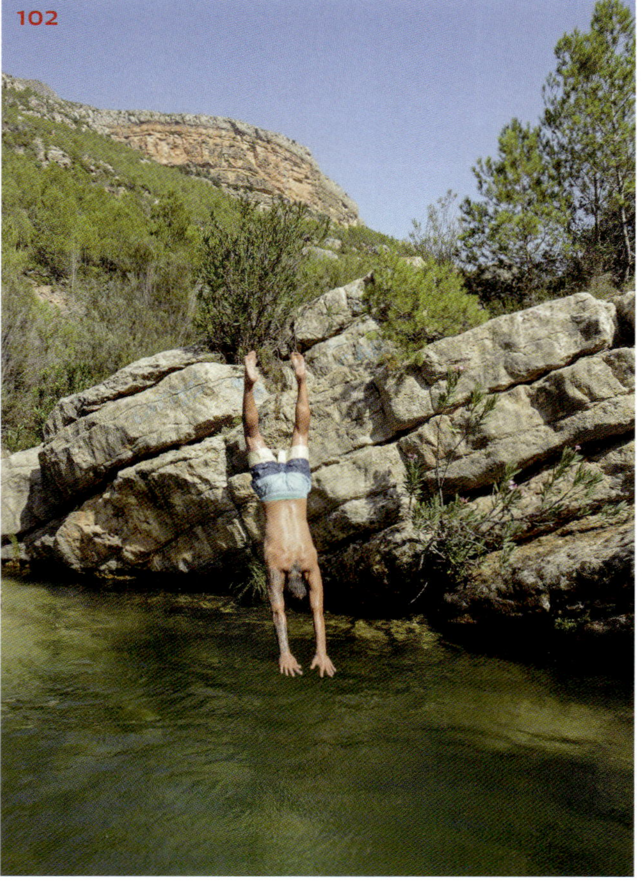

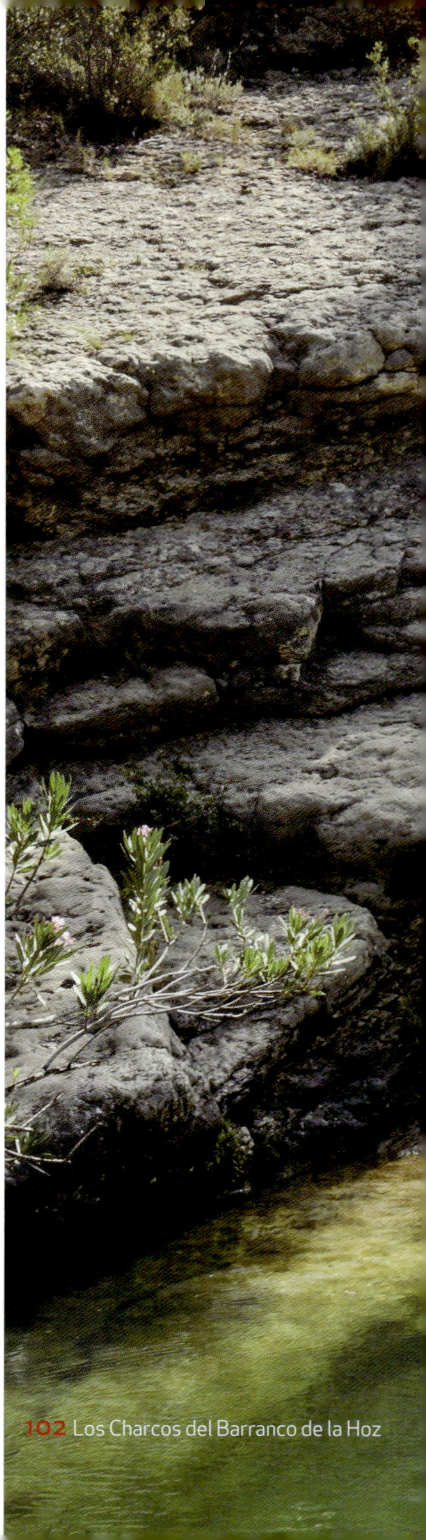

102 Los Charcos del Barranco de la Hoz

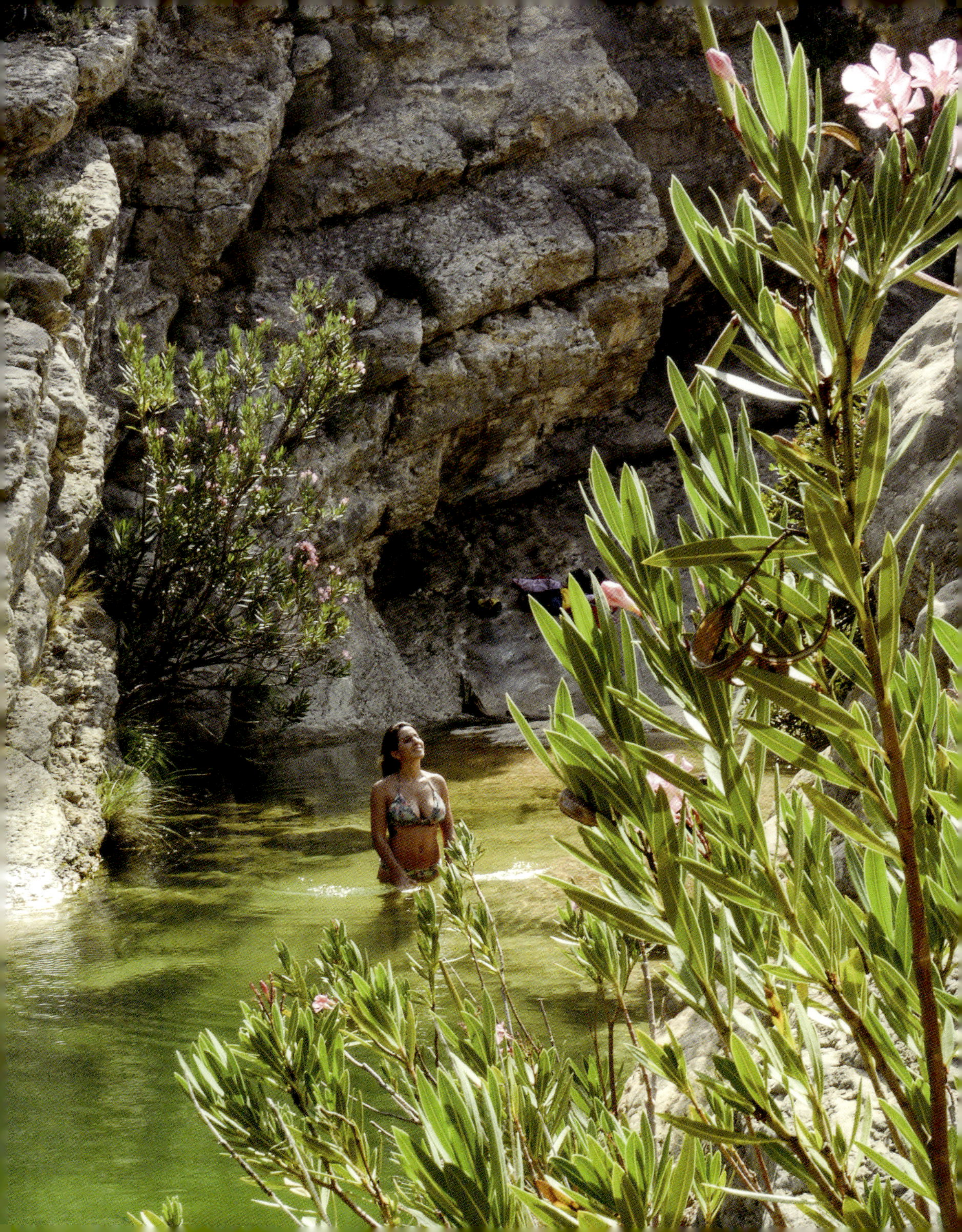

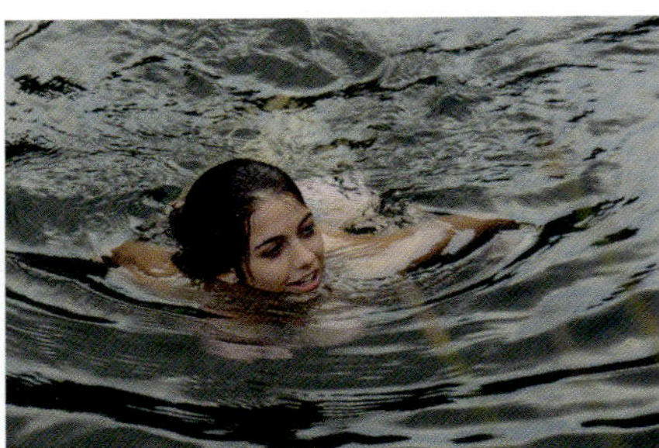

103

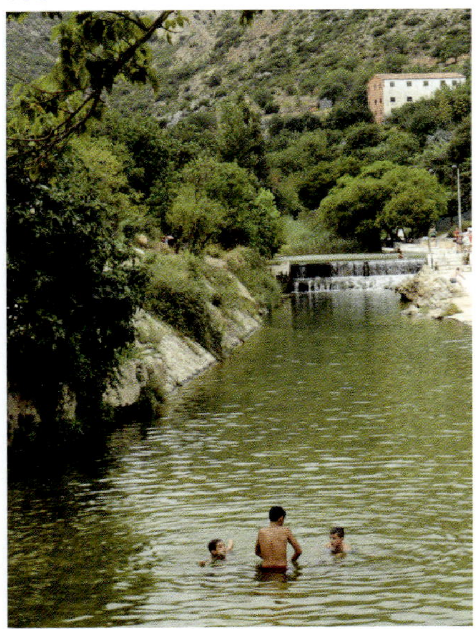

103

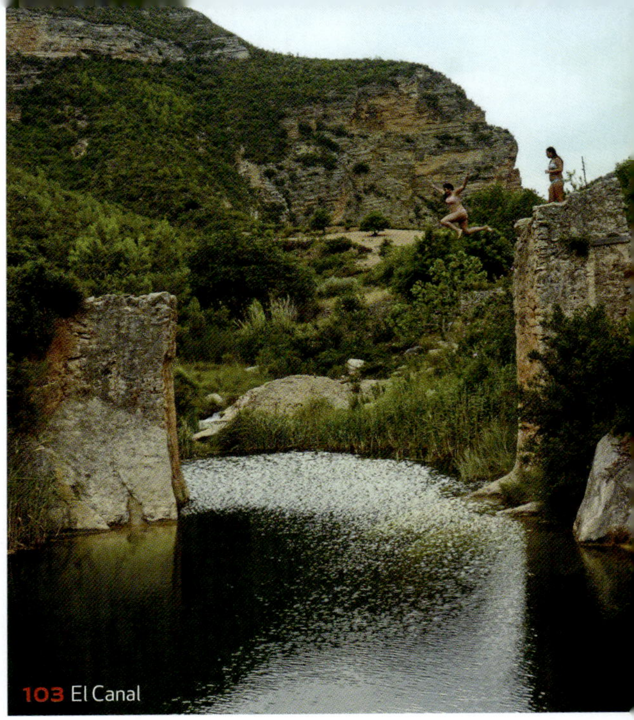

103 El Canal

schattigen Pinienwald am Ufer des kleinen grünen Sees aufgestellte Zelte. Eine Übernachtung auf diesem Zeltplatz ist kostenlos. Nach einem entspannenden Bad erwartet uns um die Ecke ein aufregender Ort, die Charcos del Barranco de la Hoz, »die Teiche der Hoz-Schlucht«, die zu kühnen Sprüngen und Tauchgängen einladen. Sie wurden von einem der Flüsse der Hoz-Schlucht (»Hoz« bedeutet so viel wie »Klamm«) geschaffen, die in den Stausee münden.

Schließlich erreichen wir das an einem Fluss gelegene Dorf Sot de Chera mit seinem alten Wachturm auf einem Felsvorsprung. Hier werden Schwimmer mit ausgesuchten Badestellen verwöhnt, darunter ein Staubecken – Charco el Gruñidor (»Grunzteich«) – sowie El Canal, wo der Fluss ein natürliches Becken, umgeben von den Ruinen eines römischen Aquädukts bildet. Als die Sonne unterzugehen beginnt, folgen wir dem Río Turia durch seinen Canyon mit 160 m hohen Felsen zum Loriguilla-Stausee, eine Route, die man zu Fuß bewältigen kann, indem man die Schlucht auf Hängebrücken überquert. Wir finden eine ideale Stelle zum wilden Zelten auf einem kleinen Parkplatz am Weg zum Wasser und genießen tags darauf ein herrliches Morgenbad.

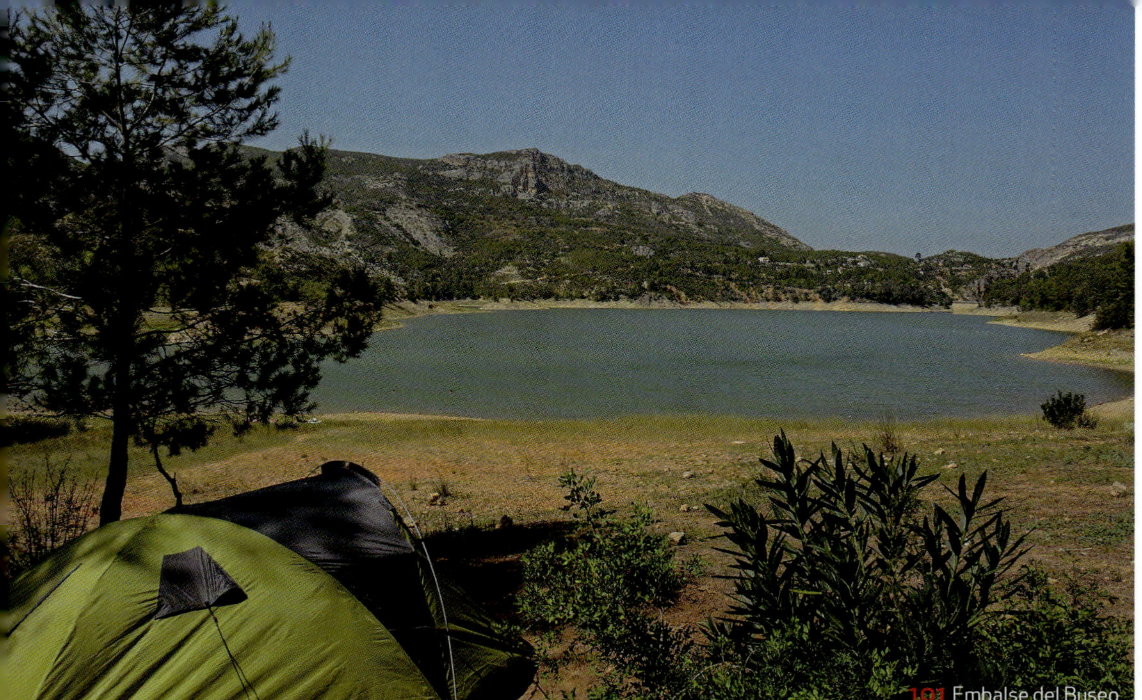

101 Embalse del Buseo

Naturpark Chera

101 EMBALSE DEL BUSEO

Wir stießen hier auf einen freundlichen Zeltplatz, versteckt in einem schönen Pinienwald am Ufer dieses hübschen Stausees. Zum See gelangt man über grasbewachsene Uferböschungen, und wir genossen im warmen, seidigen Wasser ein wunderbares Bad. Der Zeltplatz hat einfache Duschen und Toiletten, das Saubermachen bleibt den Gästen überlassen. Sie müssen bei der Stadtverwaltung von Valencia einen Antrag stellen, wenn Sie länger als eine Nacht bleiben möchten.

➔ Von Requena aus (auf der N-111) 20 km auf der CV-395 Richtung Nordost. Nach dem Dorf Chera rechts dem Schild zur Embalse de Buseo folgen. Auf der Kiesstraße 2,5 km bis zu einem Parkplatz, von dem aus man den See überblickt.

Leicht, 2 min, 39.5861, -0.9451

102 LOS CHARCOS DEL BARRANCO DE LA HOZ

Leute nahmen uns zu einigen großartigen Felsbecken in der Hoz-Schlucht hinter dem Buseo-Stausee mit, eine ruhige, abgeschiedene Stelle, umgeben von blühendem Oleander. Klares, kühles, frisches Bergwasser und tolle Sprungsteine, unter denen man aber zuerst die Wassertiefe prüfen sollte. Einige Stellen sind seicht.

➔ Folgen Sie der Wegbeschreibung zur Embalse de Buseo (101). 1 km nach dem Zeltplatz gabelt sich die Straße. Parken Sie hier und gehen Sie den linken Weg um die Mündung der Schlucht herum. Folgen Sie einige Minuten dem Pfad mit dem hölzernen Geländer – er ist gelegentlich gelb-weiß markiert. An der Mündung der Schlucht findet sich ein kleines Felsbassin, ideal für Kinder. Gehen Sie weiter bergauf durch die Schlucht über diagonale Felsformationen und vorbei an einem kleinen Wasserfall zur Linken. Klettern Sie die Felsen vor Ihnen hinauf, wo Sie ein tiefes Strudelbecken erwartet.

Leicht, 20 min, 39.5899, -0.9389

103 EL CANAL, SOT DE CHERA

Gehen Sie von diesem Dorf aus, das nach dem Fluss Río Sot de Chera benannt ist, stromaufwärts zu El Canal – ein Naturbassin, umgeben von uppigem Grün. Wir sahen zwei einheimische Mädchen, die bei ihren Sprüngen von einer antiken römischen Säule – Überrest eines Aquädukts – ihr akrobatisches Können unter Beweis stellten. Im Ort finden Sie auch das beliebte Staubecken, das von den Ansässigen Charco el Gruñidor (Grunzteich) genannt wird.

➔ Vom Ortskern Sot de Cheras Richtung Westen am Staubecken vorbei etwa ½ km bis zu den Resten des Aquädukts. Sie können einige Meter jenseits des Aquädukts ins Wasser steigen, oder, falls Sie sich mutig fühlen, sich wie ein Römer von der Säulenruine hineinstürzen.

Leicht, 10 min, 39.6207, -0.9177

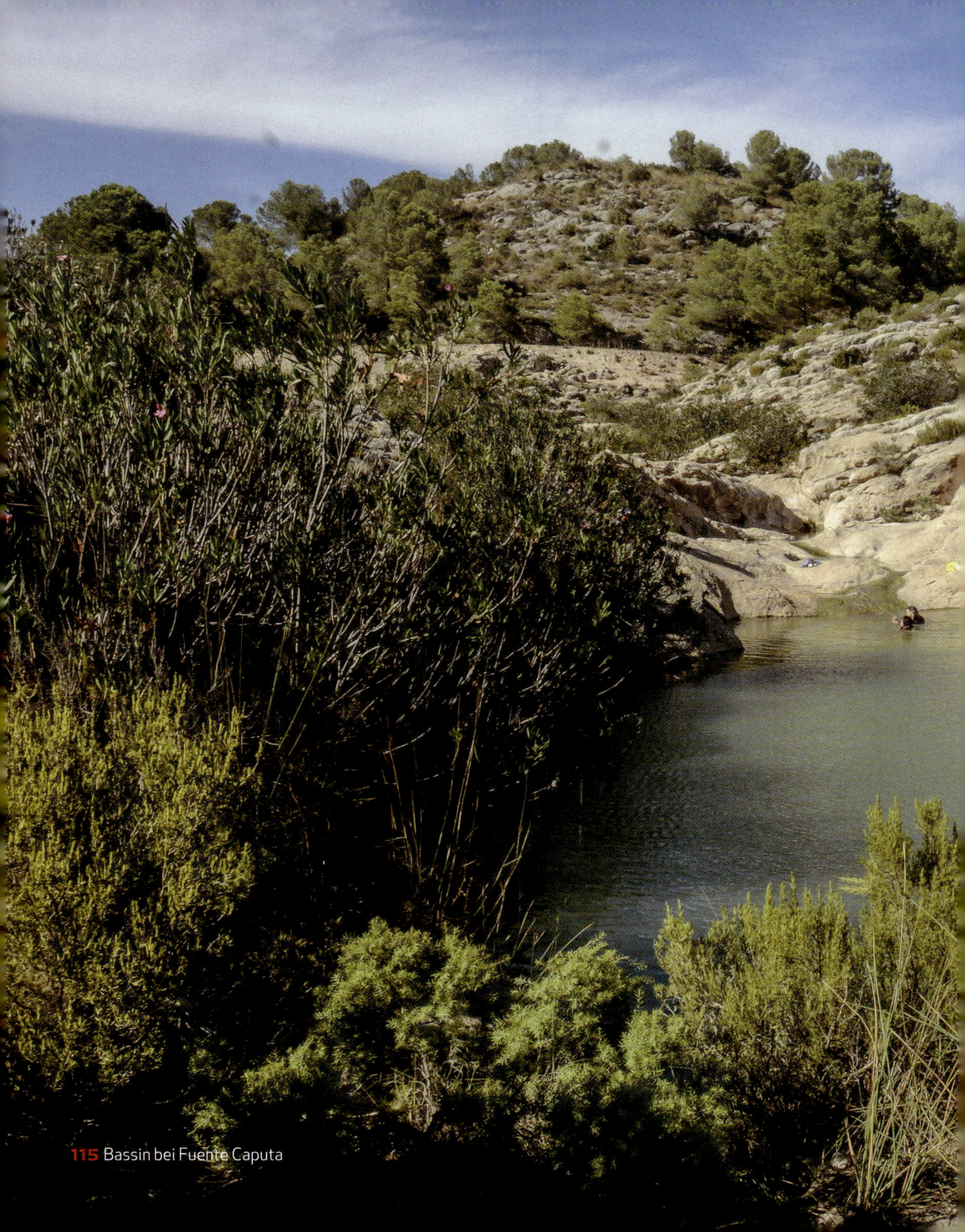

115 Bassin bei Fuente Caputa

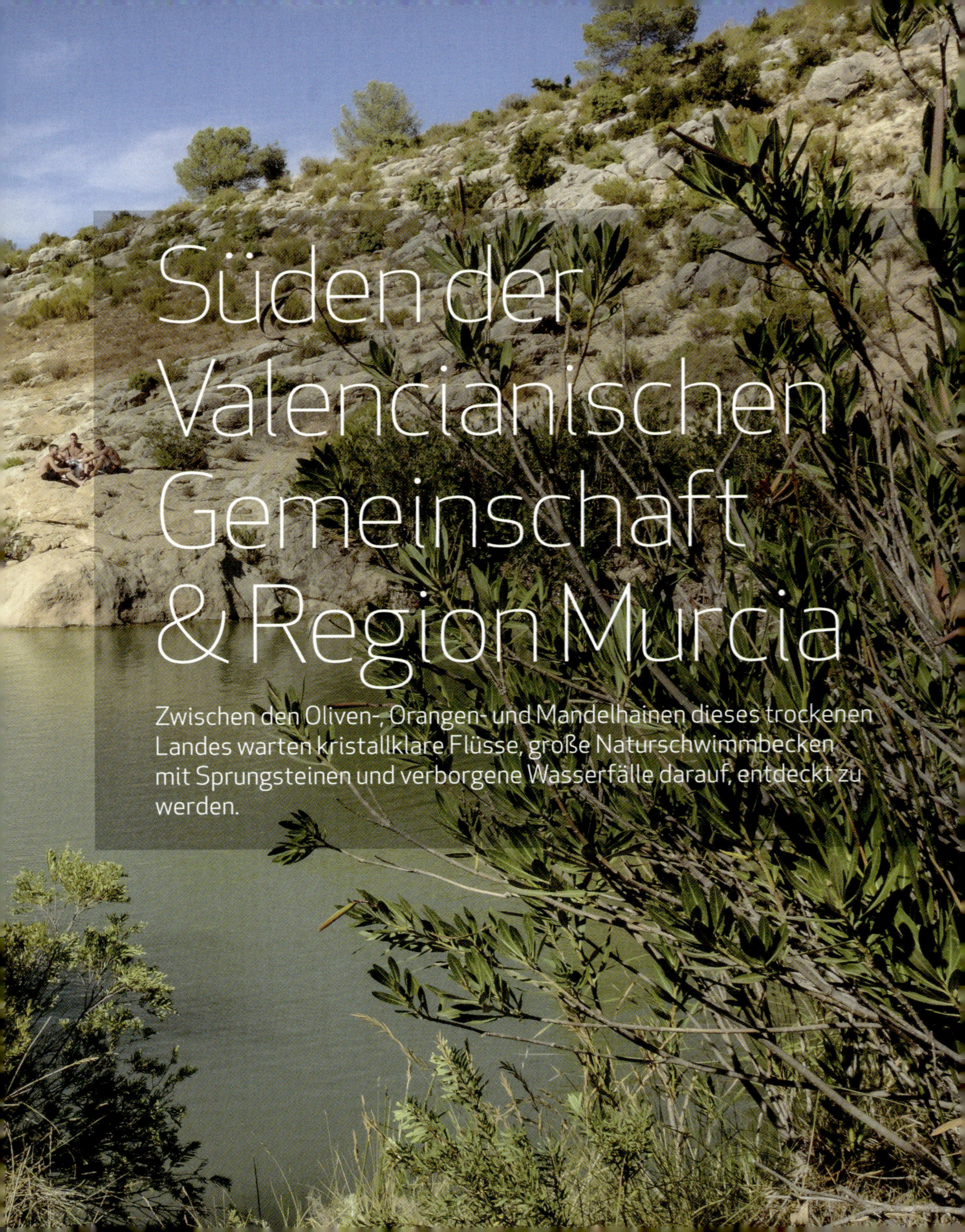

Süden der Valencianischen Gemeinschaft & Region Murcia

Zwischen den Oliven-, Orangen- und Mandelhainen dieses trockenen Landes warten kristallklare Flüsse, große Naturschwimmbecken mit Sprungsteinen und verborgene Wasserfälle darauf, entdeckt zu werden.

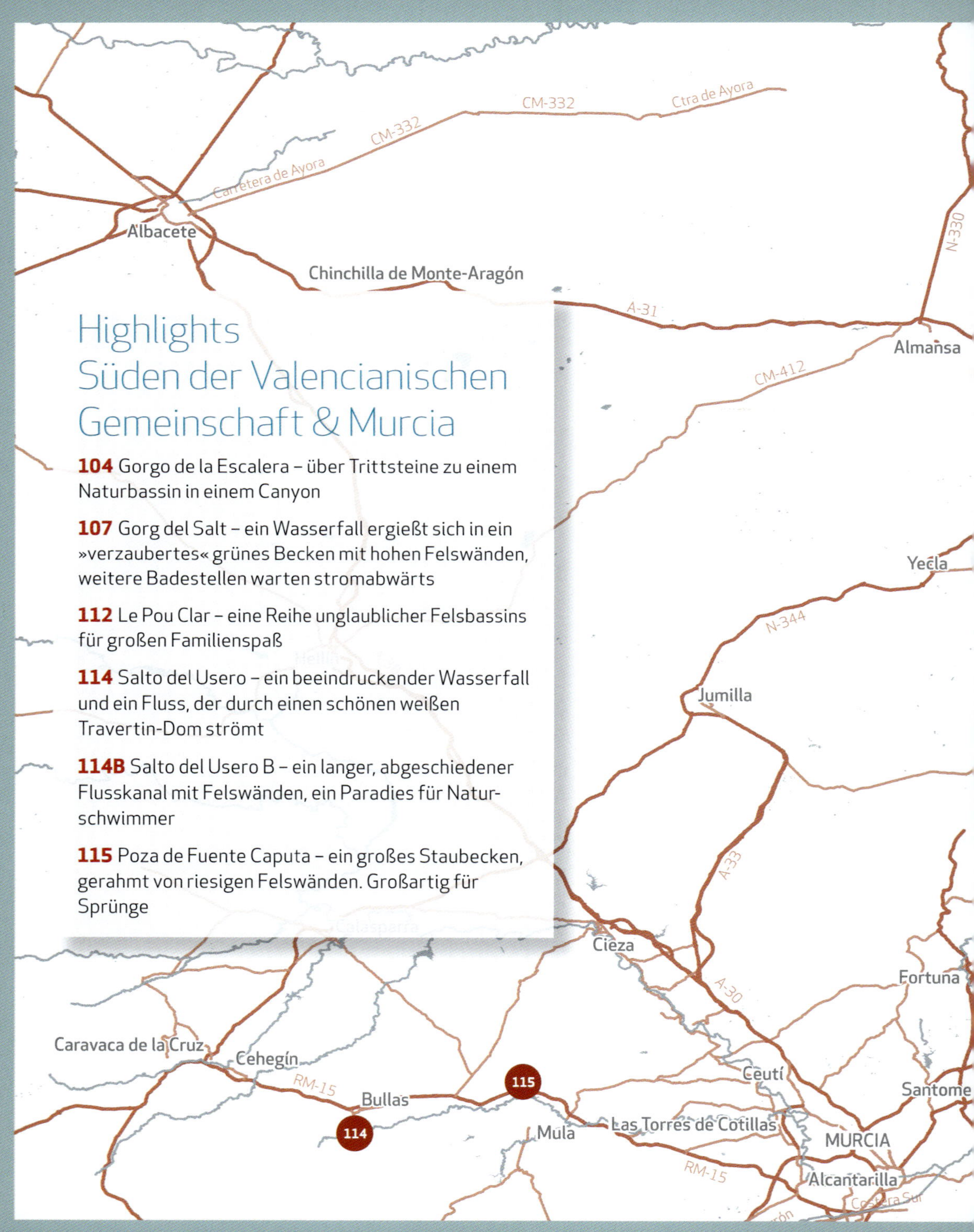

Highlights Süden der Valencianischen Gemeinschaft & Murcia

104 Gorgo de la Escalera – über Trittsteine zu einem Naturbassin in einem Canyon

107 Gorg del Salt – ein Wasserfall ergießt sich in ein »verzaubertes« grünes Becken mit hohen Felswänden, weitere Badestellen warten stromabwärts

112 Le Pou Clar – eine Reihe unglaublicher Felsbassins für großen Familienspaß

114 Salto del Usero – ein beeindruckender Wasserfall und ein Fluss, der durch einen schönen weißen Travertin-Dom strömt

114B Salto del Usero B – ein langer, abgeschiedener Flusskanal mit Felswänden, ein Paradies für Naturschwimmer

115 Poza de Fuente Caputa – ein großes Staubecken, gerahmt von riesigen Felswänden. Großartig für Sprünge

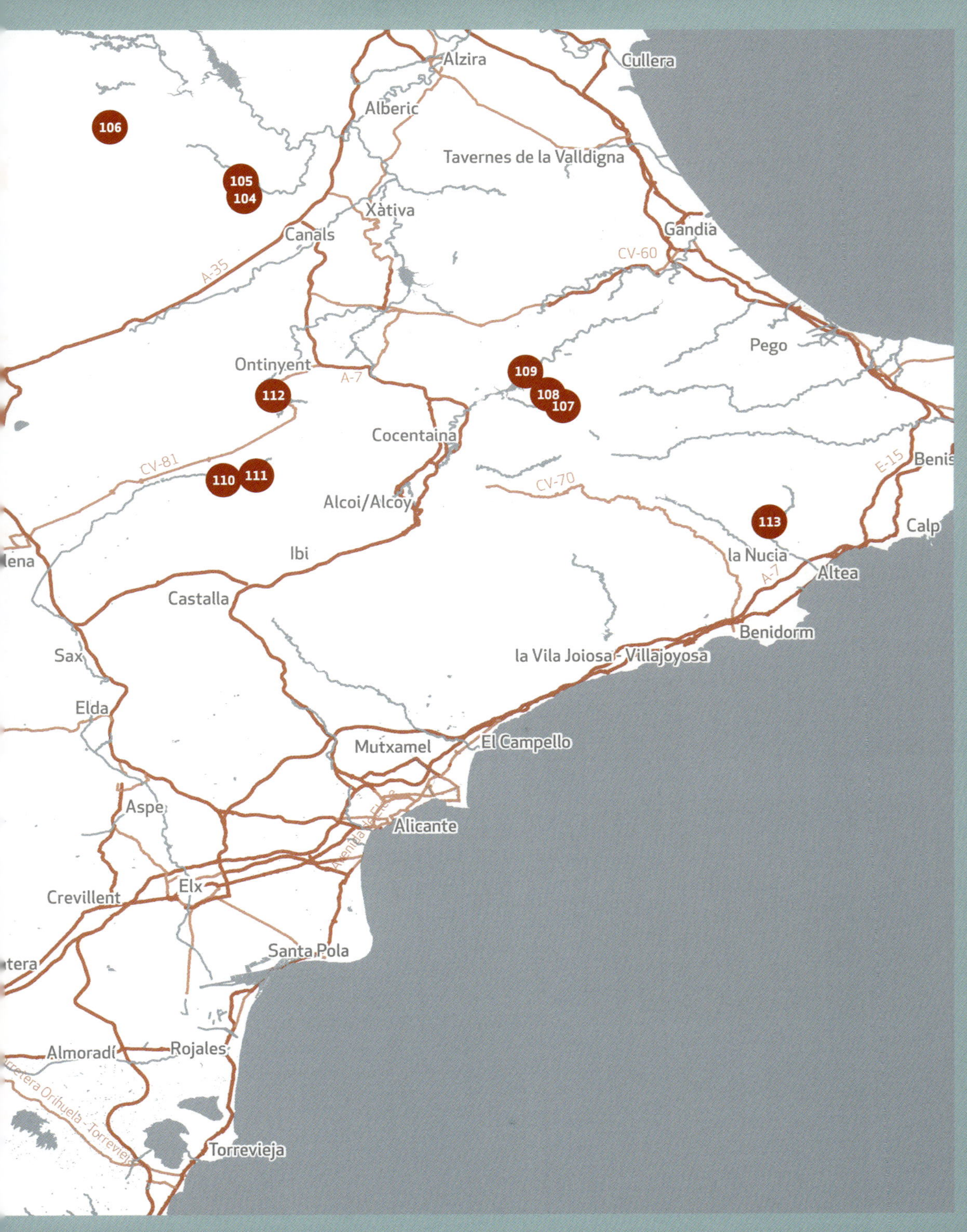

Alzira
Cullera
Alberic
106
Tavernes de la Valldigna
105
104
Xàtiva
Canals
Gandia
CV-60
A-35
Pego
Ontinyent
A-7
109
112
108
107
Cocentaina
CV-81
E-15
Benis
110
111
CV-70
Alcoi/Alcoy
113
Calp
lena
Ibi
la Nucia
A-7
Altea
Castalla
Benidorm
Sax
la Vila Joiosa - Villajoyosa
Elda
El Campello
Mutxamel
Aspe
Alicante
Elx
Crevillent
Santa Pola
tera
Almoradí
Rojales
rretera Orihuela - Torreviej
Torrevieja

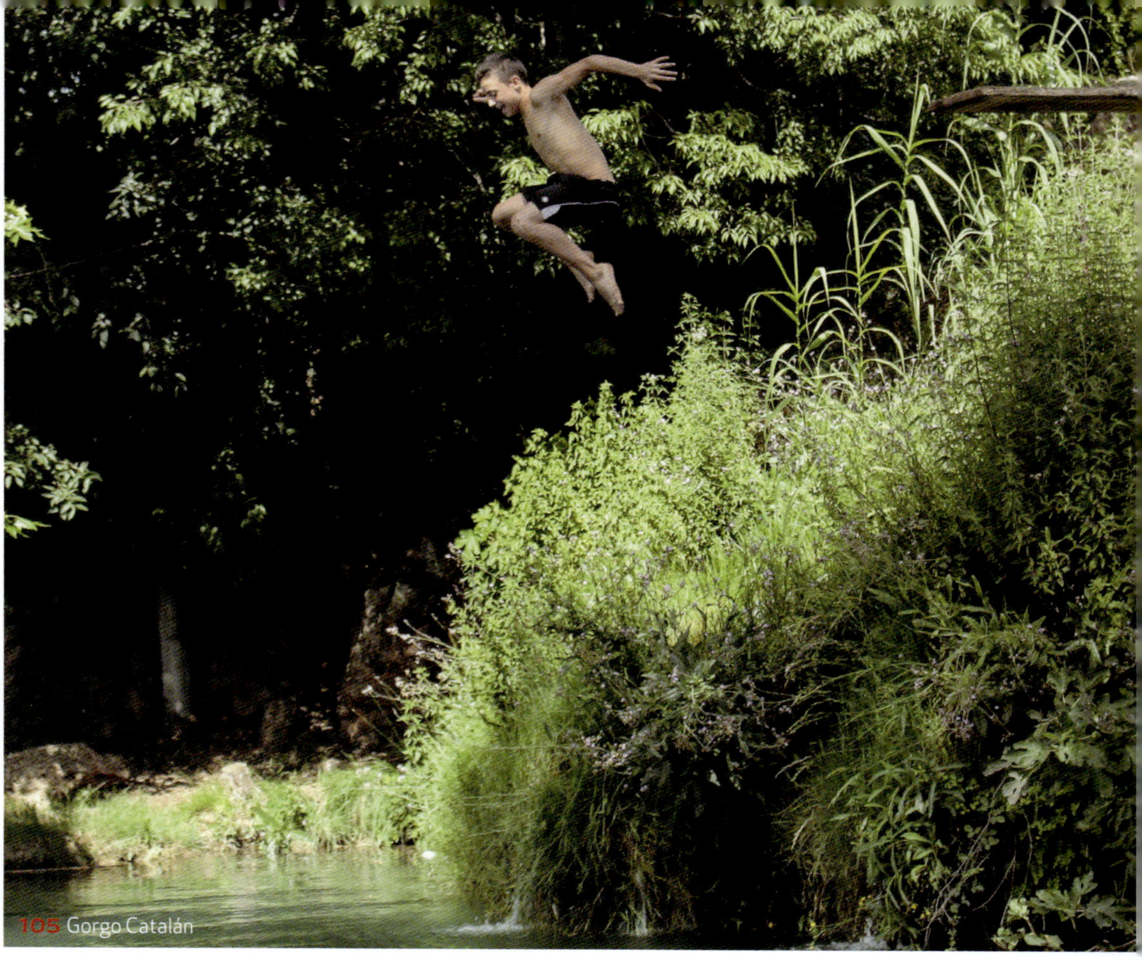

105 Gorgo Catalán

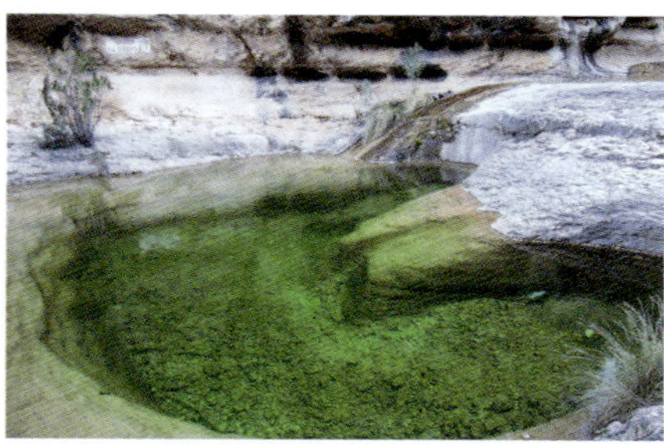
106

Große Seen, Sprünge von Felsen, legendäre Wasserfälle und wunderschön geformte natürliche Felsbassins in der Nähe heiler Dörfer sind ideale Gegenmittel für das sardinenbüchsenartige Gedränge an den valencianischen Stränden.

1957 kamen die ersten britischen Touristen nach Valencia, als British European Airways die Flugverbindung einrichtete. Die Attraktion war die sonnenverwöhnte Costa Blanca (weiße Küste) – eine Bezeichnung, die sich zwar eine Marketingfirma ersonnen hatte, die aber auch offenkundig vom schönen Licht inspiriert war, das der valencianische Maler Joaquín Sorolla y Bastida in seinen Bildern der Küste einfing.

Vor etwa 31.000 Jahren waren Stämme von Jägern und Sammlern die ersten Bewohner des Gebiets; sie hinterließen Artefakte und Höhlenmalereien. Die terrassierten Talhänge ▶

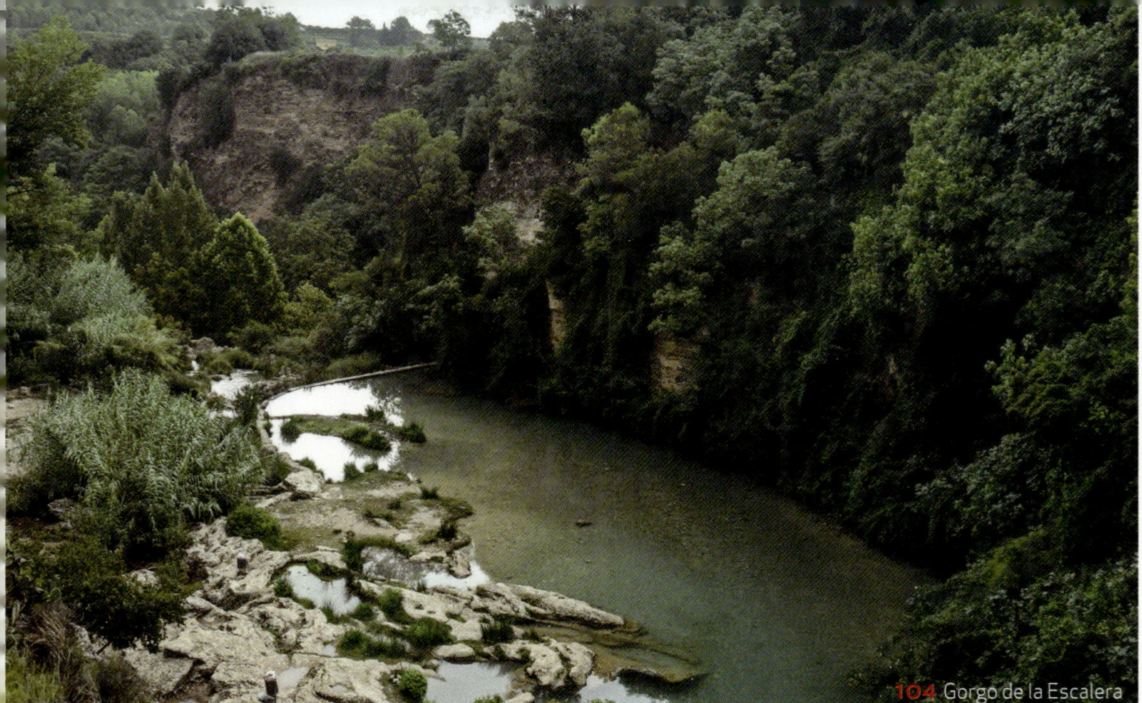

104 Gorgo de la Escalera

Anna & Quesa

104 GORGO DE LA ESCALERA

In diesem schönen Canyon liegt ein natürliches Strudelbecken am Fuß einer Serie von 136 Steinstufen. Gehen Sie auf Abenteuertour und erkunden Sie die Felsbassins flussabwärts, oder schwimmen Sie stromaufwärts zwischen den Felsen und Bäumen, um noch stillere Orte zu finden. Der seichte Fluss bietet ein ideales Kinderplantschbecken. Nur 1 Std. von Valencia und 1,5 Std. von Alicante entfernt.

➔ Auf der CV-580 Richtung Norden in das Dorf Anna, dort 50 m nach einer Tankstelle an der Ersten rechts dem Schild Gorgo de la Escalera folgen. Vorbei an einem mit Graffiti bedeckten, verlassenen Gebäude kommt nach 200 m ein Parkplatz. Gehen Sie zurück am Gebäude vorbei und dann die Erste links in einen schmalen Pfad, wo Sie ein Hinweisschild auf den Gorgo sehen werden. Folgen Sie diesem Weg und steigen Sie dann die Stufen zum Fluss hinab.

Leicht, 5 min, 39.0161, -0.6427

105 GORGO CATALÁN

Wenn Sie Tauchen und Springen lieben, besuchen Sie den Gorgo Catalán – ein kleiner, von Bäumen gesäumter See in der Nähe des Gorgo de la Escalera mit einem kleinen Wasserfall. Es gibt ein Schwingseil und sogar ein hölzernes Sprungbrett über der Uferböschung – ein netter Einfall. Der See ist nur einige Gehminuten durch das Dorf vom Gorgo de la Escalera entfernt (104). In der Nähe gibt es ein großes Areal zum Parken. Man kann auch einen Rundgang um das Dorf Anna machen.

➔ Folgen Sie der Wegbeschreibung zur Gorgo de la Escalera (104); vom Parkplatz in nördliche Richtung gehen, rechts in die Calle Pintor Molina Ciges biegen und sofort wieder links in die Calle Jesus. Überqueren Sie nach 5 min die Calle Ramón y Cajal und gehen Sie auf dem Camino de la Fuente weiter, biegen Sie rechts in die Calle Sta. Bárbara. Sie finden den See zu Ihrer Linken.

Leicht, 15 min, 39.0251, -0.6464

106 LOS CHARCOS DE QUESA

Flüsse, Schluchten und Pinienwälder zu erkunden ist etwas ganz anderes, als am Strand zu liegen. Wenn Sie gern zwischen berückenden Wasserfällen wandern und in kühlen, grünen Naturbecken schwimmen, dann sind Sie bei den »Teichen von Quesa«, Los Charcos de Quesa, gerade richtig. Ziehen Sie Wander- oder Turnschuhe an – die Wege sind steinig und zuweilen rutschig. Geeignet für Kinder.

➔ Richtung Westen aus Quesa heraus, beim Kreisverkehr die zweite Ausfahrt und 8 km weiter auf der Avenida de Corbera bis zu einer Ausfahrt mit dem Schild »Los Charcos« (400 m). Folgen Sie der Straße bis zu einer Parkgelegenheit. Von hier ist es ein leichter Weg zu den Becken und Wasserfällen; die Route ist gut ausgeschildert. Die berühmtesten Pools liegen in der Nähe des Erholungsbereichs nahe am Parkplatz. Der PR-203 Wanderweg beginnt und endet hier.

Leicht, 10 min, 39.0891 -0.7832

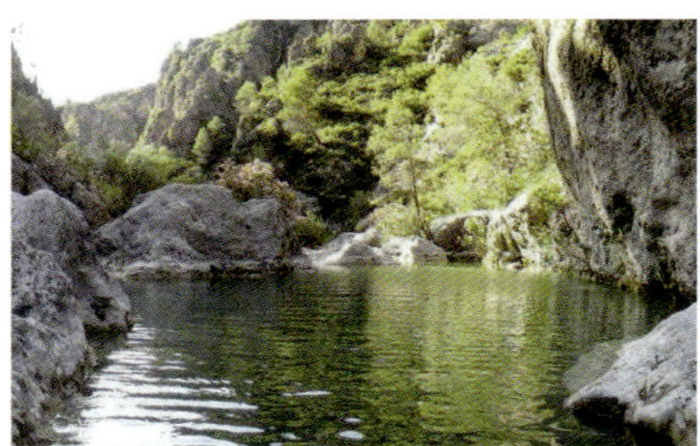

108

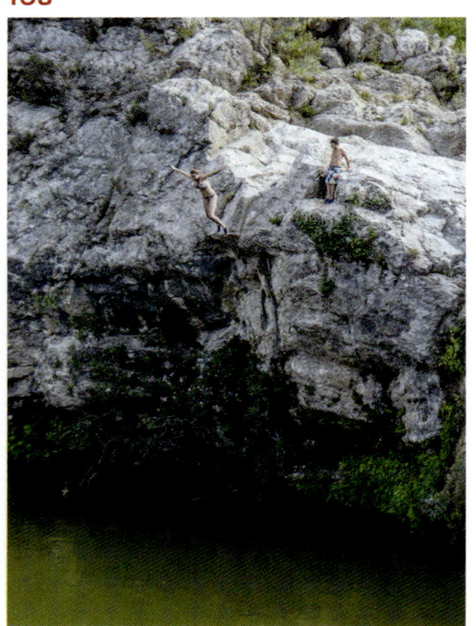

107

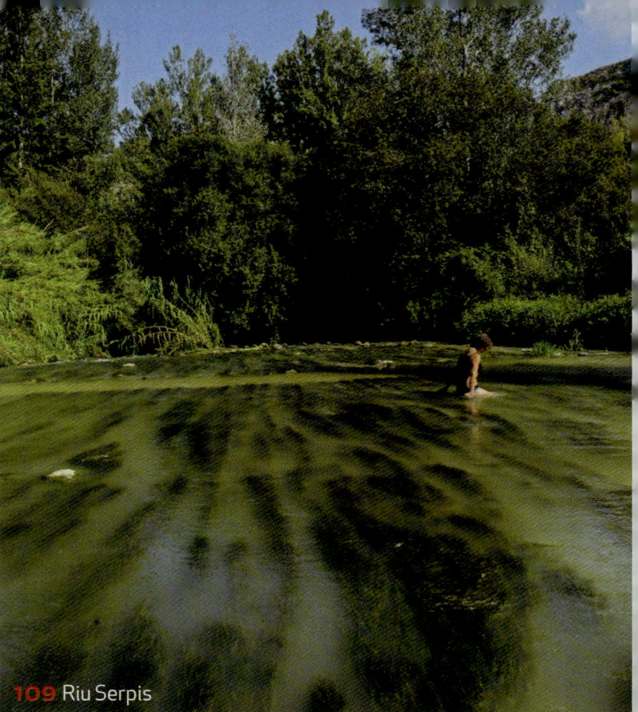

109 Riu Serpis

der Region zeugen von antiker griechischer und phönizischer Besiedlung. Ausgefeilte Bewässerungssysteme für Zitrushaine und Reisfelder wurden von den Mauren eingeführt. Die mittelalterlichen Zitadellen und Burgen sind Zeugnisse einer 500-jährigen arabischen Besetzung.

Im Binnenland harren imposante Berge, Oliven- und Mandelhaine und pittoreske Dörfer der Entdeckung, wo man leckere traditionelle Gerichte wie die weltberühmte Paella probieren kann – entstanden, nachdem die Mauren den Reis eingeführt hatten. Valencias reiches Kulturerbe, seine faszinierende Geschichte und wilden Badeorte machen die Region zu einem überaus lohnenden Reiseziel.

Südwestlich der Hauptstadt in der Nähe des Dorfes Quesa liegen in einer Schlucht des Río Grande natürliche Bassins, umgeben von großen Felsplatten und Pinienwäldern. Wir erkunden den Fluss stromauf- und stromabwärts und entdecken großartige Strudelbecken und Abgeschiedenheit. Der Charco del Chorro (Springquelle) ist erlesen: kristallklares Wasser, gerahmt von mächtigen Schichten roten, orangefarbenen, gelben und grauen Gesteins. Das nahegelegene Dorf Anna, wo mesolithische, neolithische und römische Überreste gefunden wurden, rühmt sich des Gorgo de la Escalera (Stufenbassin), ▶

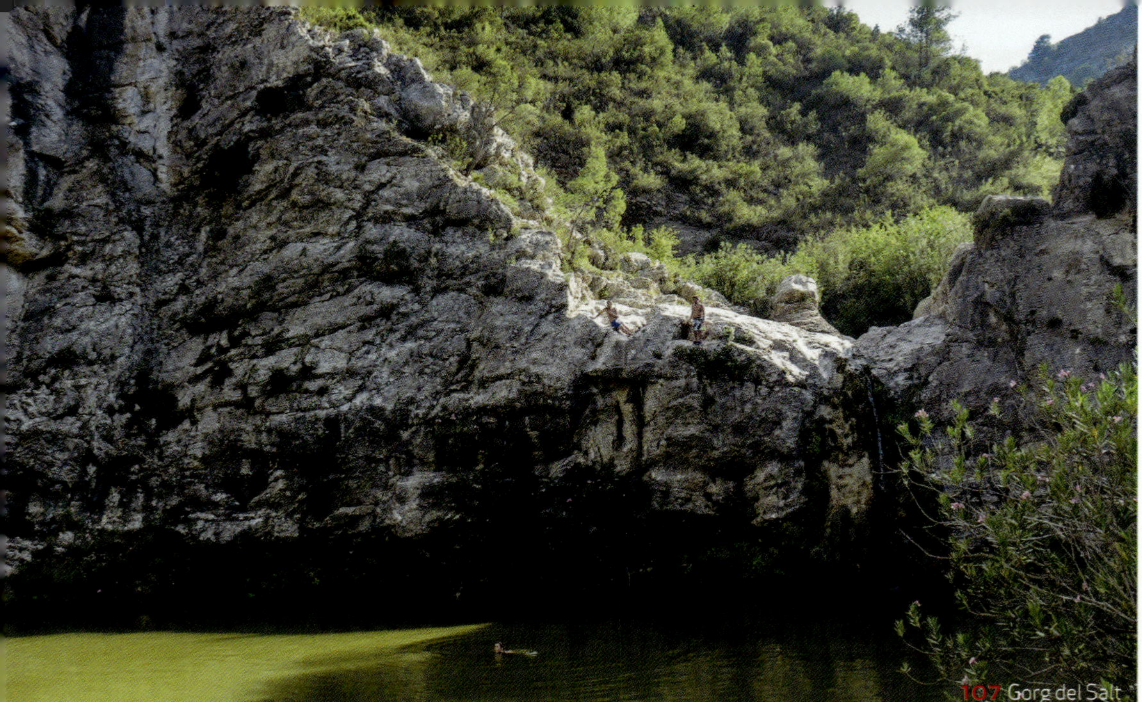

107 Gorg del Salt

Planes

107 GORG DEL SALT

Ein bezaubernder ovaler Pool in der Barranc de l'Encantà (Schlucht der Verzauberten) mit wunderbar klarem Wasser umgeben von Oleanderbüschen. Abhängig vom Flusspegel stürzt Wasser die Felsen hinab. Großartiger Ort für Sprünge von den Felsen – offenbar ein Initiationsritus der einheimischen Kinder.

➔ Von Planes (nördlich von Benidorm) auf der CV-700 gen Osten. Nach 2 km geht an einer kleinen Tafel mit der Aufschrift »Planes« und einer Übersichtskarte der Gegend links eine schmale Straße ab. Sie fahren auf dieser 300 m, halten rechter Hand nach Stufen in den Felsen Ausschau und parken den Wagen, wo sich Gelegenheit bietet. Gehen Sie diese hinab und über eine kleine Brücke bis zum Felsbassin. Zum besten Sprungplatz geht es zurück über die Treppe zur Straße, dann links zur anderen Seite der hohen Felsen. Sie müssen ein wenig klettern, aber der Felsvorsprung ist ganz leicht zu finden.

Leicht, 5 min, 38.7958, -0.3163

108 TOLL DEL BLAVET & TOLL DE L'ESTRET

Spektakuläre Naturbecken in der beeindruckenden Barranc de l'Encantà, wo man kaum auf andere Besucher stößt.

➔ Folgen Sie der Wegbeschreibung zum Gorg del Salt (107), fahren Sie an den Stufen vorbei 400 m weiter und biegen Sie nach links in einen Lehmweg mit dem Schild »Blavet«. Die Straße führt an zwei Hütten vorbei und geht dann in einen Pfad über, der zum Fluss führt. Nach 1 km erreichen Sie eine Hausruine und das Naturbecken Toll del Blavet, wo Sie baden können (38.8004, -0.32185). Wenn Sie zum Pfad zurückkehren und ihn 300 m an einer Mühlenruine vorbei weitergehen, gelangen Sie zu einigen kleineren Bassins und einem großen Wasserfall und schließlich zu einem größeren Pool, dem Toll de l'Estret. Es gibt einen schmalen Pfad zum Wasser hinunter. Falls Sie völlige Abgeschiedenheit vorziehen, folgen Sie dem Fluss noch etwas weiter zu einem anderen Becken.

Leicht, 15 und 20 min, 38.7990, -0.3261

109 RIU SERPIS

An Weinbergen und Oliven- und Orangenplantagen geht es vorbei zu einem Badefluss, der im Amazonasregenwald nicht deplatziert erscheinen würde. Zum Glück gibt es hier keine Alligatoren oder Piranhas.

➔ Von Planes auf der CV-711 Richtung Norden, bis nach 2 km auf der linken Seite der See kommt. Biegen Sie kurz vor dem Damm am Schild »Barranc de l'Encantada« rechts ab und fahren Sie bis zum Ende der Straße durch bis zur Sperrkette, wo Sie parken können. Folgen Sie dem breiten Schotterweg 100 m von hier zum Fluss. Am anderen Ufer finden Sie eine herrliche Stelle für ein Picknick.

Leicht, 5 min, 38.8241, -0.3493

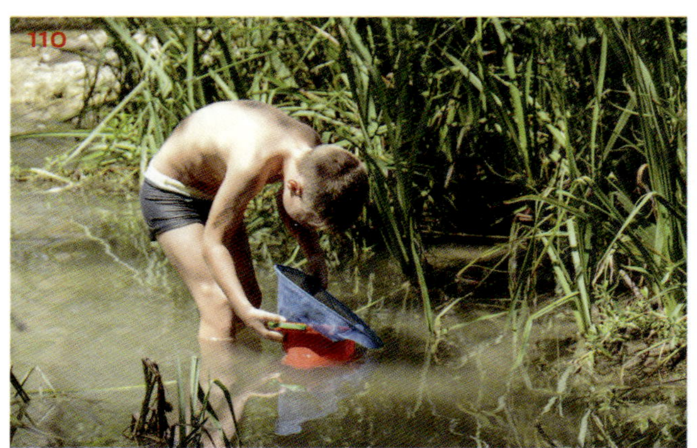
110

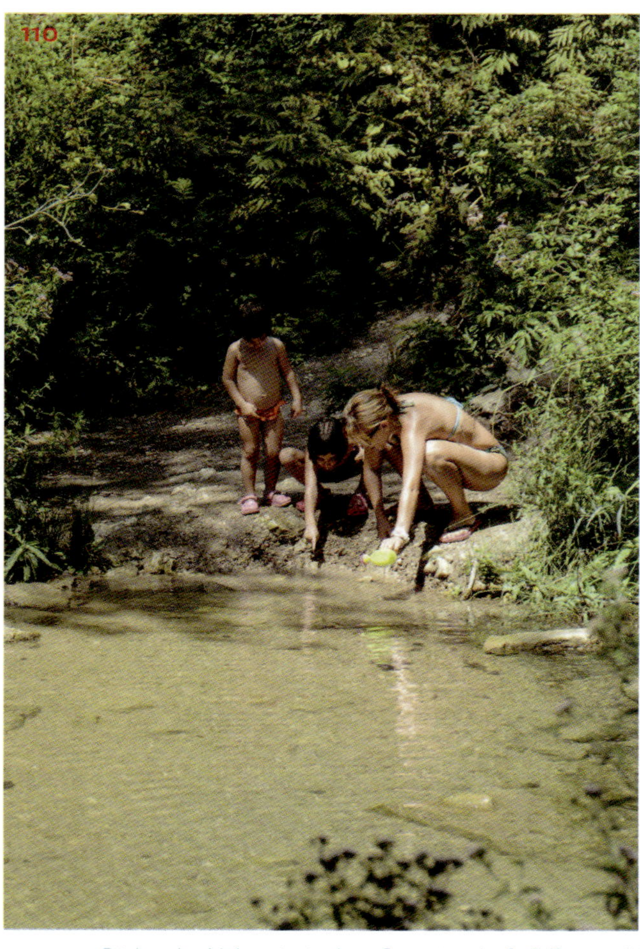
110

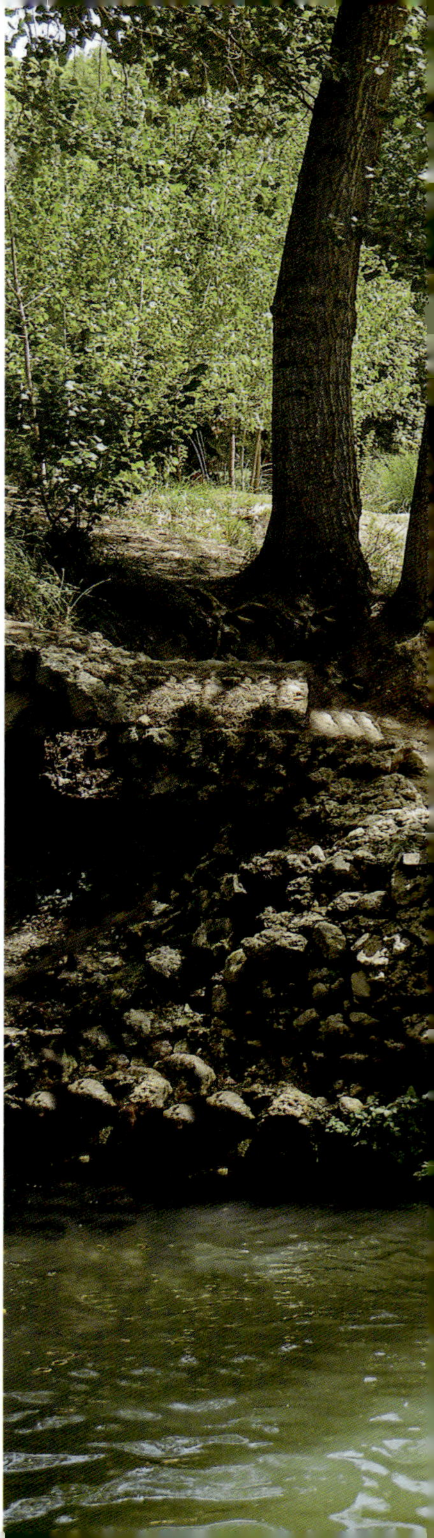

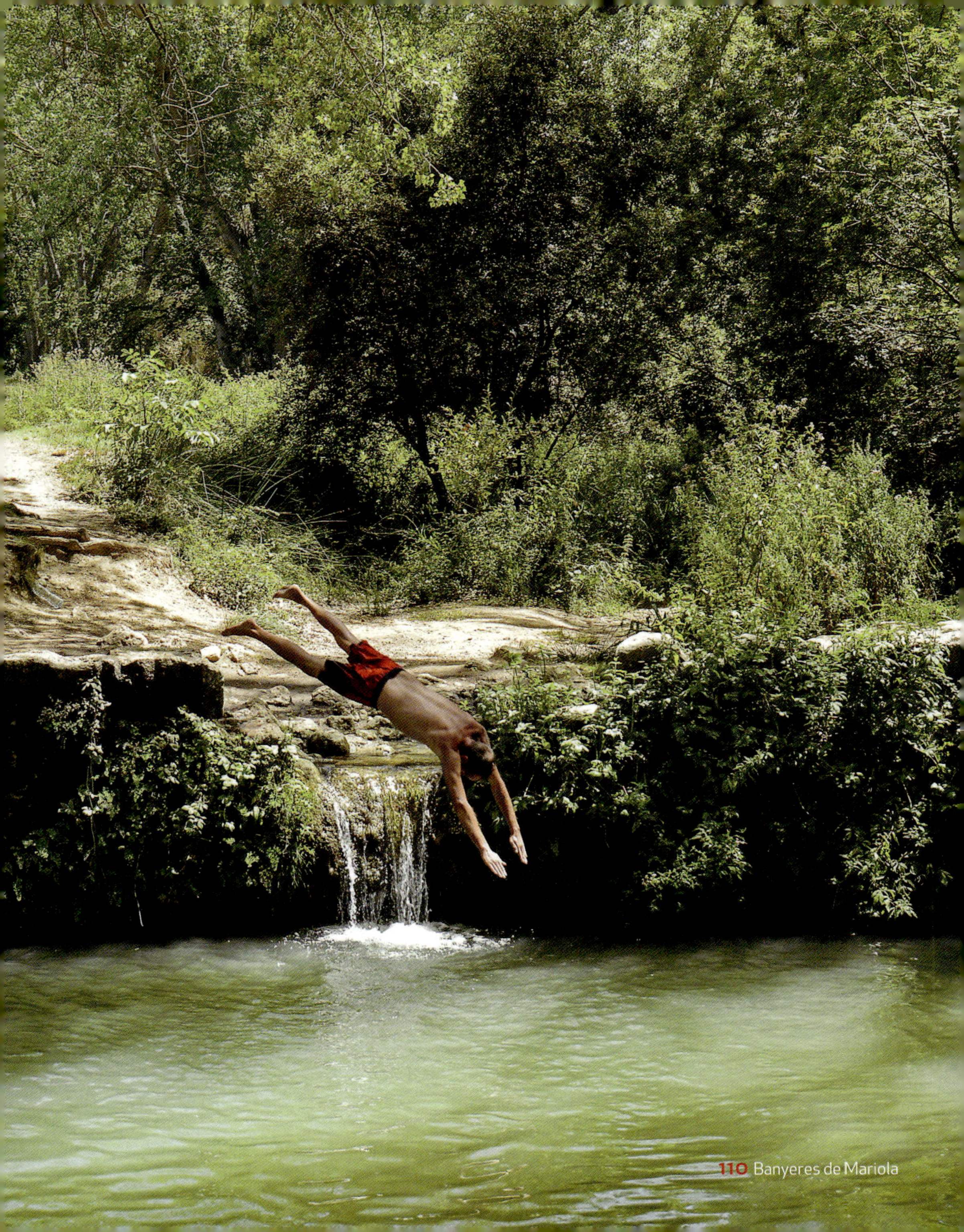

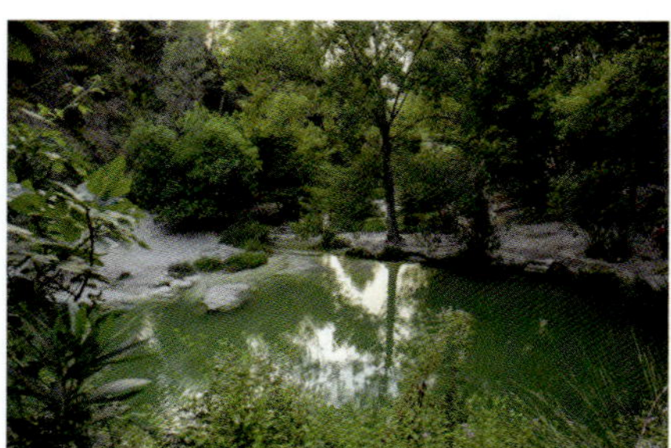

112

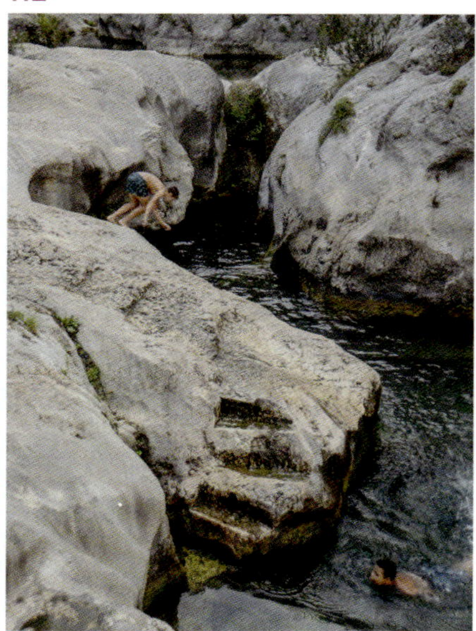

112

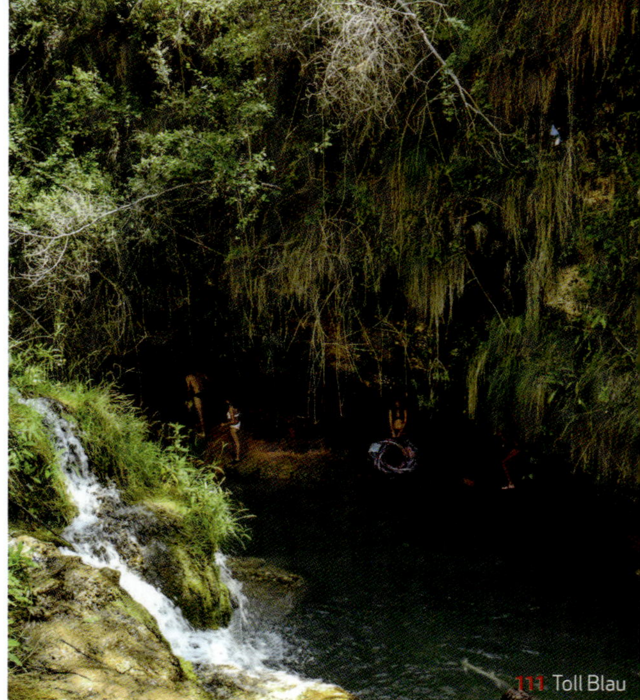

111 Toll Blau

benannt nach den 136 Stufen, die man hinabsteigen muss, um in seinem grünen Wasser zu baden.

Auf dem Weg Richtung Süden in die Berge des Naturparks Sierra de Mariola machen wir einen Abstecher zum Pou Clar (klarer Teich) am Rand des Städtchens Ontinyent: eine Abfolge von sechs natürlichen Bassins, die der Río Clariano in den Felsen modelliert hat. Die Einheimischen kommen zuhauf, um die Schönheit der Natur und das Bad in den Felsbassins zu genießen.

Abseits der ausgetretenen Pfade besuchen wir schließlich den Gorg del Salt in der Barranc de l'Encantà (Schlucht der Verzauberten), wo der Legende nach eine schöne arabische Frau einen von den Mauren vergrabenen Schatz bewacht. Wir gehen den Weg weiter zum Toll del Blavet (Kornblumenteich) und dem Toll de l'Estret (Klammteich) und halten nach dem Steinadler Ausschau, der Himmel und Felsgipfel patrouilliert.

Les Fonts de l'Algar bietet eine unglaubliche Serie von Wasserfällen inmitten von Oleander und üppiger mediterraner Vegetation, aber sie sind auch ein sehr beliebtes Ausflugsziel. Zwei gute Tipps für Naturschwimmer: Fahren Sie vor 8.30 Uhr hin, dann müssen Sie keinen Eintritt bezahlen und vermeiden das Gedränge; folgen Sie dann dem Fluss stromaufwärts ▶

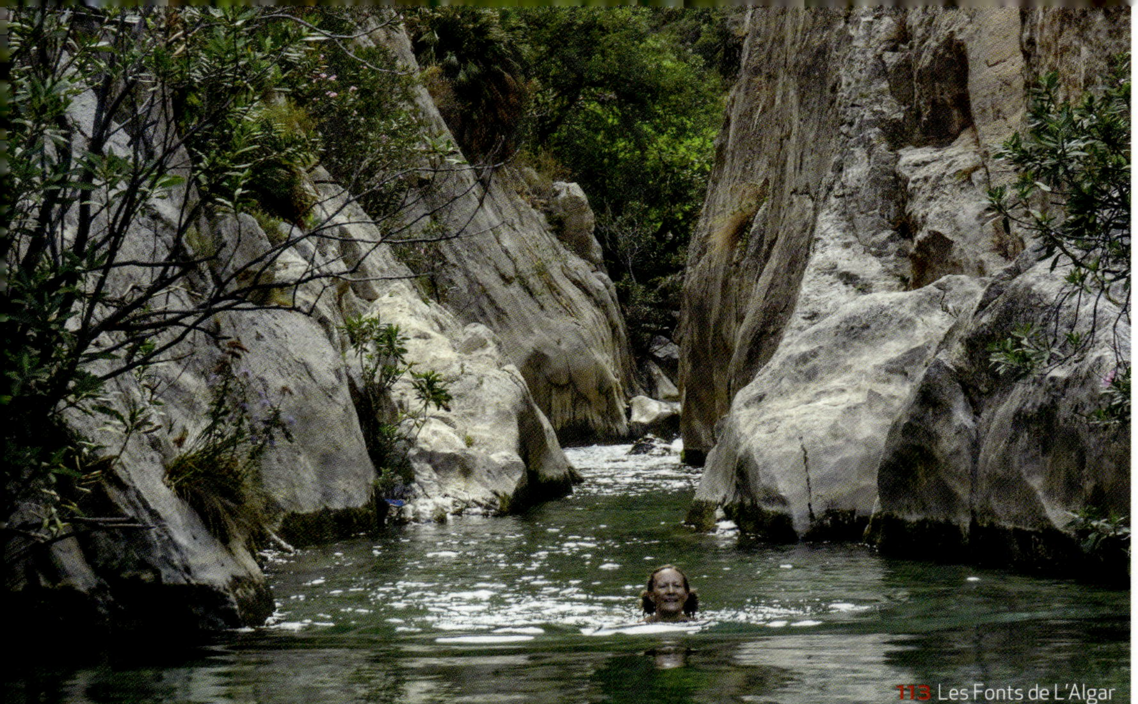

113 Les Fonts de L'Algar

Banyeres & Algar

110 BANYERES DE MARIOLA

In den Vorbergen der Sierra de Mariola gelegen, ist dieses angenehme runde Becken des Río Vinalopó von Pappeln umgeben. Von den hohen Böschungen kann man springen. Am Flussufer können Sie die 3,5 km lange waldige Ruta del Molins entlangwandern.

→ Parken Sie auf der CV-795, von Banyeres de Mariola kommend, kurz vor dem Fluss. Folgen Sie dem Pfad 5 min stromauf, um das beste Bassin zu finden. Schöner Zeltplatz ⛺ Villa Carmen Bocairent (www.zonadecampada.es).

Leicht, 10 min, 38.7069, -0.6643

111 TOLL BLAU

Stromabwärts von Font de la Coveta, das viele als Quelle des Río Vinalopó betrachten, liegt eine schöne, höhlenartige Badestelle mit Wasserfall und klarem, blauem Wasser. Ein großartiger Ort, um sich nach einer Wanderung durch den Wald abzukühlen.

→ Von Banyeres de Mariola auf der CV-795 Richtung Süden. Halten und parken Sie am Centro de Interpretación de la Serra de Mariola (38.6989, -0.6393). Es gibt hier auch eine Jugendherberge. Folgen Sie dem Pfad 2,4 km. Ein Schild verbietet zwar die Einfahrt, wir sahen aber viele Autos auf dieser Straße. An einer verlassenen Fabrik auf der Rechten können Sie parken und einen schmalen Weg hinunter zum Fluss einschlagen. Gehen Sie weitere 20 min, bis Sie den Pool und den Wasserfall sehen.

Leicht, 30 min, 38.7117, -0.6300

112 POU CLAR

Eine verlockende Reihe von Strudelbecken und Wasserfällen: Hier, an der Quelle des Río Clariano, hält das Wasser eine Temperatur von 16–17° C. Ein hübscher Ort unter Eichen und Pinien.

→ Von Ontinyent auf der CV-81 nach Süden bis Bocairent. An der Kreuzung zur CV-655 nach Fontanars rechts fahren, so gelangen Sie zu einem Parkplatz. Der Pou Clar liegt direkt vor Ihnen. Alternativ können Sie den Wanderweg PRV-121 nehmen.

Leicht, 2 min, 38.7988, -0.6127

113 LES FONTS DE L'ALGAR

Eine wunderschöne, aber kommerziell genutzte Reihe von Naturbassins und Wasserfällen. Wenn Sie vor 8.30 Uhr hinfahren, vermeiden Sie das Eintrittsgeld und die Menschenmengen und haben den Ort für sich. Die besten Badestellen liegen stromaufwärts, jenseits der den Weg versperrenden Metallkette und dem Schild »Zugang verboten«. Ignorieren Sie es und gehen Sie den Pfad weiter, der nun schwieriger wird. Sie müssen einige Felsen hinabklettern, bis Sie zu einer engen Schlucht mit klarem, kühlem Wasser gelangen. Schwimmen Sie bis zum Ende und klettern Sie die Felsen hinauf, um, von Oleander umkränzte, eindrucksvolle Felsbassins zu entdecken.

→ Von Callosa d'en Sarrià auf der CV-715 Richtung Bolulla. Beim ersten Kreisverkehr die erste Ausfahrt mit dem Schild »Fonts de l'Algar« nehmen. Der Eingang liegt weitere 500 m zur Rechten. An der Straße gibt es reichlich Parkmöglichkeiten. Praktischer Zeltplatz ⛺ Fonts de l'Algar Camping (www.fontsdelalgar.com).

Leicht, 5 min, 38.6602, -0.0949

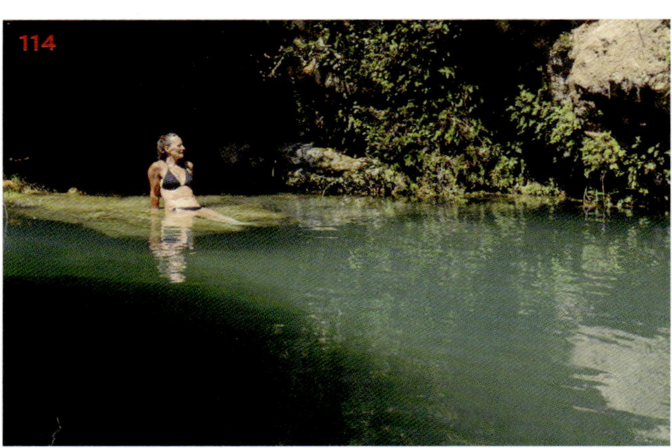
114

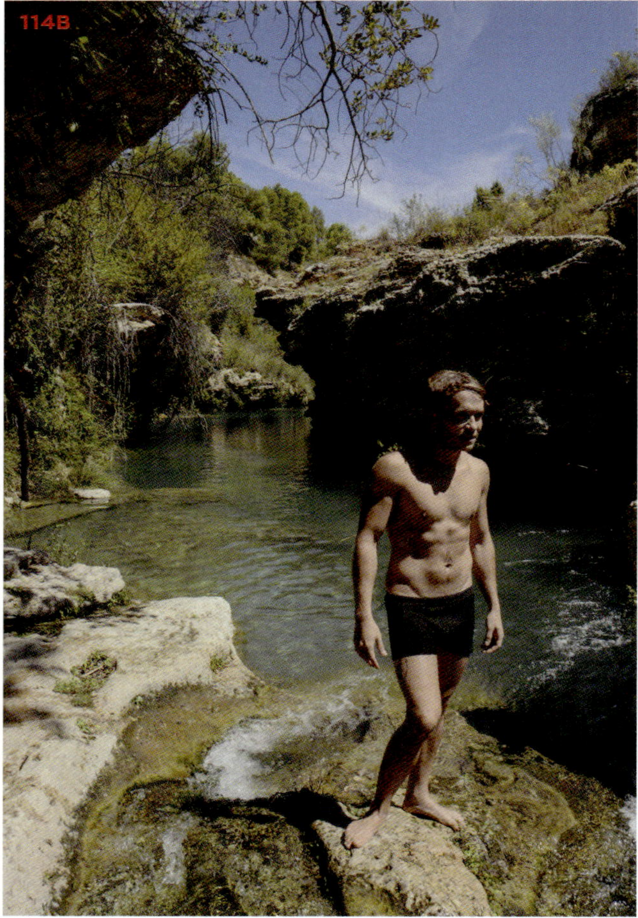
114B

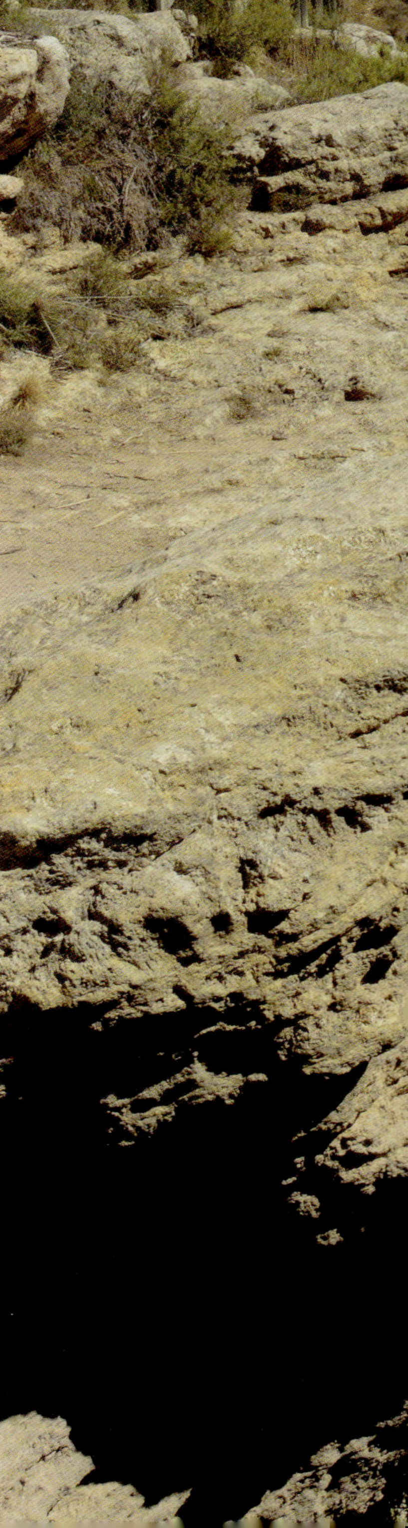

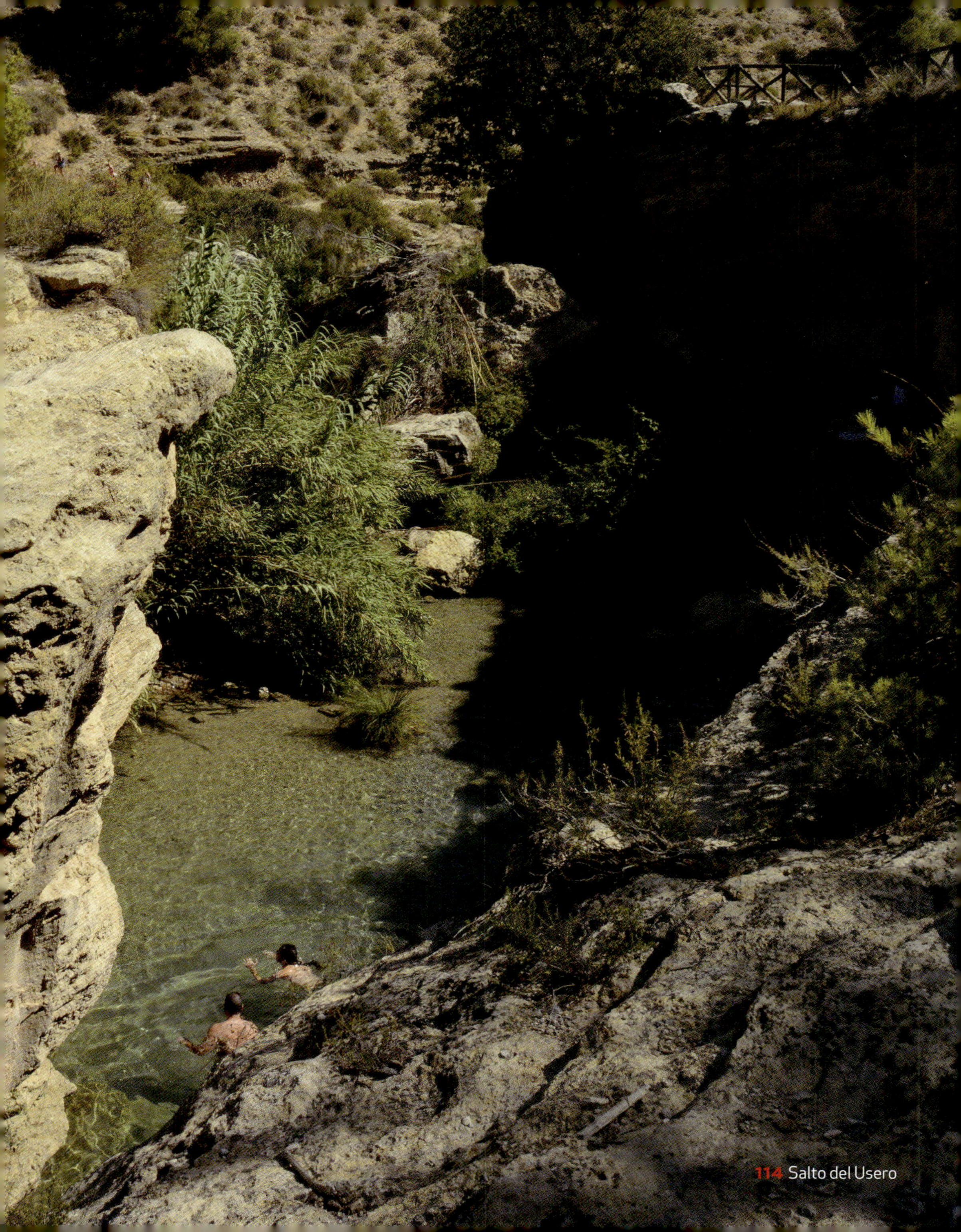

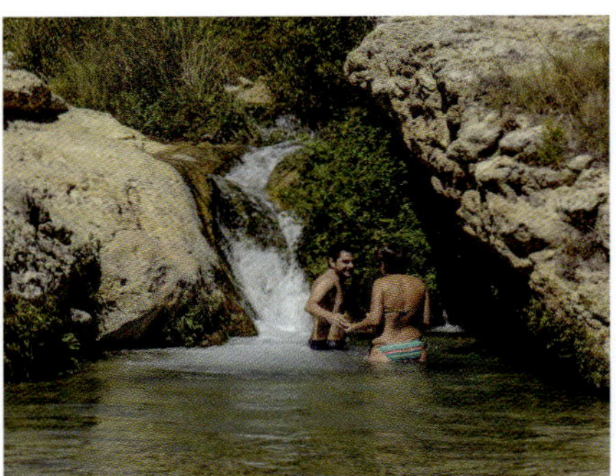

114A

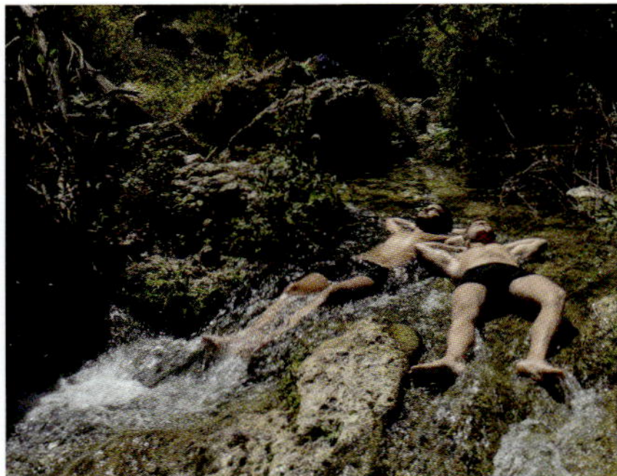

114B

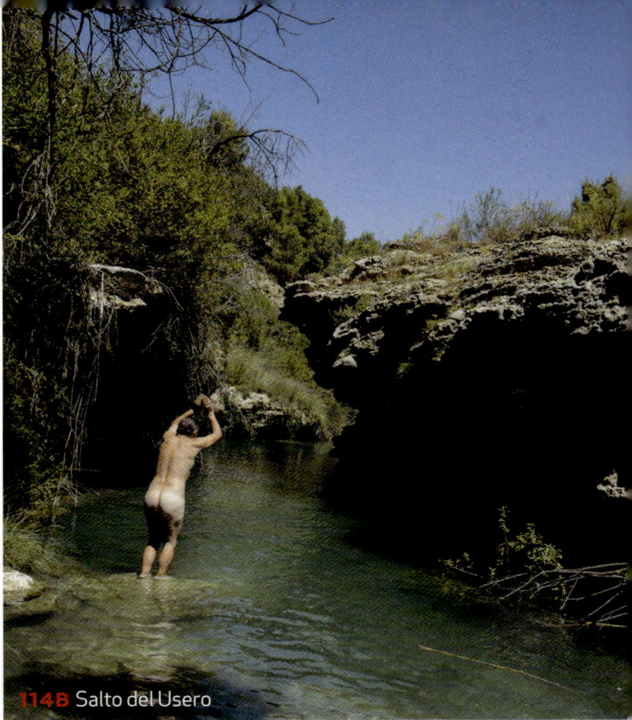

114B Salto del Usero

jenseits der Schilder, die vor dem Weitergehen warnen. Sie können durch den tiefen, schmalen Kanal schwimmen, durchs Wasser waten und die Felsen hinaufklettern, wo herrliche Bassins zum Baden auf Sie warten.

In den Bergen von Murcia suchen wir ein großes Naturschwimm becken, die Poza de Fuente Caputa in der Nähe von Mula. Wir sind von dem kleinen Teich, auf den wir stoßen, nicht überzeugt obwohl er hübsch anzusehen und sehr schwimmtauglich ist, daher folgen wir einem von Schilf und Brombeerbüschen gesäumten Bach, der durch den Nadelwald fließt. Als wir glück liches Kreischen vernehmen, steigen wir über den Berg und finden uns auf einem 10 m hohen Felsen über einem ausladende Strudelbecken an einer spektakulären Felswand wieder.

Im kühlen blauen Wasser des Río Mula, das in Höhlen im weiße Kalkstein verschwindet und wieder hervortritt und in einem Wasserfall mündet, dem Salto del Usero, lernen die Einheimischen schwimmen. Einem Tipp folgend, wandern wir den etwa heiklen Pfad am Fluss entlang auf der Suche nach noch wildere Badefreuden. Wir kraxeln zu einem kleinen Wasserfall hinab, der zu einem langen, tiefen Kanal führt. Es ist herrlich hier, rasch streifen wir unsere Sachen ab und springen hinein.

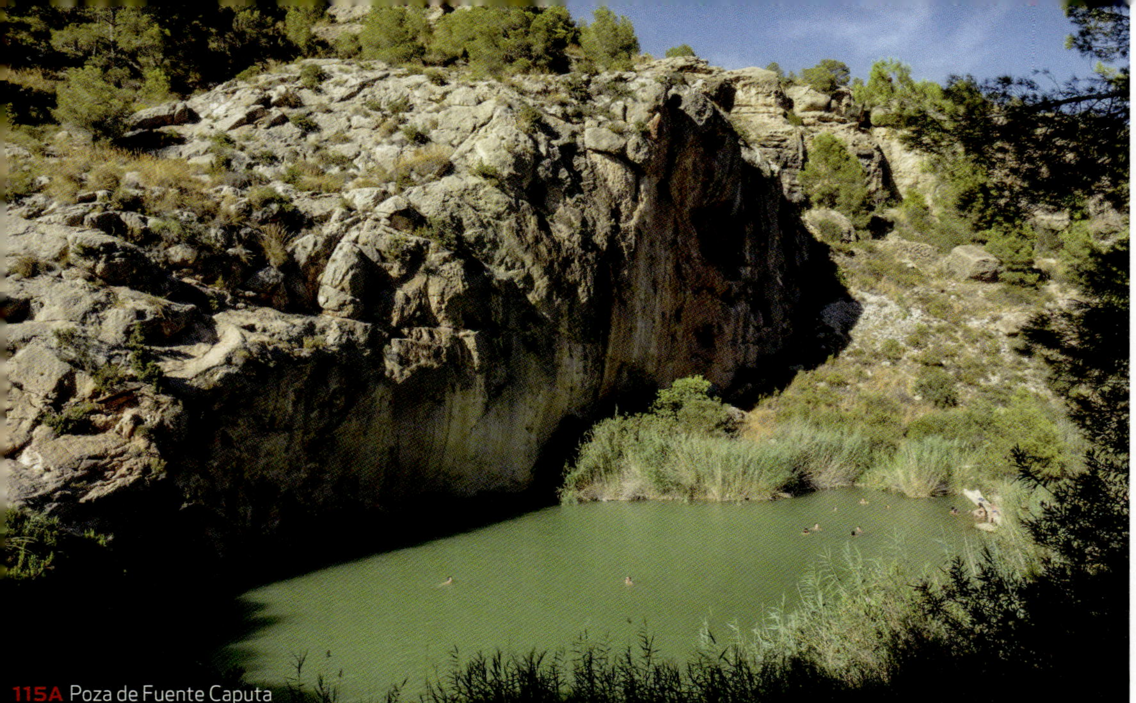
115A Poza de Fuente Caputa

Murcia

114 SALTO DEL USERO

Am Río Mula unter einem natürlichen Felsdom fanden wir den Salto del Usero, ein beindruckender Wasserfall mit Bassin. Alljährlich versammeln sich hier die Einheimischen in der längsten Nacht des Jahres, um die Bajada de la Mora zu feiern (Abstieg der Maurenprinzessin).

➔ Bei Bullas von der RM-15 ab und auf der Calle del Río Richtung Süden fahren. Gegenüber dem Holzhandel links in die nicht ausgeschilderte Straße biegen und 500 m bis zu einem Parkplatz zur Linken weiterfahren (38.0299, -1.6743). Weiter zu Fuß auf der Calle del Río bis zu einem großen Felsen in der Mitte der Straße. Der Salto del Usero liegt linker Hand.

Leicht, 10 min, 38.0257, -1.6740

A Salto del Usero – Wasserfall

Ein bescheidener Wasserfall, wo der Fluss zu einem Becken aufgestaut wurde.

➔ An der Nordseite des Flusses Mula führt ein Pfad entlang. Folgen Sie diesem, bis Sie zur Rechten den Wasserfall am Grund der Schlucht sehen. Der Weg ist heikel.

Mittel, 10 min, 38.0260, -1.6720

B Salto del Usero – Flussbecken

Die Schönheit dieses Badeausflugs wiegt die Anstrengung des Wegs dorthin bei weitem auf. Sehr zu empfehlen.

➔ Sie gehen von 114A aus den ab hier steil ansteigenden Weg weiter hinauf, überqueren einen breiten Bach auf einer Holzplanke und biegen scharf links in Richtung des Geräusches tosenden Wassers ab. Der Fluss liegt darunter. Rechts hilft Ihnen ein Gummischlauch beim Abstieg. Es geht 2 bis 3 m hinab, und man kommt nur mit Mühe wieder hoch, aber die Anstrengung lohnt.

Schwierig, 15 min, 38.0261, -1.6712

115 BASSIN BEI FUENTE CAPUTA

Auf dem Weg zur Poza de Fuente Caputa stießen wir auf dieses schöne, verlassene, an einem Hang versteckte Naturbassin.

➔ Von der Stadt Mula Richtung Nordwesten auf der RM-516. Beim Kreisverkehr auf die B-27 abfahren und 2,4 km nach Norden bis zur Kreuzung weiterfahren. Sie biegen rechts in einen Schotterweg und fahren bei den folgenden drei Gelegenheiten ebenfalls rechts ab. Überqueren Sie eine Betonbrücke über den Fluss auf der Rechten und parken Sie links. Folgen Sie dem Pfad am Ende des Parkplatzes rechts ins Tal hinab. Das kleine Naturbecken liegt zur Linken.

Leicht, 10 min, 38.0795, -1.5025

A Poza de Fuente Caputa

Dem Pfad am Fluss folgend, wussten wir, dass wir auf der richtigen Fährte waren. Nachdem wir einen Felsen hochgeklettert waren, fanden wir ein schönes Naturbecken mit aufragenden Felsen zum Springen.

➔ Folgen Sie von Nacimiento de Fuente Caputa einem kleinen Pfad am Fluss 300 m weit. Am Ende findet sich ein kleiner Pfahl mit einem rechteckigen gelben Pfadschild, dann eine hohe Felswand und ein sehr kleines Bassin. Sie biegen links ab und gehen über den Felsen zwischen zwei Pinien, dann liegt 12 m zu Ihren Füßen ein stattliches Becken von 50 m Durchmesser. Klettern Sie die Felsen gegen den Uhrzeigersinn hinab, um zum Wasser zu gelangen.

Mittel, 20 min, 38.0793, -1.5008

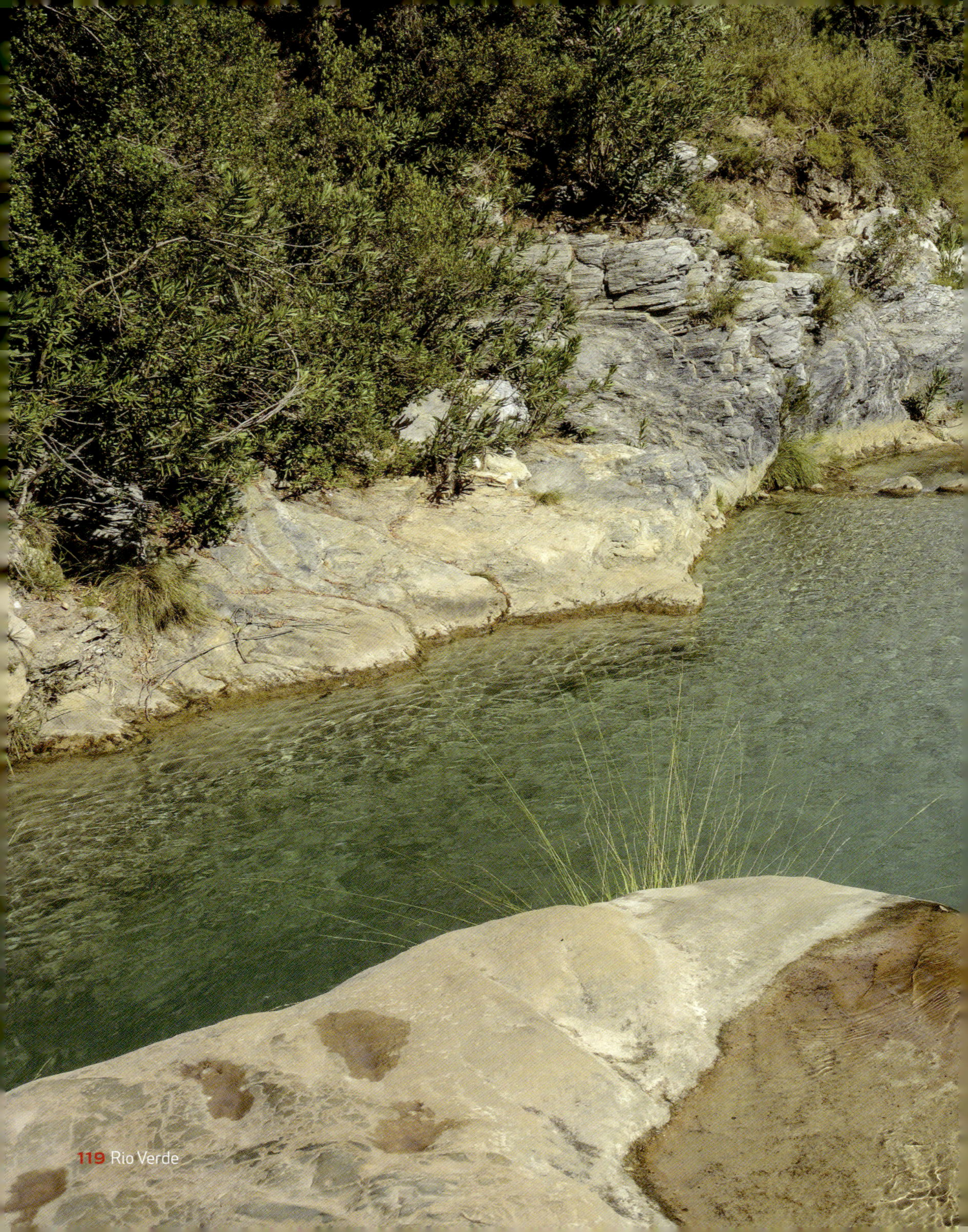

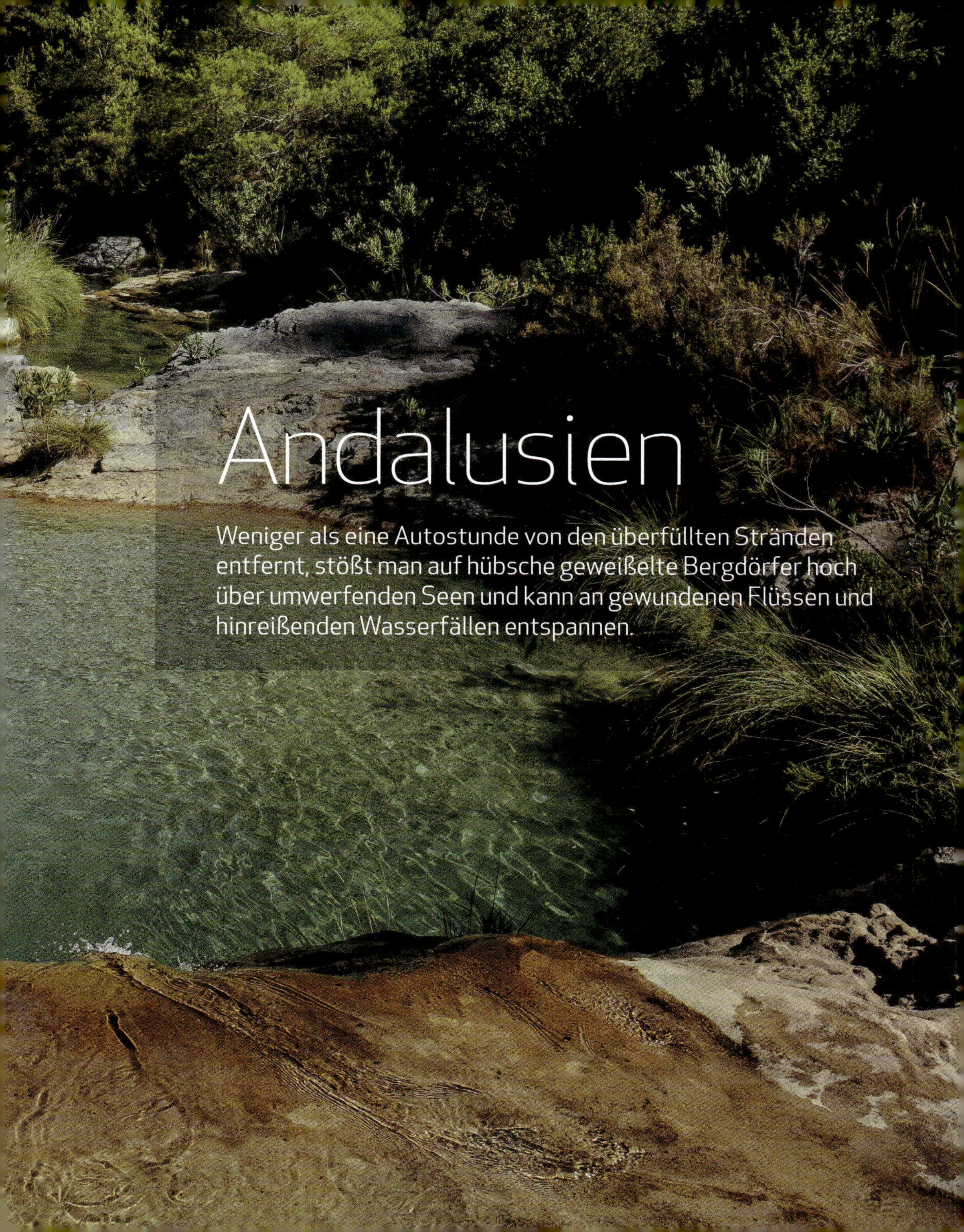

Andalusien

Weniger als eine Autostunde von den überfüllten Stränden entfernt, stößt man auf hübsche geweißelte Bergdörfer hoch über umwerfenden Seen und kann an gewundenen Flüssen und hinreißenden Wasserfällen entspannen.

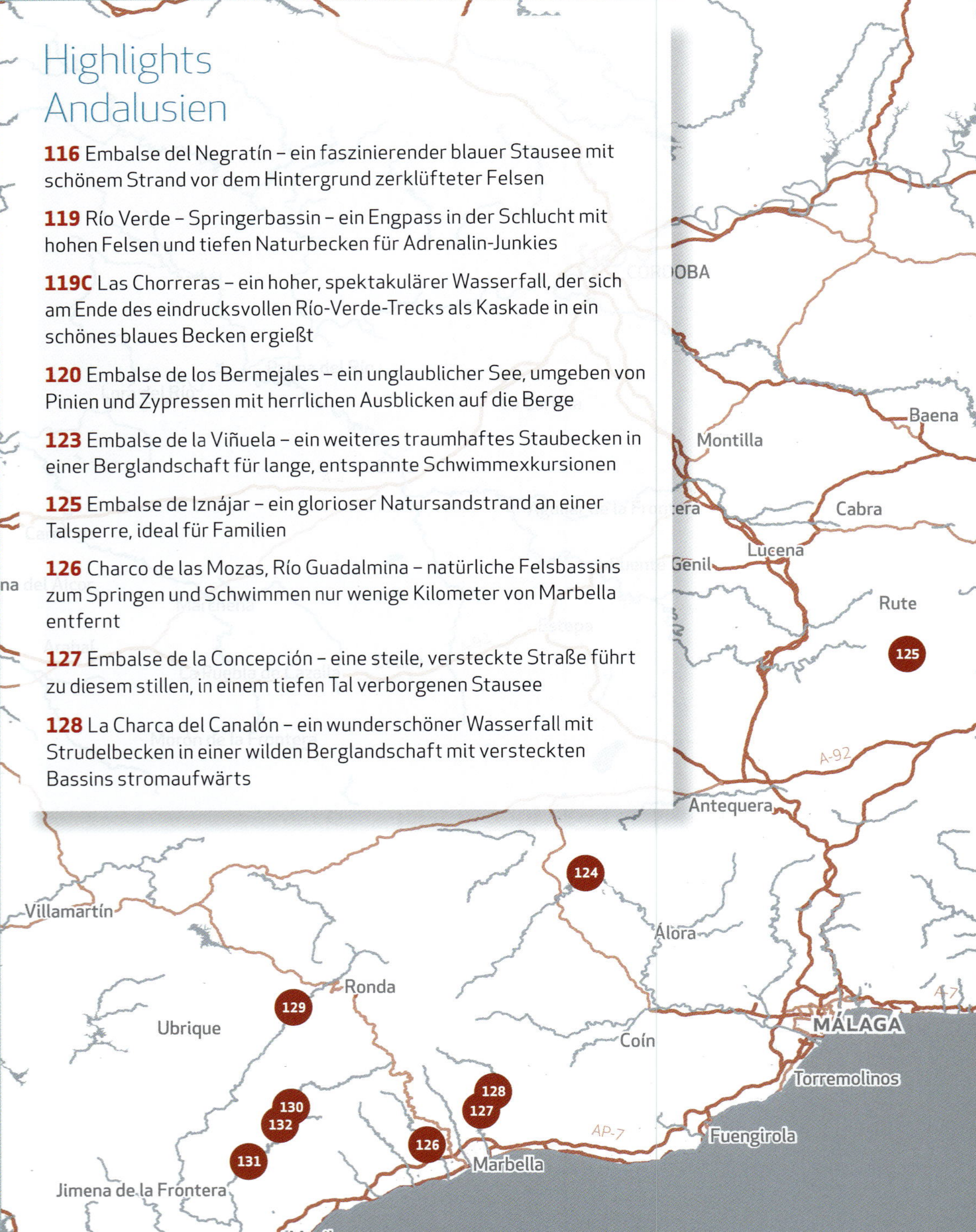

Highlights Andalusien

116 Embalse del Negratín – ein faszinierender blauer Stausee mit schönem Strand vor dem Hintergrund zerklüfteter Felsen

119 Río Verde – Springerbassin – ein Engpass in der Schlucht mit hohen Felsen und tiefen Naturbecken für Adrenalin-Junkies

119C Las Chorreras – ein hoher, spektakulärer Wasserfall, der sich am Ende des eindrucksvollen Río-Verde-Trecks als Kaskade in ein schönes blaues Becken ergießt

120 Embalse de los Bermejales – ein unglaublicher See, umgeben von Pinien und Zypressen mit herrlichen Ausblicken auf die Berge

123 Embalse de la Viñuela – ein weiteres traumhaftes Staubecken in einer Berglandschaft für lange, entspannte Schwimmexkursionen

125 Embalse de Iznájar – ein glorioser Natursandstrand an einer Talsperre, ideal für Familien

126 Charco de las Mozas, Río Guadalmina – natürliche Felsbassins zum Springen und Schwimmen nur wenige Kilometer von Marbella entfernt

127 Embalse de la Concepción – eine steile, versteckte Straße führt zu diesem stillen, in einem tiefen Tal verborgenen Stausee

128 La Charca del Canalón – ein wunderschöner Wasserfall mit Strudelbecken in einer wilden Berglandschaft mit versteckten Bassins stromaufwärts

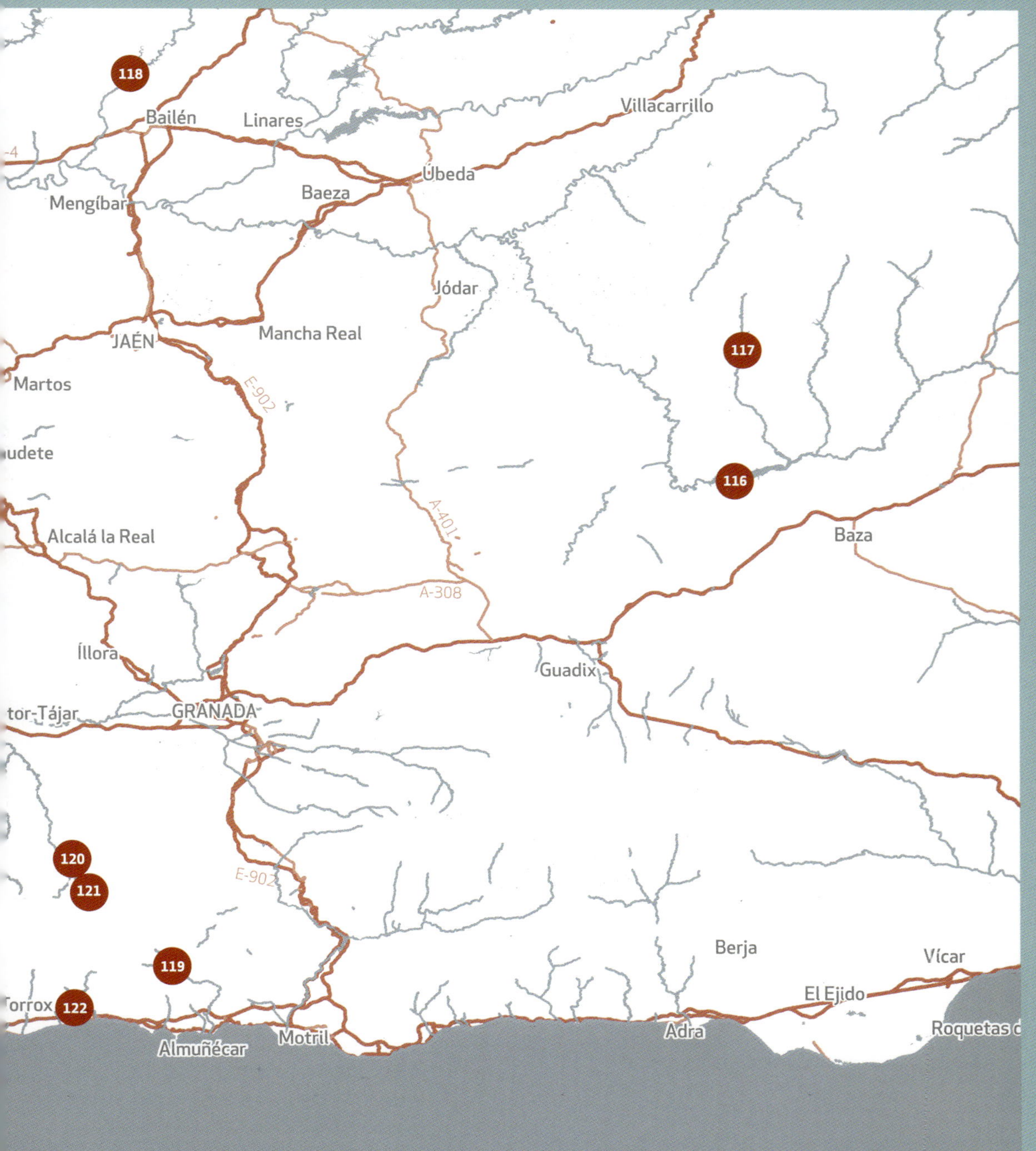
118
Bailén
Linares
Villacarrillo
Úbeda
Baeza
Mengíbar
Jódar
Mancha Real
JAÉN
Martos
E-902
udete
117
116
Baza
Alcalá la Real
A-401
A-308
Íllora
Guadix
GRANADA
tor-Tájar
120
121
E-902
119
Berja
Vícar
Torrox
122
El Ejido
Almuñécar
Motril
Adra
Roquetas d

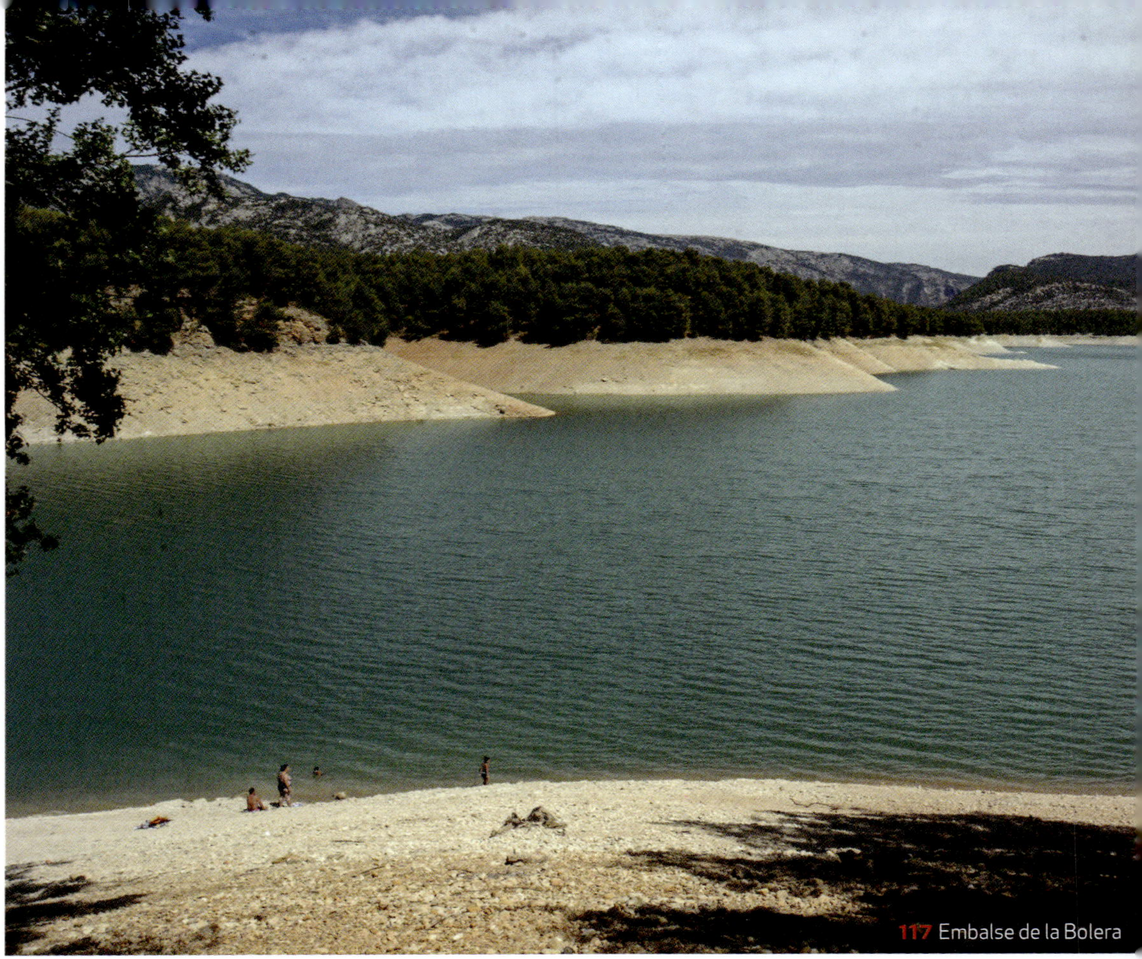

117 Embalse de la Bolera

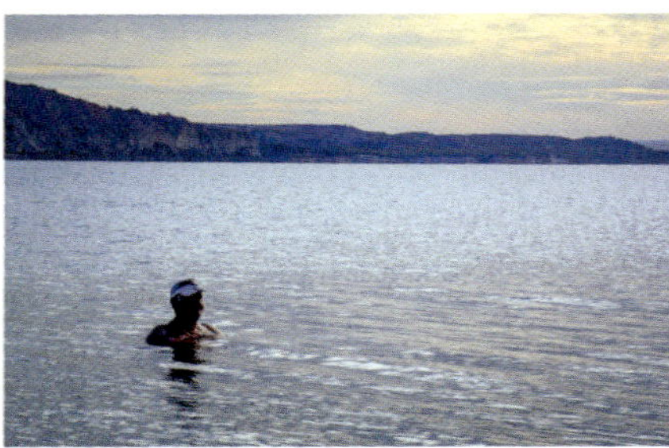
117

Unglaubliche Reservoirs, klare blaue Seen und versteckte Bergflüsse gibt es in dieser sonnenverwöhnten Region von Olivenhainen und leidenschaftlichen Flamenco-Rhythmen zuhauf.

Schroffe, felsige Landschaften charakterisieren Andalusien, sein Hinterland diente schon als Kulisse für Wildwestfilme, doch an glitzernden Seen und Flüssen für erfrischende Badefreuden herrscht kein Mangel. Oliven- und Mandelbäume blühen hier prächtig, ungeachtet des trockenen, staubigen Bodens, und die Feuchtgebiete des Nationalparks Coto de Doñana strotzen nur so vor üppiger Flora und Fauna.

Der Einfluss der Mauren, die Andalusien im frühen 8. Jahrhundert eroberten, ist in der ganzen Region offenkundig – in pittoresken Dörfern mit ihren geweißelten Häusern, den ▶

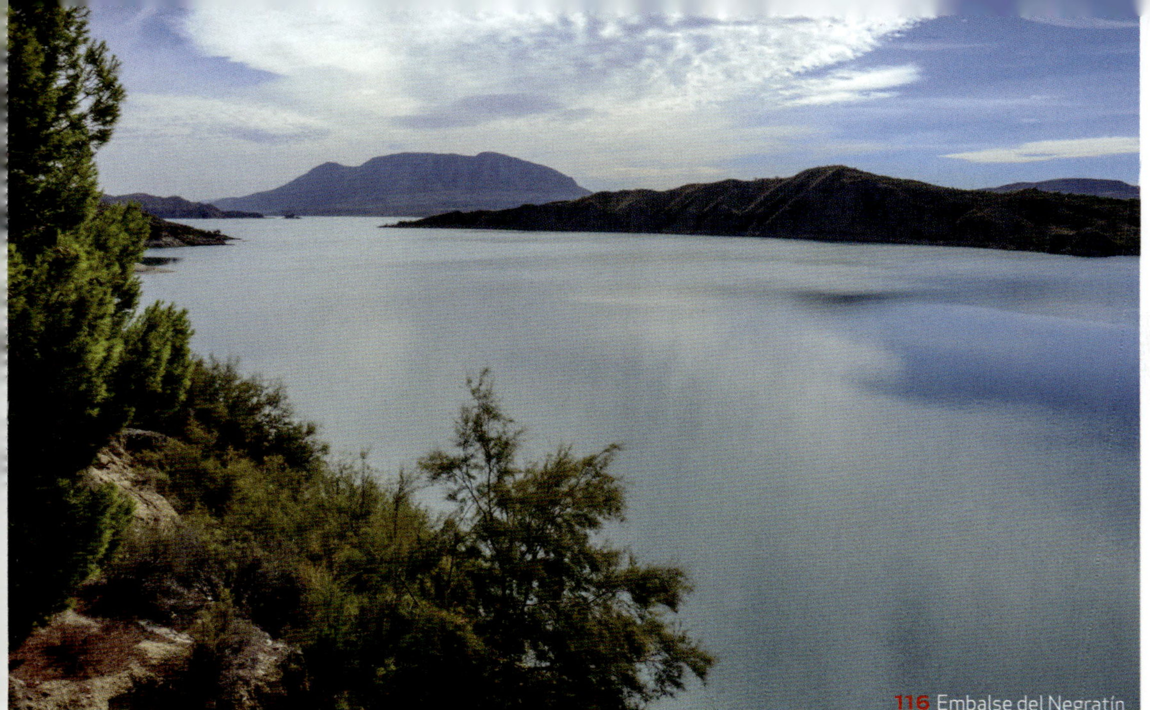

116 Embalse del Negratín

Provinz Jaén

116 EMBALSE DEL NEGRATÍN

Einer unserer liebsten Naturbadeorte. Wir kamen rechtzeitig zu einem Bad bei Sonnenuntergang an, aßen Fisch im Restaurant Cortijo del Cura mit Blick auf den Stausee und schlenderten unter dem spanischen Sternenhimmel zum Zeltplatz zurück. Bei Sonnenaufgang schwammen wir durch den See zum anderen Ufer. Es gibt etwas oberhalb des Sees auch Thermalquellen – die Baños de Zújar neben dem Restaurant Los Baños –, wo man die Heilwirkung des Wassers und einen großartigen Ausblick genießen kann.

➔ Auf der A-315 Richtung Westen nach der Abfahrt Freila die Erste rechts abbiegen. Nach dem Zeltplatz Camping la Cabañuela sind es noch 200 m zum Reservoir. Sie können vor dem Restaurant parken, der Strand liegt von hier direkt vor Ihnen. Camping la Cabañuela: info@campingfreila.com. Kajaks kann man bei Piraguas Negratín mieten (www.piraguasnegratin.com).

Leicht, 2 min, 37.5617, -2.9126

117 EMBALSE DE LA BOLERA

In den Vorbergen der Sierra de Cazorla erstreckt sich glitzernd ein Süßwassersee, auf dem man Kanu und Kajak fahren, angeln und schwimmen kann, umgeben von steilen, von Pinien und Eichen bewachsenen Hängen. Wenn Sie die Einsamkeit suchen, folgen Sie dem schmalen, nicht ausgeschilderten Pfad um den See herum. Gut geeignet für Familien mit Kindern. Wenn Sie Lust auf Kanufahren haben, besuchen Sie die nahegelegene Bolera-Schlucht (Barranco de la Bolera). Achten Sie auf Wanderfalken, Schwarzmilane, Steinadler, Habichtsadler und Geier.

➔ Von Pozo Alcón auf der A-326 8,2 km Richtung Norden. Nach Überquerung der Brücke links den Berg hinauf, wo sich auf der linken Straßenseite Parkplätze finden. Folgen Sie den Waldpfaden die steilen Uferböschungen hinab zum Wasser.

Leicht, 5 min, 37.7629, -2.9014

118 EMBALSE DEL RUMBAR

In der Nähe des Städtchens Baños de la Encina, das von einer mächtigen maurischen Festung beherrscht wird, finden Sie diesen von Schiefer bedeckten und mit Pinien und Eukalyptus bepflanzten »Seestrand« – ein schönes, schattiges Fleckchen am Südende des Reservoirs. Gespeist von den Flüssen Rumblar, Pinto und Grande, ist das Wasser hier sauber und klar. Auf der Karte sieht der Stausee wie eine riesige blaue, zu Füßen der Sierra Morena liegende Eidechse aus.

➔ Auf der J-5042 durch Baños de la Encina. Biegen Sie nach der Sekundarschule Bûry Al-Hamma links in eine schmale, leicht abschüssige Landstraße und folgen Sie dieser etwa 1 km bis zum See.

Leicht, 10 min, 38.1796, -3.7954

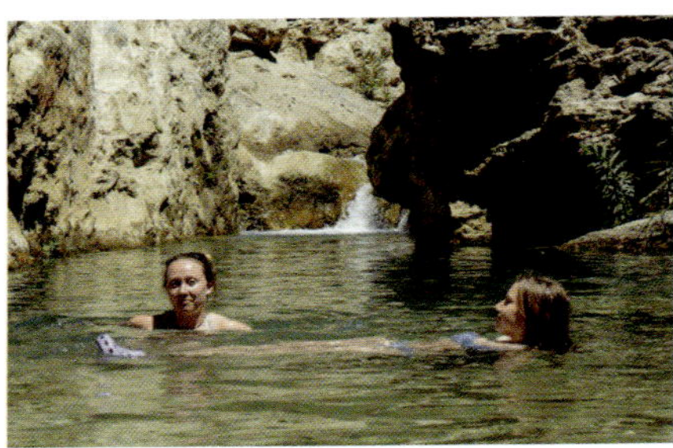

119

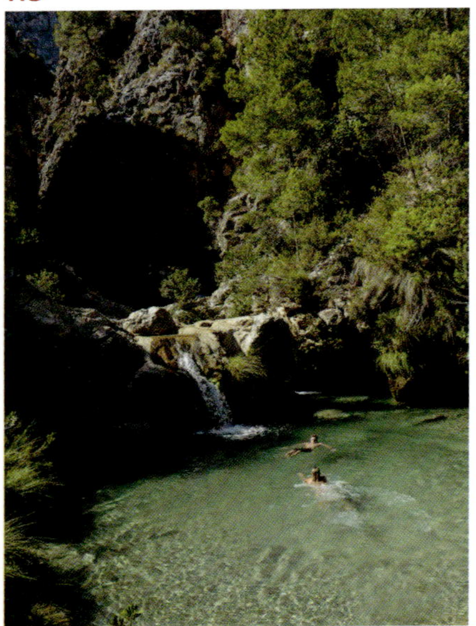

119B

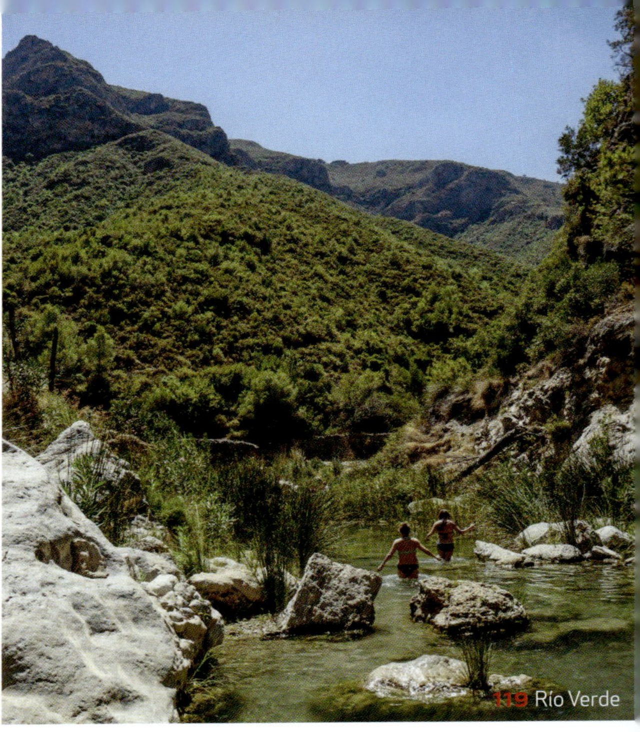

119 Río Verde

Burg-ruinen auf felsigen Höhen, den bunten Kleidern und Traditionen, die für viele ein Inbegriff der spanischen Kultur sind.

An einem Fluss in der Provinz Granada lernen wir eine Familie von *gitanos* (Zigeuner) kennen, die den 81. Geburtstag des Großvaters feiert. Großzügig lädt sie uns zum Mittagessen ein und tischt uns butterzartes Hühnchen mit Knoblauch und Mandeln auf. Wir tanzen zu Flamenco-Gitarren bis in die frühen Morgenstunden. Die Berge Andalusiens sind als Geburtsstätte des Flamenco berühmt – wahrscheinlich eine Verschmelzung von Zigeunermusik mit jüdischen und maurischen Einflüssen. Der weltberühmte andalusische Dichter und Dramatiker Federico García Lorca (*Zigeunerromanzen, Bernada Albas Haus, Bluthochzeit*) fand Inspiration in der ausdrucksvollen Musik und im Tanz der Zigeuner. Lorca, ein Freund des Malers Salvador Dalí und des Regisseurs Luis Buñuel, wurde zu Beginn des Bürgerkriegs 1936 von Francos Truppen hingerichtet.

Die Fische springen im kobaltblauen, ganz im Osten der Provinz Jaén gelegenen Bolera-Stausee, der vom kristallklaren Wasser des Río Guadalentín gespeist wird. Kajaks gleiten neben Wasservögeln, die vom Fischreichtum angezogen werden, ▶

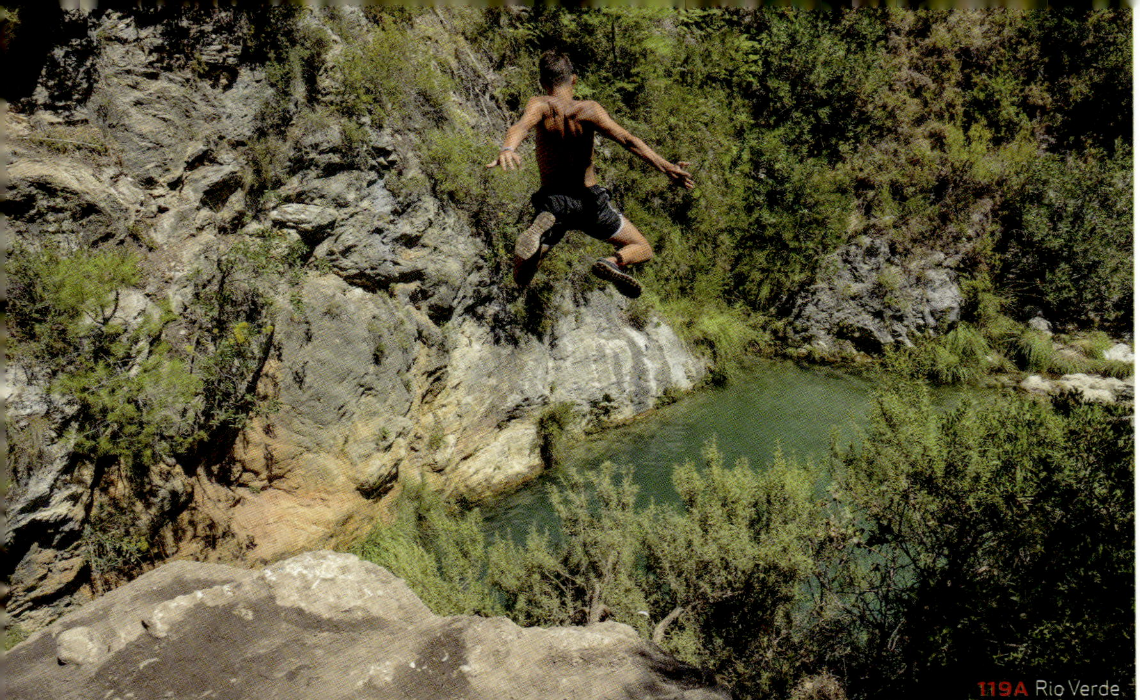

119A Rio Verde

Granada

119 RÍO VERDE, UNTERES BECKEN

Ein fantastisches Abenteuer für Erwachsene und Kinder in atemberaubender Natur. Ein schönes, schattiges Felsbassin an der Mündung der Schlucht. Schlechtes bis gar kein Funknetz. Folgen Sie den Schildern, bleiben Sie in Flussnähe oder nehmen Sie eine Landkarte mit. Zu beachten: Sturzbäche können die Topografie der Schlucht verändern und Hängebrücken fortspülen.

➔ Von Otívar auf der A-4050 6 km Richtung Norden. Halten Sie an der Toreinfahrt auf der Linken an einer gelben Hütte und zahlen den Eintritt (im Winter ist der Schlüssel in der Bar El Capricchio in Otívar hinterlegt). Sie fahren 5 km (25 min) die löchrige steile Piste hinunter, lassen den Wagen am Pumpenhäuschen zur Rechten und gehen zu Fuß zum ersten Becken, oder Sie fahren 200 m weiter steil bergauf und parken dort. Nun Richtung Nordwesten, rechts vom Fluss halten und den Damm passieren. Sie klettern die Felsen zum Fluss hinunter, überqueren ihn und folgen ihm nordöstlich 20 m, steigen über die Felsen und gehen den Felsweg zum ersten Bassin.

Leicht, 15 min, 36.8338, -3.7365

A Río Verde, Sprungbecken

Ein Engpass der Schlucht, wo sich Adrenalin-Junkies von hohen Felsen in die Tiefe stürzen. Nichts ist mit dem Sprung von einem Felsvorsprung zu vergleichen, nur Zentimeter an den Baumwipfeln vorbei, bevor es im Sturzflug ins kühle Wasser des Beckens geht.

➔ Klettern Sie vom unteren Becken des Río Verde (119) aus die Felsen auf der gegenüberliegenden Seite hinauf. Eventuell müssen Sie hindurchwaten. Gehen Sie rechts den Pfad zur Hängebrücke hoch, steigen Sie die Felsen zum Fluss hinunter oder springen Sie. Wir raten dazu, zuerst jemandem beim Springen zuzuschauen. Von hier aus können Sie die Gegend stromaufwärts erkunden.

Mittel, 5 min, 36.8345, -3.7362

B Río Verde, La Poza Central

Wenn Sie weitere Abenteuer reizen, können Sie die Geheimnisse der Chorreras-Schlucht (Barranco de las Chorreras) erkunden. Ein großer türkisfarbener Pool mit einem fantastischen Wasserfall. Der schmale Pfad geht hinauf und hinunter und führt recht oft im Zickzack über den Fluss.

➔ Überqueren Sie vom Sprungbecken (119A) kommend die Hängebrücke und folgen Sie dem Pfad. Hoffentlich sind die Hängebrücken nach den letzten Sturzfluten noch am Ort oder wiederhergestellt. Falls nicht, ist der Fluss im Sommer gewöhnlich seicht genug, um hindurchzuwaten.

Mittel, 45 min, 36.8380, -3.7385

C Rio Verde, Las Chorreras

Die letzte Etappe des Abenteuers ist der wunderbare, laut tosende Wasserfall am Kopf der Chorreras-Schlucht. Sie hören ihn, bevor Sie ihn sehen.

➔ Folgen Sie dem Pfad von La Poza Central (119B) links vom Fluss, bis Sie einen großen, flachen Felsen erreichen, über den Sie zum Bassin gelangen.

Mittel, 5 min, 36.8386, -3.7385

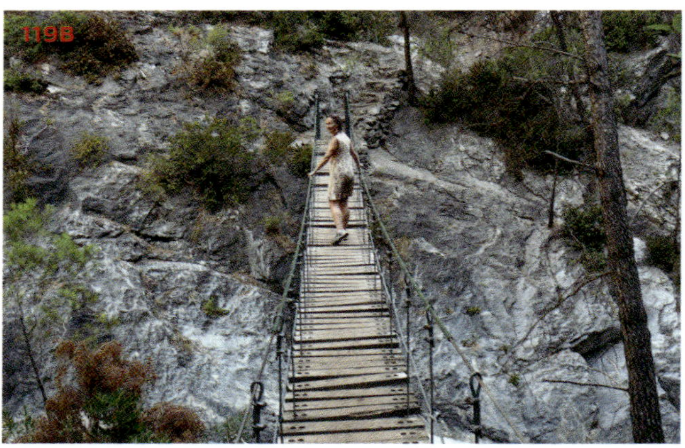
119B

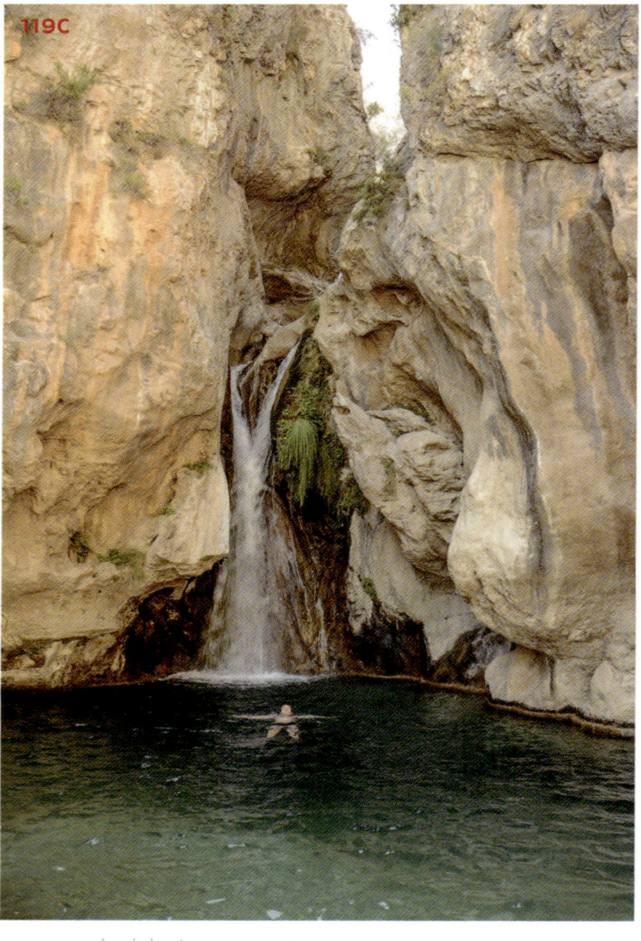
119C

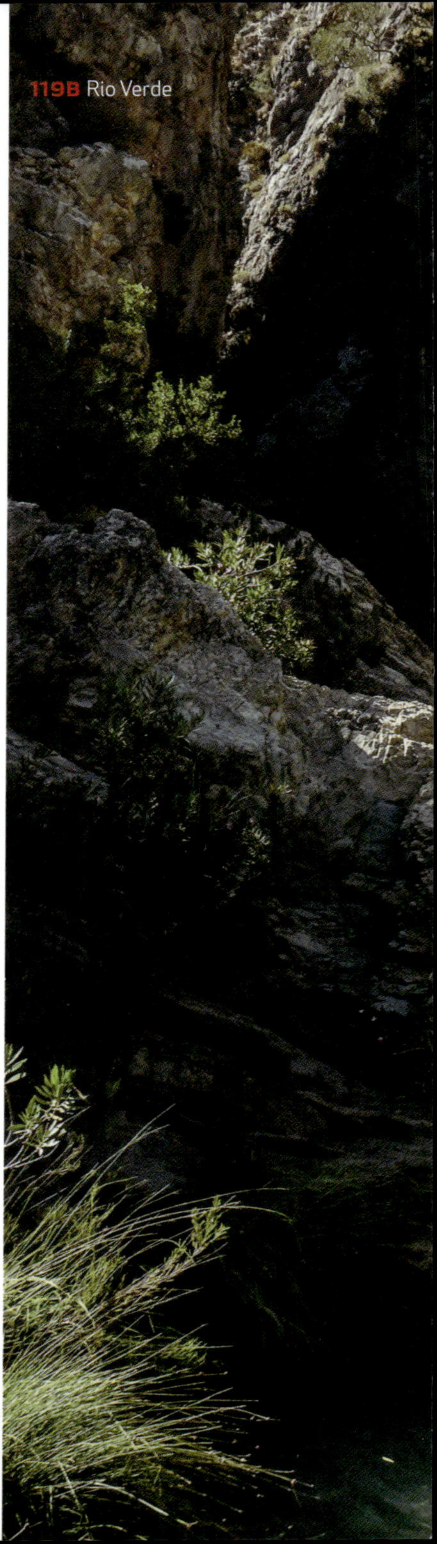

119B Rio Verde

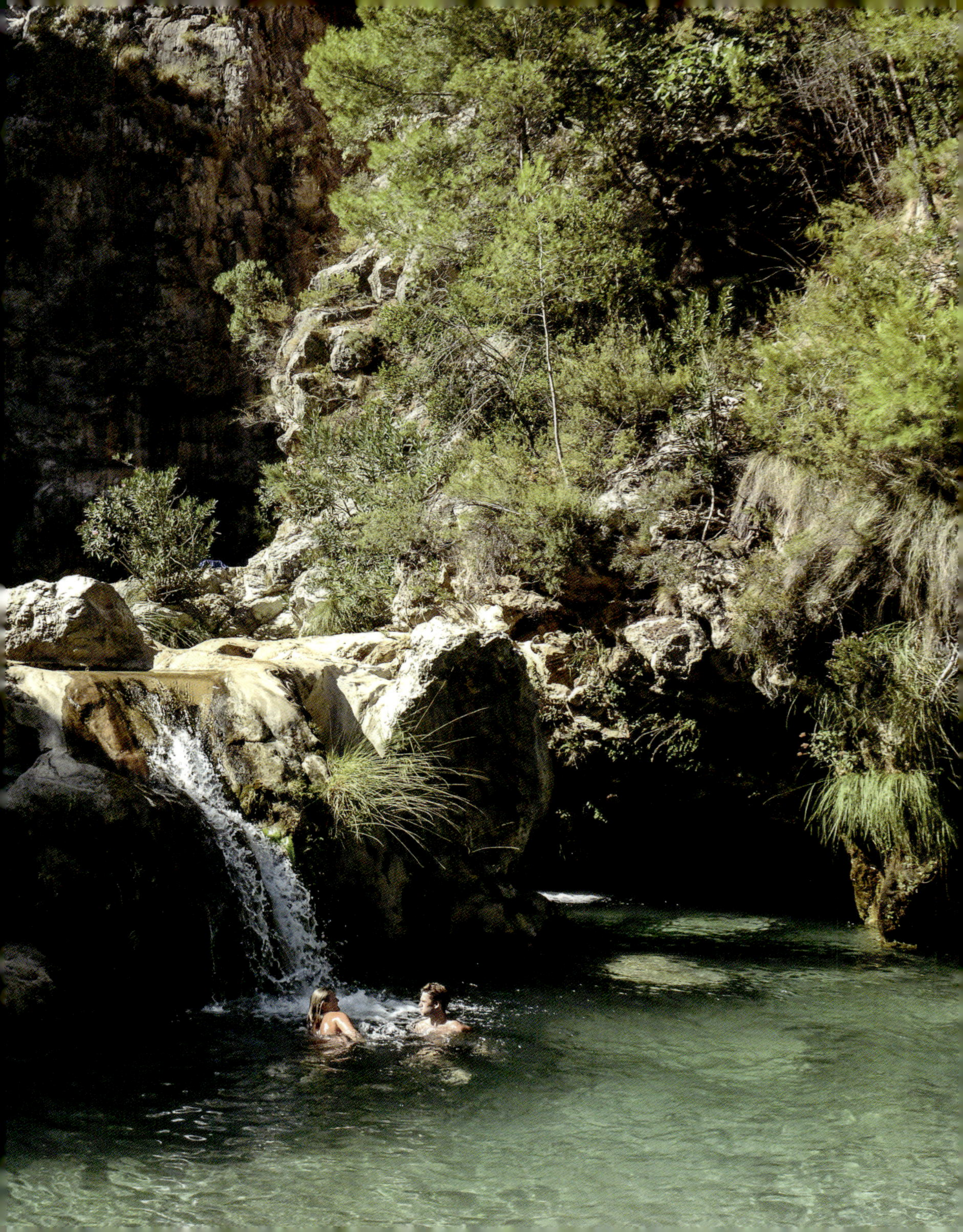

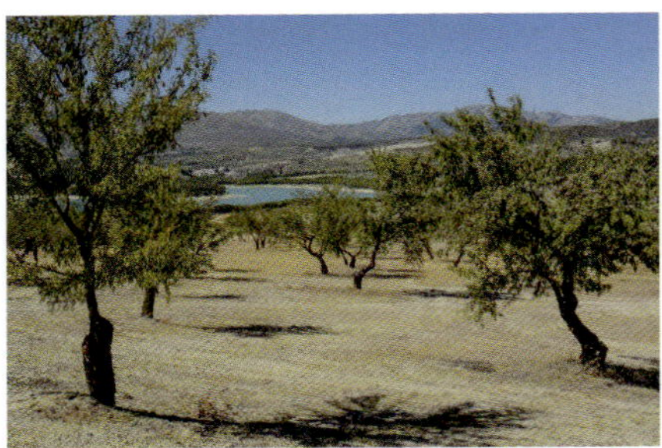

120

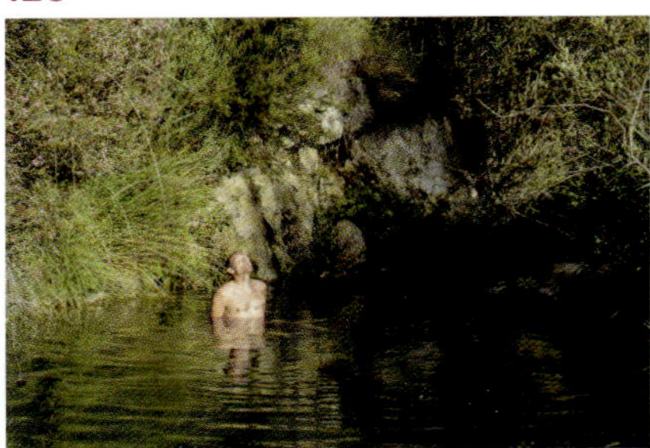

121A

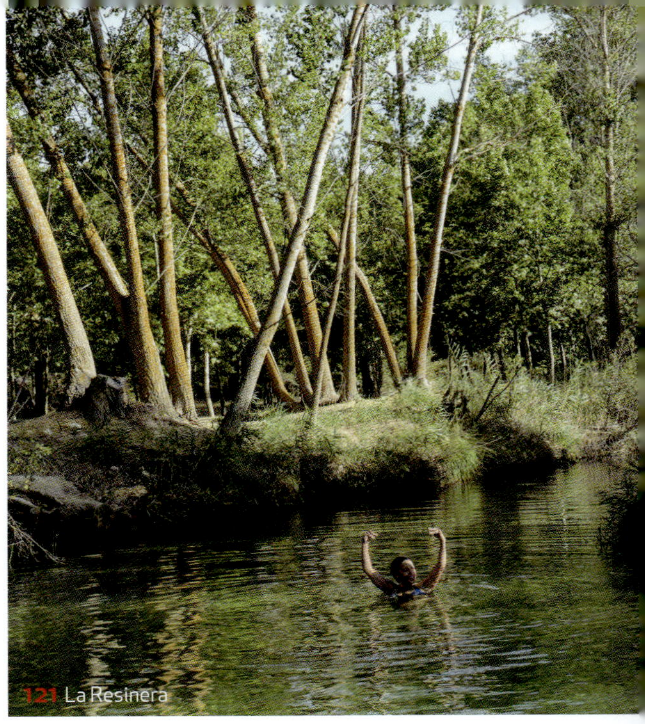

121 La Resinera

darunter Forellen, Karpfen, Barben, Döbel, Rotaugen und Schmerlen. Gelegentlich taucht ein Otter auf. Ein bisschen weiter südlich sind wir verzückt beim Anblick des aquamarinfarbenen Negratín-Stausees unterhalb des Cerro Jabalcón. Bei Sonnenaufgang genießen wir ein magisches Bad in seinem warmen, silbrigen Wasser. In Cuevas del Campo gleich nördlich des Reservoirs gibt es mehrere Höhlenhäuser, für die die Gegend berühmt ist.

In der Sierra Nevada wagen wir uns in die spektakuläre Schlucht des Río Verde. Der Fluss und seine Umgebung sind erstaunlich, wir schauen Draufgängern zu, die aus unmöglichen Höhen ins tiefe Wasser springen. Vorbei an faszinierenden, mit dekorativen Moosen drapierten Felsformationen überqueren wir Hängebrücken in der von Pinien- und Wildkräuterduft geschwängerten Luft. Nach einer anspruchsvollen Klettertour erreichen wir einen atemberaubenden Wasserfall, der gelbe Felsen hinab in ein traumhaft türkisfarbenes Strudelbecken stürzt.

Von Einheimischen erfahren wir, dass im nahen Wald einst die Sägemühle eines grausamen Marquis stand, dessen Arbeiter unter entsetzlichen Bedingungen schuften mussten. Während des Bürgerkriegs, so geht die Geschichte, nahmen die Leute ▶

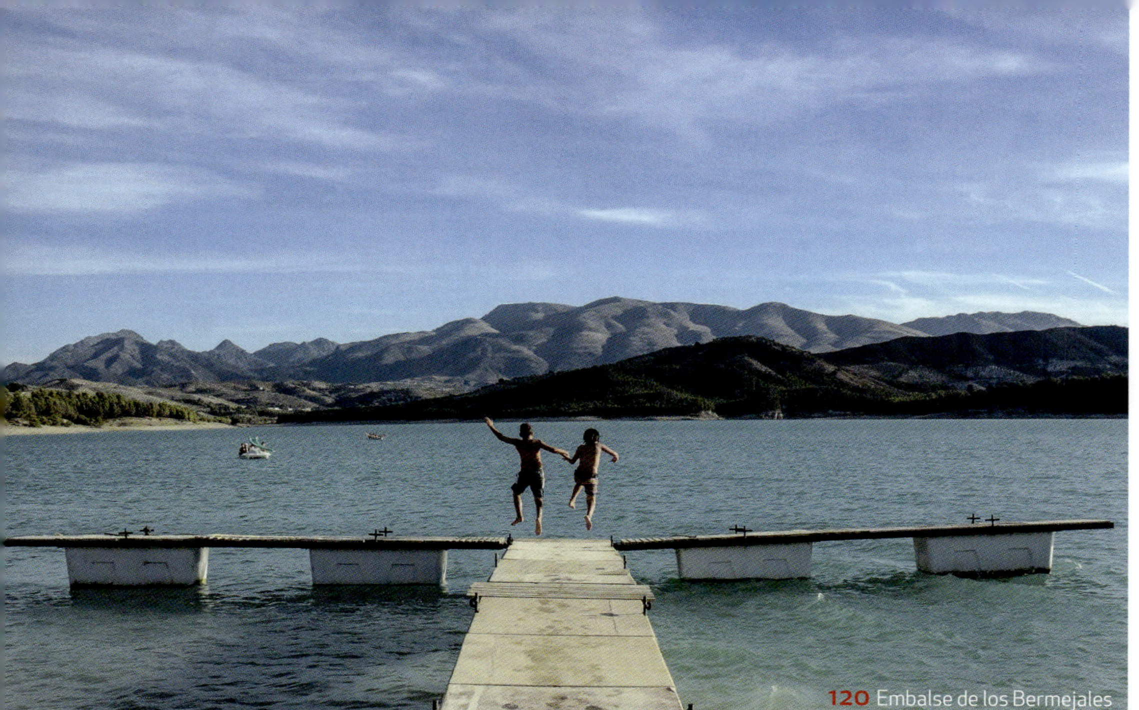

120 Embalse de los Bermejales

Bermejales & Nerja

120 EMBALSE DE LOS BERMEJALES

Ein wahres Juwel von einem See, umgeben von Pinien und Zypressen mit herrlichen Ausblicken auf die Berge. Weniger als eine Autostunde von Spaniens Costa Tropical entfernt. Wir saßen am frühen Abend am Seestrand und sahen den Kindern zu, die vom Steg unermüdlich ins herrliche türkisfarbene Wasser sprangen. Die Straße führt um den ganzen See herum, falls Sie eine abgeschiedene Stelle suchen oder wild zelten möchten.

➔ Von Alhama de Granada auf der A-402 nach Nordosten und auf die A-338 Richtung Pantano de los Bermejales abbiegen (»Pantano« bedeutet genauso wie »Embalse« Stausee). Fahren Sie weiter auf die GR-4302, die an einem Strand des Reservoirs vorbeiführt. Großartiger Zeltplatz Camping Los Bermejales www.campinglosbermejales.com

Leicht, 5 min, 36.9945, -3.8825

121 LA RESINERA

In der Nähe des Südzipfels des Bermejales-Stausees fanden wir einen idyllischen Ort unter Eukalyptusbäumen am Río Cacín. Es ist ein großartiger Platz für ein Picknick und zur Erkundung der Flussbassins. Wir lernten hier Antonia Moya kennen, eine berühmte Flamenco-Tänzerin aus Madrid.

➔ Von Fornes auf der Calle Molinos Richtung Westen bis zur GR-3302, in diese links abbiegen und den Schildern »Vivero« und »La Resinera« folgen. Die Flussbassins kommen nach 400 m auf der Linken. Parken Sie am Straßenrand.

Leicht, 5 min, 36.9418, -3.8618

A La Resinera, weitere Pools

Zwei weitere Bassins, wo man in relativer Abgeschiedenheit baden kann.

➔ Etwa 200 m vom ersten Becken entfernt knickt die Straße vom Flussufer ab. Folgen Sie einige Minuten dem Pfad am Fluss, um zu den Becken zu gelangen.

Leicht, 5 min, 36.9367, -3.8608

122 RÍO CHILLAR, NERJA

Auf seinem Weg aus der Sierra de Almijara zum Meer hat der Río Chillar eine Schlucht in die Kalksteinfelsen gewaschen. Sie werden stromaufwärts mehrere Bassins und eine Reihe von Wasserfällen finden, wenn Sie sich hoch genug vorwagen.

➔ Von der N-340 zwischen Malaga und Almuñécar Richtung »Centro de Salud« auf die Calle Julio Romero abfahren, die kurz darauf halb rechts abknickt und zur Avenida de la Constitución wird. Die Straße führt bergauf, biegen Sie die Zweite an einem Feld scharf links in die Calle Mirto und fahren Sie diese bis zu einem kleinen Platz hinunter, wo Sie parken können. Um näher an den Fluss zu gelangen, fahren Sie weiter, folgen der Straße rechts bergan durch die Autobahnunterführung, dann sehen Sie den Fluss auf der linken Seite. Die betonierte Straße fällt in Richtung des Flusses wieder ab und wird zum Feldweg. Folgen Sie diesem, so weit Sie können, und parken Sie bei der Betonfabrik. Gehen Sie stromaufwärts.

Mittel, 5 – 90 min, 36.7716, -3.8794

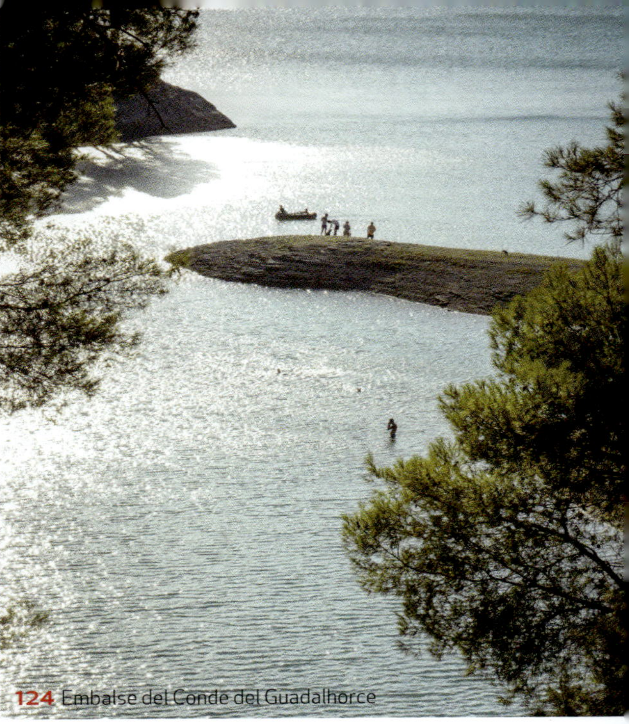

124 Embalse del Conde del Guadalhorce

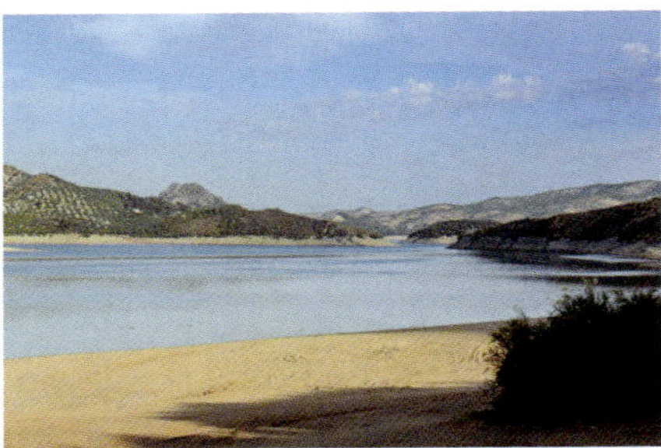

125

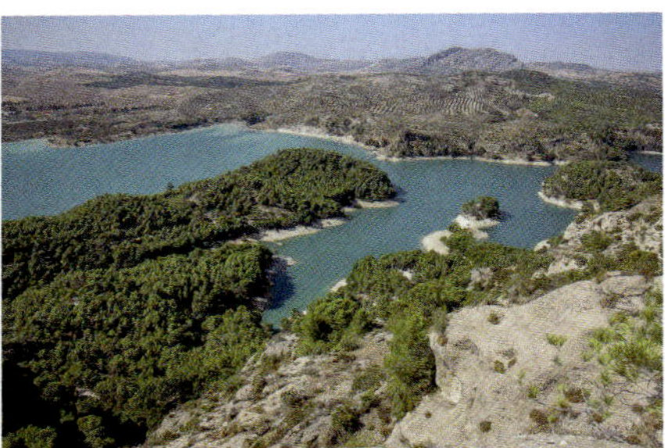

124

Rache und brannten den Wald nieder, sodass die Mühle aufgegeben werden musste.

Wir treffen in der Küstenstadt Almuñécar ein – das erste Mal seit Wochen, dass wir das Meer zu Gesicht bekommen. Wir sin hier, um das Monument und die Gedenktafel zu Ehren des *gra escritor* (großen Schriftstellers) Laurie Lee zu besuchen. Er lebte hier in den Jahren 1935/36 unter dem Namen »Castillo« und erwähnte Almuñécar in zwei seiner Bücher, *An einem helle Morgen ging ich fort* und *Eine Rose für den Winter*. Es wird Abend, wir streifen alle Vorsicht und unsere Sachen ab und springen ins kühle Meer.

Wir besuchen in Andalusien viele schöne Stauseen, darunter de Bermejales in Granada, wo wir zwei Jungen zuschauen, die imme wieder einen Steg hinunterlaufen und mit ausgestreckten Arme ins Wasser springen. Mit Blick auf die grauen Berge in der Ferne geben wir uns einem sinnlichen Schwimmvergnügen hin Der 32 km lange Iznájar-Stausee im Süden der Provinz Córdob besitzt natürliche Sandstrände. Stellen Sie sich den schönste Strand vor, an dem Sie je waren, ohne Salz, Strömungen, Qualle und Gedränge. Wir schwimmen unter sanften, von Oliven bedeckten Hügeln und den Ruinen einer 1200 Jahre alten Maurenburg herrliche zwei Kilometer durch den See und zurück. ▶

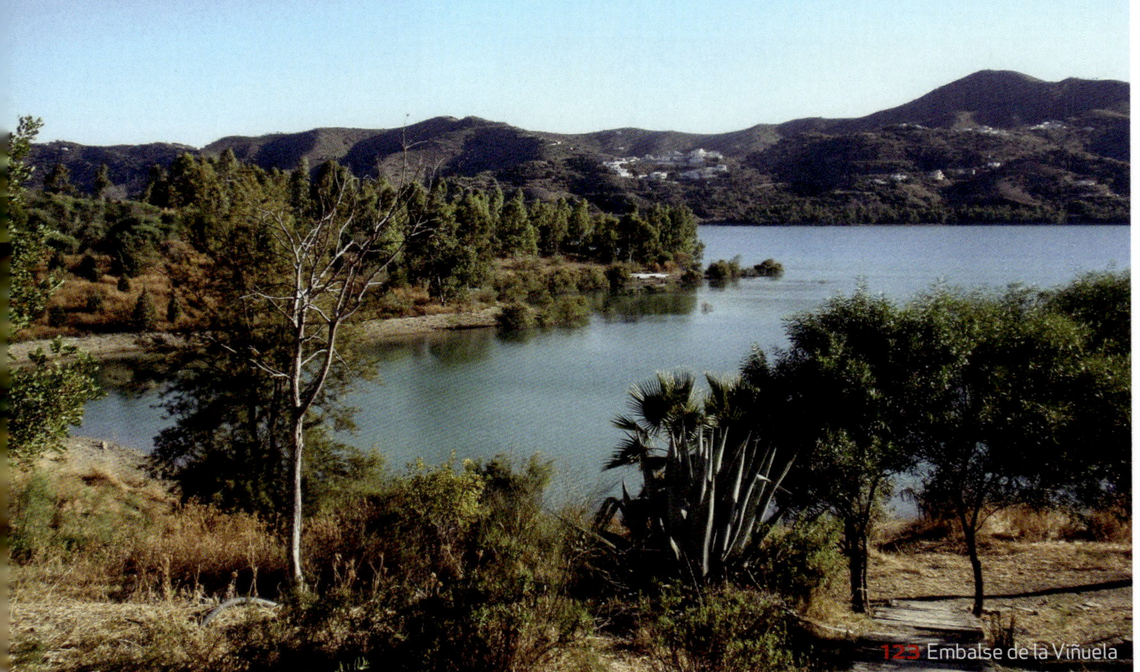

123 Embalse de la Viñuela

Unterwegs in Málaga

123 EMBALSE DE LA VIÑUELA

Keine Autostunde von Málagas quirliger Küste entfernt fanden wir die größte und blauste aller Wasserflächen. Wir fragten einen alten, unter einer Pinie sitzenden Spanier, ob wir dort baden dürften. »Theoretisch nein. Das hintere Ende des Stausees ist weniger schlammig.« Wir nahmen diese Antwort als ein »Ja« und schwammen, da wir uns etwas zu auffällig vorkamen, auf die andere Seite des friedlichen, verlassenen Sees. Die Rückkehr war ebenso mühelos und schien nur halb so lang zu dauern.

→ Von Málaga auf der Autovía del Mediterráneo (A-7) Richtung Osten, Ausfahrt 272 nach Viñuela/Colmenar, 10 km nach Norden, dann auf die A-402 nach Alcaucín/Zafarraya. Nach 1,4 km beim Schild nach Villas del Lago links abbiegen, dann sofort wieder links eine Allee hinunter. Parken Sie unter den Bäumen, wo Sie Platz finden. Wir liefen zur Spitze der Landzunge und hüpften hinein. Wieder herauszukommen kann wegen des schlammigen Untergrunds einige Mühe kosten.

Leicht, 10 min, 36.8666, -4.1603

124 EMBALSE DEL CONDE DEL GUADALHORCE

Teil von drei durch einen Staudamm geschaffene künstliche Seen in einer 200 m tiefen Felsschlucht des Flusses Guadalhorce. Die Seen sind von Pinienwäldern umgeben und als Málagas Seenplatte oder Distrito de los Lagos bekannt. Dies ist eine schöne Stelle für eine Schwimmexkursion durch den See und zurück. Gute traditionelle Gerichte und herrliche Ausblicke bietet das nahe Restaurant 🍴 El Kiosko.

→ Von Ardales auf der A-357 Richtung Norden und auf die MA-5403 abfahren. Nach 6 km weiter auf einer namenlosen Straße Richtung Parque de Ardales. Sie kommen bald am Restaurant El Kiosko auf der rechten Seite vorbei. Parken Sie hier irgendwo oder fahren Sie 200 m weiter zu der Badestelle auf Ihrer Linken, wo Sie ebenfalls umsonst parken können.

Leicht, 5 min, 36.9317, -4.8027

125 EMBALSE DE IZNÁJAR

Ein natürlicher Sandstrand am Ufer eines sagenhaften Süßwasserreservoirs – mit 32 km ist es das größte Andalusiens und das zweitgrößte Spaniens. Wir kamen abends in die Bar des Zeltplatzes und sahen zu, wie sich das Wasser des Sees in geschmolzenes Silber verwandelte, als die Sonne langsam hinter den Bergen versank. Es kann bei Wind kleine Wellen geben, aber sonst ist der See ruhig und das Wasser warm. Man kann Kajaks mieten; ein ideales Reiseziel für Familien, mit einem seichten Zugang an einem Ende des Sees, einigen Restaurants und einem entspannten Zeltplatz.

→ Von Iznájar auf der A-333 Richtung Nordost, dann die erste Straße nach der Brücke am Schild »Escuela de Vela« (Segelschule) links ab. Fahren Sie zwei Minuten und biegen Sie dann links an einem Holzschild mit der Aufschrift »Playa« ab. Vor Ihnen liegt der große Strand, links der Zeltplatz ⛺ Camping Valdearenas de Iznájar www.campingvaldearenas.es

Leicht, 5 min, 37.2630, -4.3236

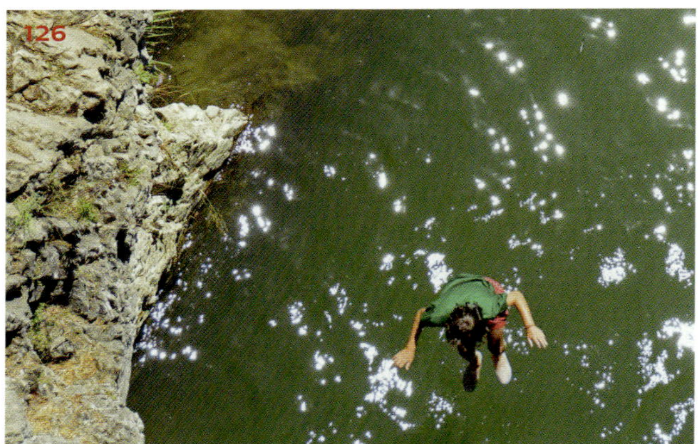
126

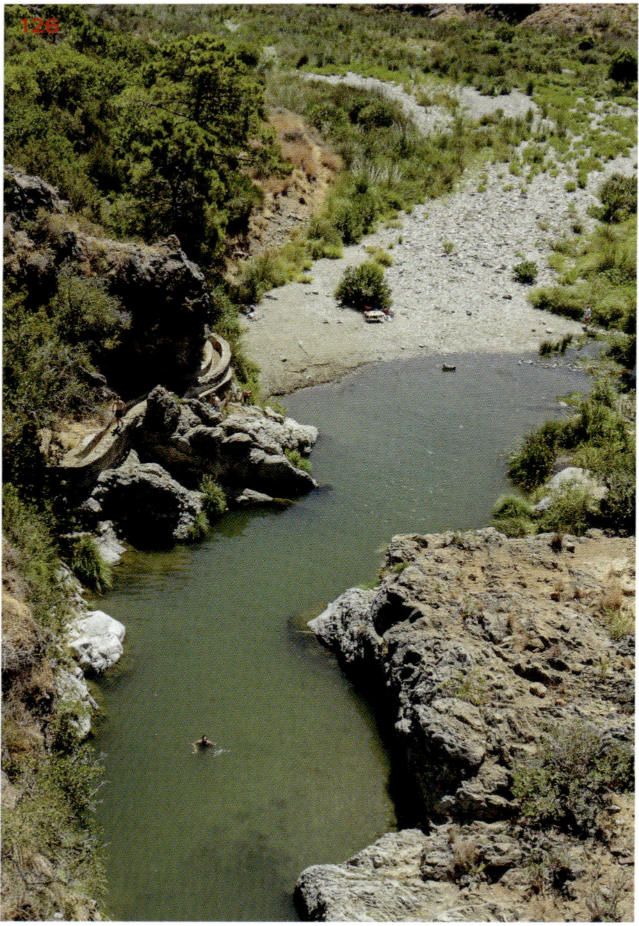
126

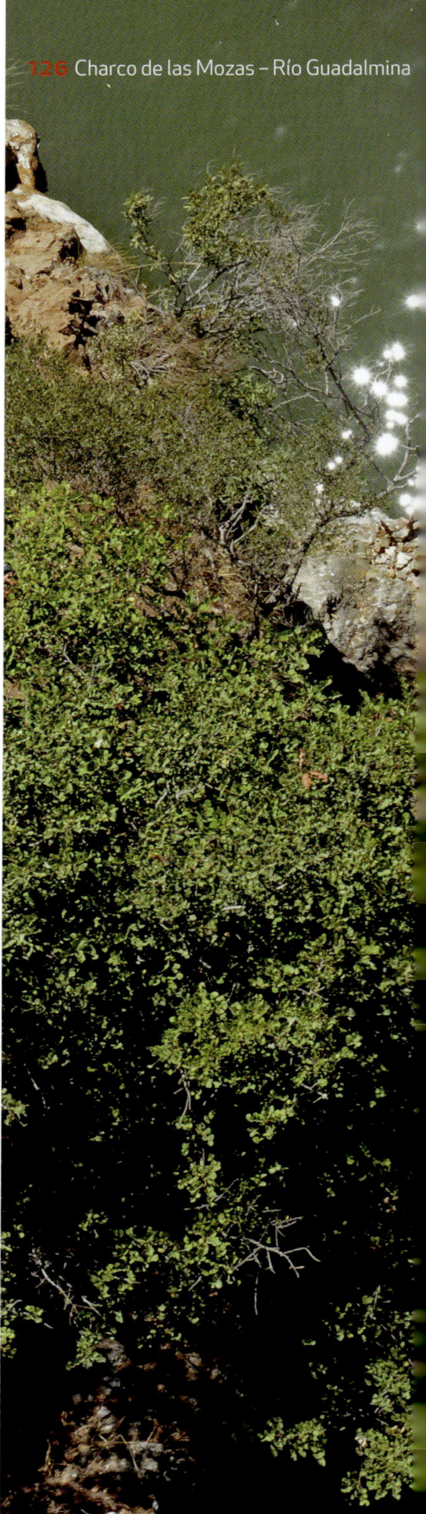
126 Charco de las Mozas – Río Guadalmina

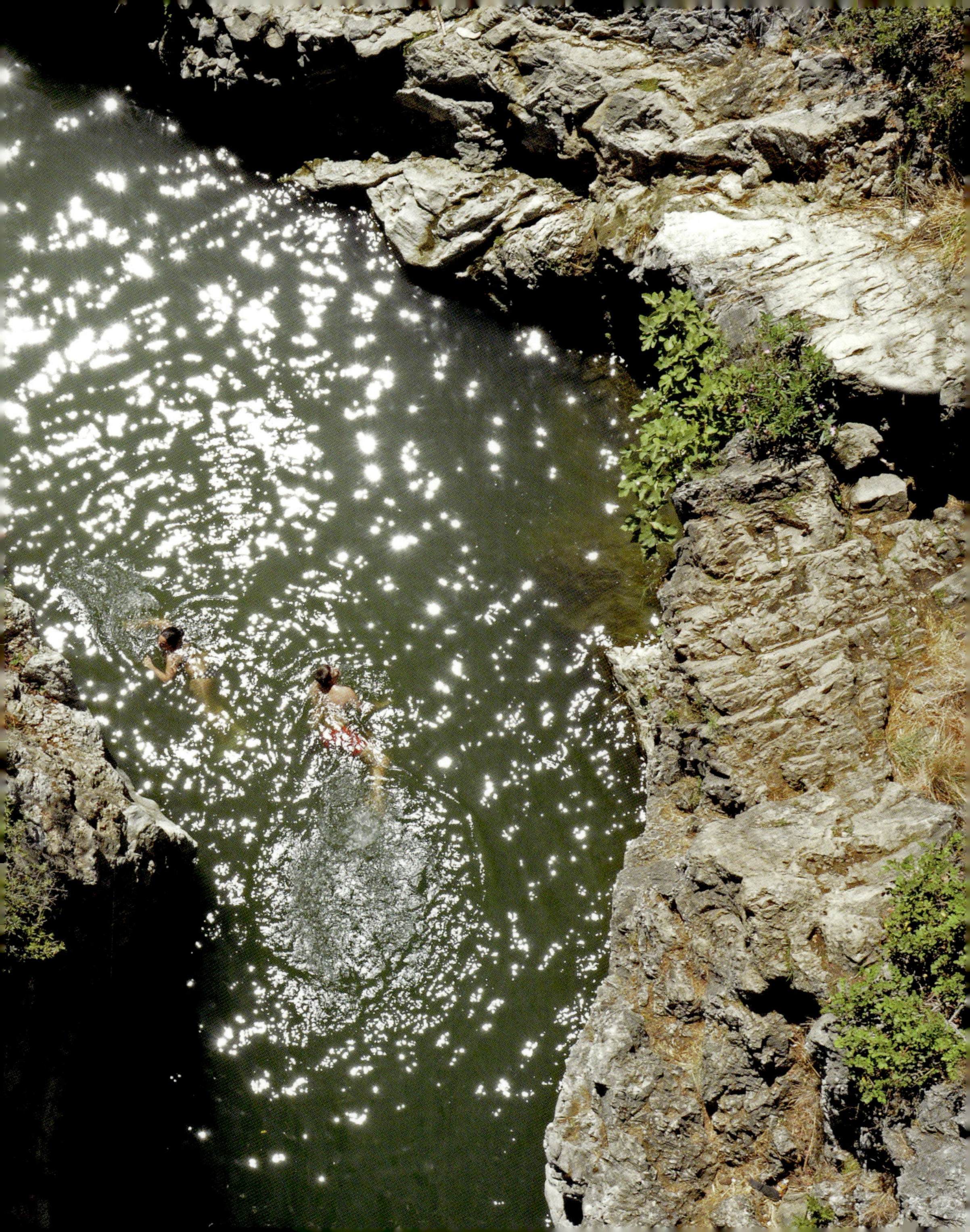

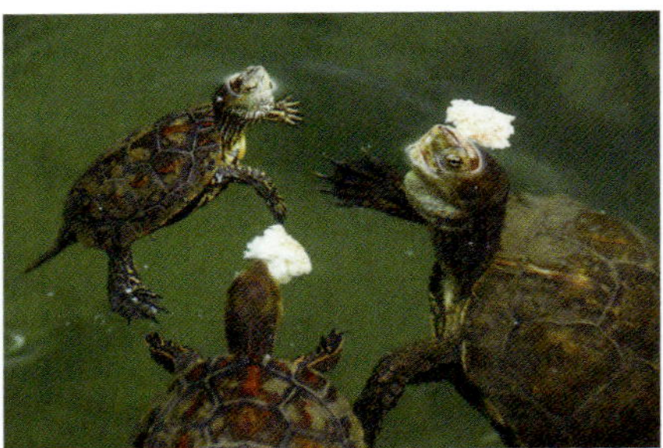

127

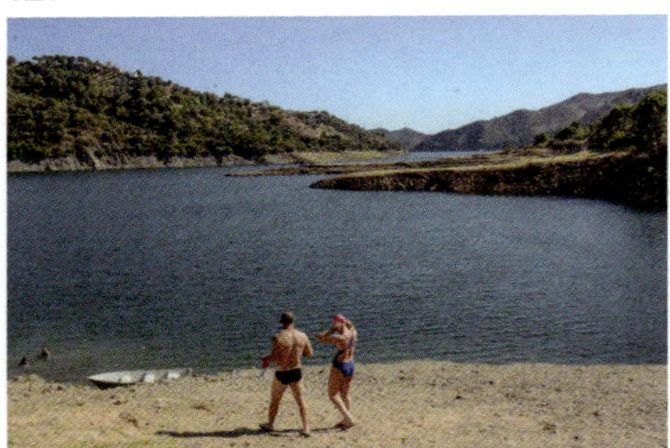

127

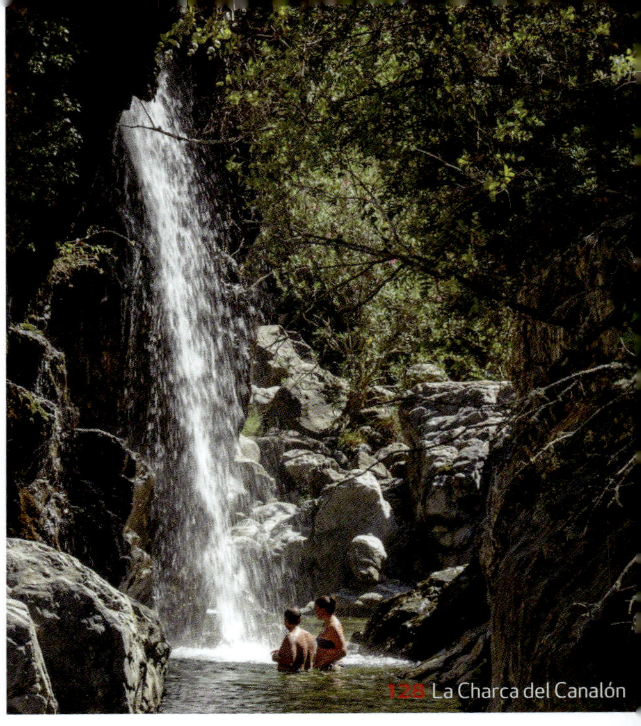

128 La Charca del Canalón

Am Stausee Embalse de la Concepción, nur ein paar Kilometer von Marbella entfernt, stoßen wir an einem Ende des saphirblauen Reservoirs auf eine winzige Bucht, die durch die umstehenden Berge wie von der Außenwelt abgeschottet wirkt. Wir sind so bezaubert von der herrlichen Stille, dass wir den ganzen Nachmittag und Abend bleiben, uns faul auf einem klapprigen Holzsteg fläzen und eine Familie kleiner neugieriger Schildkröten mit Kuchen füttern. Ein Schwimmerpaar verschwindet für einige Stunden, und eine ortsansässige Familie trifft ein und teilt köstlichen Cava mit uns, bevor sie in ihre Paddelboote steigt, um am gegenüberliegenden Ufer Wildziegen zu füttern. Wir campen wild am See und unternehmen am nächsten Morgen einen langen Schwimmausflug.

Vom typisch maurischen Dorf Benaoján im Tal des Guadiaro-Flusses kann man durch Mohnfelder und Olivenhaine zu der wundervollen, unterhalb der imposanten Kalksteingipfel der Sierra de Grazalema gelegenen Cueva del Gato fahren (»Katzenhöhle« – so benannt, weil ihr Eingang einem Katzenkopf ähnelt). Unter der Höhle und ihrem rauschenden Wasserfall liegt ein türkisfarbenes Becken, dessen Wasser hier nach einer unterirdischen Reise von 8 km hervortritt. Es ist eisig, doch wir wagen uns trotzdem hinein. Höhlengänger tauchen wie ▶

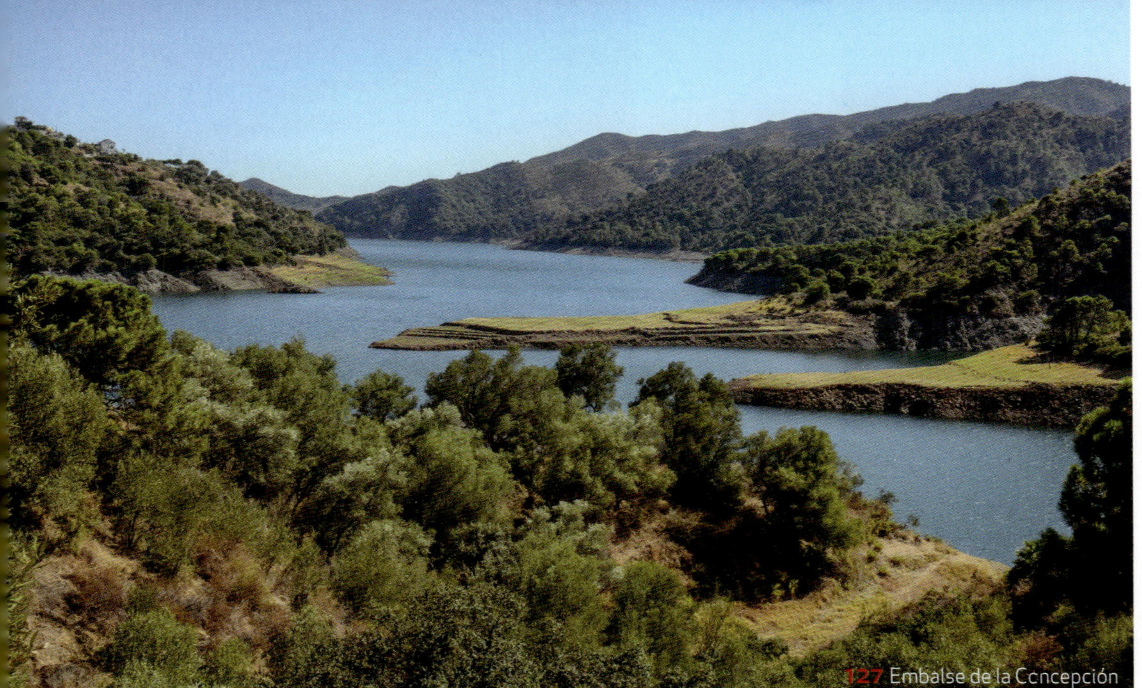

127 Embalse de la Concepción

Marbella

126 CHARCO DE LAS MOZAS – RÍO GUADALMINA

Entfliehen Sie dem Gedränge an der Costa del Sol und besuchen Sie diesen familienfreundlichen Strand im Binnenland. Zwei Naturbassins zum Springen und Schwimmen. Zwischen den Becken gibt es eine Strecke von 1 km Fluss zu erkunden. Nehmen Sie Wasserschuhe mit.

→ Von Benahavís Richtung Süden auf der A-7175 bis zum Kreisverkehr. Hier die zweite Ausfahrt nehmen und weiterfahren, bis Sie linker Hand den Fluss, rechts Parkplätze sehen. Ein größerer Parkplatz findet sich 1 km weiter bei der zweiten Badestelle. 100 m nördlich der ersten Parkgelegenheit führen Stufen zum Charco de las Mozas hinab. Gehen Sie stromabwärts, um zum zweiten, größeren Bassin zu gelangen. (36.5132, -5.0344)

Leicht, 2 min, 36.5172, -5.0400

127 EMBALSE DE LA CONCEPCIÓN

Vielleicht unser liebster Badesee in Andalusien und nur eine kurze Autofahrt von Marbella entfernt. An diesem friedlichen und abgeschiedenen Seestrand blickt man von einem kleinen klapprigen Steg auf grüne Landzungen. Gut für ausgedehntere Schwimmexkursionen, Angeln, Kajakfahren und Stehpaddeln. Es gibt einen sehr steilen und schwierigen Pfad hinunter zum See, der nicht ausgeschildert ist. Falls Sie keinen Vierradantrieb haben, raten wir dazu, oben auf der Straße zu parken und zu Fuß hinunterzugehen. Großartige Ausblicke über das Tal.

→ Von Istán auf der A-7176 3,2 km Richtung Süden bis zum Eingang der Ermitá de San Miguel links. Parken Sie hier und gehen Sie die A-7176 100 m weiter, bis rechts eine nicht ausgeschilderte Straße abbiegt. Von hier sind es etwa 20 min Fußweg zum See. Mit dem Auto ist es eine 5-min schwierige Fahrt den Pfad hinunter, wo Sie am Fuß des Hügels eine Parkmöglichkeit finden werden. Sie können den Stausee nicht verfehlen.

Leicht, 20 min, 36.5697, -4.9590

128 LA CHARCA DEL CANALÓN

Dieses schöne Naturbassin im Río Verde liegt in einer wildromantischen Gegend, ein absolutes Paradies. Klettern Sie auf den Felsen hinter dem Wasserfall.

→ Kurz vor dem Zentrum von Istán rechts auf die Calle Calvario und den Schildern nach Altos de Istán folgen. Fahren Sie weiter bergauf am Sportzentrum vorbei bis zu einer Kreuzung in 1 km Entfernung. Nehmen Sie die geteerte Straße links (mit dem Schild »Nacimiento/Monda«). Nach 500 m kommt die Quelle des Molinos-Flusses (Nacimiento del Río Molinos). Die Straße wird zu einem steinigen Pfad. Nach 3 km kommt ein verschlossenes Tor (36.6020, -4.9360). Parken Sie hier und folgen Sie dem Pfad parallel zum Fluss 2 km bis zum Bassin. Mit Wasserschuhen können Sie alternativ auch den Fluss hinaufwaten. Es ist heiß und staubig, daher empfehlen wir, früh hinzufahren, bevor die Sonne zu hoch steht. Nehmen Sie ein Picknick mit und bleiben Sie den Tag über dort. Es gibt hier allerdings weder Duschen noch Toiletten.

Leicht, 25 min, 36.5983, -4.9411

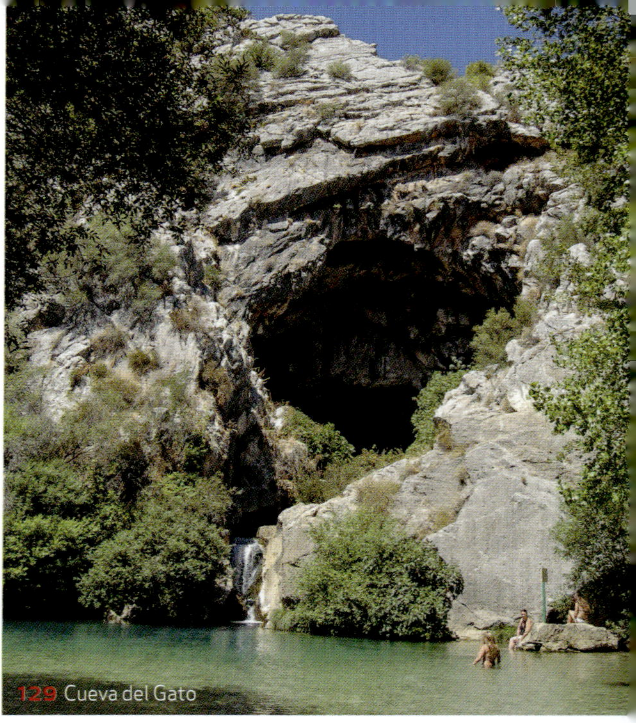
129 Cueva del Gato

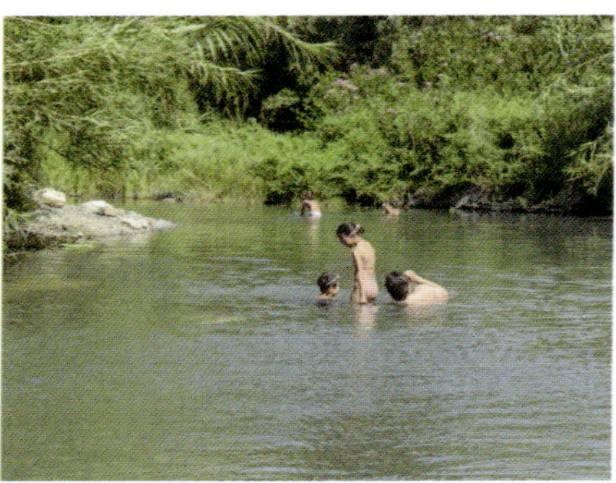
131

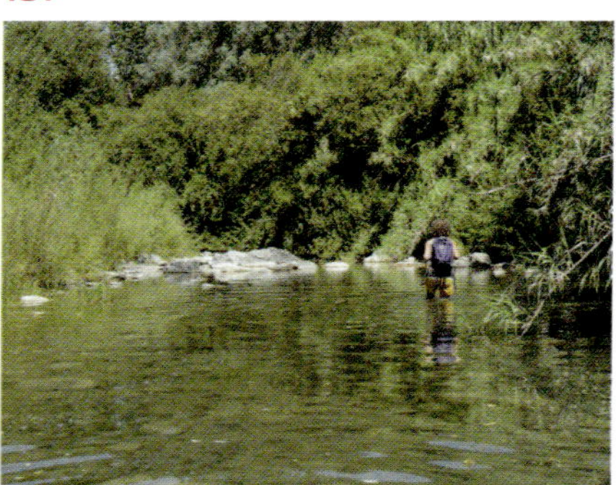
132

Maulwürfe aus der Grotte auf und springen von den Felsen.

Im Tal des Genal-Flusses finden wir versteckte Bassins in einer tiefen Rinne in der Nähe der Brücke beim Restaurant Venta de San Juan, das auf Grillgerichte spezialisiert ist. Wir lernen einen interessanten älteren Herrn kennen, der jeden Tag im Fluss schwimmt und uns in sein Haus am Hang des Hügels zwischen den Bäumen zum Kaffee mit seiner Frau einlädt.

Sie erzählt uns, dass sie Analphabetin ist, wie viele Leute ihres Alters in der Gegend, da sie nur das Land bestellt hat, während ihr Mann als Siebzehnjähriger seine erste Arbeit als Wasserträger für Brückenarbeiter im Baskenland verrichtete. Er erzählt von den Menschen aus verschiedenen Teilen der Welt, denen er am Fluss begegnet ist und seinen Kaffee angeboten hat.

Andalusien, gegenwärtig und historisch eine der ärmsten Regionen Spaniens, wird zweifellos seinem Ruf gerecht, die Heimat warmherziger Menschen zu sein.

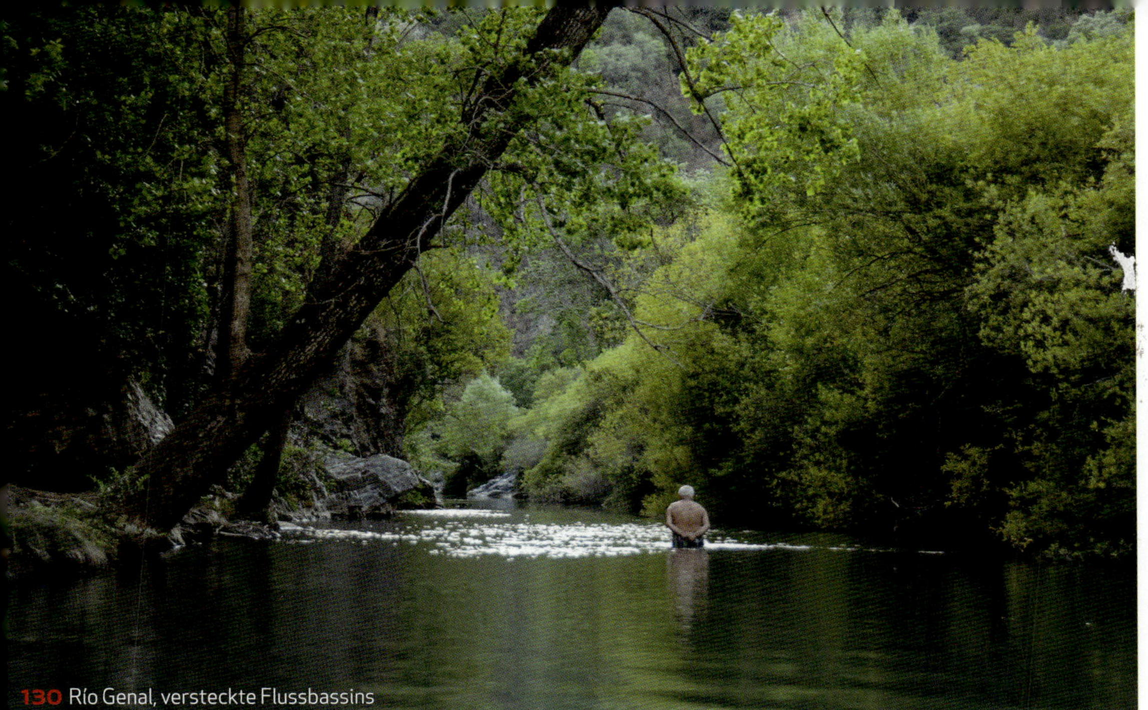

130 Río Genal, versteckte Flussbassins

Ronda & Genal-Tal

129 CUEVA DEL GATO

Aus der Mündung dieser Höhle, die dem Kopf einer Katze (gato) ähnelt, strömt ein magischer Wasserfall und ergießt sich über Kaskaden in ein erfrischendes Bassin. Sie können von den Felsen hineinspringen, aber schauen Sie zuerst einem Einheimischen dabei zu.

➜ Von Ronda auf der A-397 Richtung Westen, links auf die MA-7401 abbiegen und auf dieser 7,3 km weiterfahren. Beim Schild »Cueva del Gato« rechts ab. Der Wasserfall ist gut ausgeschildert.

Leicht, 5 min, 36.7272, -5.2380

130 RÍO GENAL, VERSTECKTE BASSINS

Fantastische Flussbecken im Genal-Tal. Suchen Sie sich nördlich der Brücke schöne Flussabschnitte. Sie können einen »Aqua-Treck« von 2 km unternehmen.

➜ Fahren Sie im Dorf Algatocín auf die MA-8305 Richtung Genalguacil durch den Walnusswald, halten Sie an der Brücke und parken neben dem Restaurant Venta de San Juan. Netter Zeltplatz mit Blick auf den Fluss mit eigener Küche Camping Genal (www.campingenal.com). Gehen Sie an der Brücke stromaufwärts dem Fluss nach. Eine tiefe Flussbiegung zum Baden in 5 min Entfernung. Nach weiteren 5 min kommt ein 100–200 m langer Abschnitt, wo Sie schwimmen und picknicken können.

Leicht, 15 min, 36.5705, -5.2449

A Südlich von Venta de San Juan

Unerschlossener Flussabschnitt. Sie kommen unter Umständen vom »Uferpfad« ab und müssen über umgestürzte Bäume klettern, doch Sie werden abgeschiedene Bassins entdecken.

➜ Gehen Sie von der Brücke beim Restaurant Venta de San Juan flussabwärts und folgen dem überwucherten Pfad 15 min.

Leicht, 15 min, 36.5630, -5.2431

131 NAHE GAUCÍN

Versteckt an einem Pfad fanden wir ein von Hängebirken umgebenes Flussbecken. Nur der Wind in den Bäumen und ein gelegentliches Auto störten die Ruhe. Gut, um zu plantschen und sich stromabwärts treiben zu lassen.

➜ Von Manilva auf der A-377 20 km gen Norden. 6 km südlich von Gaucín überqueren Sie einen Fluss. Biegen Sie sofort nach der Brücke rechts in einen kleinen steinigen Weg. Nach etwa 100 m können Sie parken und schwimmen gehen.

Leicht, 1 min, 36.4931, -5.3053

132 BENARRABÁ

Ein aufgestautes Flussbecken und ein Park mit Schaukeln und einer Rutsche. Großartig für Kinder. Pferde kommen zum Trinken ans Wasser. Folgen Sie dem Pfad stromaufwärts zu einem Naturbassin an einer Biegung in Arroyo Hondo mit überhängendem Bambus. Der Fluss liegt an der 113 km langen Wanderroute »Pasarelas del Genal«

➜ Auf der A-369 von Algotocín Richtung Süden nach Gaucín rechts auf die MA-8303 nach Benarrabá abbiegen. Nach der Einfahrt ins Dorf kommt eine Kreuzung, dort scharf rechts abbiegen und in Gegenrichtung die steile, schmale Straße 10 m weiterfahren, bis Sie den Fluss sehen.

Leicht, 2 min, 36.5489, -5.2584

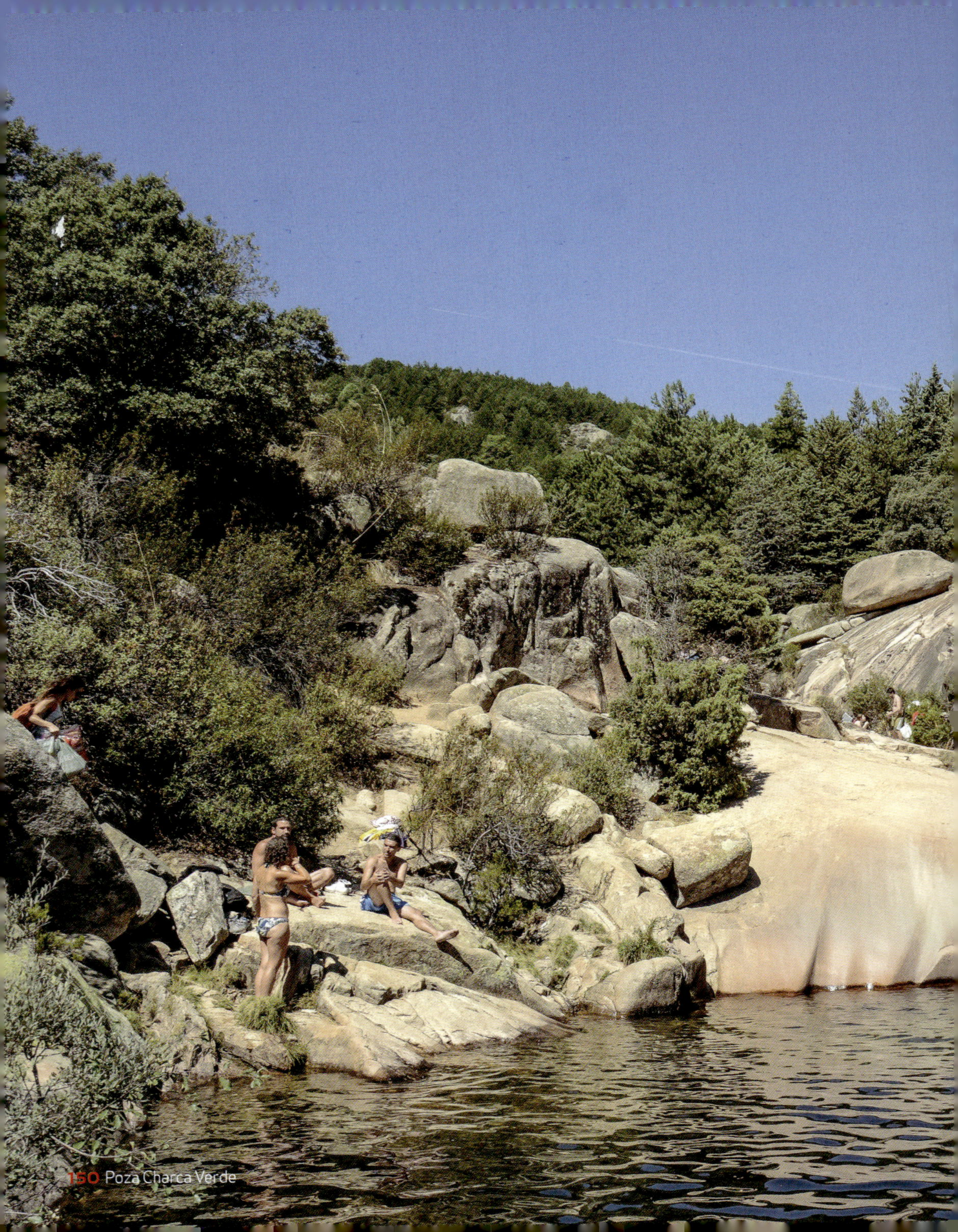
150 Poza Charca Verde

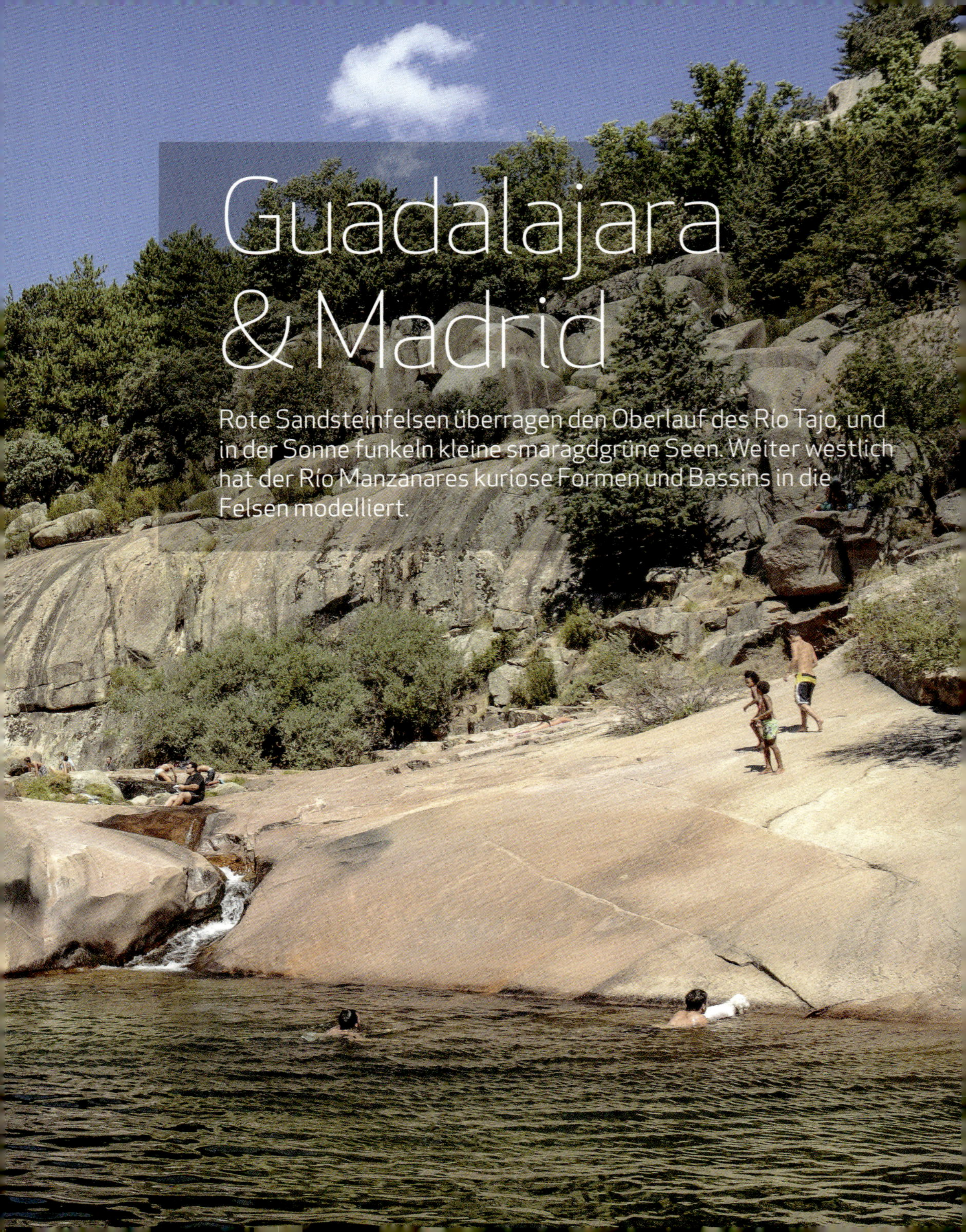

Guadalajara & Madrid

Rote Sandsteinfelsen überragen den Oberlauf des Río Tajo, und in der Sonne funkeln kleine smaragdgrüne Seen. Weiter westlich hat der Río Manzanares kuriose Formen und Bassins in die Felsen modelliert.

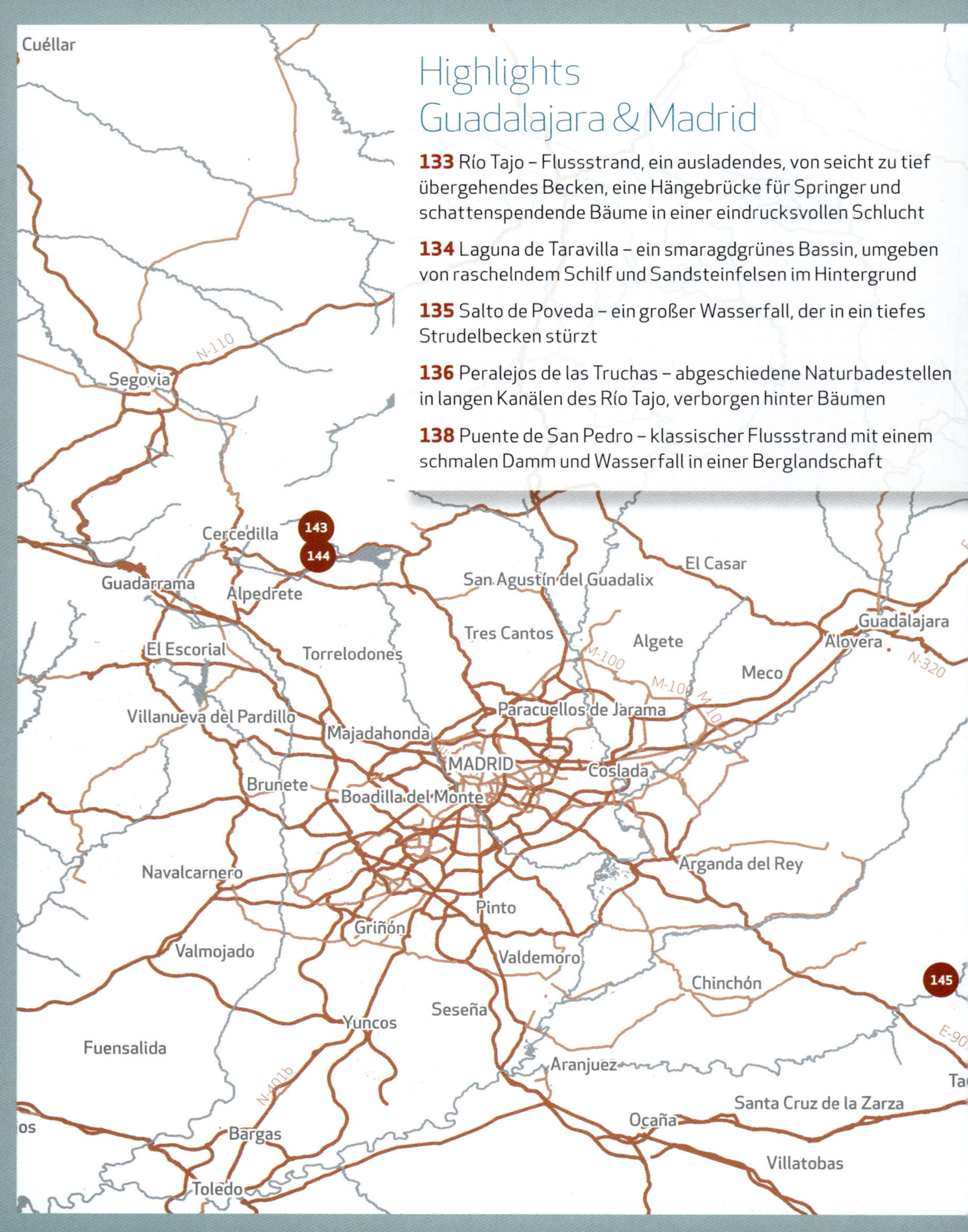

Highlights Guadalajara & Madrid

133 Río Tajo – Flussstrand, ein ausladendes, von seicht zu tief übergehendes Becken, eine Hängebrücke für Springer und schattenspendende Bäume in einer eindrucksvollen Schlucht

134 Laguna de Taravilla – ein smaragdgrünes Bassin, umgeben von raschelndem Schilf und Sandsteinfelsen im Hintergrund

135 Salto de Poveda – ein großer Wasserfall, der in ein tiefes Strudelbecken stürzt

136 Peralejos de las Truchas – abgeschiedene Naturbadestellen in langen Kanälen des Río Tajo, verborgen hinter Bäumen

138 Puente de San Pedro – klassischer Flussstrand mit einem schmalen Damm und Wasserfall in einer Berglandschaft

140 Laguna Grande del Tobar – ein hellgrünes, von Vegetation umgebenes Bassin für abgeschiedene Badefreuden

143 Poza Charca Verde – ein wunderbares grünes Flussbecken mit Blick auf riesige Pinienwälder und die grauen Berge der Sierra de Guadarrama

144 Río Manzanares, Pedriza – ein fantastischer Flussabschnitt übersät mit natürlichen Flussbassins, großartig, um sich von der Hauptstadt zu entspannten

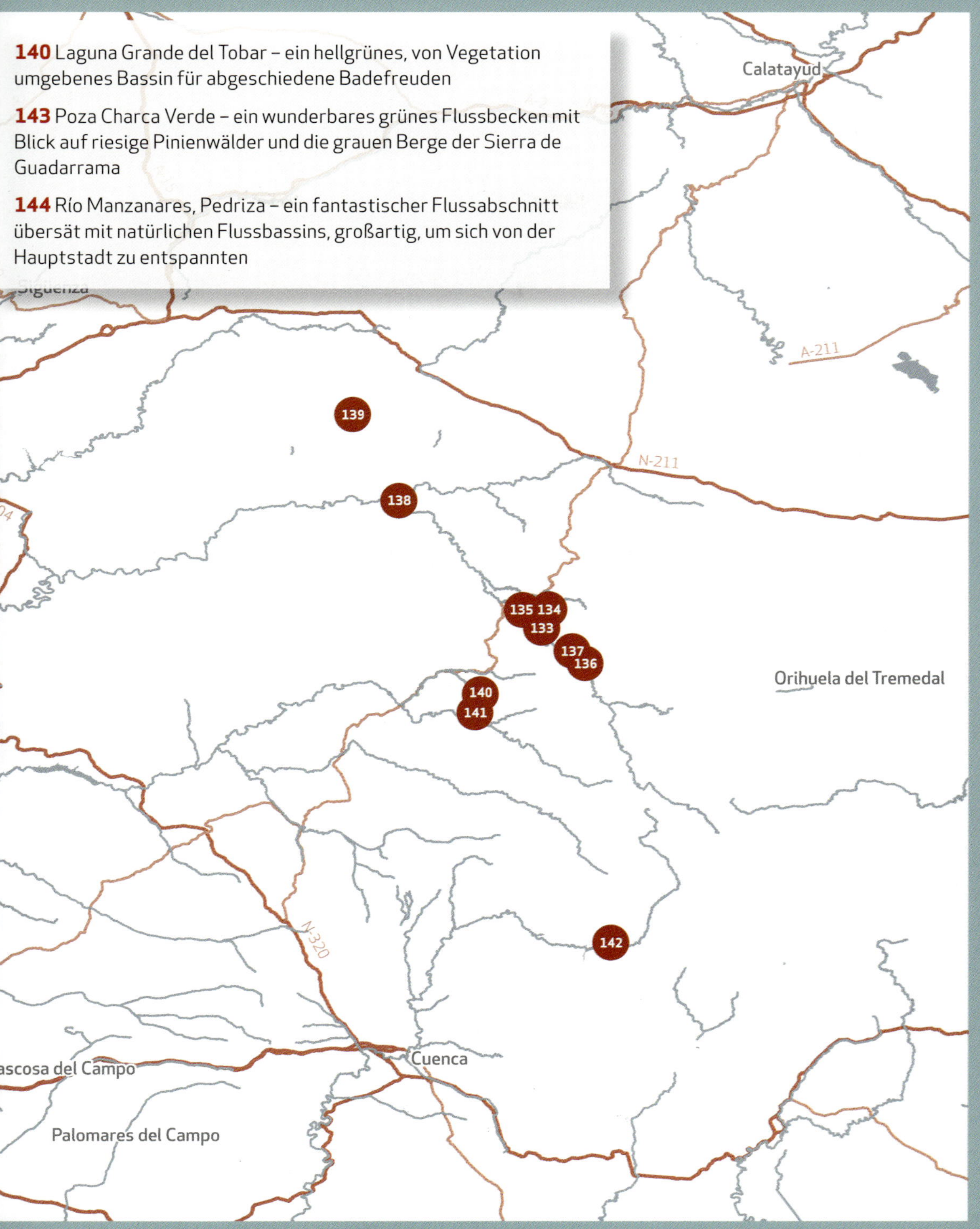

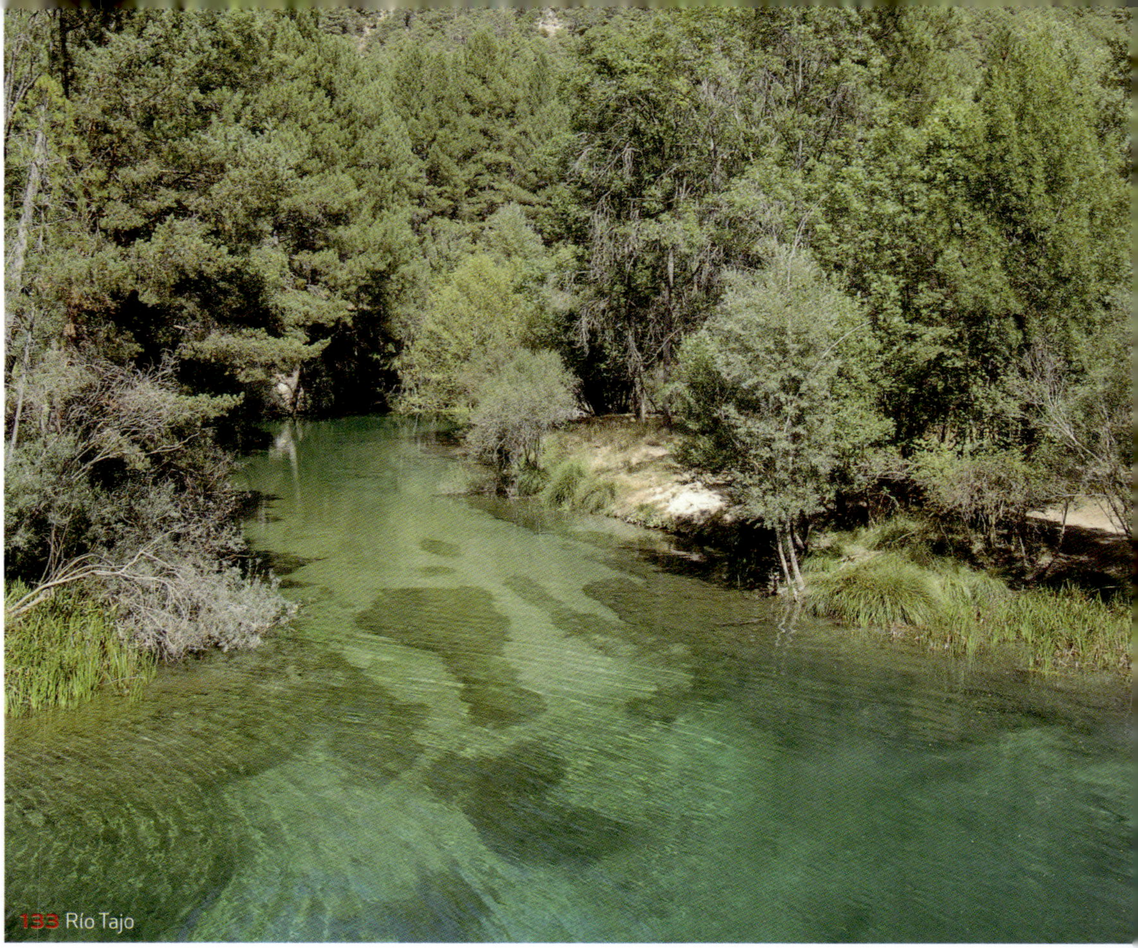

133 Río Tajo

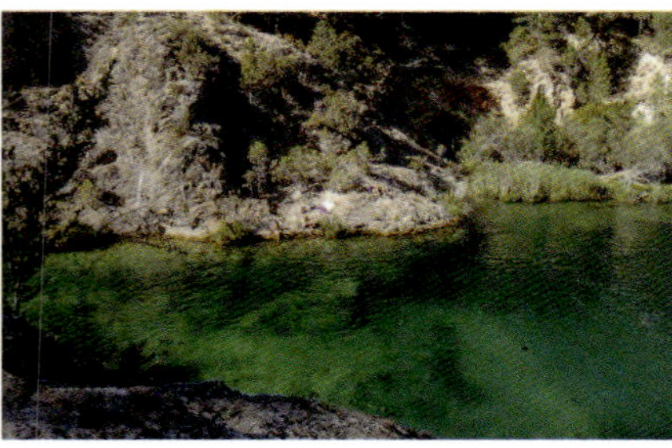

135

Im Gegensatz zu den zentralen Ebenen der Region wurden die Schluchten von Kastilien-La Mancha vor über einer Million Jahren vom Río Tajo geformt. Im Naturpark Alto Tajo finden sich entlang des Flusslaufs ungewöhnliche Felsformationen.

Während des Spanischen Bürgerkriegs boten Höhlen hoch oben in den Wänden der Schlucht dem republikanischen »marquis« – Guerillakämpfer, die gegen Francos Faschisten kämpften – Unterschlupf. Die Landschaft inspirierte José Luis Sampedro zu seinem Roman *Der Fluss, der uns trägt (El río que nos lleva)*, in dem er die Arbeit der Holzflößer auf dem Tajo beschreibt, ein Werk, das 1989 eine preisgekrönte Verfilmung erlebte.

Das Gebiet verfügt über eine enorme Artenvielfalt, darunter 20 Prozent von Spaniens Flora und Fauna – Raubvögel, Säugetiere, Reptilien, Amphibien ebenso wie viele Fischarten. ▶

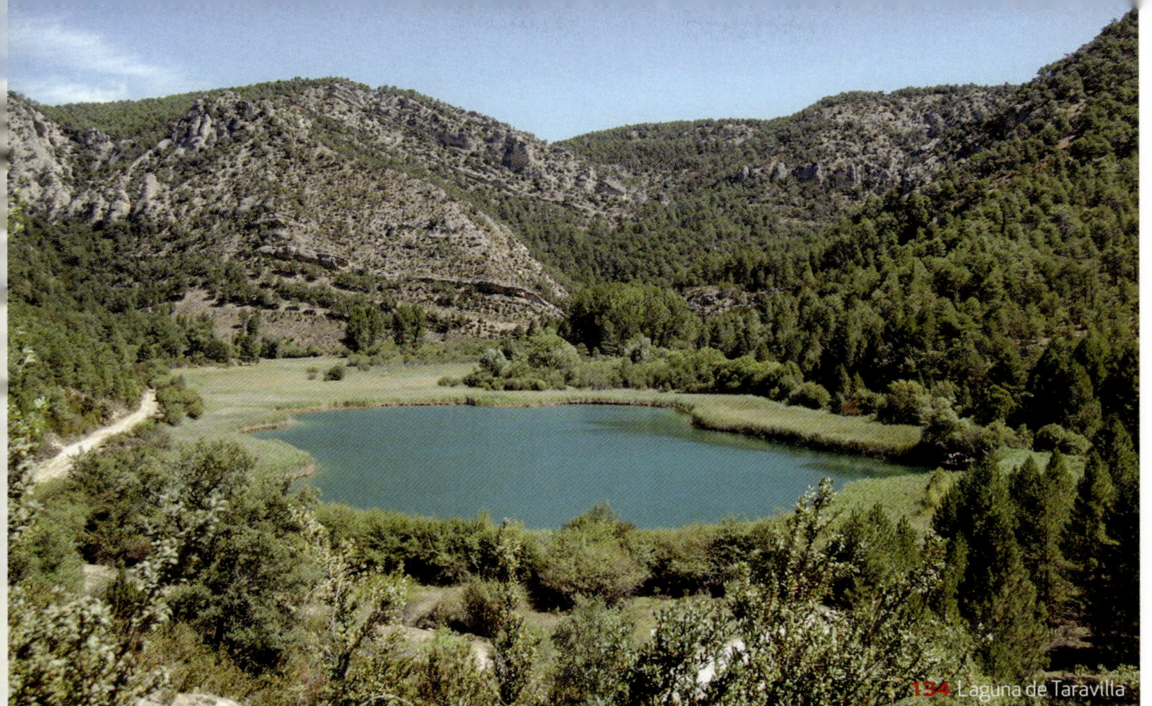

134 Laguna de Taravilla

Taravilla & Río Tajo

133 RÍO TAJO

Ein fantastischer Ort in einer Schleife des Río Tajo. Es gibt ein tiefes Becken mit einer Hängebrücke, von der man springen kann, und einen seichten Flussbereich, wo Kinder plantschen können.

➔ Folgen Sie der Wegbeschreibung zur Laguna de Taravilla (134), parken Sie und gehen Sie 100 m die Straße hinunter. Rechts sehen Sie einen mit einer Kette abgesperrten Pfad. Folgen Sie diesem 10 min bergab, bis Sie eine Lichtung erreichen. Hinter dieser finden Sie eine Hängebrücke über den Fluss. Eine alternative Route findet sich unter 133A.

Leicht, 10 min, 40.6472, -1.9744

A Puente de Pescadores

Eine kleine Holzbrücke über den Río Tajo, ideal zum Springen. Suchen Sie sich sorgfältig eine geeignete Stelle aus und hechten Sie kopfüber in das klare Wasser.

➔ Von Molina de Aragón 30 km auf der CM-210 Richtung Südwest (vorbei am Schild zur Laguna de Taravilla). Am Schild »Alto Tajo« links abbiegen, über eine Holzbrücke und weiter 3,6 km auf der Straße. Die Brücke liegt einen Pfad hinunter auf der Linken. Nach weiteren 1,3 km gelangen Sie zur Casa del Salto (www.sieteleguasturismorural.com), wo Sie essen und eine Hütte mieten können. Von hier aus führen Pfade zum Río Tajo, zur Laguna de Taravilla und zum Salto de Poveda.

Leicht, 1 min, 40.6540, -1.9916

134 LAGUNA DE TARAVILLA

Smaragdgrüner, von Wiesen umgebener absolut ruhiger Bergsee.

➔ Von Molina de Aragón auf der CM-210 25 km Richtung Südwest, dann links in eine Straße mit dem Schild zur Laguna de Taravilla. Nach 200 m die rechte Weggabel nehmen, nach 5 km öffnet sich die Straße und führt steil bergab. Sie sehen rechts den Wasserfall Salto de Poveda und die Laguna de Taravilla auf der Linken. Parken Sie am Fuß des Hügels. Der See verbirgt sich hinter hohen Büschen. Alternativ können Sie von Puente de Pescadores (siehe 133A) 25 min zu Fuß gehen.

Leicht, 2 min, 40.6501, -1.9751

135 SALTO DE POVEDA

Ein großer Wasserfall, der in Kaskaden in ein tiefes Strudelbecken fließt.

➔ Sie folgen der Wegbeschreibung für die Laguna de Taravilla (134), parken und gehen 50 m zurück den Hügel hinauf. Folgen Sie links dem mit rot-weißen Markierungen ausgezeichneten Wanderweg GR-113 und nehmen Sie nach 30 m die linke Weggabelung. Der Pfad führt steil hinunter zum Strudelbecken unter dem Wasserfall. Alternativ können Sie von Puente de Pescadores (siehe 133A) losgehen, die Brücke überqueren und den Pfad rechts einschlagen. Gehen Sie 500 m am Fluss entlang, bis er nach links oben abbiegt. Folgen Sie dem Weg 200 m über den Hügel, dann sehen Sie den Wasserfall zur Rechten. Nach 100 m gabelt sich der Pfad, halten Sie sich rechts und gehen Sie den steilen Hang zum Becken hinab. Auf der Rückkehr vom Bassin nehmen Sie die linke Weggabelung und folgen dem Fluss zurück zur Brücke.

Mittel, 10 bzw. 25 min, 40.6499, -1.9787

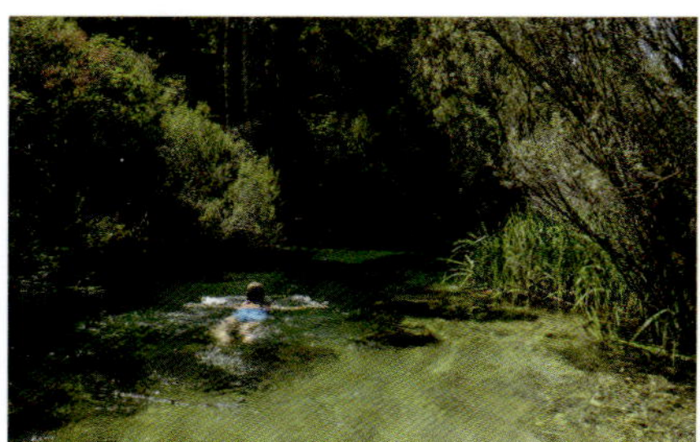

137

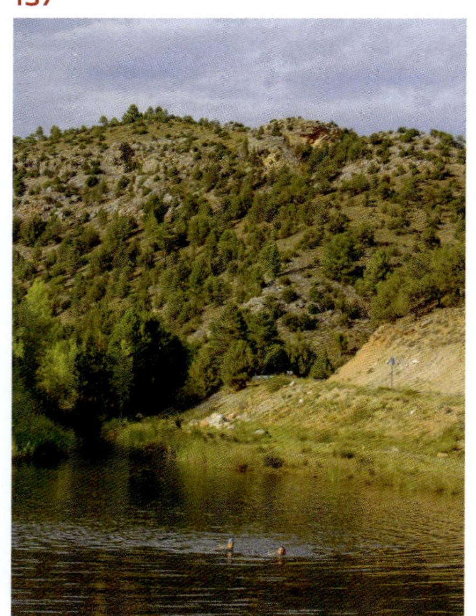

139

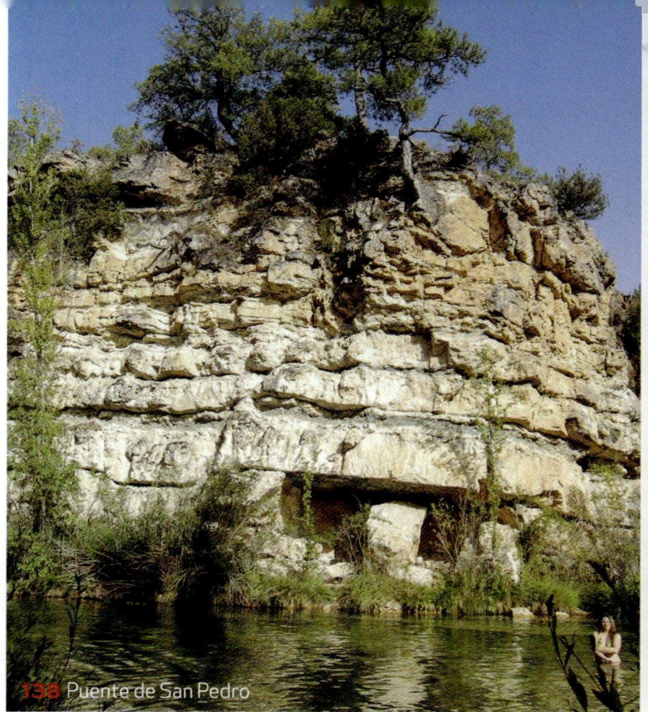

138 Puente de San Pedro

Bemerkenswert ist auch die Fülle der verschiedenen Gesteinsarten: Viel Schiefer, Quarzite, Sandstein, Kalkstein, Dolomit mischen sich mit Vulkangestein, darüber erheben sich schöne Pinien- und Eichenwälder.

Die Region mit ihren kleinen Dörfern ist die am dünnsten besiedelte ganz Spaniens. Abgesehen von ein paar Bauern und älteren Einwohnern sind die Dörfer im Winter praktisch verlassen. Im Sommer jedoch füllen sie sich mit Familien, die vor der Hitze der Städte in die Sommerfrische fliehen.

Entlang der Tajo-Route gibt es unglaubliche Naturbadestellen, von natürlichen Flussstränden und -buchten an Biegungen, wo sich der Fluass verlangsamt und das Wasser tiefer wird, bis zu Strudelbecken an eindrucksvollen Wasserfällen wie dem Salto de Poveda. Es gibt auch eine Vielzahl von Seen und Reservoirs, darunter die smaragdgrün glitzernde Laguna de Taravilla.

Hoch in den Bergen der Serranía de Cuenca entdecken wir ein weiteres geheimnisvolles grünes Juwel fast völlig versteckt hinter hohem Pflanzen. Die Laguna Grande del Tobar, gespeist vom rauschenden Wasser des jungen Guadiela-Flusses.

Nur wenige Kilometer entfernt neben dem Dorf Santa María del Val fließt der Río Cuervo in den kleinen schönen Tosca- ▶

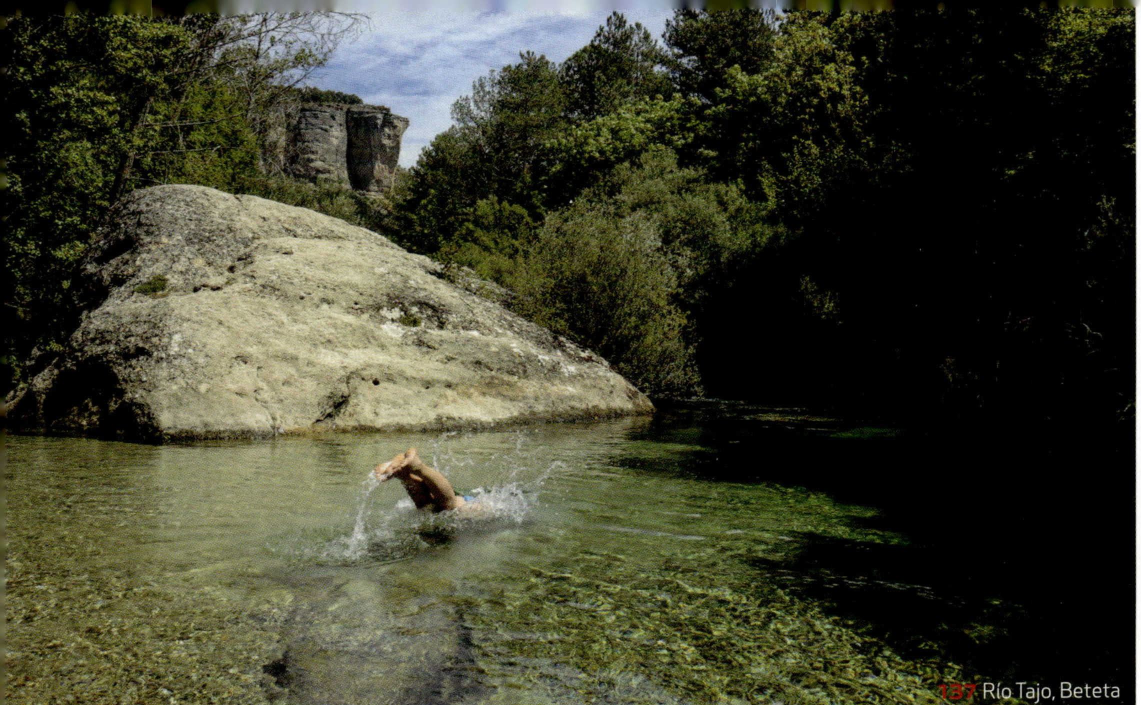

137 Río Tajo, Beteta

Alto Tajo

136 PERALEJOS DE LAS TRUCHAS

Der Río Tajo war frühlingsgrün und strotzte von der Frische neuen Lebens. Eine wohltätige Sonne wärmte uns, als wir an seinem Ufer lagen. Wir waren weit, weit weg von wuselnden Menschenmengen, eingetaucht in die wilde Natur. Der Fluss schängelt sich durch hoch aufragende Felsen und riesige Pinienwälder. Wir fanden eine Stelle, wo er sich weitet, und glitten, kaum von der Strömung gebremst, ins reine, klare Wasser. Es war tiefer, als es schien: Wir versuchten auf den Steinblöcken unter uns Halt zu finden, aber sie lagen weit tiefer, als wir glaubten.

➔ Von Peralejos de las Truchas auf der CM-2106 2 km nach Westen. Parken Sie nach dem Zeltplatz ⛺ Camping La Serradora auf der Linken und gehen Sie den Pfad zum Fluss hinunter. Von einem Baum hängt ein Schwingseil. Gehen Sie hier ins Wasser oder laufen Sie auf dem Waldpfad 10 min stromaufwärts zu kleinen Badestellen. Die beste liegt an einem kleinen Wasserfall, wo sich der Fluss weitet. Der Dorfladen in Peralejos de las Truchas (*trucha* bedeutet »Forelle«) ist eine ausgezeichnete Informationsquelle in vielen Sprachen über örtliche Wanderwege und das Forellenangeln.

Leicht, 5 min, 40.5907, -1.9243

137 RÍO TAJO, BETETA

Ein kleiner Wasserfall mündet in ein breites Strudelbecken mit einem großen Felsbrocken in der Mitte. Weitere Badestellen finden sich in westlicher Richtung entlang des Flusses.

➔ Von Peralejos de las Truchas auf der CM-2106 Richtung Westen, vorbei an Camping La Serradora. Nach 1,4 km sehen Sie ein Schild mit dem Symbol einer Quelle. Parken Sie hier und folgen Sie dem Pfad zu einem steinigen Strand.

Leicht, 2 min, 40.6003, -1.9461

138 PUENTE DE SAN PEDRO

Fabelhaftes Becken in der Nähe einer Brücke an einer Biegung des Río Tajo. Wir nahmen unter einem magischen Baldachin aus Bäumen ein Morgenbad. Vielfältige Möglichkeiten für Ausflüge.

➔ Von Molina de Aragón auf der N-211 3,5 km Richtung Nordwest. Biegen Sie links auf die CM-2015 und folgen Sie den Schildern nach Corduente. Bleiben Sie 27 km auf dieser Straße, bis Sie eine Brücke erreichen. Das Flussbassin liegt neben der Straße und ist gut beschildert.

Leicht, 2 min, 40.7976, -2.1550

139 PRESA DE ABLANQUE

Das Staubecken des Flusses (*presa*) in Ablanque in einem trockenen Gebiet mit Pinienwäldern und sengender Sommerhitze dient auch als Wasserreservoir für Löschfahrzeuge.

➔ Von Molina de Aragón auf der N-211 20 km Richtung Westen. Biegen Sie am Schild nach Mazarete links auf die CM-2120 und nach 6 km in die rechte Weggabelung auf die GU-949. Die Straße führt weitere 7 km bergab, dann kommt das Staubecken zu Ihrer Rechten. Fahren Sie über die Brücke und parken Sie rechts.

Leicht, 2 min, 40.9117, -2.2144

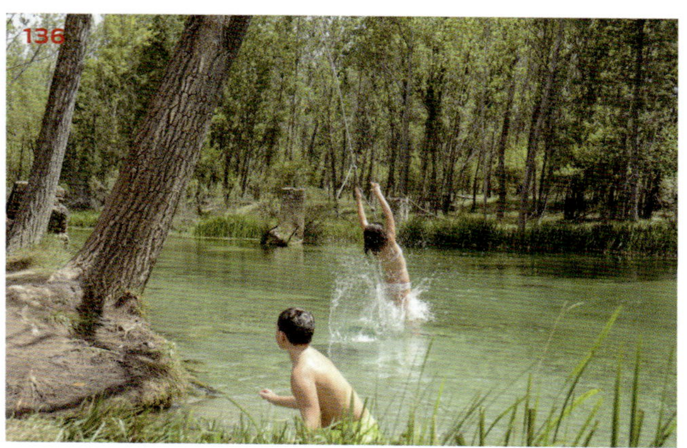
136

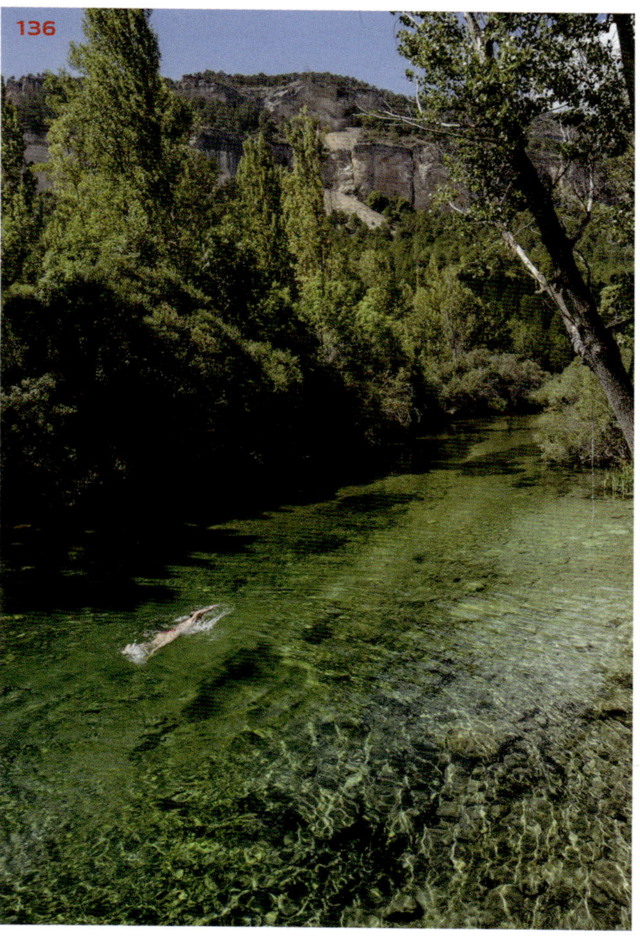
136

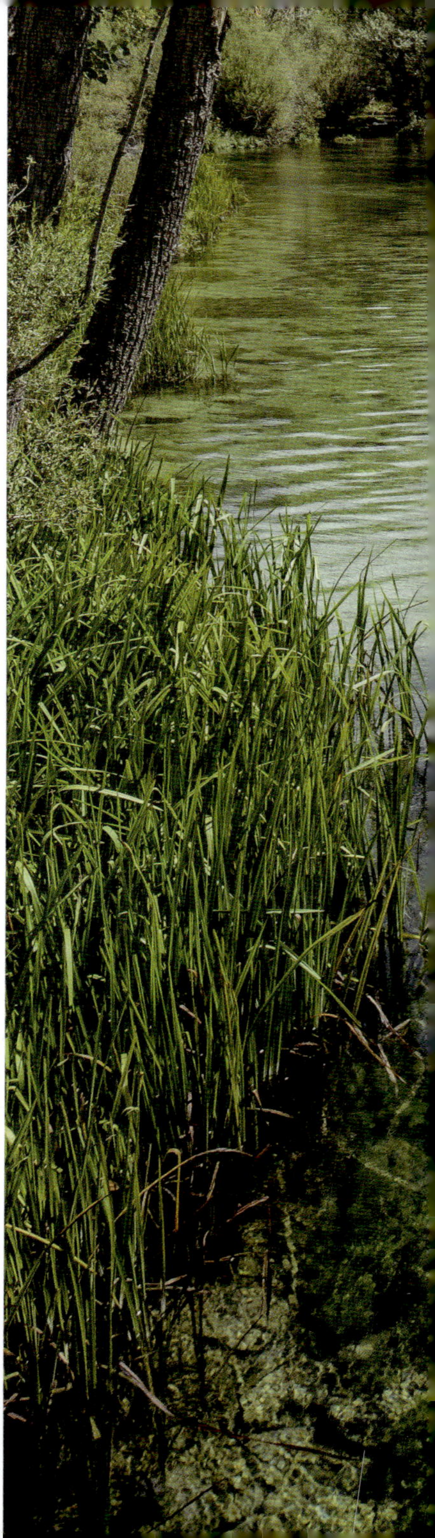

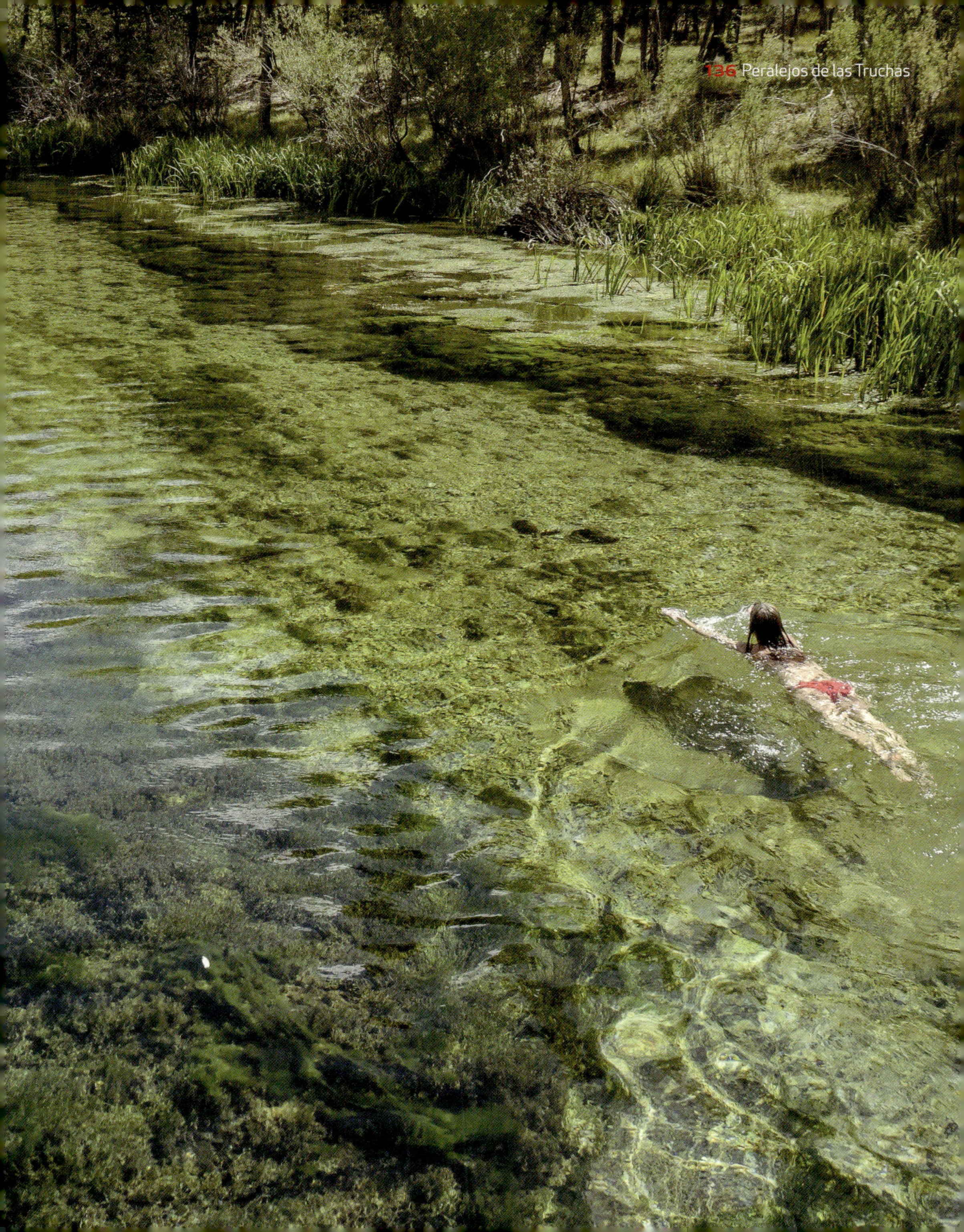

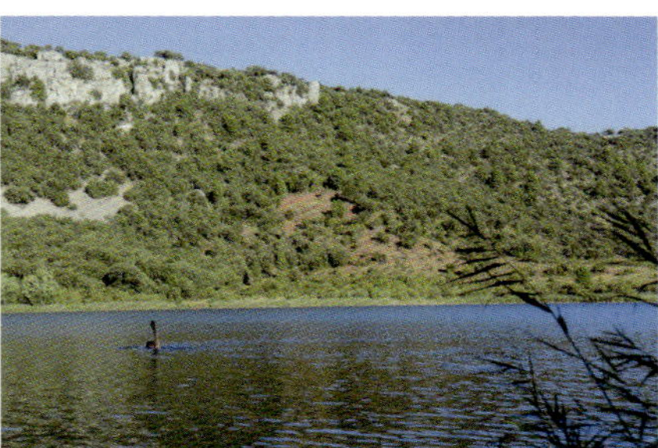

140

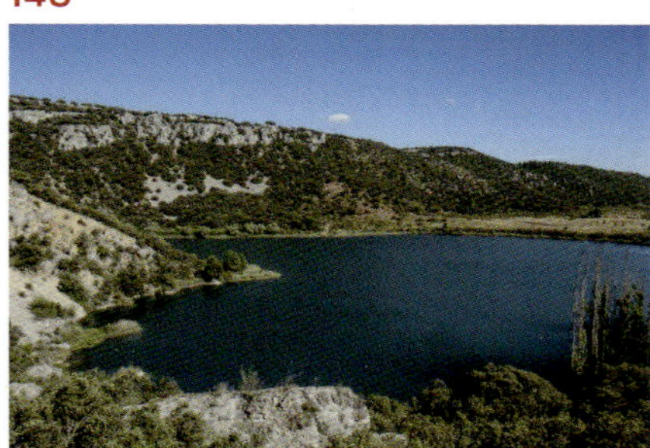

140

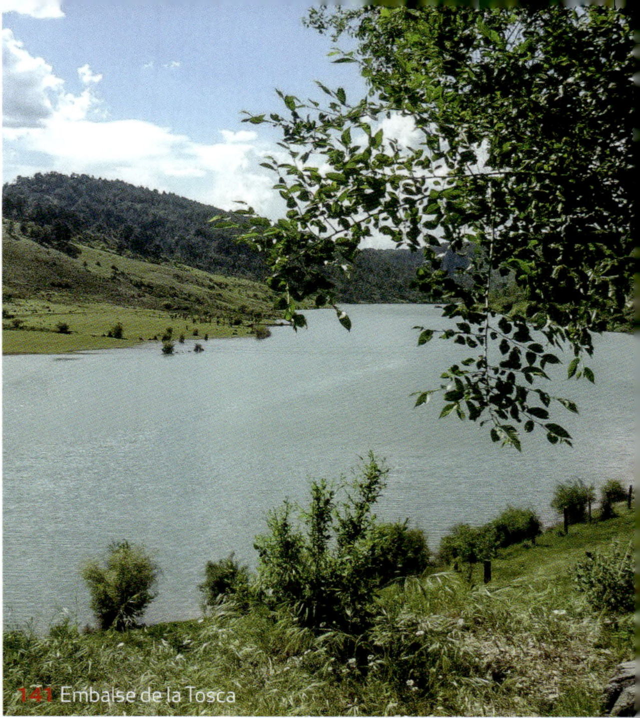

141 Embalse de la Tosca

Stausee. Seine steinigen Ufer sind von üppiger Vegetation umgeben, Lebensraum vieler Wildtiere. Am Himmel kann man Steinadler sehen.

Auf der Reise nach Süden ins Herz von Cuenca und zum Land von Don Quixote, dem fahrenden Ritter, der gegen Windmühlen kämpfte, stoßen wir auf das einladende türkisfarbene Wasser des Toba-Stausees. Dieses fantastische Bergreservoir im Nationalpark Serranía de Cuenca ist ideal für lange Wanderungen. Viele Wanderwege führen zu Naturstränden, hohe Felsen bieten sich für aufregende Sprünge ins Wasser an, und man kann den kleinen See mit dem Kanu erkunden.

Gen Westen bildet der Río Tajo die Grenze von Kastilien-La Mancha und der Provinz Madrid. Für die Madrider ist die Playa de Estremera einer der wenigen Orte, um in Hauptstadtnähe in freier Natur zu baden.

Wir fahren nach Norden zur Granitformation La Pedriza in der Sierra de Guadarrama – dem Handlungsort von Ernest Hemingways *Wem die Stunde schlägt*. Zwei junge Männer in einer kleinen Hütte bewachen den Eingang zu La Pedriza. Wir sind nicht sicher, was uns erwartet: Sollen wir Eintritt bezahlen? Sie lächeln nur und winken uns durch, also fahren wir die ▶

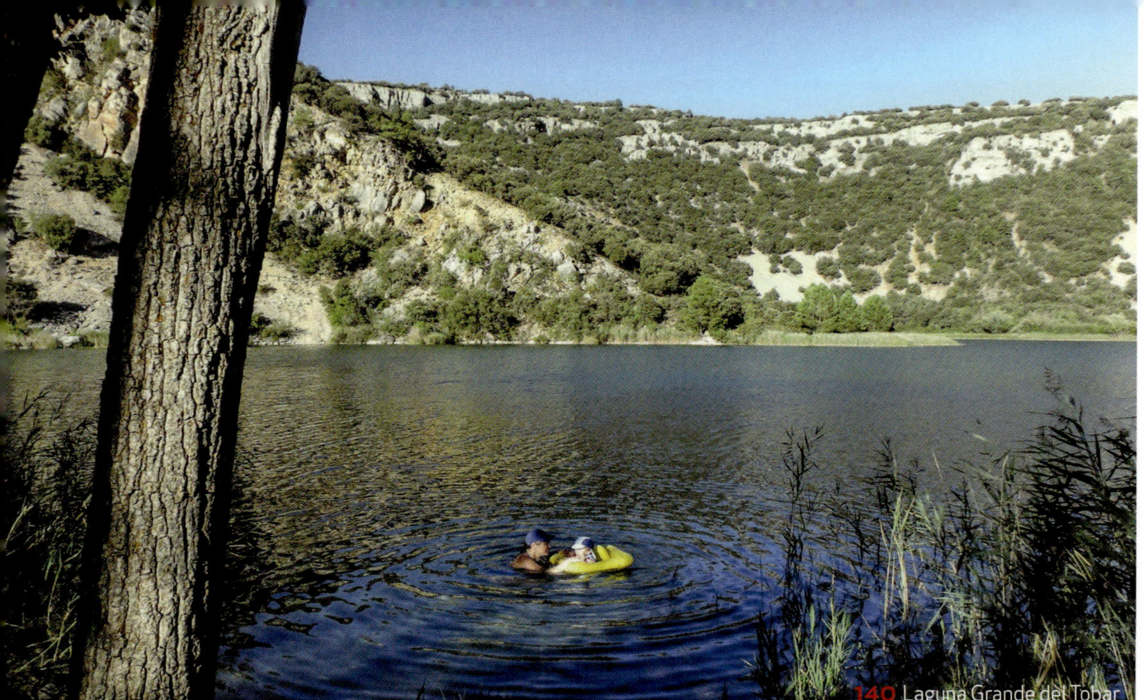

140 Laguna Grande del Tobar

Cuenca

140 LAGUNA GRANDE DEL TOBAR

Am späten Nachmittag glitzerte Sonnenlicht auf der ruhigen Oberfläche dieses tiefen Sees und lockte uns weiterzuschwimmen, um in seiner unverdorbenen Schönheit zu schwelgen. Ein friedliches Badevergnügen in malerischer Landschaft. Sie können auch eine großartige Wanderung durch die Natur fast ganz rund um den See unternehmen.

→ Von Beteta (an der CM-210) auf der Calle Virgen del Socorro in südöstlicher Richtung. Nach dem Weiler El Tolbar an der nächsten Weggabelung links ab. Biegen Sie an der nächsten Kreuzung scharf links ab und fahren Sie 350 m in nördliche Richtung, bis Sie den See erreichen. Parken Sie beim hohen Schilfrohr auf dem Sandparkplatz.

Leicht, 2 min, 40.5433, -2.0518

141 EMBALSE DE LA TOSCA

Eine faszinierende Landschaft von Kämmen und Tälern umgibt diesen kleinen smaragdgrünen Stausee am Río Cuervo (Rabenfluss) an dem kleinen, nur 60 Einwohner zählenden Dorf Santa María del Val. Um diese schöne Badestelle herum, wo man auch gut angeln kann, finden sich Weißdorn- und Eichenhaine.

→ Von Santa María del Val auf der CUV-9031 2 km Richtung Nordwest die Straße entlanggehen oder -fahren, bis sich der See öffnet. Zahllose gute Badestellen.

Leicht, 2 min, 40.5188, -2.0587

142 EMBALSE DE LA TOBA

Ein wunderschöner Stausee mit je nach Sonnenstand tief blauem bis smaragdgrünem Wasser hoch in den Bergen der Serranía de Cuenca. Darunter liegt das überflutete Dorf Las Casicas, dessen Kirchruine noch auf dem Hügel steht. Es gibt eine kleine Insel, zahlreiche Strände, viele Pfade zum Wasser und Steine, von denen man springen kann. Beliebt sind Kanufahren und Wandern: Ein Rundweg, der PR-A 128, führt durch mehrere hübsche Dörfer an der Kirche vorbei.

→ Von Cuenca 45 km auf der CM-2105 gen Norden. Fahren Sie durch Uña (wo es auch die hübsche Laguna de Uña gibt, in der mythische Ungeheuer hausen sollen) und biegen Sie nach 9,4 km auf einen Schotterweg (40.2114, -1.9119). Parken Sie hier und gehen Sie zu Fuß zum See hinunter.

Leicht, 1 min, 40.2156, -1.8862

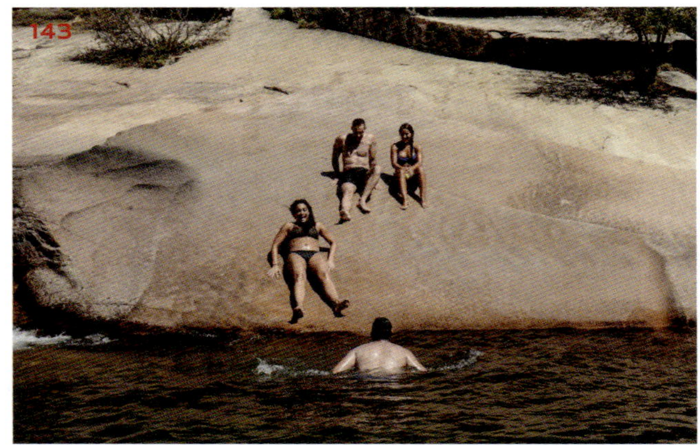
143

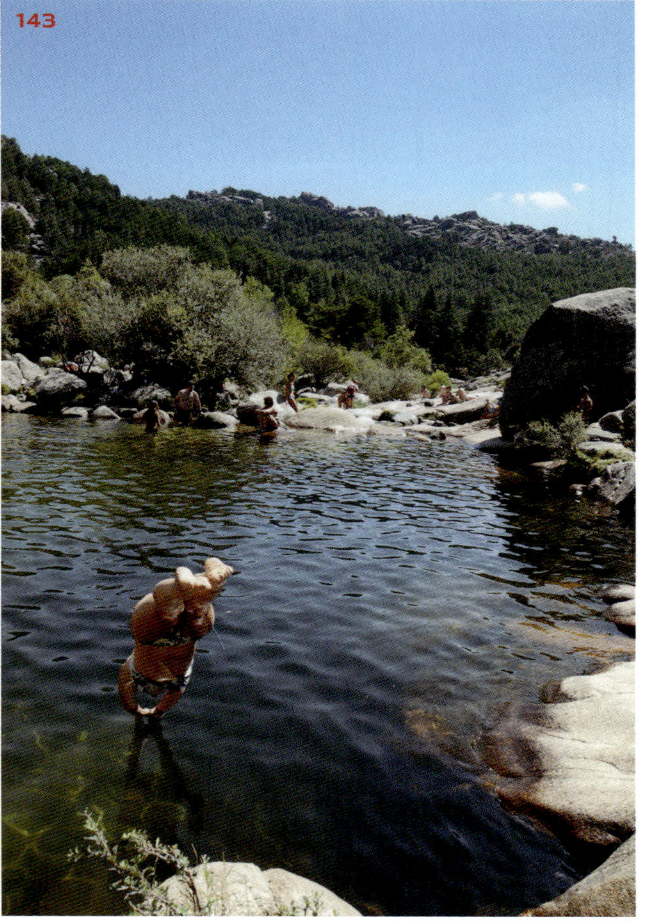
143

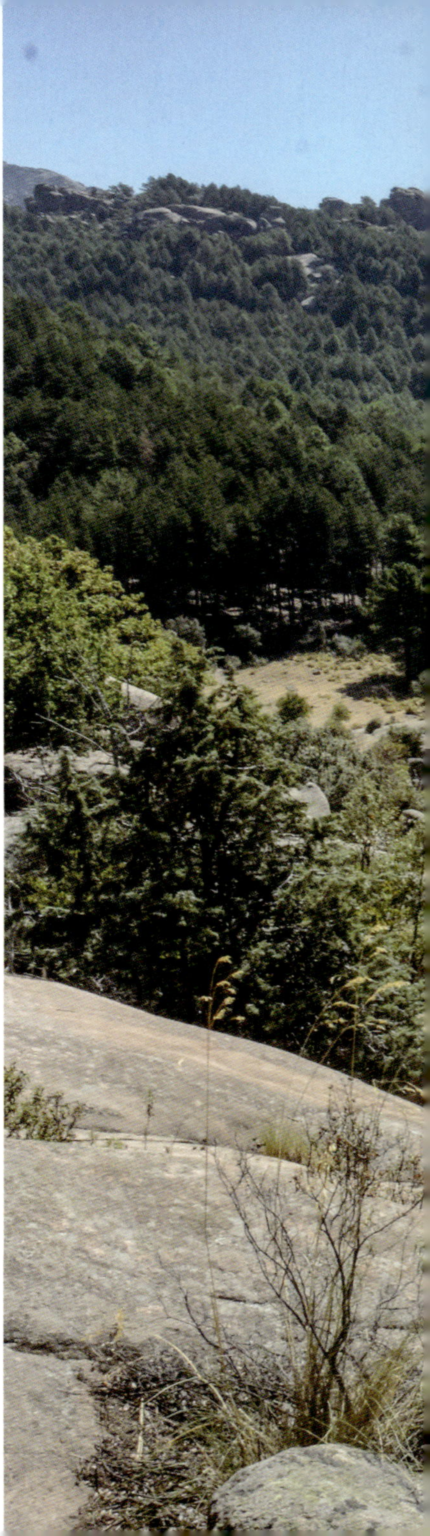

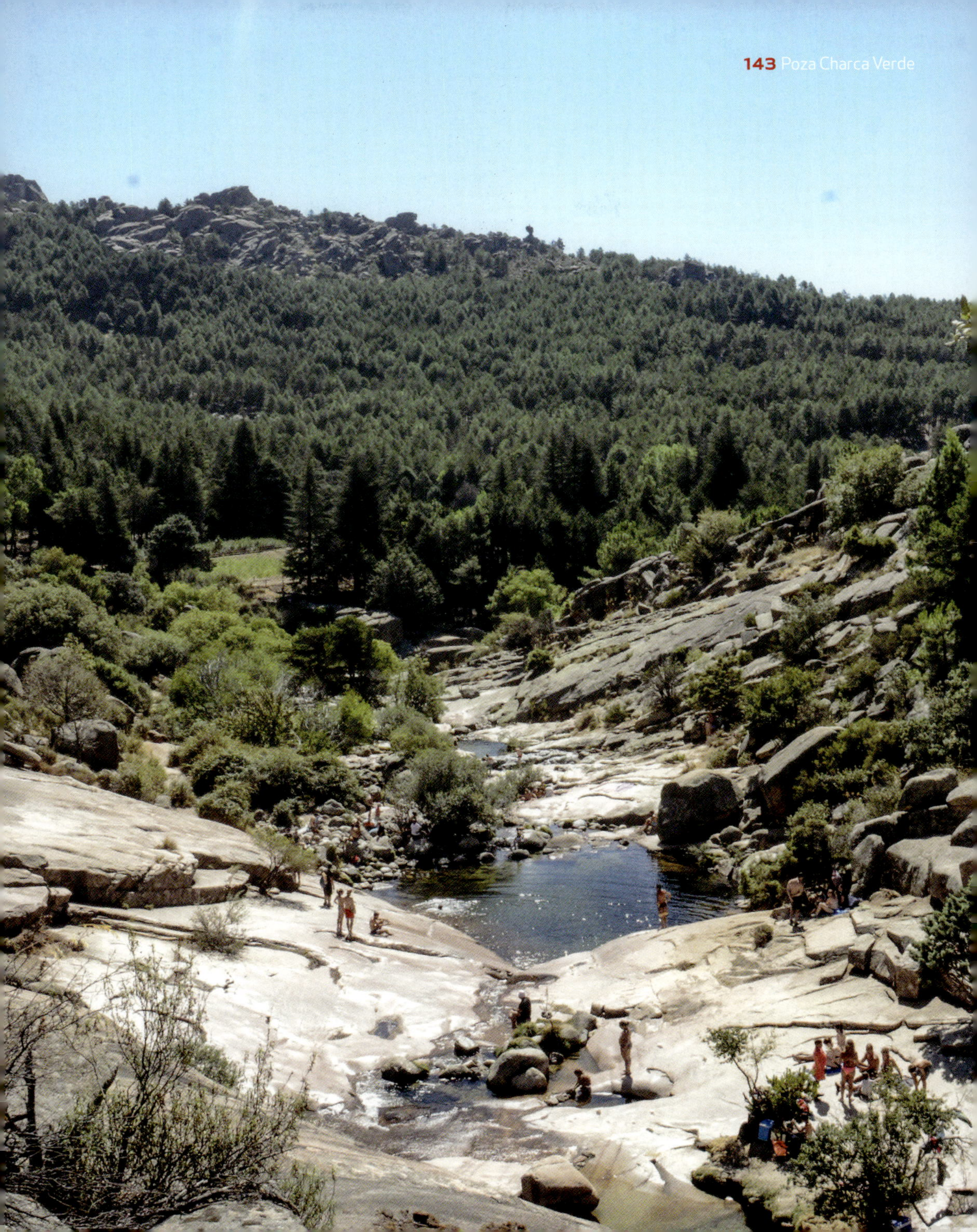

143 Poza Charca Verde

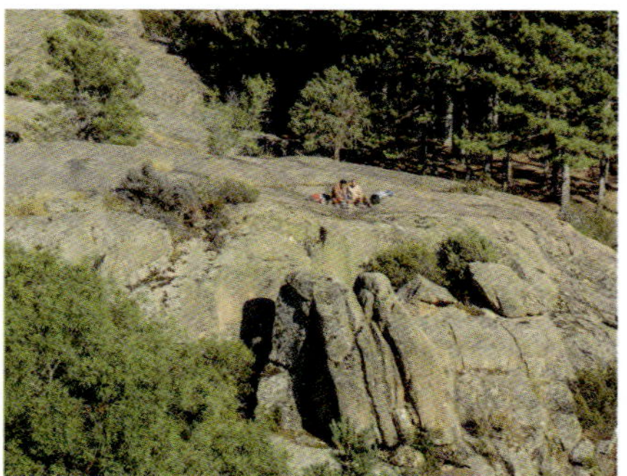

144

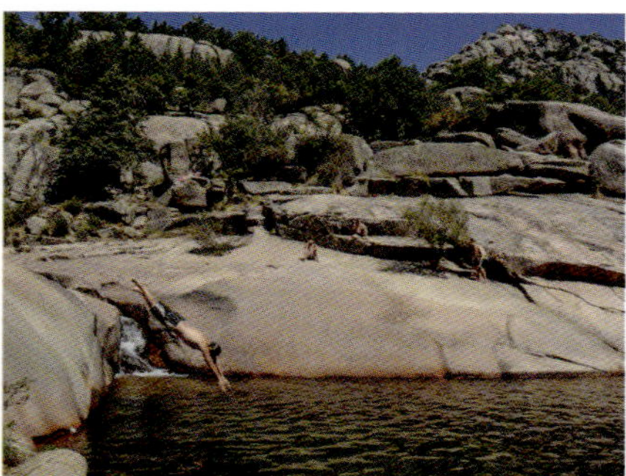

143

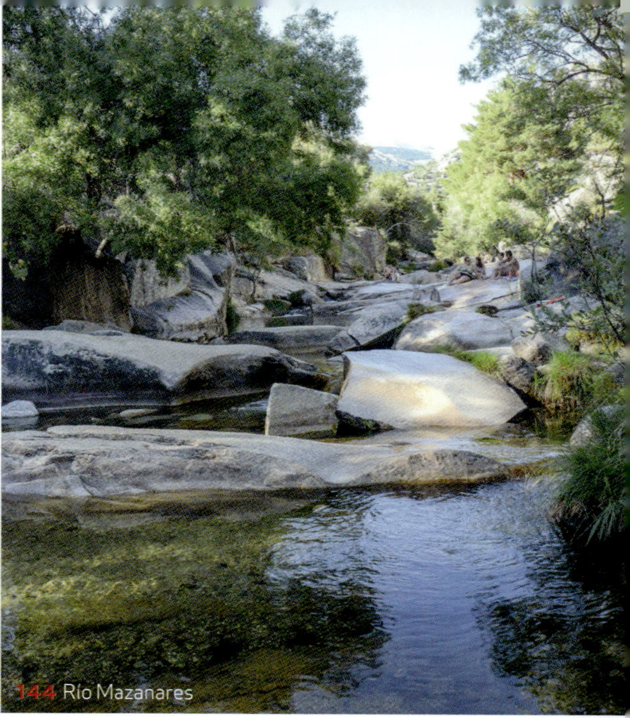

144 Río Mazanares

imposanten Granitberge hoch Richtung Río Manzanares. In de Nähe des Navacerrada-Passes entspringend, hat sein Wasser Bassins geschaffen und aus den Felsen seltsame glatte Forme modelliert. Wir folgen ihm stromaufwärts und legen immer wieder einmal eine Rast ein, um in sein kühles Wasser zu hechten.

Schließlich, nachdem wir über einige Felsblöcke hinaufgekraxelt sind, erreichen wir ein Areal wahrhaft spektakulärer Felsforma tionen, das als Poza Charca Verde bekannt ist. Die wuchtigen Felsen auf der einen Seite sind so glattpoliert, dass die Kinder sie als Rutschen ins tiefe Wasser benutzen.

Dieser Fluss diente Goya häufig als Bildhintergrund, wie beim Picknick am Ufer des *Manzanares*. Wir treffen zwei junge moderne Stadtbewohner, die uns erzählen, dass sie regelmäßig herkommen, um allem zu entfliehen, in der Natur zu sein und der erstickenden Madrider Sommerhitze zu entgehen. Das verstehen wir gut. Wir springen von den Felsen und freuen uns des Lebens.

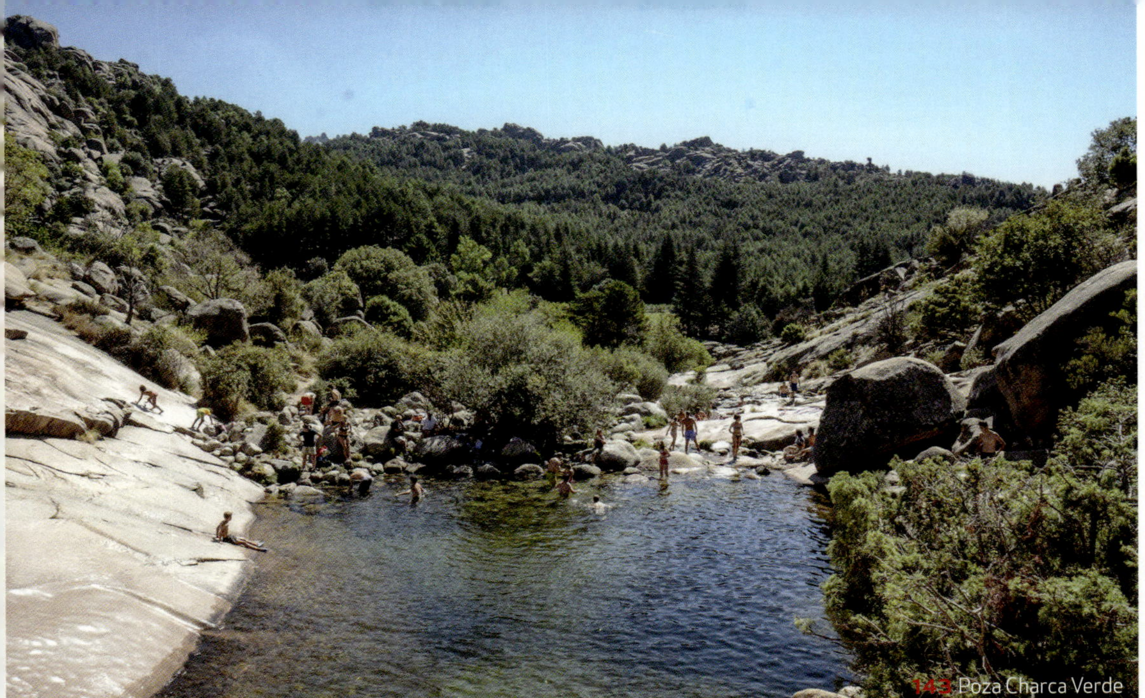

143 Poza Charca Verde

Madrid

143 POZA CHARCA VERDE

Atemberaubende Ausblicke über riesige Pinienwälder, Felsen, die so glattgeschliffen sind, dass man sie als Rutsche ins tiefe, kühle Wasser benutzen kann, und Gesteinsformationen, die wie Gekräusel im nassen Sand wirken. In der Sierra de Guadarrama gelegen, dem Handlungsort von Hemingways berühmtem Roman über den Spanischen Bürgerkrieg, *Wem die Stunde schlägt*. Stimmungsvoll.

➔ Von Soto del Real auf der M-608 Richtung Westen. Nach 9,5 km rechts dem Schild nach La Pedriza folgen, die Straße entlang bis durch das Parktor fahren, dann weitere 5 km bis zum Parkplatz (40.7521, -3.9021). Von hier zu Fuß weiter nach Norden auf dem Pfad und sich rechts halten, wo er sich teilt, schließlich über eine Brücke. Gehen Sie die Steigung linker Hand hoch und klettern Sie über einige Felsen bis zum Bassin. Kommen Sie bei Tagesanbruch, dann haben Sie dieses wunderschöne Naturschwimmbecken für sich allein.

Mittel, 20 min, 40.7634 -3.9038

144 RÍO MANZANARES

Breite, wilde, tiefe Flussbassins für erfrischenden Badespaß und der ideale Ort, um zu picknicken und der Hitze, dem Trubel und Gedränge Madrids zu entkommen. Ein großartiges Gebiet zum Wandern mit vielen verschiedenen Routen, die den Nationalpark kreuz und quer durchziehen. Eine Wanderkarte erhält man im Touristenbüro am Tor der Poza Charca Verde (siehe 143). In der Nähe gibt es auch eine Höhle, in der sich während des Spanischen Bürgerkriegs Guerillakämpfer versteckten.

➔ Folgen Sie der Wegbeschreibung nach Poza Charca Verde (143). Sie finden den Fluss und seine viele Bassins zur Rechten, wenn Sie zur Oberseite des Tals blicken.

Leicht, 5 min, 40.7521, -3.9021

Bitte beachten Sie, dass die spanischen Behörden seit Veröffentlichung dieses Buches das Schwimmen in der Poza Charca Verde (143) und im Río Manzanares (144) untersagt haben. Falls Sie es dennoch tun möchten, seien Sie bitte diskret, hinterlassen Sie nichts und nehmen Sie außer Ihren Fotos nichts mit.

145 PLAYA DE ESTREMERA, RÍO TAJO

Ein familienfreundliches Erholungsgebiet, eine Stunde vom Zentrum Madrids entfernt, mit einem kleinen Kiosk/Restaurant und Aktivitäten wie Reiten und Kajakfahren.

➔ Von Madrid Richtung Osten auf der A3 und bei Ausfahrt 68 zwischen Fuentidueña de Tajo und Belinchón abfahren. Fahren Sie auf die M-241 Richtung Estremera und überqueren Sie die Brücke über den Río Tajo. Unmittelbar nach einigen Villen geht rechts eine Lehmpiste mit einem kleinen, schwarz-weißen Schild »Quiosco – Playita« (Kiosk – kleiner Strand) ab. Oder Sie nehmen auf der A3 eine Abfahrt früher (Ausfahrt 62), fahren auf der M-240 Richtung Estremera, biegen an der Kreuzung zur M-241 rechts ab, dann abermals rechts und einige Meter weiter kommen Sie zu der Lehmpiste zum Strand.

Leicht, 2 min, 40.1590, -3.0930

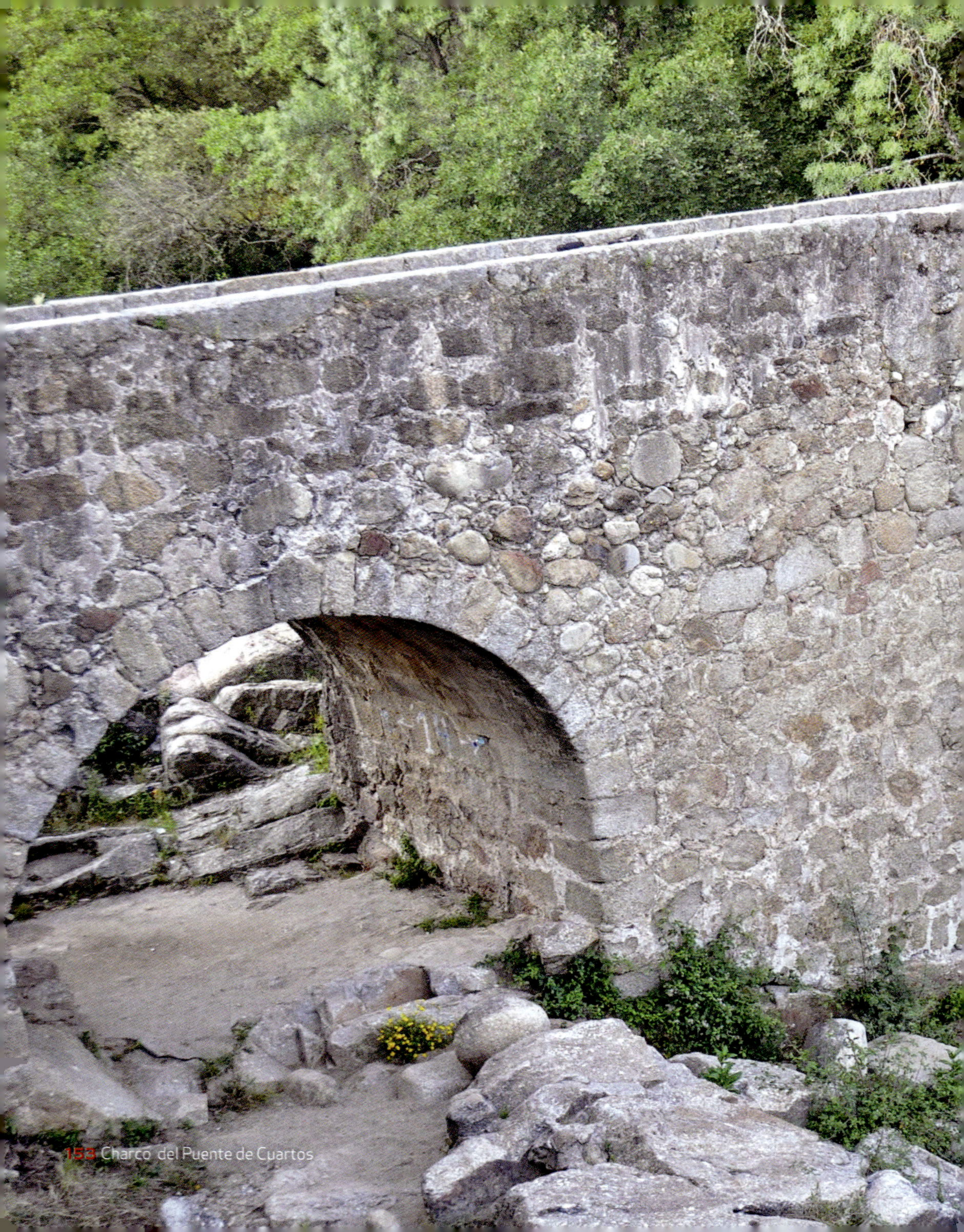

153 Charco del Puente de Cuartos

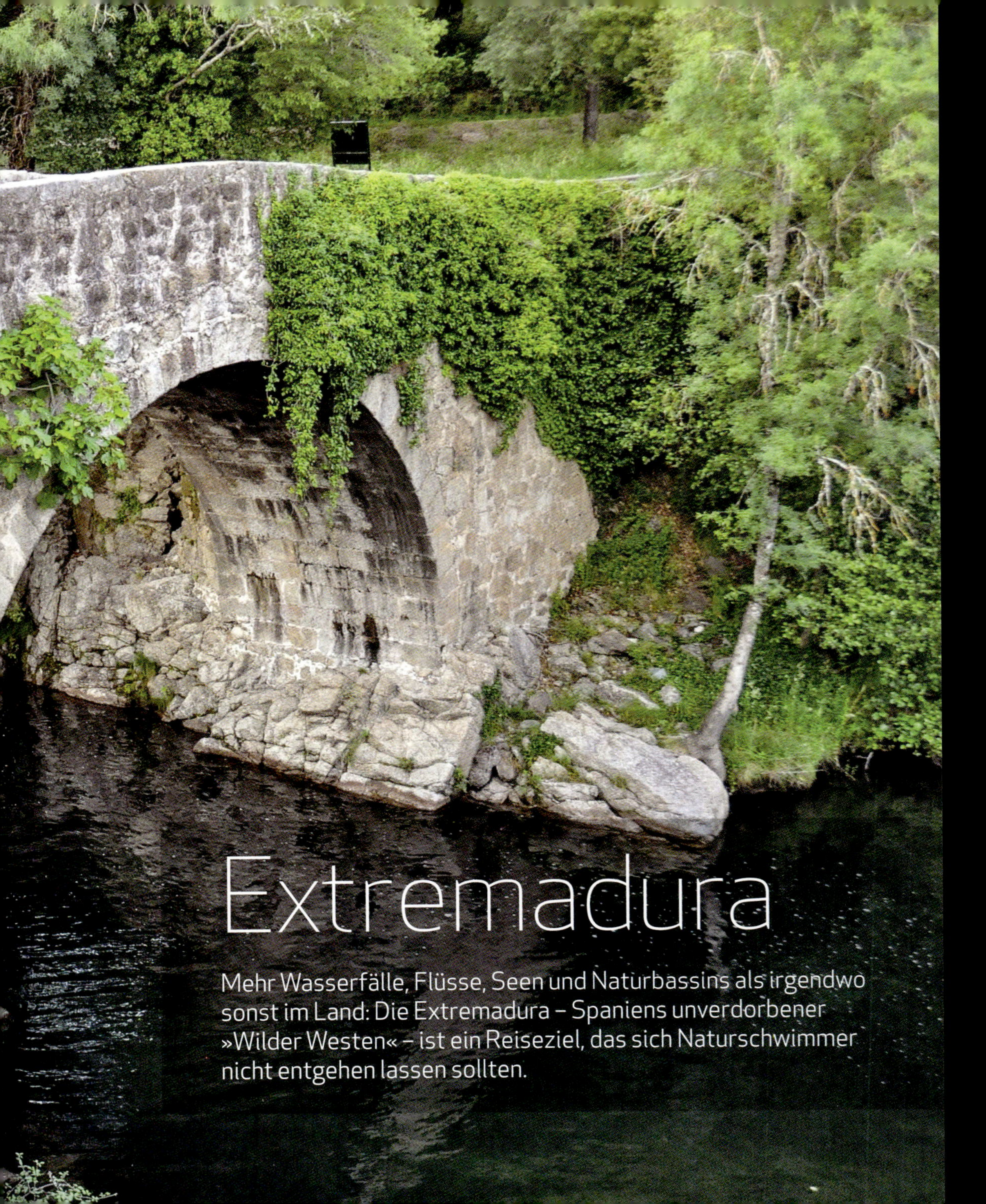

Extremadura

Mehr Wasserfälle, Flüsse, Seen und Naturbassins als irgendwo sonst im Land: Die Extremadura – Spaniens unverdorbener »Wilder Westen« – ist ein Reiseziel, das sich Naturschwimmer nicht entgehen lassen sollten.

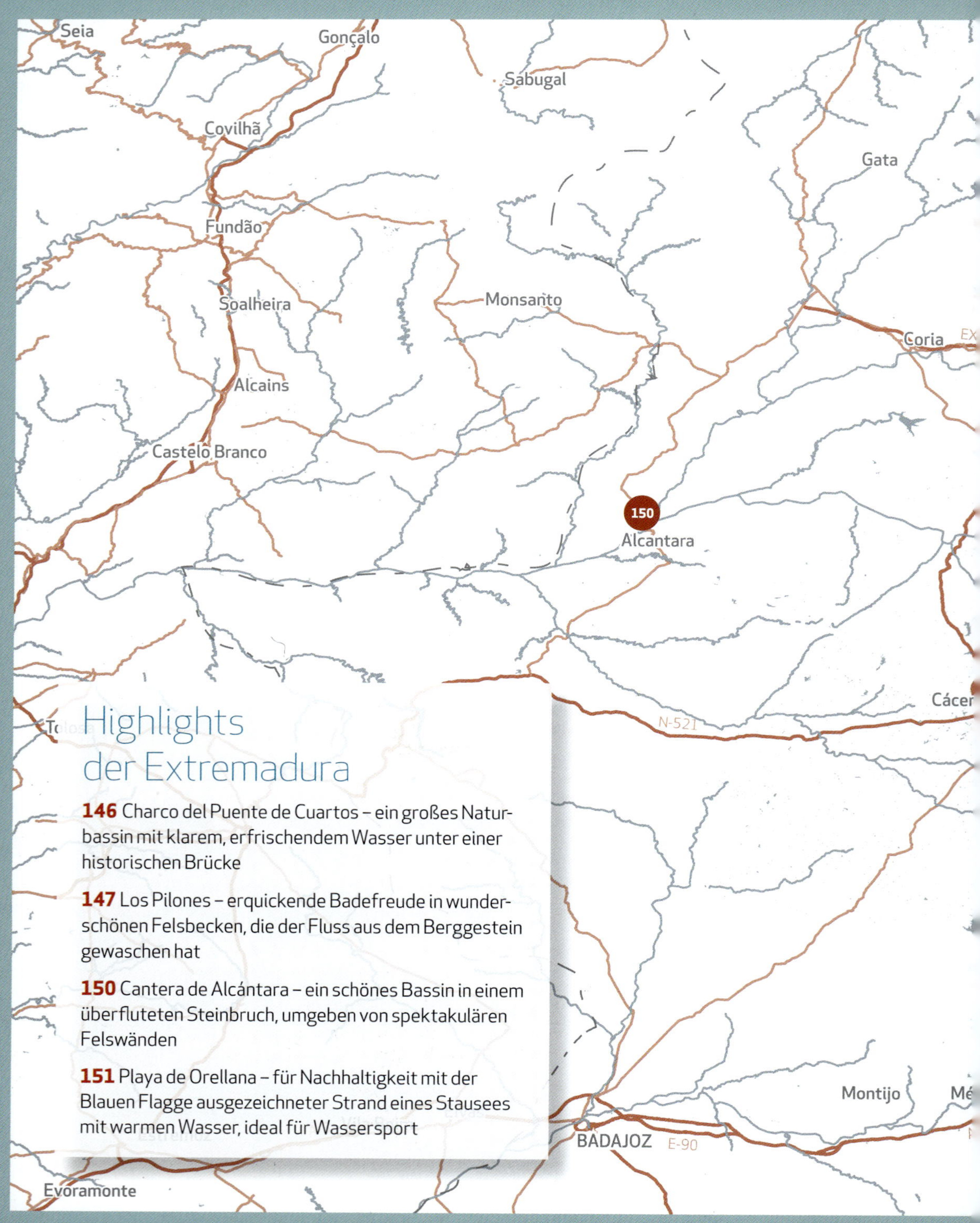

Highlights der Extremadura

146 Charco del Puente de Cuartos – ein großes Naturbassin mit klarem, erfrischendem Wasser unter einer historischen Brücke

147 Los Pilones – erquickende Badefreude in wunderschönen Felsbecken, die der Fluss aus dem Berggestein gewaschen hat

150 Cantera de Alcántara – ein schönes Bassin in einem überfluteten Steinbruch, umgeben von spektakulären Felswänden

151 Playa de Orellana – für Nachhaltigkeit mit der Blauen Flagge ausgezeichneter Strand eines Stausees mit warmen Wasser, ideal für Wassersport

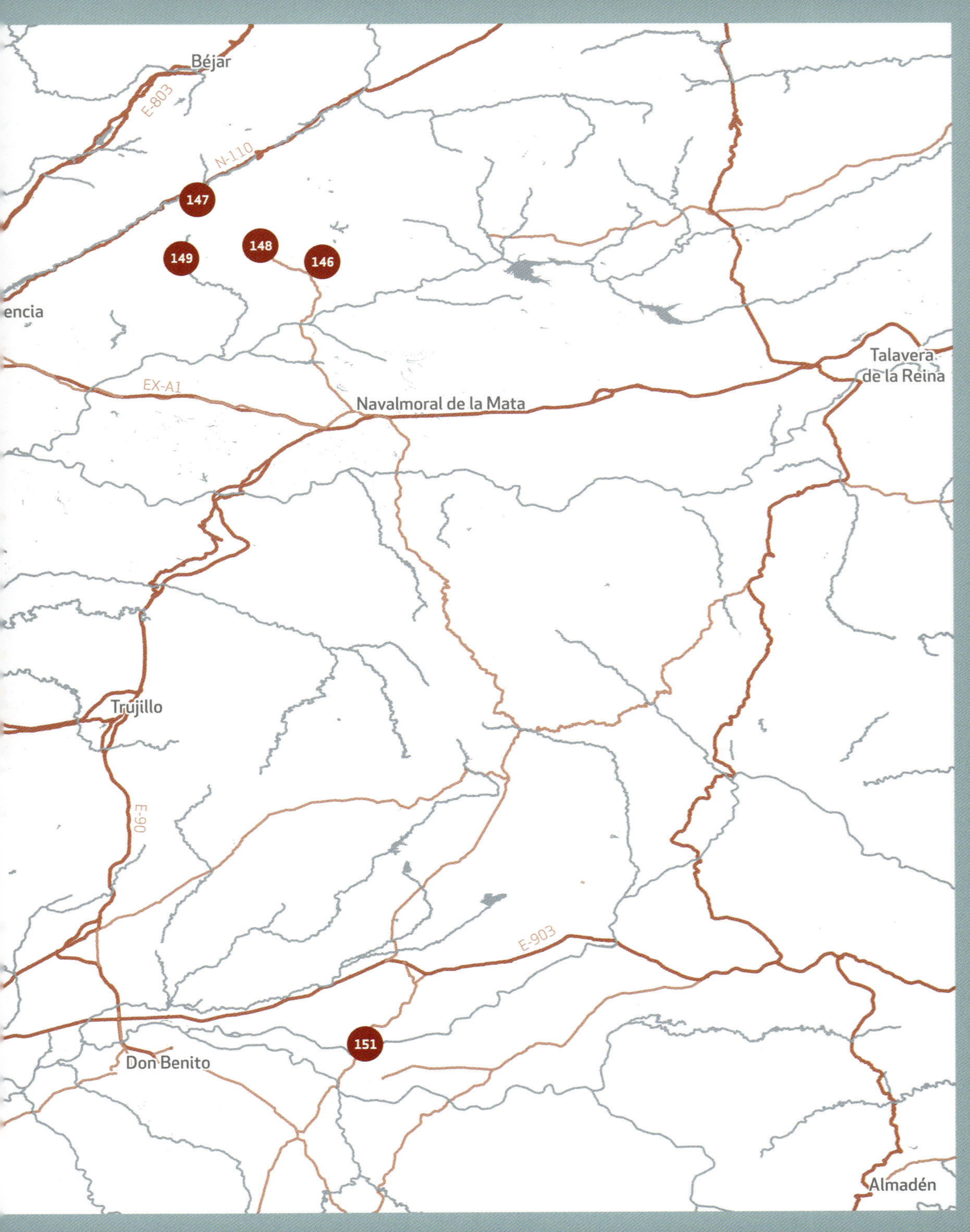

Béjar
E-803
N-110
147
149
148
146
encia
EX-A1
Navalmoral de la Mata
Talavera
de la Reina
Trujillo
E-90
E-903
151
Don Benito
Almadén

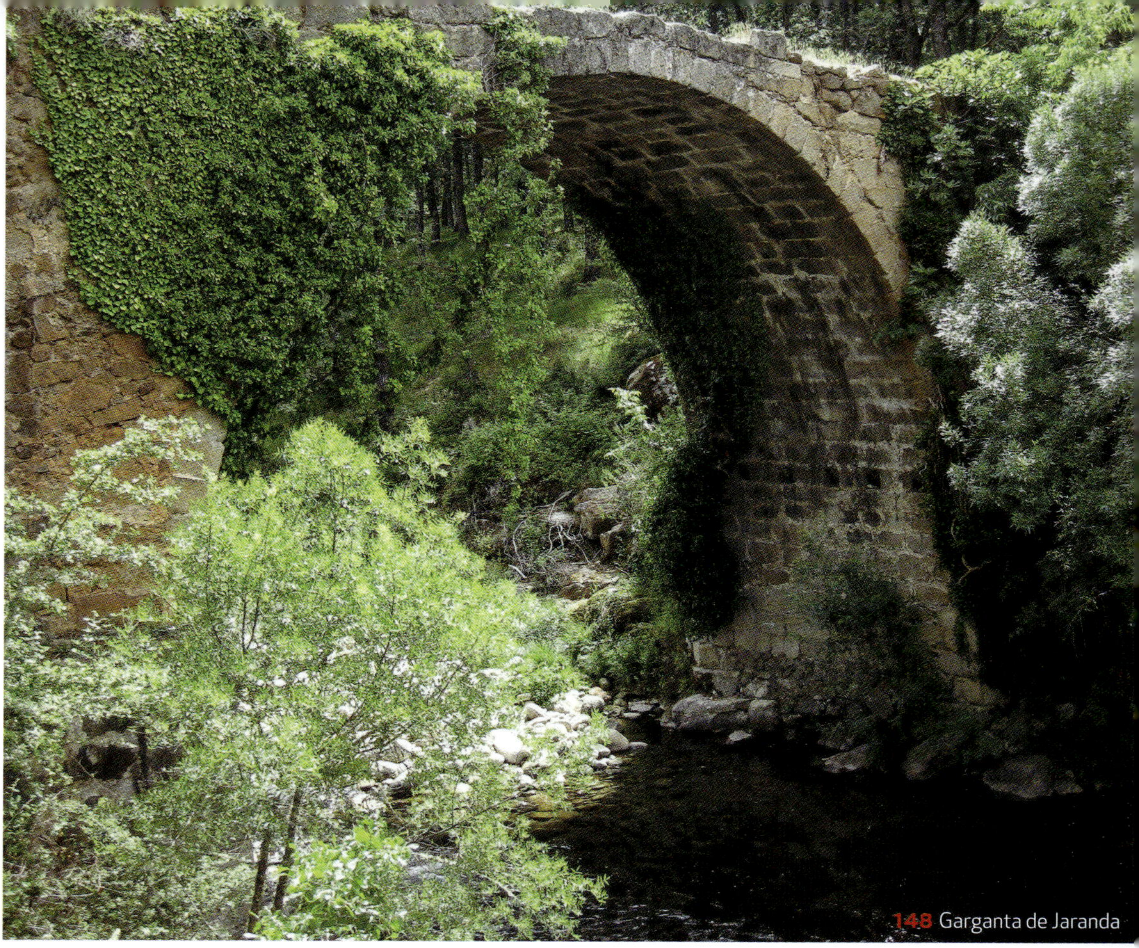

148 Garganta de Jaranda

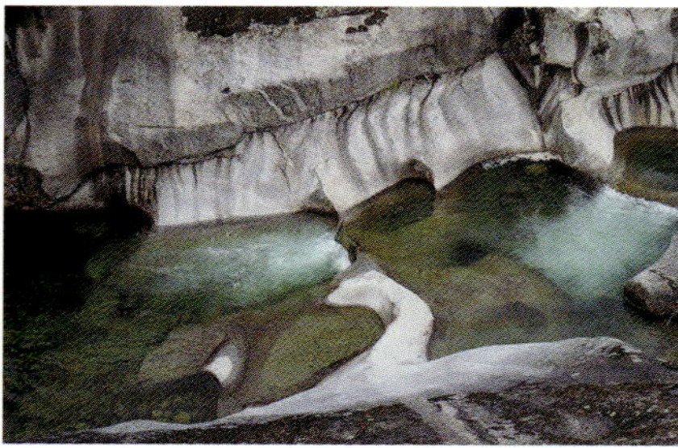

147

Die Extremadura ist eine unverdorbene Region von wogenden Hügeln, Hochebenen und Weiden mit Myriaden von Flüssen, Seen und Naturbassins zum Schwimmen und Baden, um der Sommerhitze zu entkommen.

Die an Portugal grenzende Region ist eine der entlegensten und am wenigsten bekannte Spaniens. Sie gehörte zur antiken römischen Provinz Lusitania, ihre heutige Hauptstadt Mérida war eine der wichtigsten Städte des Imperiums. Eine römische Hauptstraße, die Vía de la Plata, durchquerte die Region und wird heute von den Pilgern genutzt, die von Süden nach Santiago de Compostela wandern.

Spanische Eroberer wie Pizarro kamen von hier, und man findet in Lateinamerika heute Städte, die nach jenen dieser Region benannt sind, wie Merída, Trujillo, Guadalupe oder Medellín. ▶

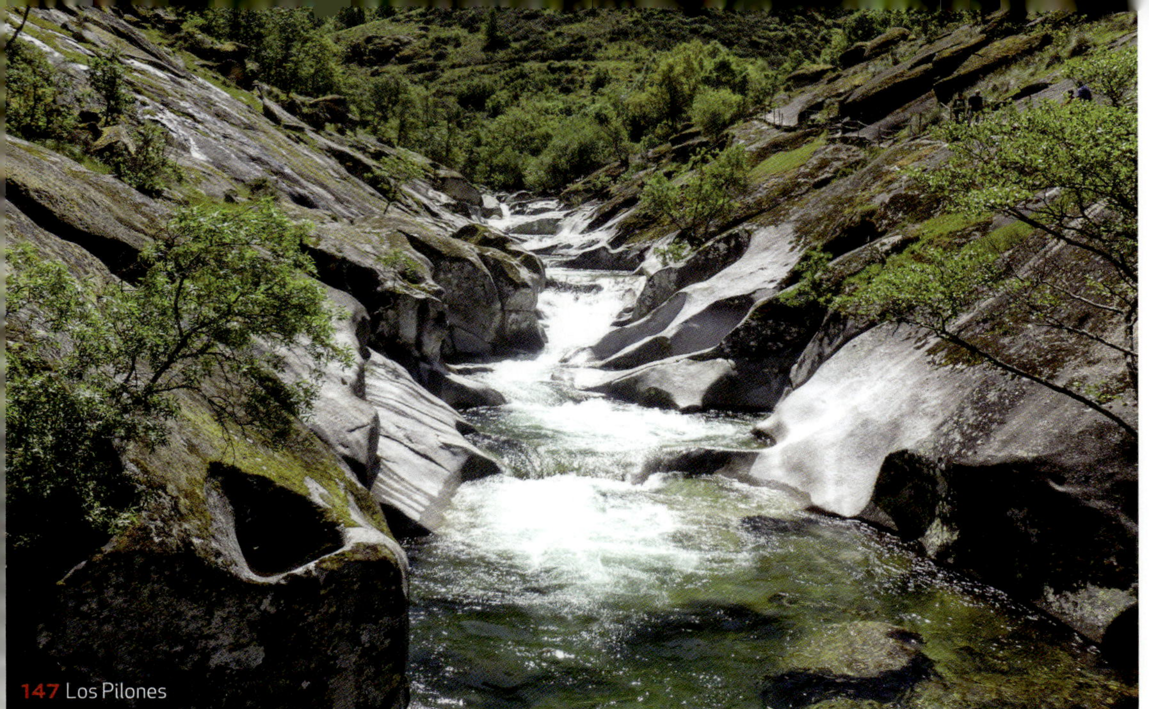
147 Los Pilones

Die Flussschluchten der Täler La Vera & Jerte

146 CHARCO DEL PUENTE DE CUARTOS

Am Bach Garganta de Cuartos, direkt vor dem Städtchen Losar de la Vera gelegen, liegt dieser kalte, klare See unter einer mittelalterlichen Brücke. Er ist an den Rändern zwar seicht, das Wasser ist aber zum Schwimmen tief genug. Der Boden ist voller großer runder Steine.

→ Von Losar de la Vera auf der EX-203 Richtung Madrigal de la Vera. Nach 3 km rechts auf eine Brücke biegen. Es gibt Parkplätze zu beiden Seiten der Straße. Zum Naturschwimmbecken geht es über die Straße, Sie können es nicht verfehlen.

Leicht, 1 min, 40.1114 -5.5819

147 LOS PILONES

Ein wunderschönes Naturbassin ist der Garganta de los Infiernos (Höllengraben) im gleichnamigen Naturschutzgebiet im Jerte-Tal. Mit der Zeit hat die Kraft des aus den Bergen herabfließenden Wassers perfekte Swimmingpools im Felsen ausgewaschen. Wer noch entlegenere Badestellen sucht, folgt dem hellblau markierten Weg den Fluss hinauf, wo sich ein kleines Becken mit etwas Schatten findet, das sich bestens für eine Jause eignet. Geht man weiter, gelangt man noch zu einem weiteren kleinen Becken unter einer Steinbrücke.

→ Von Jerte auf der N-110 etwa 2 km Richtung Cabezuela del Valle bis zum Schild des Naturreservats auf der Linken. Biegen Sie hier links ab und fahren Sie geradeaus (wobei Sie zwei kleine Brücken passieren), bis Sie einen Parkplatz erreichen. Lassen Sie den Wagen stehen und folgen Sie der ausgeschilderten Route (blaue Markierungen) zu Los Pilones. Es ist ein Weg von gut einer Stunde bergauf, tragen Sie bequemes Schuhwerk.

Mittel 60 – 75 min, 40.2013 -5.7547

148 GARGANTA DE JARANDA

Dieser Fluss in der Nähe von Jarandilla de la Vera bietet mehrere gute Badestellen. Unter der Brücke der EX-203 (von den Einheimischen Puente de la Serradilla genannt) gibt es ein Naturbassin von passender Größe mit Uferbefestigung und klarem Wasser, das tief genug zum Schwimmen und zum Springen ist. Am breiten, baumbestandenen Ufer kann man relaxen und essen. 1 km den Fluss hinunter finden Sie ein weiteres Becken unter der romanischen Parral-Brücke, und einige Kilometer weiter eine Badestelle unter der Jaranda-Brücke.

→ Von Aldeanueva de la Vera zur Straßenbrücke sind es ca. 7 Autominuten. Fahren Sie auf der EX-203 Richtung Osten nach Jarandilla de la Vera bis zum Schild »Garganta de Jaranda« kurz vor der Brücke. Parken Sie und gehen Sie zum Bassin hinunter.

Leicht, 1 min, 40.1350 -5.6678

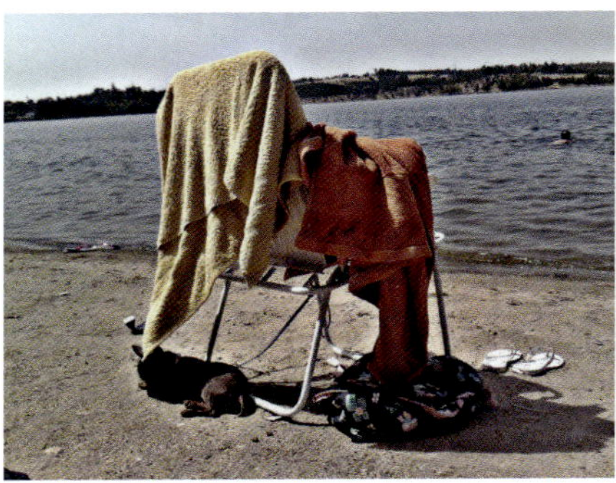

151

UNSERE MITARBEITERIN BEIM EXTREMADURA-KAPITEL:
Irene Corchado Resmella ist eine freiberuflich tätige vereidigte Spanischübersetzerin und Reiseschrifstellerin (Webauftritt: ICR Translations). Sie lebt als glückliche Auslandsspanierin in Oxford und schreibt den Reiseblog *Piggy Traveller*, in dem sie Anregungen zum Besuch ihrer Heimatregion Extremadura gibt

(www.piggytraveller.com).

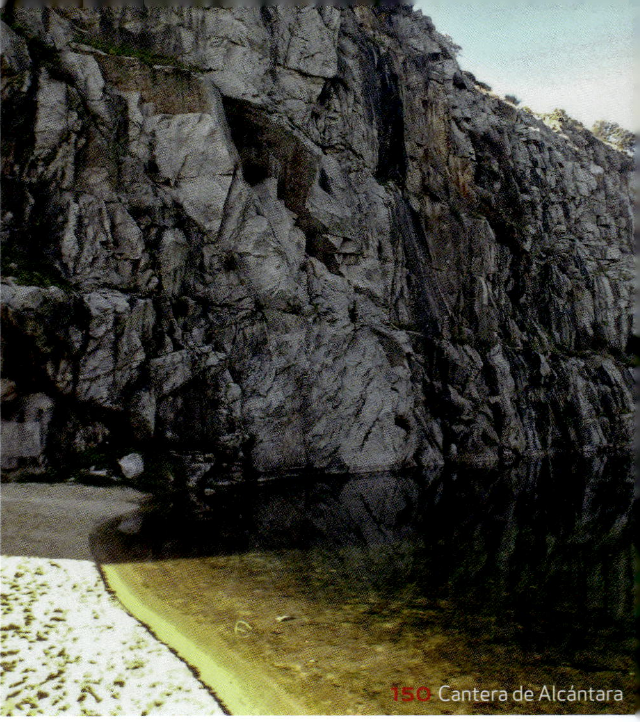

150 Cantera de Alcántara

Die Extremadura ist Heimat der mit Eicheln gemästeten Iberischen Schweine, aus denen der weltberühmte Serrano-Schinken hergestellt wird. Weitere Delikatessen sind zum Beispiel die Paprika aus La Vera, die cremige, aber kräftige Torta, ein aus Merino-Schafsmilch hergestellter Käse, Picota-Kirschen und Lamm aus dem Jerte-Tal.

Im Norden wird die Extremadura von bis zu 2.400 m hohen Bergen begrenzt, mit herrlichen Tälern dazwischen. In Jerte, berühmt für sein Kirschblütenfest, wachsen Tausende von Kirschbäumen auf terrassierten Hängen, und wenn sie in voller Blüte stehen, scheint das ganze Gebiet mit einer weißen Lage Baumwolle überzogen. Viele Flüsse, die hier oft *garganta* heißen, womit ähnlich wie beim deutschen Wort »Graben« sowohl die »Rinne« bzw. »Schlucht« wie das Gewässer selbst gemeint ist, ergießen sich von den Bergen in die Täler und formen auf ihrem Weg zahlreiche schwimmtaugliche Naturbassins. Das klare Bergwasser ist so kühl, dass einem der Atem stockt, aber in einer Region, wo die Sommertemperaturen auf 40° C steigen können, sind solch erfrischende Badegelegenheiten hochwillkommen. ■

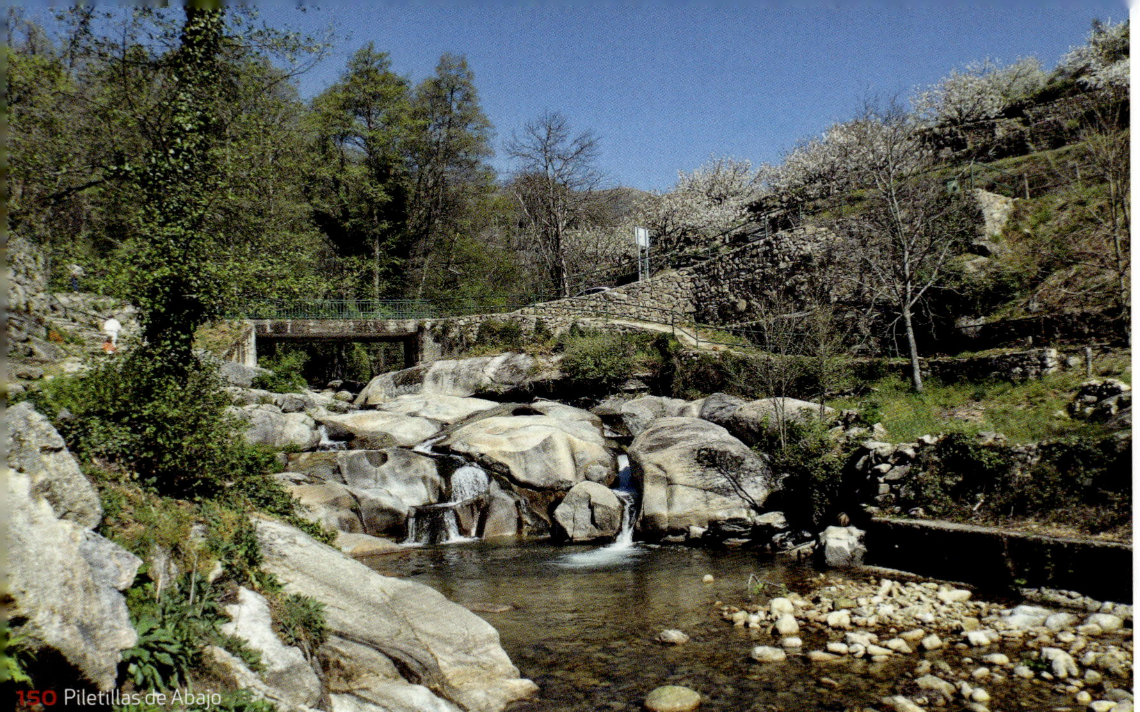

150 Piletillas de Abajo

Von Garganta la Olla nach Alcántara & Orellana

149 PILETILLAS DE ABAJO

Ein seichtes Becken (*piletilla*) im Felsen, gefüllt mit klarem, kühlem Flusswasser. Es ist ein herrlicher Ort für eine Abkühlung, weniger zum Schwimmen, und auf den Felsen gibt es genug Platz, um sein Handtuch auszubreiten. Auf der anderen Seite der Brücke finden Sie Charco del Calderón – ein weiteres kleines, schattiges Bassin. Gehen Sie nach Erkundung des kleinen Wasserfalls weiter stromaufwärts, dort finden sich noch mehr Flussbassins wie die Piletillas de Arriba.

➔ Von Jaraíz de la Vera auf der EX-203 ein paar km Richtung Norden bis zu einer Straßengabelung, dort links auf die CC-173 zum Dorf Garganta la Olla. Fahren Sie die Hauptstraße hinunter und biegen Sie am Schild »Monastério de Yuste« links auf die EX-391 und fahren Sie diese bis zum Schild einer Bar 1 km weiter. Parken Sie hier rechts und gehen Sie die Stufen zu den Bassins Piletillas de Abajo hinab. Eine alternative Route führt vom Kloster Yuste auf der einspurigen EX-391 bis zum Mirador de la Serrana, wo sich unglaublich schöne Ausblicke bieten. Fahren Sie weiter, bis Sie zu einer Brücke kommen, überqueren Sie sie, parken Sie links. Dann die Stufen zu den Piletillas de Abajo hinunter.

Leicht, 1 min, 40.1170 -5.7774

150 CANTERA DE ALCÁNTARA

Etwa 6 km von dem Städtchen Alcántara entfernt, ist dieser Steinbruch (*cantera*) ein wunderschöner Ort für abgeschiedene Badefreuden. Das Schwimmbecken, das entstand, als der Steinbruch geflutet wurde, ist 50 m tief, es ist also zu empfehlen, in Ufernähe zu schwimmen. Schmutzgeier brüten auf den Felshöhen, die den See umgeben. Es gibt ein kleines Areal zum Picknicken und Parken.

➔ Fahren Sie über die romanische Brücke in Alcántara nach Norden auf der EX-117 Richtung portugiesische Grenze. Nach 1 km rechts in eine kleine Straße biegen und dieser folgen. Ignorieren Sie die Camping-Schilder und fahren direkt bis zum Steinbruch.

Leicht, 2 min, 39.7465 -6.8926

151 PLAYA DE ORELLANA

Dieser Strand am Orellana-Stausee ist nur einer der spanischen Binnenlandstrände, die dank der Qualität des Wassers und der Einrichtungen die Blaue Flagge für Nachhaltigkeit tragen. Trotz der Größe des Stausees ist das Wasser nicht zu kalt, und obwohl stellenweise unter der Oberfläche Felsen liegen, sind diese sehr gut sichtbar. Im Juli und August ist der Stausee ein beliebtes Ausflugsziel der Einheimischen, den Rest des Jahres über ist es hier jedoch recht still. Ein guter Ort zum Windsurfen, Kanufahren, Segeln und Angeln. In den Sommermonaten gibt es eine Strandbar, die Speisen und Getränke serviert.

➔ In Orellana la Vieja auf die Calle Reyes Huerta Richtung Süden, bei ⛺ Camping Balcón de Orellana links auf den Camino Piscifactoria weiter bis zum Stauseestrand.

Leicht, 5 min, 38.9934 -5.5269

Sicheres Schwimmen, erlaubtes Baden

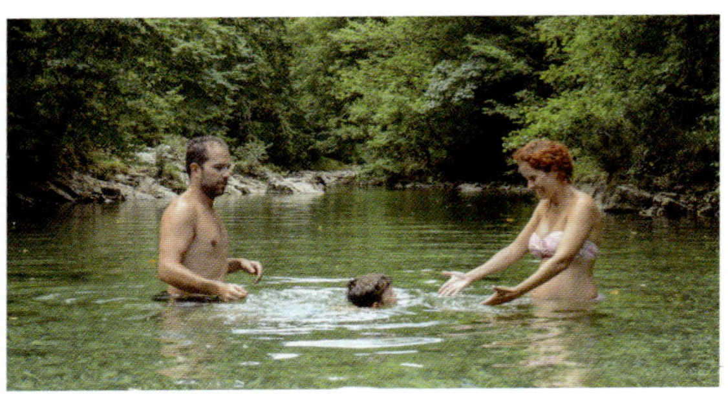

Wie Radfahren, Bergwandern, Kanufahren und viele andere Freiluftaktivitäten birgt das Schwimmen in freier Natur Risiken und Gefahren, doch mit der richtigen Vorbereitung und Information ist es sehr sicher, ohne auf Kosten des Abenteuers zu gehen.

Hauptrisiken

Nichtschwimmer und Kinder: Seien Sie mit Kindern und Nichtschwimmern in Wassernähe besonders achtsam. Wenn Sie, Ihre Kinder oder Freunde nicht schwimmen können, achten Sie darauf, die seichten Wasserbereiche sorgfältig zu sondieren, klare Grenzen zu setzen und unsichere Personen nie aus dem Auge zu verlieren. Denken Sie daran, dass Sie auch in seichten Bereichen schnell fließender Gewässer von der Strömung mitgerissen werden können. Seien Sie vorsichtig mit aufblasbarem Schwimmaccessoire: Es kann einen falschen Eindruck von Sicherheit vermitteln, es kann platzen, oder Sie können damit in tiefe Bereiche abdriften. Unsichere Schwimmer sollten immer dicht am Ufer in den Bereichen bleiben, wo sie noch stehen können.

Umknicken, stürzen, abstürzen: Offenkundig ist dies die wahrscheinlichste Gefahr, wenn man in bergigen Gegenden an Flüssen und Wasserfällen herumklettert. Tragen Sie Turn- oder Gummischuhe mit Gummisohle und eilen oder rennen Sie nie. Wenn Sie ernsthafter in Flussschluchten klettern wollen, warum nicht einen Canyoning- oder »Aqua-Trekking«-Kurs besuchen?

Kaltes Wasser: Schwimmen ist in Spanien im Sommer selten ein kaltes Vergnügen, doch außerhalb der Saison oder in Bergseen und -bächen kann das Wasser eisig sein. Schwimmen in kaltem Wasser senkt rasch die Körpertemperatur; bleiben Sie also nicht zu lange drin (20 min ist genug). Zittern und Zähneklappern sind die ersten Anzeichen einer leichten Unterkühlung, die das Risiko zu ertrinken erhöhen kann. Gehen Sie also aus dem Wasser und wärmen Sie sich mit warmer, trockener Kleidung und Bewegung auf.

Springen und tauchen: Überprüfen Sie immer die Wassertiefe, selbst wenn Sie denselben Ort regelmäßig besuchen. Die Tiefe kann variieren, und es können unter Wasser über Nacht neue Hindernisse angeschwemmt worden sein – Sand, Felsbrocken, Äste und Müll. Beurteilen Sie die Wassertiefe nie, indem Sie einfach nur ins Wasser schauen. Ein verunglückter Kopfsprung kann Sie für den Rest Ihres Lebens lähmen.

Krämpfe und Soloschwimmen: Krämpfe ereignen sich am häufigsten in der Wade oder im Fuß. Schwimmen führt nicht eher zu Krämpfen als jede andere Körperübung. Entgegen der landläufigen Meinung kommt es nach dem Essen nicht häufiger zu Krämpfen, aber Dehydrierung oder schlechte Ernährung können allgemein die Anfälligkeit erhöhen. Wenn Sie regelmäßig unter Krämpfen leiden, seien Sie besonders vorsichtig. Wenn Sie einen Krampf bekommen, rufen Sie Hilfe, legen Sie sich auf den Rücken und rudern Sie mit den Armen zurück zum Ufer. Aus diesen Gründen ist Soloschwimmen in tiefem Wasser keine gute Idee, aber wenn es sein muss, ziehen Sie an einem Band z. B. ein Paddelbrett als Lebensretter hinter sich her.

Wasserpflanzen: In langsam fließenden, warmen Tieflandflüssen und -seen sind Wasserpflanzen ziemlich eicht zu erkennen. Ein oder zwei stellen kein Problem ar, in einem wahren Schlingpflanzenwald kann sich ber das Bein eines Schwimmers verfangen, besonders venn sie oder er anfängt, wie wild zu strampeln. Veruchen Sie, Bereiche mit starkem Pflanzenbewuchs u meiden. Doch wenn Sie auf Pflanzen stoßen, geraten Sie nicht in Panik. Gleiten Sie einfach wie ein Aal durch ie hindurch, indem Sie mit den Armen rudern.

Blaualgen (Cyanobakterien): In Tieflandseen, wo das Vasser mit Dünger aus der Landwirtschaft wie Nitraten ınd Phosphaten angereichert ist, können sich Algen tark vermehren, besonders nach warmem, feuchtem Vetter, gewöhnlich im Spätsommer. Dadurch enttehtein grünlicher Glibber an der Oberfläche (»Blaulgenblüte«), der sich oft an der Leeseite der Seen ammelt. Darin zu baden kann Hautausschlag verurachen, die Augen reizen und Übelkeit auslösen, wenn nan Wasser schluckt. Suchen Sie sich einen Bereich les Sees ohne Algen oder gehen Sie nicht schwimmen.

Strömungen: Schwimmen mit oder gegen den Strom ann Spaß machen, aber es kann gefährlich werden, venn man die Kontrolle verliert und stromabwärts nitgerissen wird, besonders in felsigen Flüssen. Jberlegen Sie sich in einem schnell fließenden Gevässer immer, wo Sie wieder herauskommen, falls Sie ortgerissen werden. Suchen Sie sich Notausstiege, evor Sie hineingehen, und erkunden Sie, ob flussabvärts Gefahren lauern (Hindernisse, Wasserfälle oder Vehre). Denken Sie in Schluchten daran, dass das Vasser in Engpässen tiefer und schneller wird. Erkunlen Sie Schluchten immer stromaufwärts, damit Sie ich einer sicheren Route zurück gewiss sein können. Gehen Sie nie in eine Schlucht, wenn in ihrem oberen Einzugsbereich Regen erwartet wird.

Flutungen und Öffnung von Staumauern: Spanien hat ine große Zahl von Staudämmen zur Erzeugung von Vasserkraft. Diese müssen je nach wechselnden Lasterfordernissen ihre Wassermenge regulieren, und entlang von Flüssen werden Sie sehr deutliche dreieckige Warnschilder sehen, wo dies der Fall ist. Tatsächlich ist die Wasserabgabe im Sommer, wenn der Strombedarf weitaus besser vorhersehbar ist, m Allgemeinen konstant. Viele Einheimische gehen ohne große Sorge im Unterlauf solcher Staudämme schwimmen. Veränderungen der Wasserabgabe werden in der Regel im Voraus geplant, und Kanuten werden gewöhnlich vorher darüber verständigt. Selbst wenn das örtliche Wasserkraftwerk die Abgabe erhöhen muss, sind die Wassermengen nicht tsunamiartig; der Pegel wird in 15 min gewöhnlich um etwa 30 cm steigen. Der wichtigste Rat ist, Picknicks auf Flussinseln, die abgeschnitten werden könnten, zu meiden und am Ufer spielende Kinder im Auge zu behalten..

Schwimmen erlaubt oder verboten?

In unbeaufsichtigten Bereichen ist Schwimmen in Spanien im Allgemeinen erlaubt. Jede Gemeinde hat ihre eigenen Bestimmungen, und diese verändern sich rasch, fragen Sie daher Einheimische, wenn Sie im Zweifel sind. Manchmal wird ein Verbot von den Einheimischen fröhlich missachtet. An gefährlichen oder verschmutzten Gewässern können Verbotsschilder mit der Aufschrift *Prohibido bañarse* stehen (Baden verboten), aber viele Gemeinden sehen sich wegen der wachsenden Klagefreudigkeit gezwungen, solche Schilder auch an traditionellen Badestellen aufzustellen, um sich vor Schadenersatzansprüchen zu schützen. Man findet auch gut ausgestattete Strände mit Bademeistern. Wenn diese außer Dienst sind, dürfen Sie dort gewöhnlich nicht schwimmen.

Privatgewässer: Öffentliche Wege und Durchgangsrechte sind gewöhnlich durch verschiedene Zeichen ausgewiesen. Wenn Sie ungehindert zum Ufer gelangen können, wird Sie in der Regel niemand am Schwimmen hindern, abgesehen von einem vergraulten Angler. Die meisten Nationalparks sind frei zugänglich, in anderen Gebieten werden Sie zahllose unbefestigte Lehmpisten finden, die mit dem Auto oder Fahrrad befahren werden können und durch Felder und Wälder zu entlegenen Winkeln führen. Auch wenn das Land zu beiden Seiten in Privatbesitz ist, gibt es im Allgemeinen ein informelles Wegerecht auf solchen Routen. Beachten Sie, dass wildes Zelten verboten ist. Wenn Sie wild zelten möchten, vermeiden Sie Ackerland, zünden Sie nie ein Feuer an, bauen Sie Ihr Zelt spät auf, stehen Sie früh auf und nehmen Sie absolut alles wieder mit.

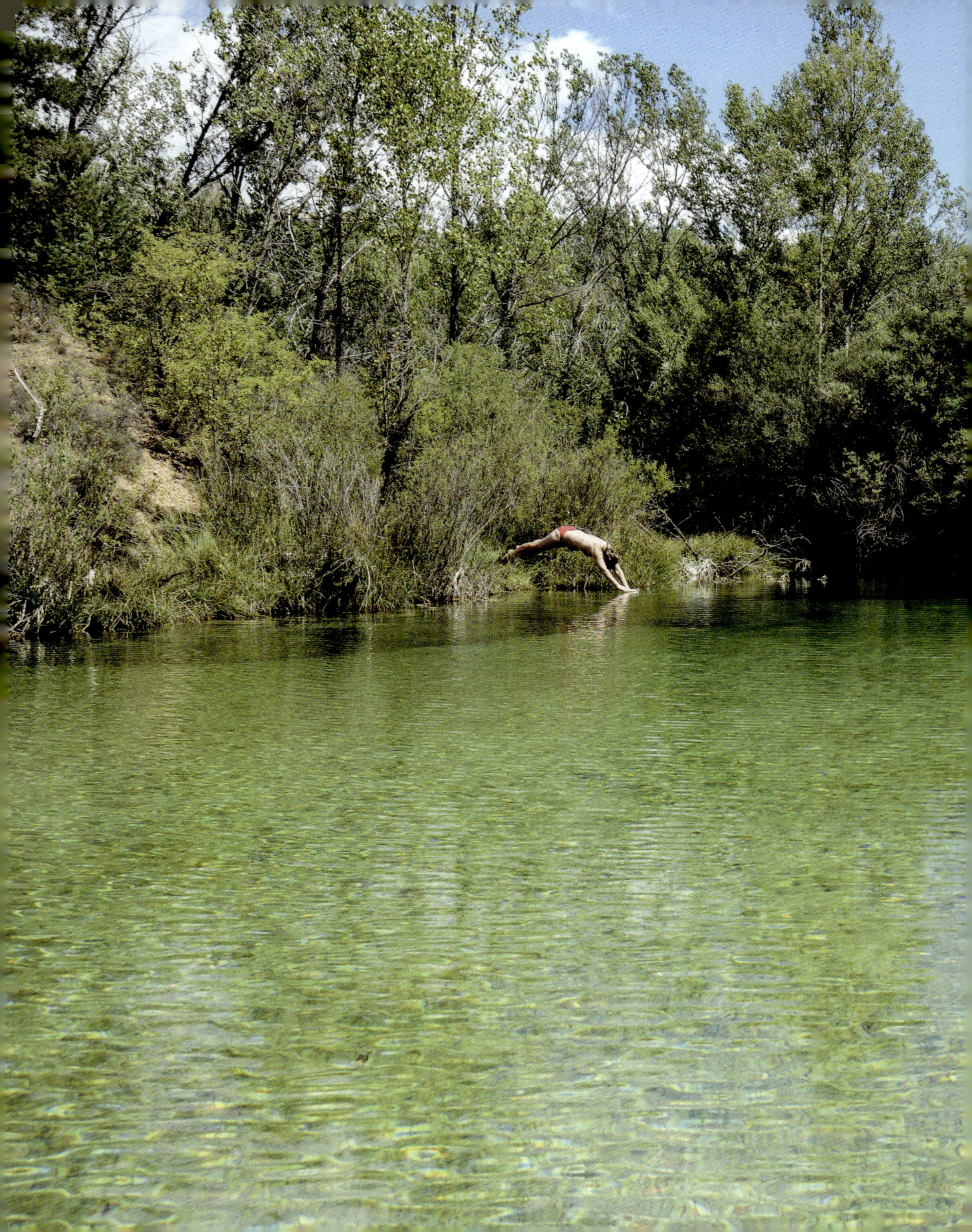

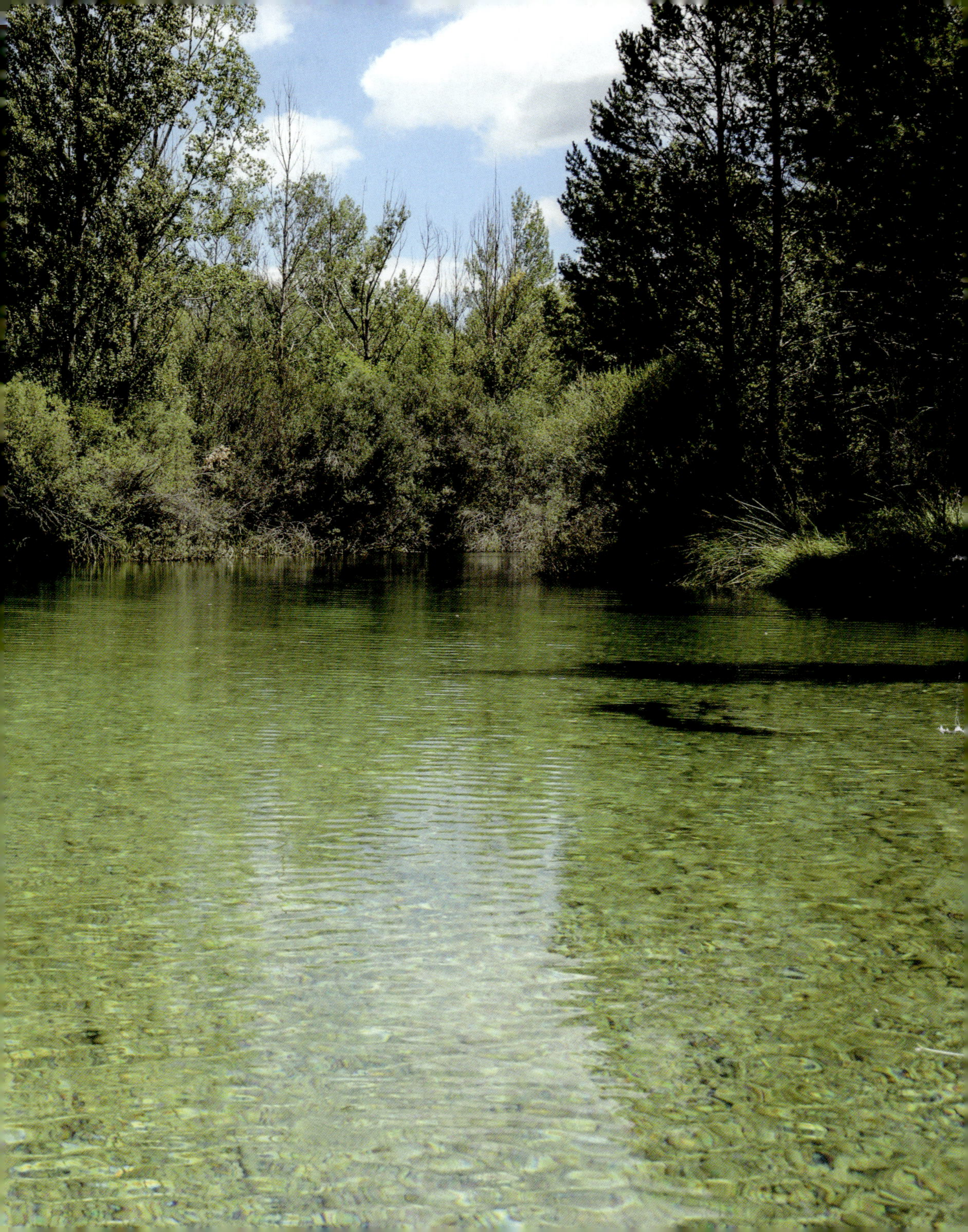

Wild Swimming Spanien
Entdecke die aufregendsten Flüsse, Seen und Wasserfälle Spaniens

Haffmans & Tolkemitt
1. Auflage März 2018

Text: John Weller & Lola Culsán
Fotos: John Weller

Umschlaggestaltung und Layout: Tania Pascoe, Oliver Mann, Marcus Freeman

Lektorat der dt. Ausgabe: Katharina Theml, Büro Z, Wiesbaden

Satz: Linn Kleeberg

Die englische Originalausgabe ist 2014 unter dem Titel »Wild Swimming Spain« bei Wild Things Publishing Ltd., Bath, erschienen.

Druck & Bindung: ADverts Ltd., Riga
Printed in Latvia

www.haffmans-tolkemitt.de

ISBN 978-3-942048-50-7

Fotos
Alle Fotos © John Weller, bis auf die Folgenden (alle mit Genehmigung bzw. Creative-Commons-Lizenz CC-BY-SA): Daniel Start: S. 66 Fuente de Mascún; S. 70 Salto de Bierge (unten); S. 74 Fuente de la Tamara; S. 76–79 Río Vero; S. 80–81 Embalse de Vdiello; S. 80–81 Puente de Pedruel; S. 82 & 94–95 Embalse de Santa Ana; S. 86–91 Río Ara; S. 92 Cascada de Aso; S. 94 Sant Llorenç de Montgai; S. 112 Pont de Llierca; S. 124 Pont de Besalú; S. 126 Pont de Llierca; S. 126 Sadernes – Riu Llierca; S. 127 Sadernes stromaufwärts. Gabriel González: S. 26–27 Ponte Caldelas; S. 28 Praia Fluvial Verdugo; S. 30–31 A Fírveda (unten und rechts); S. 32 Embalse de Eiras. Laetitia Demarcy: S. 22 Río Porma – Villarente. Teresa la Loba: S. 33 Praia Maceira. Juan Javier Pérez Delgado: S. 55 Garaio-Strand. Ricard Pineda: S. 92 Embalse de Mediano. Lugo Javier Blanco Vázquez: S. 35 Embarcadeiro de Maiorga. Pablox: S. 37 Patano de Porma. Ordiziako Jakintza Ikastola: S. 61 Rio Esca. Burgui. Xavier: S. 70 Río Gállego. En Rouge: S. 74 Mirador/Ermitá de San Martín. Juan R. Lascorz: S. 93 Embalse de Mediano. Alberto G. Rovi: S. 116 La Foradada, Antony Cavel: S. 117 Pantà de Sau Cantonigròs. Silvia Martín: S. 132 Toll de l'Olla. Lluís Serrano: S. 140 Pantà de Ulldecona. Xvazquez: S. 143 La Fontalda. Concha Marin Gil: S. 151 Bugarra. Manel: S. 152 Charco Azul. J. Ignacio de Saz Salazar: S. 154 Charco Azul. José Navarro: S. 164 Gorgo Catalán. Aironxuco: S. 164 Los Charcos de Quesa. www.fonsienlared.blogspot.com: S. 166 Toll Blavet und Toll l'Estret. Por los Caminos de Málaga: S. 188 Embalse del Conde de Guadalhorce. Frog17: S. 189 Embalse de la Viñuela. Toni Magic Serrana: S. 207 Embalse de la Tosca. Pasaminutos: S. 212 Charco del Puente de Cuartos. Feranza: S. 216 Garganta de Jaranda. Raúl A.: S. 216 Los Pilones. Peña: S. 217 Los Pilones. Mediora: S. 218 Playa de Orellana. Irene Corchado Resmella: S. 218 Cantera de Alcántara; S. 219 Piletillas de Abajo.

Danksagung (John)
Ich danke meiner Mutter, eine wunderbare Schwimmerin, und meinem Vater, ein eleganter Taucher; meinen Schwestern April und Caroline für endlose, sinnvoll genutzte Tage im Strandbad; meiner Schwester Angela für das Korrekturlesen und die Unterstützung; Tony fürs Kümmern.

Danksagung (Lola)
Ich danke meiner Mutter, meinem Vater und der Familie Culsán dafür, mir zwei Sprachen und Kulturen geschenkt zu haben, durch die ich die Welt betrachten kann; meinem Sohn Vincent, meinen Schwestern Suzie, Elise und Marie und Denise, und allen meinen Freunden, dass sie meine Bemühungen ermutigt haben. Gemeinsam bedanken wir uns bei Danny Weller und David Griffiths fürs Aufspringen und Hineinhechten auf Bestellung und ihre Abenteuerlust; bei Anna Parkinson und Jesse für ihre bereitwilligen Dienste als Modelle; bei unserem Camper Federica, dass sie uns Berge hinauf und Täler hinuntergebracht hat; bei allen, die wir in Spanien kennengelernt haben und die unfehlbar offen, hilfreich und ermutigend waren. Unser Dank geht ferner an Irene für ihre Beiträge zum Extremadura-Kapitel; an Paul Engels für das Lektorat in letzter Minute und Martin Black für alles Digitale. Schließlich danke ich Daniel und Tanie, dass sie dieses Buch möglich gemacht haben.